AF391492

CATALOGUE

DE

P.-V. STOCK

(Successeur de TRESSE & STOCK)

LIBRAIRE-ÉDITEUR

TROISIÈME PARTIE

Catalogue analytique de pièces de théâtre classées par nombre de personnages

PARIS — Ier

155, RUE SAINT-HONORÉ, 155

DEVANT LE THÉATRE-FRANÇAIS

—

OCTOBRE 1908

—

Téléphone 238

TABLE DES DIVISIONS DU CATALOGUE

Tous les ouvrages portés sur ce Catalogue sont expédiés *franco* dans toute la France, et à l'Etranger dans tous les pays faisant partie de l'*Union postale*, sans augmentation de prix.

Pour éviter les frais d'un envoi fait contre remboursement, toujours onéreux, toutes les demandes doivent être accompagnées du montant en un *mandat sur la poste* ou en une *valeur sur Paris*.

Les *envois par poste* n'offrent aucune garantie, à moins d'être frappés d'une taxe supplémentaire de 0 fr. 10 pour recommandation en sus de l'affranchissement qui est de 0 fr. 05 par fractions de 100 grammes jusqu'à 3.000 grammes (limite). Pour l'Etranger l'affranchissement est de 0 fr. 05 par fractions de 50 grammes, la recommandation est de 0 fr. 25 par paquet et la limite du poids est de 2 kilogrammes.

Nous déclinons toute responsabilité en cas de perte d'un envoi non recommandé.

Nous envoyons *franco*, sur demande, notre catalogue, première et deuxième parties (*Catalogue général des livres du fonds et Catalogue général des pièces de théâtre*).

LA LIBRAIRIE STOCK, de successeur en successeur, a été établie dans l'immeuble Théâtre-Français de 1782 à 1900, soit 118 ans. M. P.-V. Stock a eu, comme prédécesseurs : Tresse Stock (1885-1896); veuve Tresse (1871-1885); Nicolas Tresse (1845-1871); Christophe Tresse (1839-18..); J. N. Barba (1780-1839).

Barba avait acheté, en 1816, les fonds de ses concurrents Duchesne et Dabo, qui existait depuis 1710 au Palais-Royal. — M. Stock a acheté en 1901 le fonds de M. Albert Savine.

A la suite de l'incendie de la Comédie-Française, la librairie Stock s'était provisoirement transportée, 27, rue de Richelieu, et 16, rue Molière, pour revenir, cinq ans après, s'installer, 155, rue Saint-Honoré, juste en face de son ancien local.

AVERTISSEMENT

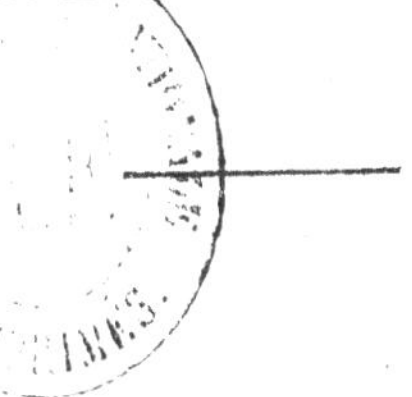

Le catalogue que nous présentons au public comprénd environ deux mille pièces de théâtre, analysées dans un but spécial.

Ces pièces sont divisées en catégories suivant la progression du nombre des personnages.

Le catalogue commence par les pièces à deux personnages (1), puis viennent les pièces à trois personnages, quatre personnages, etc. Dans chaque catégorie, l'ordre alphabétique a été rigoureusement respecté.

Le lecteur pourra trouver promptement le genre qui lui convient, d'autant mieux que la rédaction et l'impression de notre ouvrage sont d'une grande netteté.

*
* *

Très nombreuses sont les pièces composant le répertoire de notre librairie théâtrale, la plus ancienne de Paris.

Entreprendre la mise au jour d'un catalogue analytique aussi complet que celui-ci, c'était une tâche difficile, exigeant beaucoup de temps et de minutie.

Il nous fallait en premier lieu choisir dans notre fonds les œuvres les plus intéressantes, puis adapter notre choix aux différentes formes du goût moderne, aux catégories multiples de notre clientèle, qui comprend des directeurs de théâtre, des artistes dramatiques, des pensionnats, des collèges, des sociétés diverses, des orphéons, des organisateurs de spectacles, de fêtes locales ; des amateurs organisant des représentations mondaines dans les salons, à la campagne, etc.

(1) Notre répertoire de « Monologues et de Récits » fait l'objet d'un petit catalogue particulier qui comprend plus de trois cents titres différents.

En somme, *les professionnèls d'une part, les amateurs de l'autre.*

Ceci explique qu'on verra dans ce catalogue une pièce pour pensionnats de jeunes filles voisiner avec une pièce légère du répertoire des *Mathurins* ou du *Grand-Guignol* ; une pièce patriotique à côté d'une pièce libertaire ou sociale ; une pièce ancienne après une pièce ultra-moderne. Ayant à répondre aux desiderata de toute notre clientèle, qui se compose aussi bien de sociétés mondaines que villageoises, il nous était interdit — on le comprendra sans peine — de nous limiter à un seul public, à un seul genre dramatique.

Outre la variété des auditoires, il nous fallait encore ménager la susceptibilité de certaines oreilles. Telle comédie, convenant à un public d'hommes et de dames, ne pourra être écoutée par des jeunes filles.

D'où la nécessité de rassembler des œuvres très dissemblables. La devise de ce catalogue, s'il en avait besoin, serait celle-ci : *Pour tous les publics et pour tous les goûts.*

* *

Partant de ce principe, force nous était d'indiquer de la manière la plus scrupuleuse — pour les faire ressortir de suite — et au moyen d'astérisques (*) les pièces où rien ne peut choquer les oreilles délicates, et de rédiger *explicitement* les analyses ou résumés que contient ce catalogue.

Ces résumés sont clairs, succincts, pratiques ; ils indiquent le sujet, le caractère et les tendances de la pièce. Ils sont fort nombreux : aussi, sous peine d'imposer au lecteur des redites fatigantes, comme : « telle pièce n'est pas une pièce pour les jeunes filles », nous avons rédigé nos analyses de manière à ne laisser aucun doute dans l'esprit de personne.

C'est-à-dire que, dans le cas où un résumé de pièce ne comporte aucune mention spéciale ou n'est pas précédé d'un astérisque, la teneur de ce résumé est suffisante par elle-même.

Par conséquent, et *tout en sauvegardant la morale*, les intéressés pourront, en lisant le présent catalogue, donner à leur auditoire, par un choix judicieux, un spectacle *amusant ou éducatif, tragique ou bouffon.*

* *

Passons maintenant à quelques renseignements d'ordre *pratique.*

L'époque comprise entre 1800 et 1860 nous a donné de fort jolies comédies : nul n'ignore les noms des Scribe, des Duvert et Lauzanne, des Cogniard, des Bayard, des Labiche, des Mélesville, des Duveyrier, des Varin, des Désaugiers, des Dumanoir, des Dumersan, des P. de Kock, des Leuven, des Lockroy, des Laurencin, des Lubize, des Valfard et Fulgence, des Carmouche, des Vanderburch, des Varner, des Théaulon, des Souvestre, des Brazier et *tutti quanti*.

Or, beaucoup de ces pièces peuvent être modernisées. Ceux que tentera la beauté du sujet et que rebuteront les difficultés matérielles de l'exécution, pourront *souvent* adapter l'interprétation à la mode actuelle — décors, costumes, etc. Il suffit pour cela d'un peu d'ingéniosité, de quelques coupures dans le texte, du remplacement des termes tombés en désuétude par ceux qui leur ont succédé.

Confondues avec ce répertoire 1800-1860, le lecteur trouvera toutes les pièces les plus récentes des auteurs en vedette aujourd'hui : Brieux, François de Curel, Ancey, Courteline, Villiers de l'Isle-Adam, Léon Hennique, Hennequin, Paul Bilhaud, Pierre Veber, Alexandre Bisson, Henry Becque, Paul Gavault, Charvay, Valabrègue, Georges Thurner, Jean Jullien, Pierre Wolff, Marsolleau, Matrat, Maurice Ordonneau, Henri Chivot, Alfred Duru, Antony Mars, Ed. Cadol, Eugène Heros, Georges Duval, P.-L. Flers, Marc Sonal, Pierre Decourcelle, M. Gerbidon, Paul Ferrier, D'Ennery, Lucien Descaves, Georges Docquois, Gaston Marot, Jules Mary, Xavier de Montépin, Dornay, Léo Trézenik, Jules Moinaux, H. Raymond, Ed. Philippe, L. Bridier, Fontanes, Crisafulli, Touroude, Beauvallet, Ch. Buet, Grisier, Pottecher, Busnach, Nuitter, Burani, A. Silvestre, A. Carré, Ch. Monselet, H.-L. Lenormand, d'Aguzan, J. Truffier, E. Durafour, etc., etc.

*
* *

Les pièces à tiroirs sont toujours accompagnées d'une indication spéciale. Il en va de même pour le cas où le même rôle peut être joué à volonté par une femme en travesti ou par un très jeune homme.

On peut supprimer ou réduire la figuration, recourir aux « voix dans la coulisse ». Somme toute, un bon scénario se suffit à lui-même, et ce n'est pas l'absence d'un accessoire ou d'un rôle de troisième ordre qui nuira au succès d'une jolie pièce.

*
* *

Les observations précédentes sont aussi brèves que possible ; peut-être sembleront-elles oiseuses à quelques-uns : nous avons pensé qu'il était bon de les formuler en présentant au public *un répertoire exceptionnel,* sous forme d'un catalogue varié, et surtout commode.

P.-V. S.

Nota. — Nous n'avons pas cru devoir intercaler dans ce catalogue (troisième partie de notre catalogue général), notre série intitulée *Saynètes et Monologues,* comprenant huit volumes de piécettes de divers auteurs, non plus que les recueils de comédies de salon et de château; composées par MM. Gustave Nadaud, Lemercier de Neuville, Ordonneau, Pontsevrez, Verconsin, de Gévrie, etc. Ces ouvrages figurent déjà dans la première partie de notre Catalogue général, où les trouveront les lecteurs que ces recueils peuvent intéresser.

Ajoutons enfin que le présent catalogue sera continué. Nous le compléterons chaque année par un supplément où nous introduirons les analyses des pièces publiées par nous et non encore analysées, auxquelles viendront s'ajouter les œuvres nouvelles que nous éditerons postérieurement à l'apparition de ce catalogue.

P.-V. S.

Octobre 1908.

P.-V. STOCK

LIBRAIRE-ÉDITEUR

155, RUE SAINT-HONORÉ (1ᵉʳ ARR.)

PARIS

DEUX PERSONNAGES

	H.	F.	Prix
***L'Affaire Freluchet,** comédie en un acte, par M! André Lénéka (*Décor :* un salon. *Epoque :* de nos jours.)	1	1	1 »

Oubliant Germaine, sa cousine et sa fiancée, Paul a voulu, un beau soir, poursuivre une conquête... facile, ou qu'il croyait telle, mais l'aventure a tourné au dépit du jeune homme.

	H.	F.	Prix
A Fleur de Peau, comédie en un acte *en vers,* par M. Jean Ajalbert. (*Décor :* une chambre meublée. *Epoque :* de nos jours.)	1	1	1 50

Cette pièce, écrite en grande partie en vers libres, a été souvent jouée sous ce titre : « Sur les Talus ». Elle met en scène, par une triste fin de jour, deux amauts qui, ayant chacun de son côté décidé la rupture, n'osent se le dire ni l'un ni l'autre. Et ils se quittent.

A *Fleur de Peau* est une œuvre de fine littérature, et qui doit être jouée de préférence devant un public d'hommes ou de dames.

	H.	F.	Prix
A la Chambrée, fantaisie militaire en un acte, par MM. Matrat et Fordyce. (*Décor :* une chambrée. *Epoque :* de nos jours. *Costumes :* Uniformes de soldats de ligne.)	2	»	1 50

C'est, entre le caporal Bidonneau et le soldat Fouillaupe, un dialogue très amusant, émaillé de traits humoristiques et pris sur le vif. Pièce très gaie, un peu libre, convenant plus spécialement à un public masculin.

	H.	F.	Prix
***A la Course,** saynète en un acte, par MM. E. Philippe et L. Bridier. (*Décor :* une chambre. *Epoque :* de nos jours.)	1	1	1 »

Cette charmante saynète fait se rencontrer, dans un fiacre (représenté par deux fauteuils), un compositeur à ses débuts et une jeune fille qui, sans le connaître autrement que par ses œuvres, lui adresse de flatteuses paroles. C'est un dialogue plein d'esprit et de gaieté, qui plaira dans tous les milieux.

	H.	F.	Prix
***Ami du Commissaire (l'),** comédie en un acte, par MM. René Beher et C. P. Cousin. (*Décor :* le bureau du commissaire. *Epoque :* de nos jours.)	2	1	1 »

Au retour matinal d'un joyeux banquet, le commissaire de police retrouve au poste un de ses commensaux de la nuit. poursuivi pour injures. Après un interrogatoire des plus drôlatiques, ils s'en vont déjeuner ensemble. Peut se jouer devant n'importe quel auditoire.

	H.	F.	Prix
***L'Amoureux dépit,** opérette en un acte, par M. A. Bouvret. Musique de M. P. Corlieu. (*Décor :* la place Royale *Epoque :* Louis XV.)	1	1	1 »

Lubin, pour surprendre les secrets de Manon, s'est déguisé en vieillard, tandis que de son côté, Manon, pour faire causer Lubin, se déguisait en vieille. Mais quand ils ont bien causé, le moment vient où ils se reconnaissent et de là naît l'amoureux dépit, lequel d'ailleurs ne dure guère, Lubin et Manon tombant vite d'accord que le mieux est de s'épouser.

	H.	F.	Prix
Les Angoisses d'Etienne, saynète en un acte, par MM. L. Bridier et E. Philippe. (*Décor :* une antichambre. *Epoque :* de nos jours.)	1	1	1 »

Ce pauvre Etienne, en quelques heures, passe par toutes les transes : il risque d'être assommé par un jaloux, éborgné par sa femme qui le croit infidèle, et se figure un instant que celle-ci le trompe. Finalement tout s'arrange, et les deux époux se promettent, en guise de conclusion, d'avoir beaucoup d'enfants.

(¹) H. : hommes; (²) F. : femmes.

Nota. — Les pièces précédées d'un ou deux astérisques peuvent être entendues par les oreilles les plus susceptibles.

	H.	F.	Prix

Appartement à louer, comédie en 1 acte, par M. GEORGES VITOUX. (*Décor* : un salon. *Epoque* : de nos jours.) — 1 | 1 | »

Venus à un premier rendez-vous avec des intentions fort peu morales, Colette et Jacques s'aperçoivent qu'ils n'ont l'un pour l'autre qu'un peu de curiosité et qu'ils aiment ailleurs. Ils resteront amis, mais ils se séparent sans avoir été amants. Jacques avait loué un appartement pour abriter leurs tendresses futures : on remettra l'écriteau.

Le tour alerte, spirituel et piquant de cette petite comédie la rend attrayante entre toutes.

Au bord du fossé, comédie en un acte, par M. PAUL BONNETAIN. (*Décor* : la Terrasse du grand Cercle d'Aix-les-Bains. *Epoque* : De nos jours.) — 1 | 1 | »

Les plus courtes pièces sont quelquefois les meilleures. Celle-ci, en vingt pages, renferme beaucoup d'idées, de sentiments et d'émotion. Une femme, malheureuse et trahie par son mari, résiste à la tentation qui s'offre sous les espèces d'un jeune homme très épris, son fiancé de jadis. Le souci de sa réputation l'emporte, après une lutte douloureuse, sur les élans du cœur et des sens. Le sujet de la pièce indique qu'elle ne peut se jouer devant les jeunes filles.

Nota. — Il y a un rôle muet, de domestique, facile à tenir ou pouvant être supprimé.

Au bureau des omnibus, saynète en un acte, par M. HENRY BUGUET. (*Décor* : un bureau d'omnibus. *Epoque* : De nos jours.) — 2 | » | »

Dialogue bouffon entre un voyageur et un contrôleur de la Compagnie des omnibus. Scène amusante.

Au Louvre, saynète en un acte, par MM. L. BRIDIER et E. PHILIPPE. (*Décor* : un salon. *Epoque* : de nos jours.) — 1 | 1 | »

C'est, spirituellement menée, une scène de reconnaissance entre une jeune Américaine richissime et un beau jeune homme qui l'a sauvée jadis au péril de sa vie. Ils se reconnaissent et ils s'épouseront.

Au pain sec, vaudeville en un acte, par M. CHARLES BARET. (*Décor* : une chambre. *Epoque* : de nos jours.) *Nota.* Le personnage féminin est une petite fille. — 1 | 1 | »

Jamais peut-être on n'a écrit un rôle d'enfant plus attrayant que celui de ce petit démon de Nini qui, enfermée et mise au pain sec, trouve moyen de s'évader et de refermer la porte à double tour sur le pauvre Baptiste, son peu féroce gardien.

	H.	F.	Prix

Au port, opérette-comédie en un acte, par J. RUELLE et G. ESCUDIER. Musique de ETIENNE REY. (*Décor* : intérieur bourgeois. *Epoque* : de nos jours.) — 1 | 1 | 1.50

Le marin Stribord, revenu au pays natal après un long voyage, y trouve sa cousine Clorinde, qui doit être sa femme, d'après la promesse à lui faite par le père de cette jeune fille à son lit de mort. Stribord sait qu'il y a dans la maison, outre Clorinde, la vieille Aurore et le cousin Pierre. Pour éprouver leurs véritables sentiments à tous, il use d'un subterfuge audacieux et qui réussit à plaisir. Pièce très charmante et très morale.

Nota. — Les rôles de Clorinde, Aurore et Pierre peuvent être tenus par la même personne, une jeune fille ou une jeune femme.

Bain de Vapeur (le), Dialogue mental et sudorifique à transformations, par M. HENRY BUGUET. (*Décor* : un paravent, une boîte à vapeur (facile à faire), etc. *Epoque* : de nos jours.) — 2 | » | 1 | »

Pièce drôlatique, avec d'amusantes transformations, qui demande à être jouée avec beaucoup d'entrain et convient plutôt à un auditoire de jeunes gens, d'hommes ou de dames.

Bal à émotions (un), vaudeville en un acte, par M. PAUL BOISSELOT. (*Décor* : un petit salon très simple. *Epoque* : de nos jours.) — 1 | 1 | 1 | »

Charmantes scènes entre deux jeunes époux. Très jolie pièce, bien écrite.

Bas-Bleu (un), vaudeville en un acte, par MM. LANGLÉ et DEVILLENEUVE. (*Décor* : une chambre dans un hôtel garni. *Epoque* : de nos jours.) — 1 | 1 | 1 | »

Pièce à tiroirs, c'est-à-dire que l'un des deux personnages (le personnage masculin) aura à jouer cinq rôles différents. C'est un vaudeville des plus amusants et dont il suffit de retrancher quelques phrases au plus pour qu'il puisse être joué devant des jeunes filles.

Bavardage, comédie en une scène, par L. PUECH. (*Décor* : un salon. *Epoque* : de nos jours.) — » | 2 | 1 | »

Blanche et Paulette bavardent pendant le bal. L'une aime le mariage, l'autre point. Mais Blanche défend sa cause avec tant d'éloquence qu'à la fin c'est Paulette, convertie, qui lui demande de l'aider à trouver un mari.

Besigue chinois (le), comédie en un acte, par EDOUARD CADOL. (*Décor* : un salon. *Epoque* : de nos jours.) — 1 | 1 | 1 | »

Marthe et Robert du Pray, son mari, ont divorcé depuis assez longtemps. Une

	H.	F.	Prix

circonstance se rapportant à l'avenir de leur fils les oblige à une entrevue où le hasard, sous la forme d'une partie de bésigue, leur fait évoquer les souvenirs touchants des jours passés. Leur réconciliation termine cette charmante pièce.

*** Bêtinois de Bayeux**, comédie bouffe en un acte, par MM. E. Matrat et A. Lénéka. (*Décor :* un petit salon. *Epoque :* de nos jours.) — 1 | 1 | 1 | »

Amusante comédie, pleine de gaieté franche et de spirituelle raillerie. L'acte tout entier roule sur un double quiproquo entre un naïf campagnard, Bêtinois, et une jeune femme élégante et riche, madame de Beauval, qui, l'un et l'autre, se méprennent sur leur réelle identité. Ce malentendu donne lieu à des scènes d'un comique irrésistible.

Cette charmante comédie joint, à la qualité d'être très gaie, celle de pouvoir se jouer devant tous les publics et dans tous les salons.

Billets roses, ironie en un acte, par M. F. Rémy. (*Décor :* sorte de salon d'attente chez un notaire. *Epoque :* de nos jours.) — 1 | 1 | 1 | »

Un homme et une femme ont trouvé des billets de banque de dix mille francs et les rapportent à leur légitime propriétaire. Scènes piquantes, d'un langage un peu réaliste, humoristique. Aucune grivoiserie.

Avec une légère variante au texte, cette amusante petite pièce peut être jouée, soit par deux hommes, soit par deux femmes.

Bisque pour deux ! Saynète, par M. Marc Sonal. (*Décor :* un cabinet de restaurant. *Epoque :* de nos jours.) — 1 | 1 | 1 | »

Un domestique de bonne maison est devenu garçon de restaurant après avoir quitté sa femme. Celle-ci profite du carnaval pour venir, sous le masque, intriguer le mari volage et exciter sa jalousie. Tout s'arrange, et les époux, réconciliés, mangeront le potage bisque préparé pour d'autres soupeurs.

***Le Bonheur en ménage**, proverbe en un acte, *en vers*, par M. J. Montini. (*Décor :* un salon. *Epoque :* de nos jours.) — 1 | 1 | 1 | »

Les deux acteurs sont le mari et la femme, l'un ami des joies paisibles et retirées du foyer, hostile aux malsains plaisirs du bal, et l'autre un peu trop curieuse de la vie mondaine et de ses fièvres.

Les deux époux défendent chacun leur cause avec autant de conviction que de force, même la discussion tourne à l'aigre, mais le mari finit par l'emporter.

***Bourse ou la Fille !!** (la), comédie philosophico-bouffe en un acte, par M. Jules Truffier. (*Décor :* un salon. *Epoque :* de nos jours.) — 2 | » | 1 50

Dialogue comique entre un banquier et son commis, qui, avec un peu d'audace et beaucoup d'habileté, obtient de son patron la main de sa fille, sans oublier la dot.

Bureau Z (le), comédie en un acte, par M. Marc Sonal. (*Décor :* un bureau d'employé supérieur. *Epoque :* de nos jours.) — 1 | 1 | 1 | »

Cette jolie piécette se passe dans le « Bureau des Erreurs Conjugales », où Agathe, jolie femme trompée par un mari malavisé, vient conter ses malheurs à un employé, jeune homme entreprenant et adroit consolateur de la vertu et de la beauté méconnues.

*** Célibataires**, comédie en une scène, par M. L. Puech. (*Décor :* un salon. *Epoque :* de nos jours.) — 2 | » | 1 | »

Deux frères, las de chercher en vain la dot et l'épouse idéales, jurent de rester célibataires, lorsqu'ils sont avisés que l'oiseau rare est trouvé pour chacun d'eux ; ils se promettent *in petto* de ne pas manquer au rendez-vous.

'Le Chant du siècle, à-propos en un acte, en vers, par M. Emile Blémont. (*Décor allégorique.*) — » | 2 | 1 | »

Beau dialogue entre la France et la Poesie. Cet à-propos a été joué à la Comédie-Française.

Chapeau ! scène de ménage en un acte, par M. Marc Sonal. (*Décor :* un salon. *Epoque :* A Paris, de nos jours.) — 1 | 1 | 1 | »

Valentine Didier est allée au théâtre avec un chapeau de dimensions telles que les spectateurs ont hurlé. Cette mésaventure, plus désagréable encore pour son mari que pour elle, est la cause d'une scène entre les deux époux. Cette scène, où l'auteur a déployé beaucoup de verve et d'esprit, est extrêmement amusante et fait beaucoup d'effet.

La pièce convient plutôt à un auditoire mondain.

'Charlotte et Nicaise, vaudeville en un acte, par M. Gaston Marot. (*Décor :* un salon en province. *Epoque :* de nos jours.) — 1 | 1 | 1 | »

Pièce charmante, autant que morale, où Charlotte, la fidèle promise de Nicaise, retrouve sergent son fiancé après sept ans de service, mais elle ne le reconnaît qu'à la fin d'une scène où le jeune sergent s'est montré à elle sous le jour plutôt fâcheux d'une sorte de séducteur. Elle lui pardonne et Nicaise part pour accomplir son dernier jour de regiment.

Chef de rayon, comédie en un acte, par MM. Auguste Monnier et Georges Montignac. (*Décor :* un palier ou une antichambre. *Epoque :* de nos jours.) — 1 | 1 | 1 | »

Comment une simple petite modiste arrive à « souffler » délicatement à une demi-mondaine haut cotée un des nombreux *amis* que celle-ci, sans vergogne, appelle ses chefs de rayon.

	H.	F.	Prix

Colombine et Violette, comédie en un acte, *en vers,* par M. E. Matrat. (*Décor :* la place d'une petite ville d'Italie. *Epoque :* celle de Pierrot et Arlequin.)
Nota. Pour le décor, dans les salons, il suffit de deux paravents et d'une sortie au fond. — » 2 1 »

Violette est la fiancée de Pierrot, Colombine est la fiancée d'Arlequin. Il arrive que Colombine surprend Violette au moment où celle-ci écoute avec complaisance les galants propos d'Arlequin, et que de la même manière, Colombine est surprise par Violette. Vont-elles en venir aux mains? Non. Femmes d'esprit, elles échangent leurs fiancés.
Le sujet de cette pièce, d'un tour très alerte et très vivant, suffit à indiquer qu'elle est destinée à n'être jouée que par des dames.

Comédie à Compiègne, opérette comique en un acte, par Edouard Noel et Henri Malo. Musique de Charles Malo. (*Décor :* un petit salon du château de Compiègne, disposé en loge d'artiste. *Epoque :* sous Napoléon III.) — » 2 1 50

Un des rôles est un rôle travesti. C'est une scène très croustillante, mais fort spirituelle, entre la maréchale Valérie de Saint-Hubert et un Saint-Cyrien, dont l'audace et la naïveté relative forment un contraste fort piquant.

Conte bleu, fantaisie en vers, en trois tableaux, par M. Henri Lefebvre. (*Décors :* Une chambre, un bois. *Epoque :* ad libitum.) — 1 1 1 50

Un Coup d'épée dans l'eau, saynète, par M. Marc Sonal (*Décor :* un salon. *Epoque :* de nos jours). — 1 1 1 50

Un viveur simule une blessure reçue dans un duel imaginaire, pour conquérir le cœur d'une jeune femme romanesque. Mais celle-ci devine la ruse et laisse le duelliste pour rire en tête-à-tête avec ses médicaments. Piècette amusante mais un peu leste qu'il vaut mieux ne pas jouer devant des jeunes filles.

Crispin marquis, comédie *en vers,* par Henri Lefebvre. (*Décor :* un boudoir. *Epoque :* Louis XV.) — 1 1 1 50

Cure de César (la), saynète, par Georges Docquois et Emile Codey. (*Décor :* un salon. *Epoque :* de nos jours.) — 1 1 1 »

César Barbedieu, député, est devenu subitement bègue. Une émotion violente pourrait seule le guérir, au dire des médecins. Luce, sa femme, trouve cette émotion violente et sa bonne ruse réussit à merveille. César promet, — sans bégayer, — de renoncer à la Chambre des Députés, au profit de la chambre conjugale par lui délaissée.

Dans un ascenseur, saynète en un acte par MM. L. Bridier et E. Philippe. (*Décor :* un salon. *Epoque :* de nos jours.) — 1 1 1 »

Cette amusante piécette nous fait assister à un événement peu banal : un mariage promis dans un ascenseur, lequel est représenté par deux chaises.

Défiance et malice ou le Prêté rendu, comédie en un acte, *en vers,* par M. Dieulafoy. (*Décor :* un salon de campagne. *Epoque :* la première République.) — 1 1 1 »

Il y a dans la pièce toutes les indications voulues pour les costumes. Les deux rôles sont deux rôles à tiroirs. Nous ne saurions résumer assez brièvement cette fort jolie comédie écrite dans le ton de la meilleure compagnie. Quant à savoir si la pièce doit être jouée devant des jeunes filles, c'est une question d'appréciation.

Deux amis, à-propos, en un acte, *en vers,* par M. Tancrède Martel. (*Décor :* le salon de la marquise de Sévigné. *Epoque :* décembre 1658.) — 1 1 1 »

A-propos représenté au Théâtre-Français, à l'occasion de l'anniversaire de Pierre Corneille.
La marquise de Sévigné réconforte le grand poète momentanément accablé et désillusionné par les premières atteintes de la vieillesse.

Deux Orages! comédie en un acte, par M. Bertol-Graivil. (*Décor :* une chambre. *Epoque :* de nos jours.) — 1 1 1 »

Monsieur étant en voyage, on a substitué par erreur à son habit, l'habit d'un tiers. Madame trouve dans ce vêtement des choses fort compromettantes, et la méprise ne se découvre que juste à temps pour conjurer l'irréparable.

Deux portraits (les), comédie en un acte, par M. A. Lenéka. (*Décor :* un petit salon élégant. *Epoque :* de nos jours.) — 1 1 1 »

Petite scène de jalousie, très fine et étudiée, entre Marguerite et Georges de Lormel. La réconciliation se fait après des péripéties qui, pour être condensées en un seul acte, n'en sont pas moins intéressantes.

Deux somnambules (les), vaudeville en un acte, par MM. Mifliez et Coustellier. (*Décor :* un salon riche. *Epoque :* fin du second empire. A la rigueur, de nos jours.) — 1 1 1 »

Casimir Blanchet et sa femme Lucie désirent, chacun de son côté, aller à un bal costumé où doit se trouver le fiancé de leur nièce. Mais ils n'osent pas se le dire, et c'est à l'insu l'un de l'autre — du moins ils le croient, — qu'ils endossent leurs tra-

	H.	F.	Prix

vestissements. Après une agréable scène où les deux époux se croient, ou feignent de se croirent somnambules, ils s'en vont ensemble au bal.

Le Diapason, comédie en un acte, par M. EDMOND FRISCH. (*Décor* : un salon bourgeois. *Epoque* : de nos jours.) — 1 | 1 | 1 | »

Deux jeunes gens sont fiancés. Ils se connaissent à peine, mais ayant tous deux le caractère assez indépendant, ils se rendent compte de la gravité de l'acte qui se prépare, et échangent leurs réflexions, lesquelles les meneraient — presque — jusqu'à une rupture.

Le Dîner de Pierrot, comédie en un acte, *en vers*, par M. B. MILLANVOYE. (*Décor* : un jardinet. *Epoque* : de nos jours.) — 1 | 1 | 1 50

Une des plus ravissantes incarnations de Pierrot-Protée. Le Pierrot de cette comédie se présente brutal, impatient, sourd aux gentillesses de sa Colombine : c'est que le dîner se fait attendre. Mais un doigt de vin et une tranche de pâté, et le voilà qui redevient sentimental et amoureux. C'est la revanche de Colombine. Mais celle-ci se montre de bonne composition. Il lui suffit d'avoir amené Pierrot à résipiscence, et ce sont ses lèvres qu'elle offre en guise de dessert au butor repentant.

Le Dîner de Pierrot, opéra-comique en un acte, par M. B. MILLANVOYE, musique de M. CH. HESS. — 1 | 1 | 1 | »

Cet opéra-comique n'est autre que la pièce précédente sur laquelle M. Ch. Hess a écrit une partition que le public a fort goûtée au théâtre de l'Opéra-Comique.

Dinette (la), drame en un acte, par M. MARC SONAL. (*Décor* : une garçonnière. *Epoque* : de nos jours.) — 1 | 1 | 1 | »

Roger sourit d'incrédulité devant des faits divers où le meurtrier dit : « J'ai vu rouge et j'ai tué. » Sa maîtresse (Marcelle) vient. Elle veut se séparer de lui. Dans sa rage, il étrangle la malheureuse.

**** Diogène et Scapin**, à-propos *en vers*, par M. EUGÈNE ADENIS. (*Décor* : une place publique. *Epoque* : XVIIe siècle.) — 2 | » | 1 | »

Diogène le Cynique ayant, au bout de deux mille ans, fui les bords du Styx, revient sur la terre et se remet à chercher un homme. Il rencontre Scapin qui lui indique Molière. Diogène replique par deux vers de Boileau. Scapin lui prouve, par un tour de son sac, que la farce comporte, elle aussi, une morale. Cette très jolie piécette a été créée à la Comédie-Française.

Double aveu (un), scène *en vers*, par M. GUSTAVE NADAUD. (*Décor* : une pièce quelconque. *Epoque* : de nos jours.) — » | 2 | 1 | »

Marie et sa sœur Jeanne se font mutuellement le même aveu. Elles aiment, et chacune de décrire à l'autre l'objet de sa flamme. Or, les deux descriptions paraissent se ressembler à tel point qu'à n'en point douter, c'est du même homme qu'il s'agit. Mais le malentendu se dissipe bientôt, et au contentement des deux jeunes filles.

Scène charmante, écrite par le grand chansonnier en de très beaux vers.

Douche (la), comédie en un acte, par MM. PAUL BILHAUD et JULES LÉVY. (*Décor* : un salon. *Epoque* : de nos jours.) — 1 | 1 | 1 25

La douche est administrée, au figuré, par une charmante femme (mariée), à qui un monsieur aussi téméraire que spirituel a voulu parler... d'un peu trop près.

La Douche écossaise, comédie en un acte, par M. F. RÉMY. (*Décor* : une serre élégante. *Epoque* : de nos jours.) — 1 | 1 | 1 | »

On veut faire épouser à Mathilde (dix-neuf ans) M. de Sancy (quarante-cinq ans). Mathilde au contraire aime le neveu de celui-ci, Gaston. Dans une entrevue avec M. de Sancy, elle sait peu à peu le faire revenir au juste sentiment de la situation.

Il y a dans la pièce un rôle de pianiste invisible. Les airs joués dans la coulisse sont d'un effet très comique.

Duel sans témoins (un), comédie-vaudeville en un acte, par M. AUGUSTE JOUHAUD. (*Décor* : une mansarde. *Epoque* : de nos jours.) — 2 | » | 1 | »

Péripéties burlesques d'un duel dans une mansarde, entre deux voisins, dont le premier s'était permis d'écrire, à la femme du second, lequel, justement, se trouve être son débiteur, d'ailleurs insolvable.

English Tailor, fantaisie en trois tout petits actes, par MM. MATRAT et FORDYCE. (*Décor* : le salon d'un tailleur. *Epoque* : de nos jours.) — 2 | » | 1 50

Scènes d'une drôlerie achevée et d'un humour très piquant entre un tailleur anglo-parisien et un provincial quelque peu riche. A jouer de préférence devant un public parisien ou connaissant Paris. Cette piécette en *trois tout petits actes* dure environ trente minutes.

L'enseignement mutuel, vaudeville en un acte, par MM. THÉODORE BARRIÈRE et AD. DECOURCELLE. (*Décor* : une chambre d'hôtel. *Epoque* : de nos jours.) — 1 | 1 | 1 | »

Eole Duvivier a cru faire la connaissance d'une demoiselle de pensionnat, et sa surprise est grande, quand il se trouve en présence de Maria, dite *La Polkeuse*

	H.	F.	Prix

C'est d'ailleurs, une honnête fille, qui gagne sa vie en donnant des leçons de danse. Eole Duvivier l'épousera, malgré la malédiction de son oncle. Pièce gaie, spirituelle, un peu trop cavalière, par endroits, pour un auditoire jeune.

L'Essayeur, comédie en un acte, par MM. MARC SONAL et VICTOR GRÉHON. (*Décor* : un petit salon. *Epoque* : de nos jours.) — H. 1 | F. 1 | Prix 1 50

Une gentille femme de chambre essaye aux lieu et place de sa maîtresse un corsage apporté par un garçon de magasin qui, de son côté, tient lieu d'essayeur. Ces substitutions ont des raisons fort puissantes et que nous ne saurions résumer assez brièvement. Le dénouement est très plaisant de cette piécette, qui ne peut être jouée devant des jeunes filles.

Estelle au Lansquenet, comédie en un acte, par M. J. LÉVY. (*Décor* : un salon. *Epoque* : de nos jours.) — H. 2 | F. » | Prix 1 25

Le hasard favorable a mis en présence, à la même table de jeu, deux jeunes gens en proie à un violent désespoir d'amour. Mais leur partie de lansquenet, dont Estelle était l'enjeu, prend une tournure si imprévue qu'ils se trouvent être, à la fin, les plus heureux des hommes. *Estelle au Lansquenet* ne peut guère se jouer que devant un public d'hommes ou de dames.

Fin de Bail, comédie en un acte, par Melle JEANNE PAUL FERRIER. (*Décor* : un salon. *Epoque* : de nos jours.) — H. 1 | F. 1 | Prix 1 »

Mademoiselle Séraphine de Beauvallon, forcée de quitter le logis qu'elle habite depuis dix ans, avec son chat et son perroquet, est bien décidée à ne partir qu'à l'heure légale, si bien que lorsque la nouvelle locataire, mademoiselle Rosalie Lambert, arrive pour prendre sa place, les deux demoiselles échangent des propos aigres-doux, qui finissent, il est vrai, par la plus agréable des réconciliations.

Flirt à Montmartre (un), par M. PAUL GAVAULT. (*Décor* : le square Vintimille. *Epoque* : de nos jours.) — H. 1 | F. 1 | Prix 1 »

Cette amusante et très folichonne boutade met en scène une dame du grand monde et un chansonnier connu à qui elle a eu la drôle d'idée de donner un rendez-vous. La chercheuse de sensations ne tarde pas à être déçue. Elle renvoie la « fin » de l'idylle aux calendes grecques.

Galathée et Pygmalion, pochade antique en un acte, *en vers*, par M. AUGUSTE JOUHAUD, musique de M. L. CHELU. (*Décor* : un atelier, à Tyr.) — H. 1 | F. 1 | Prix 1 »

Pochade d'une grande fantaisie et d'une tournure alerte, avec d'heureuses rencontres de rimes et des saillies fort drôles. L'idée de cette piécette est en outre très ingénieuse, et inspirée, dans le sens gai et un peu familier, de la poétique légende ancienne.

Le gant de Marcelle, saynète *en vers*, par M. ROCOFFORT. (*Décor* : un salon de garçon. *Epoque* : de nos jours.) — H. 1 | F. 1 | Prix 1 »

Tout le monde peut entendre cette petite pièce, consacrée à la description des folies dépensières d'un jeune homme que sa cousine — plus tard sa femme — parvie t habilement à remettre dans le droit chemin.

Grand'garde (la), drame patriotique en un acte, par M. HENRY BERTIN. (*Décor* : une pièce dans une maison de paysan. *Epoque* : 1870. Voix à la cantonade.) — H. 2 | F. » | Prix 1 »

Le sergent Le Matou (40 à 50 ans) a franchi les lignes allemandes; il est dans une vieille bicoque, où un vieux brave paysan doit lui passer des papiers importants à remettre au général français. C'est Robert, jeune mobile de 19 ans, qui portera les documents, en passant par un couloir souterrain. Mais les Allemands ont-ils eu vent de l'affaire? On ébranle la porte... alors Le Matou sauve son jeune compagnon, Robert, qui sous des vêtements de paysanne, emporte les précieux renseignements, tandis que Le Matou, resté dans la maison, se fait tuer héroïquement.

Ce petit drame d'un sentiment patriotique très développé, aura beaucoup de succès dans les sociétés, fêtes locales, collèges, etc. Il y a peu d'accessoires, et la mise en scène est facile. L'effet sur les spectateurs est très grand.

Gros chagrins, saynète en un acte, par M. GEORGES COURTELINE. (*Décor* : une chambre. *Epoque* : de nos jours.) — H. » | F. 2 | Prix 1 »

Gabrielle, tout éplorée, vient conter sa peine à Caroline, son amie. Elle se plaint amèrement de la conduite de son mari. Mais elle est d'humeur versatile, et cesse brusquement de sangloter pour s'égayer aux détours capricieux de la conversation, puis fond en larmes de plus belle quand le sujet de sa peine lui revient à l'esprit.

En somme, une de ces scènes piquantes, originales et comiques, dont Courteline a le secret.

Le guide du Bon Ton, pochade en un acte, par M. HENRY BUGUET. (*Décor* : un salon. *Epoque* : de nos jours.) — H. 2 | F. » | Prix 1 »

Scène bouffonne entre un vieux rentier et son jeune domestique, fin matois qui, à la faveur d'un audacieux travestissement, mystifie son maître et réussit finalement à l'amener à composition. Pièce très gaie, pouvant convenir à tous les publics sans exception.

Indécision, comédie en un acte, par Melle PAULE EVIAN. (*Décor* : le salon d'une garçonnière. *Epoque* : de nos jours.) — H. 1 | F. 1 | Prix 1 »

Dialogue entre deux amants, tourmentés par des velléités de rupture; ils sont sur

	H.	F.	Prix

le point de se quitter, mais leur amour réciproque les retient. Au lieu de la rupture, c'est une reprise durable qui termine la crise.

L'Insertion 807, saynète en un acte, par M. Marc Sonal. (*Décor :* une chambre d'hôtel. *Epoque :* de nos jours.) — **1 1 1 »**

Peu de temps avant son mariage, un jeune homme, craignant de voir une jolie veuve, un moment désirée, le poursuivre en vertu de « demi-promesses », fuit d'hôtel meublé en hôtel meublé ; et précisément ladite veuve le déniche — mais pour l'informer qu'elle se marie …avec un autre !

Jalousie et Paravent, saynète en un acte, par M. Marc Sonal. (*Décor :* petit salon. *Epoque :* de nos jours.) — **1 1 1 »**

Moscatel et sa femme Edmée vont jouer la comédie : en attendant, ils se font l'un à l'autre une vraie scène, une scène de jalousie, mais les circonstances dénouent heureusement la situation.

**** La Rissole et Merlin**, scène tirée du *Mercure galant*, par MM. Boursault et Poisson. (*Décor :* la salle du *Mercure*. *Epoque :* Louis XV.) — **2 » 0 50**

Dialogue entre le lettré Merlin, valet d'Oronte, et l'illettré La Rissole, un vieux brave que les illogismes de la langue française mettent dans une colère divertissante. C'est la scène célèbre de la pièce *Le Mercure galant* que nous avons publiée séparément, car cette scène, si amusante par son dialogue, peut se jouer isolément.

**** Lettre chargée** (une), saynète par M. Georges Courteline. (*Décor :* un guichet à la Poste. *Epoque :* de nos jours.) — **2 » 1 »**

Dialogue entre La Brige et un employé de la poste. Exaspération, puis justes représailles de La Brige, empéché de retirer à la poste une lettre chargée. Saynète extrêmement amusante et qui peut se jouer devant n'importe quel auditoire.

Locataire du sixième (le), vaudeville en un acte, par MM. Marc Sonal et Ch. Baret. (*Décor :* un cabinet de travail. *Epoque :* de nos jours.) — **2 » 1 »**

L'extravagant le dispute au comique dans ce vaudeville qui met aux prises un propriétaire et son locataire, écrivain nébuleux mais doué, sous son apparente sottise, d'un grand sens pratique. Sans être aucunement risquée, cette pièce convient plutôt à un auditoire de jeunes gens, d'hommes ou de dames.

Louisette, comédie en deux scènes, par M. Lucien Puech. (*Décor :* un petit salon. *Epoque :* de nos jours.) — **» 2 1 »**

Grâce à ce nom de Louisette, peut s'en faut que la comédie ne tourne au tragique pour Jeanne, la charmante femme de Paul. Mais son amie Raymonde vient à point pour la rassurer. Car *Louisette* n'est pas du tout ce que croyait Jeanne, et ses soupçons contre son mari tombent d'eux-mêmes.

Manteau de Geogeo (le), comédie en un acte, par M. Ch. de Bussy. (*Décor :* un salon. *Epoque :* de nos jours.) — **1 1 1 50**

Pigeonnet, simple étudiant en médecine, a été envoyé en consultation, par le docteur Droguard, chez mademoiselle Yvonne, qui se croit peut-être malade et qui, par suite, passerait facilement pour une détraquée. Pigeonnet, en quittant Droguard, s'est trompé de pardessus : il a pris celui du docteur. Yvonne, en l'absence momentanée du jeune homme, inventorie les poches du vêtement. Les objets qu'elle y trouve modifient quelque peu ses sentiments envers Pigeonnet. Celui-ci ne tarde pas à se justifier, et tout fait prévoir qu'un mariage sera le denouement de la comédie.

Amusante petite pièce, écrite pour un public mondain.

Maraskine, comédie en un acte, par MM. G. Maurens et Ch. Rousseau. (*Decor :* un salon. *Epoque :* de nos jours.) — **1 1 1 »**

Marcel, drame en un acte, *en vers*, par M. Bertol-Graivil. (*Décor :* une chambre d'hôtel. *Epoque :* de nos jours.) — **1 1 1 »**

Pièce sentimentale et tragique, dont l'action et le dénouement sont très poignants. Ne peut toutefois être jouée devant des jeunes filles.

Mari dans les branches (un), saynète en un acte, par M. D. Mon. (*Décor :* une salle, à la campagne. *Epoque :* de nos jours.) — **2 » 1 »**

Comment miss Lélie, jeune Américaine, a été mise en pénitence par sa vieille gouvernante, madame Barbara, pour avoir rencontré un chasseur en forêt, et qui plus est, au faîte d'un arbre. Il est vrai que Barbara ne tient pas longtemps rigueur à son élève, puisqu'une demande en mariage termine cette courte et amusante piécette.

Mari de ma Tante (le), comédie-vaudeville en un acte, par M. G. Chauvin. (*Décor :* un salon bourgeois. *Epoque :* de nos jours.) — **2 » 1 50**

Métamorphoses variées (cinq travestissements) grâce auxquelles Gaston, neveu

	H.	F.	Prix

de Rapelard, sert ses propres desseins en même temps qu'il empêche son oncle de délaisser sa femme, une épouse excellente. Pièce fort amusante, et que tout le monde peut entendre.

Mariette, comédie en un acte, *en vers,* par M. H. GIRAUD. (*Décor :* un bosquet. *Epoque :* Watteau.) — 1 | 1 | 1 50

Marton et Frontin ou Assaut de Valets, comédie en un acte, par M. J.-B. DUBOIS. (*Décor :* un beau salon. *Epoque :* Louis XIV.) — 1 | 1 | 1 »

La première représentation de cette jolie comédie a eu lieu en 1804 (an XII de la République). Elle a été reprise au théâtre Français en 1859. On y retrouve la grâce malicieuse, la vivacité dans le dialogue, qui caractérisent les pièces de tout le dix-huitième siècle.

Marton et Frontin, c'est la lutte entre une fine mouche de soubrette et un fin matois de valet. Nombreux déguisements.

Mirette, comédie en un acte, par M. AIMÉ DUCROCQ. (*Décor :* un cabinet de travail élégant. *Epoque : de nos jours.*) — 1 | 1 | 1 »

Il n'y a pas huit jours que Mirette est devenue l'amie de Paul, et déjà ils se jettent à la figure les vérités les plus désagréables. Le jeune homme, excédé, trouve le moyen de se débarrasser de ce « crampon ». Il envoie à M. de Saint-Aubin un petit bleu l'invitant à venir passer la soirée. Quand il sera là, Paul fera l'aveugle et le sourd : résultat infaillible. C'était d'ailleurs le truc qu'avait employé Georges, le « prédécesseur » de Paul, pour se débarrasser de Mirette en la lui laissant prendre.

*** Mon abonné,** comédie en un acte, par M. E. DESBEAUX. (*Décor :* un boudoir. *Epoque : de nos jours*). — 1 | 1 | 1 »

Une charmante veuve, Julie de Boismont, voit passer chaque jour sous ses fenêtres un adorateur qui l'intrigue étrangement. Celui-ci se fait connaître. C'est un fort galant homme. La première entrevue avec Julie est décisive. Ils s'épouseront.

Pièce facile à jouer dans un salon et des plus recommandables.

Il y a, en outre des deux personnages indiqués, un troisième rôle, celui d'un domestique (personnage muet) qui simplement apporte une lettre.

Monsieur Dorine, comédie en un acte, *en vers,* par Mme AMÉLIE VILLETARD. (*Décor :* une place publique. *Epoque :* Louis XIV.) — 1 | 1 | 1 »

Dorine, ancienne suivante d'Elmire et Laurent, ex-valet de Tartuffe, sentent, chacun de son côté, que le moment est venu de faire une fin, c'est-à-dire de se marier. Le hasard les met en présence. Ils finissent par se reconnaître et décident qu'ils se conviennent parfaitement l'un à l'autre.

Cette comédie est spirituelle, et d'une note très personnelle. Le style poétique en est d'une rare perfection.

*** Myosotis (le),** aliénation mentale et musicale par CHAM et WILLIAM BUSNACH, musique de CHARLES LECOQ. (*Décor :* une chambre à coucher. *Epoque :* de nos jours.) *Nota.* La partition, piano et chant, coûte 6 francs. — 2 | » | 1 50

Sans autres données qu'une dette de jeu et un morceau de violoncelle, les auteurs ont écrit la scène la plus cocasse et la plus drôle qui se puisse imaginer. Aucun résumé n'en peut donner idée. Peut être jouée devant tous les publics.

Myrrha, saynète romaine en un acte, *en vers,* par ARMAND SILVESTRE. (*Décor :* une pièce donnant sur des jardins. *Epoque :* l'antiquité, Rome.) — » | 2 | 1 »

Myrrha est une belle jeune fille que le père de Septime a emmenée à Rome en esclavage. Septime (*rôle travesti*) aime Myrrha, qui partage cet amour, mais sans le laisser paraître, du moins jusqu'au moment où son cœur parle malgré elle et où tous deux vont fuir ensemble pour cacher leur bonheur.

Ninette, pièce en un acte, *en vers,* par M. EDOUARD GRESSIN. (*Décor :* une chambrette d'artiste. *Epoque :* de nos jours.) — 1 | 1 | 1 »

Bluette touchante, un peu sombre, où l'amant retrouvant celle qui l'avait fui la voit s'en aller de nouveau, et pour toujours. A la fin de l'acte, il se prépare au suprême voyage.

Nonoche, comédie en un acte, par M. MARC SONAL. (*Décor :* un salon. *Epoque :* de nos jours.) — » | 2 | 1 »

Suzanne de Méhanges attend une femme de chambre qu'une de ses amies doit lui envoyer. Celle-ci arrive et lui déclare qu'elle ne peut entrer à son service, car elle va se marier. En causant, Suzanne apprend que le fiancé de la jeune bonne est précisément un Monsieur de Virevolte, dont elle-même aspire à devenir l'épouse. Après avoir par tous les moyens essayé de dissuader Nonoche (c'est ainsi que M. de Virevolte nomme la jolie femme de chambre dans l'intimité) de donner suite à son projet, elle finit par la convaincre et elle part elle-même rejoindre le Don Juan au rendez-vous qu'il avait donné à Nonoche. Beaucoup d'humour et de gaieté dans cette petite pièce, qui malgré son tour peut-être un peu leste conserve cependant l'allure correcte qui est de rigueur dans les salons.

Nuit de Noces de P.-L.-M. (la), comédie en un acte, par M. FABRICE CARRÉ-LABROUSSE. (*Décor :* un bureau de chef de gare. *Epoque :* de nos jours.) — 1 | 1 | 1 »

	H.	F.	Prix

Nuit de noces très agitée d'un chef de gare, auquel les fantaisies de sa jeune femme risquent de faire commettre de véritables catastrop es. Il n'en est rien. Au contraire, puisque le chef de gare est félicité par dépêche.

Pièce émaillée de fines saillies à l'adresse des compagnies de chemins de fer.

*** Nuit sur la scène** (une), vaudeville en un acte, par A. DE JALLAIS et CH. BLONDELET. (*Décor :* une chambre. *Epoque :* de nos jours.) — H. 2, F. », Prix 1 »

Mésaventure nocturne d'un brave homme qui comptait soigner son rhume, et que la visite d'un intrus, pince-sans-rire inimitable, tient éveillé tout le reste de la nuit. Convient à n'importe quel auditoire.

Orangeade (l'), comédie en un acte, par M. MARC SONAL. (*Décor :* un salon. *Epoque :* de nos jours). — H. 1, F. 1, Prix 1 »

Jacques a donné dans le panneau : un ami sournois lui ménage un rendez-vous chez Paillard avec le capitaine, et ce capitaine n'est autre que Mlle Chichi, une « ancienne » de Jacques, marié depuis un an. L'ami sournois s'éclipse. Jacques reste seul avec Chichi. Pomard, champagne et.... le reste. Jacques rentre chez lui un peu éméché, avec une heure et demie de retard. Mais Lucienne ne fait pas de scène. Elle ne se doute de rien. Jacques tient bon ; malheureusement il se coupe. La jeune femme comprend tout, se fâche et menace de lui rendre la pareille. Il parvient à dissiper ses soupçons. Réconciliés, ils disent bonsoir au public.

Ce très joli petit acte conviendra à un public d'hommes et de dames, ou de jeunes gens.

Paquet au bord de l'eau (le), comédie en un acte, par M. AUGUSTE JOUHAUD. (*Décor :* un salon. *Epoque :* de nos jours.) — H. 1, F. 1, Prix 1 »

Par Procuration, comédie en un acte, par M. BERTOL-GRAIVIL. (*Décor :* salle d'attente de première classe. *Epoque :* de nos jours.) — H. 1, F. 1, Prix 1 »

Un jeune homme et une jeune fille ont pris rendez-vous — par la voie des petites annonces — à la gare Saint-Lazare. L'un et l'autre viennent par procuration, c'est-à-dire au nom de tierces personnes, et pour régler des affaires de cœur. L'entrevue, d'abord très confuse, devient si précise qu'elle se termine par une promesse de mariage entre les deux interlocuteurs.

Partie de l'auto (une), vaudeville en un acte, par M. MARC SONAL. (*Décor :* une salle d'auberge.) — H. 1, F. 1, Prix 1 50

Un jeune « chauffard » parisien a passé la nuit dans une auberge de Normandie, à la suite d'une panne arrivée à son auto. Il apprend, à son réveil, que sa maîtresse le trompe avec un de ses amis, et ne tarde pas à la remplacer par la jeune et jolie servante de l'auberge, qui meurt d'envie de connaître Paris... et l'amour.

Cette pièce très gaie, mais légèrement pimentée, ne peut pas être jouée devant des jeunes filles.

Pascal et Timothée, dialogue *en vers* libres, par M. G. RUBEAU. (*Décor :* le porche d'une église. *Epoque :* ad libitum.) — H. 2, F. », Prix 1 50

Dans les quelques lignes, très heureuses, dont l'auteur accompagne la dédicace de ce dialogue fort remarquable, il s'exprime ainsi : ... » J'ai essayé de traduire et de fixer l'idée philosophique que je me suis faite de ce qu'on est convenu d'appeler la Divinité et, par conséquent, comment je conçois ce que doit être la religion naturelle. »

Soyons de **braves gens,** Dieu nous en saura
[gré,
Si nous le rencontrons au séjour éthéré.

Ce dialogue conviendra particulièrement à des universités populaires, fêtes sociales, etc. Il peut être joué aussi en société, si l'auditoire est de ceux qui aiment les controverses philosophiques présentées sous la forme gracieuse d'une poésie claire et coulant de source.

Passant (le), parodie *en vers*, par M. PAUL GAVAULT. (*Décor :* un paysage à Bougival. *Epoque :* de fantaisie.) — H. 1, F. 1, Prix 1 »

C'est une parodie spirituellement échevelée, très leste et très égrillarde du célèbre *Passant* de Coppée. Cela ne se résume pas ; c'est drôle et c'est comique, et n'est pas fait du tout pour les pensionnaires.

Passé Midi, folie-vaudeville, en un acte, par MM. E. DEVAUX et A. DUPUIS. (*Décor :* cabinet modeste. *Epoque :* de nos jours.) — H. 2, F. », Prix 1 »

Tribulations extravagantes et comiques de deux pauvres diables d'écrivains, dans la chambre de l'un d'eux. Ils mélangent leurs travaux littéraires, avec leurs mésaventures conjugales, qui finalement se réduisent à rien.

Passé Minuit, vaudeville en un acte, par LOCKROY et ANICET BOURGEOIS. (*Décor :* une chambre de garçon. *Epoque :* de nos jours.) — H. 2, F. », Prix 1 »

Les scènes de ce petit vaudeville sont vraiment à pouffer de rire, et l'on ne saurait rien imaginer de plus abracadabrant que cette nuit remplie des aventures les plus inattendues.

De même que la précédente, cette pièce convient plutôt à un auditoire d'hommes et de dames, sans toutefois que l'une et l'autre contiennent rien qui puisse choquer.

Pierrot puni, opéra-comique en un acte, par MM. A. SEMIANE et A. GÉRÈS. Musique de HENRI

	H.	F.	Prix

Cieutat. (*Décor* : un salon. *Epoque* : de nos jours.) — 1 1 1 »

C'est un délicieux petit acte où alternent le dialogue parlé et le dialogue chanté. Le sujet : taquineries, bouderies et « rappapillotage » entre Colombine et Pierrot.

? — (Le point d'interrogation), comédie en un acte, par MM. Bertol-Graivil et G. Lorin. (*Décor* : un boudoir. *Epoque* : de nos jours.) — 1 1 1 »

Le titre de cette pièce indique assez qu'elle est énigmatique. C'est, si l'on veut, une *scie* comique, spirituelle, mais qui doit être jouée avec beaucoup d'entrain par les deux interprètes.

Point sensible (le), comédie en un acte, par M. Em. de Backer. (*Décor* : un boudoir. *Epoque* : de nos jours.)
Il y a un rôle de domestique, personnage muet. — 1 1 1 50

Portique (le), comédie en un acte, par M. Jean José Frappa. (*Décor* : un salon. *Epoque* : de nos jours.) — 1 1 1 »

Dialogue entre deux jeunes époux, empreint de beaucoup de charme et d'où l'on pourrait aisément tirer une leçon aimable de philosophie conjugale.
Cette charmante petite comédie, sans être nullement risquée, convient plutôt à un auditoire d'hommes et de dames.

Preuve d'amour, comédie en un acte, par MM. Ferdinand Bloch et Louis Schneider. (*Décor* : garçonnière à l'entresol. *Epoque* : de nos jours.) — 1 1 1 »

Jacques, peu fortuné, aime follement Emmeline. Celle-ci, qui n'est pas d'un caractère aussi fortement trempé que celui de son amant, préfère, somme toute, la fortune à l'amour. Elle annonce à Jacques, abasourdi, qu'elle va le quitter, mais en ajoutant qu'elle pourra rester *quand même* sa maîtresse. Lui repousse le marché.
Pièce d'une ironie douloureuse, poignante.

Procris, drame antique, *en vers*, en deux tableaux, par M. H. Lefebvre. (*Décor* : un vestibule, une forêt. *Epoque* : Antiquité.) — 1 1 1 50

Pygmalion, scène lyrique, par J.-J. Rousseau. Musique de Coignet. (*Décor* : un atelier de sculpteur à Tyr. *Epoque* : l'Antiquité.) — 2 » 1 »

" Que faire ? Scène patriotique, par E. M. de Lydrn, pour garçonnet et grande jeune fille ou jeune femme. (*Décor* : un cabinet de travail. *Epoque* : de nos jours.) — 1 1 0 50

Cette scène patriotique a été représentée pour la première fois dans une fête au profit des Alsaciens-Lorrains. Ceci suffit à en indiquer les tendances.

Quelle mauvaise farce ! vaudeville en un acte, par de Jallais, G Harmont et Guyon. (*Décor* : atelier à droite, chambre à gauche. *Epoque* : de nos jours.) — 1 1 1 »

Révolte (la), drame en un acte, par Villiers de l'Isle-Adam. (*Décor* : un salon. *Epoque* : de nos jours). — 1 1 1 50

D'après la hautaine et sereine préface dont l'auteur l'a fait précéder, cette pièce, à son apparition en 1870, souleva les colères des esprits moyens. Sarcey la dénigra. En revanche, Dumas fils l'imposa. Elle est, par sa nature même, très difficile à résumer. C'est l'histoire d'une jeune femme et d'un monsieur mal assortis. Elle veut le quitter, elle part, le laissant stupéfait, fou d'étonnement et aussi de douleur égoïste, mais elle revient au bout de quelques heures : elle ne peut plus redevenir ce qu'elle a été; elle ne peut que rester ce qu'elle est devenue avec son mari.
Ajoutons, par acquit de conscience, que ce n'est pas là une pièce pour amuser, mais pour faire penser.

Rose et Narcisse, opéra-comique en un acte, par MM. Beaumont et Ch. Nuitter. Musique de Frédéric Barbier. (*Décor* : une boutique. *Epoque* : Louis XV.) Figuration. — 1 1 1 50

Sabbat pour rire (un), paysannerie en un acte, par M. Chauvin. Musique de M. G. Raspail. (*Décor* : l'intérieur d'une chaumière bretonne. *Epoque* : de nos jours.) — 1 1 1 50

Une méchante vieille, la mère Madeleine, qui passe pour sorcière, veut empêcher la gentille Colette d'épouser son amoureux, Pornic. Et Colette est un peu superstitieuse. Mais le jeune gars, qui n'a pas froid aux yeux, prend le costume de la mère Madeleine pour donner une leçon à la jeune fille. Celle-ci le reconnaît. Elle prend à son tour le costume d'un vieux berger. Enfin, les amoureux jurent de se marier ensemble, à la confusion de la vieille fée malfaisante. Pièce charmante et amusante.

" Secret de Juliette (le), saynète en un acte, par M. Prabonneaud. (*Décor* : un coin de pré. *Epoque* : de nos jours.) — » 2 1 »

Cette touchante petite scène est des plus faciles à jouer en raison de sa simplicité et de son peu de longueur. C'est une piécette

	H.	F.	Prix

absolument ravissante et d'un effet certain ; elle convient à tous les publics. Elle a sa place toute indiquée au programme d'une fête dans un pensionnat.

Serre (la), comédie en un acte, *en vers*, par M. MAURICE VAUCAIRE. (*Décor* : une serre. *Epoque* : de nos jours.) — H. 1, F. 1, Prix 1 »

Horace a quitté Lilia, sa maîtresse, et n'a plus d'amour que pour les fleurs précieuses de sa serre. Margot, amie de Lilia, vient le supplier de revenir à celle qui pleure son abandon. Il reste inflexible, mais l'autre est à peine sortie que le jeune homme laisse la serre et va rejoindre sa belle.

Si jeune ! comédie en un acte, par M. ALBERT LAMBERT. (*Décor* : un petit salon de jeune fille. *Epoque* : de nos jours.) — H. 1, F. 1, Prix 1 50

Angèle est une jeune fille que d'aucuns pourraient croire par trop naïve, mais qui est, en réalité, un caractère, un vrai, et une intelligence d'élite. Elle le prouve à son cousin Gontran, un brave garçon qui était venu la demander en mariage, pas très sincèrement, mais qui, à la fin de la scène, se trouve le plus épris des fiancés.

* **Sous le Zinc**, opéra-comique en un acte, par A. BOUVET. Musique de M. FRÉDÉRIC LENTZ. (*Décor* : une mansarde de grisette. *Epoque* : de nos jours.) — H. 1, F. 1, Prix 1 »

César, étudiant, aime sa voisine Louisette, une gentille blanchisseuse, mais il manque de gâter son bonheur par son insistance indiscrète, en escaladant, par exemple, la fenêtre de sa voisine en son absence. Celle-ci lui pardonne et lui promet de devenir sa femme.

Suite de Valses, saynète en un acte, par MM. E. PHILIPPE et L. BRIDIER. (*Décor* : un petit salon. *Epoque :* de nos jours.) — H. 1, F. 1, Prix 1 »

Cette délicieuse saynète a pour sujet une scène, une petite scène de bouderie entre deux jeunes mariés ; sujet difficile à traiter, parce qu'il l'a été souvent, mais rarement avec autant de bonheur que dans *Suite de Valses*.

Tableau (le), comédie-bouffe en un acte, par MM. ANDRÉ LENÉKA et E. MATRAT (*Décor* : un petit salon. *Epoque :* de nos jours.) — H. 2, F. », Prix 1 »

Ducassard et son futur gendre Saint Hyacinthe sont chez une demi-mondaine, Georgina. Ducassard montre à son interlocuteur une toile qu'il a achetée : *Suzanne et les Vieillards*. Chacun d'eux reconnaît Georgina à un grain de beauté qu'elle porte à la jambe. Ces messieurs comprennent qu'ils ont eu la même maîtresse, qu'ils ont été joués, et, au lieu de se fâcher, ils se vengent spirituellement en laissant à Georgina un billet d'adieux plutôt ironiques.

Cette comédie ne peut se jouer devant des jeunes filles, cela va sans dire.

Théodore cherche des allumettes, saynète en un acte, par M. GEORGES COURTELINE. (*Décor* : une salle à manger. *Epoque* : de nos jours.) — H. 2, F. », Prix 1 »

Aventures à pouffer de rire du jeune Théodore qui, rentré la nuit, très gris, cherche les allumettes et trouve... de quoi désopiler amplement les spectateurs.
Pièce convenant plutôt à un public de jeunes gens.

* **Tic à Tic**, comédie en un acte, par MM. DE FÉRAUDY et J. ROUCHÉ. (*Décor* : un salon. *Epoque* : de nos jours.) — H. 1, F. 1, Prix 1 »

Joseph Jumelle plaît, de prime abord, à toutes les jeunes filles auxquelles on le présente. Mais à peine a-t-il parlé qu'on l'évince. Il a un tic. Et l'on veut « l'assortir » à une personne ayant également un tic. Or, à son grand désespoir, il apprend que ce tic... est le même que le sien !

Trésor dans une botte (un), opérette en un acte, par AUG. JOUHAUD. (*Décor* : une mansarde. *Epoque :* de nos jours.) — H. 1, F. 1, Prix 1 »

* **Tristapatte et Duraflé**, bouffonnerie en un acte, par A. FAVRE. (*Décor* : une clairière dans une forê . *Epoque :* de nos jours.) — H. 2, F. », Prix 1 50

Tristapatte et Duraflé, obligés par des circonstances des plus fortuites à quitter le bal costumé et masqué où ils étaient, chacun de son côté, se rencontrent la nuit, en plein bois, et grâce à leur costume (l'un est en *brigand calabrais*, l'autre en *Fra Diavolo*), se prennent mutuellement pour des bandits. L'affaire se termine de manière aussi heureuse qu'imprévue.

* **Troisième larron** (le), comédie en un acte, par A. DE LYDEN (*Décor* : un salon. *Epoque* : de nos jours.) — H. », F. 2, Prix 1 »

Henriette est une grande jeune fille, Camille une ingénue. Elles aiment toutes deux le même homme, malgré l'affection qui lie les deux cousines et leur discussion menace de s'envenimer, lorsqu'un billet leur annonçant le mariage de l'objet de leur flamme avec une autre jeune fille, met fin à leur dissentiment.

Valse assise, comédie en un acte, par MM. VICTOR GRÉHON et GEORGES MONTIGNAC. (*Décor :* un salon. *Epoque* : de nos jours.) — H. 1, F. 1, Prix 1 »

Dialogue entre un jeune homme et une jeune fille pendant la durée d'une valse qu'ils dansent... en restant assis, mais sans que la conversation en soit moins intéressante, bien au contraire.
Ce petit acte très gai est surtout fait pour les théâtres de salon.

	H.	F.	Prix

Veine d'Antonin (la), comédie en un acte, par M. Guérin de Litteau. (*Décor :* un boudoir. *Epoque :* de nos jours.) — H. 1, F. 1, Prix 1 »

Gentille bluette, facile à jouer en société, et n'exigeant aucun accessoire ni costume particuliers.

Une pièce quelconque suffit comme décor, et pour les acteurs, la tenue de soirée, ou même, à la rigueur, la tenue de ville.

Virginie!!! comédie en un acte par M. Georges Chauvin. (*Décor :* un intérieur modeste. *Epoque :* de nos jours.) — H. 1, F. 1, Prix 1 »

Duchaussoy, employé de ministère, quoique n'étant plus de la première jeunesse, va se marier, abandonnant méchamment sa bonne Virginie, qui depuis dix ans lui faisait la vie très douce... Mais le mariage n'aura pas lieu, ou du moins c'est Virginie elle-même qu'épousera Duchaussoy.

Voyageur, comédie en un acte, par MM. Georges Docquois et Emile

Codey. (*Décor :* un petit salon, presque un boudoir. *Epoque :* de nos jours.) — H. 1, F. 1, Prix 1 »

Hercule, voyageur de commerce, et mari de Philo, revient de voyage. Les deux époux, très fatigués pour un motif fort... illégitime, feignent, chacun de son côté, une grande joie de se revoir. Ils s'endorment, mais sont réveillés par une pendule dont le rôle — chose étrange — est important dans cette piécette charmante de forme et grivoise de fond.

Zingarella (la), opéra-comique en un acte, par M. J. Montini. Musique de Joseph O' Kelly. (*Décor :* salon modeste à Ischia. *Epoque :* 1783.) — H. 1, F. 1, Prix 1 »

Le compositeur Antonio Salieri, dégoûté des joies de ce monde, est sur le point de prononcer ses vœux et d'ensevelir son talent et son nom dans un couvent retiré. La cantatrice Fiorella, qui l'aime, vient au bon moment détourner le cours de ses pensées et réveiller en lui l'instinct du bonheur et la joie de vivre.

TROIS PERSONNAGES

	H.	F.	Prix

***A côté de la question**, comédie en un acte, par MM. A. Gandrey et H. Brémontier. (*Décor :* salon sur un parc. *Epoque :* de nos jours.) — H. 2, F. 1, Prix 1 50

Pièce sentimentale. Une jeune femme devenue veuve, revoit un ami d'enfance, qui lui avait toujours caché ses sentiments à son égard, et qu'elle force à se déclarer. Elle l'épousera, et elle évincera un certain viveur ruiné qu'on voulait lui imposer.

*** Affaire Rondecuir (l')**, comédie en un acte, par MM. Emile Max et Eugène Leclerc. (*Décor :* un salon d'attente. *Epoque :* de nos jours.) — H. 2, F. 1, Prix 1 »

Monsieur Athanase Rondecuir et sa cousine Mlle Sidonie Toutenpié se rencontrent, sans se connaître, ou du moins sans se reconnaître, dans une agence matrimoniale. Ils ont, chacun de son côté, publié des annonces si adéquates l'une à l'autre, que leur mariage se décide assez facilement. Le piquant de cette pièce consiste dans la gêne que les futurs conjoints éprouvent à se trouver face à face, à

échanger leurs premières confidences de gens soucieux de ne rien changer à leurs habitudes, tout en les accordant ensemble.

*** Aide-toi le ciel, t'aidera**, vaudeville en un acte, par Honoré. (*Décor :* un salon. *Epoque :* de nos jours.) — H. 1, F. 2, Prix 1 »

La timidité, qui est souvent l'apanage des caractères passionnés, manque de brouiller à jamais les héros de cette histoire : une jolie veuve, un brave officier. Leur mariage, un peu compromis, est renoué grâce à l'intervention d'une tierce personne. La moralité de cette remarquable piécette, pourrait être en ceci : une femme consent à ce qu'on l'aime, mais encore faut-il qu'on le lui dise !

Allumette entre deux feux (une), vaudeville en un acte, par Honoré. (*Décor :* une mansarde. *Epoque :* de nos jours.) — H. 1, F. 2, Prix 1 »

Le jeune et audacieux Bajazet s'est introduit dans la chambre de deux belles filles entre lesquelles il tient pendant quelque temps, d'ailleurs avec esprit, le

	H.	F.	Prix

rôle de l'allumette entre deux feux ; — rôle difficile à garder, car notre Lovelace est bientôt obligé de battre piteusement en retraite.

Ami de la maison (l'), comédie en trois actes, *en vers*, par MAR-MONTEL. Musique de GRÉTRY. (*Décor* : un salon. *Epoque* : 1823.) — 2 | 1 | 2 | »

Amour et amour-propre, vaude-ville en un acte, par PAUL BOISSELOT, (*Décor* : *ad libitum*, soit en deux parties (chambre de Louise et chambre d'Adrien); soit en une seule (chambre de Louise seulement, avec deux légères va-riantes dans le texte.) *Epoque* : second Empire; à la rigueur, de nos jours.) Une voix dans la coulisse. — 1 | 2 | 1 | »

Adrien et Louise sont de gentils amou-reux chez qui, par malheur, l'amour-propre l'emporte parfois sur l'amour. Il leur manquait de l'argent pour se ma-rier ; Louise hérite, mais voilà-t-il pas que, le jour même où elle veut — bonne sur-prise — en informer son fiancé, celui-ci se préparait justement à lui montrer les quatre mille francs d'économies qu'il avait amassés. D'où, bouderie, séparation. Le hasard fait qu'Adrien et Louise, dégoûtés de l'argent, emploient le leur à secourir des misères. Ainsi tombe l'obstacle à leur union.
Petite pièce très gaie et vivante.

Amoureux d'en face (l'), vaude-ville en un acte, par THIRION et BEDEAU. (*Décor* : un salon. *Epoque* : de nos jours.) — 2 | 1 | 1 | »

Ane de Buridan (l'), comédie proverbe en un acte, par AD. CORTHEY. (*Décor* : un petit salon. *Epoque* : de nos jours). — 2 | 1 | 1 50

Ange au sixième étage (un), co-médie-vaudeville en un acte, par STÉPHEN A*** et THÉAULON. (*Dé-cor* : une mansarde. *Epoque* : 1790.) — 2 | 1 | 1 50

Le sujet de cette pièce, que le défaut de place nous empêche de résumer est absolument celui du premier acte de la célèbre pièce de MM. Sardou et Moreau, *Madame Sans-Gêne*. C'est un épisode drama-tique, très intéressant de la grande révo-lution.
Il y a un personnage — un petit com-missionnaire — qui n'a que deux mots à dire ; facile à jouer, ou même à supprimer.

A quinze ans, vaudeville en un acte, par AUGUSTE JOUHAUD et

	H.	F.	Prix

A. THOMANN. (*Décor* : un salon. *Epoque* : de nos jours.) — 2 | 1 | 1 | »

A quoi rêvent les jeunes gens, comédie en un acte, par MM. MAURICE DE FÉRAUDY et JACQUES ROUCHÉ. (*Décor* : un boudoir riche. *Epoque* : de nos jours.) — 2 | 1 | 1 50

Un jeune présomptueux de dix-huit ans a fait tenir sa déclaration d'amour à une femme du monde. Il se présente chez elle. Elle le reçoit et, avec infiniment d'es-prit, de douceur et une pointe de cruauté, elle *s'amuse* de son soupirant et finalement le congédie le plus plaisamment du monde.
Cette exquise comédie sort tout à fait de la banalité courante.

Avare devenu mendiant (l'), co-médie en un acte, par M. CHAR-LES DE BUSSY. (*Décor et Epoque* : *ad libitum*.) — 2 | 1 | 1 | »

Marinette, Gros-René et Harpagon sont morts depuis longtemps, mais ces personnages-là sont éternels et renaissent toujours sous des formes différentes. L'auteur de cette comédie très originale nous les montre en notre temps. Harpa-gon, pour pouvoir s'enrichir librement, s'est fait mendiant. La cupidité le pousse à essayer de *rouler* Gros-René. Celui-ci n'est pas homme à se laisser faire, et reste l'heureux vainqueur de la lutte.

Bamboula, vaudeville en un acte, par M. EMILE DURAFOUR. (*Décor* : salle à manger. *Epoque* : de nos jours.) — 2 | 1 | 1 | »

Polycarpe doit épouser sa cousine Zélie. Mais le jeune homme veut se rendre compte des qualités de sa future femme, et comme il a l'esprit facétieux, il ne trouve rien de mieux que de se transfor-mer en nègre, et d'entrer au service de son futur beau-père, monsieur Badouillard, auquel il joue plus d'un tour comique. La situation se dénoue au gré des désirs des jeunes gens.

Banquette irlandaise (la), comédie en un acte, par MM. MARC SONAL et VICTOR GRÉHON. (*Décor* : un cabinet de travail. *Epoque* : de nos jours.) — 2 | 1 | 1 50

M. le Directeur du personnel recevait hebdomadairement à son bureau la visite d'une charmante jeune femme mariée. Son successeur au ministère, M. Gontran, reçoit la visite de cette dame, que son inconstant et frivole ami avait négligé de prévenir de son départ pour un autre poste. Gontran profite de l'occasion pour faire la leçon à cette dame, qui lui répond avec tant d'esprit qu'elle finit par le voir tomber à ses genoux.

Bonheur ignoré (un), comédie-vaudeville en un acte, par LÉONCE et PETIT. (*Décor* : un

H. F. Prix

boudoir élégant. *Epoque :* de nos jours.) — 2 | 1 | 2 »

Bonne à Venture (la), vaudeville en un acte, par MM. ALF. DELILIA et CH. LE SENNE. (*Décor :* salon bourgeois à Montargis. *Epoque :* de nos jours.) — 2 | 1 | 1 »

Venture est un bon célibataire jouisseur comme il sied, et un oncle au cœur de roche, qui ne veut pas entendre parler du mariage de sa nièce Clémence avec Lucien son « gredin de neveu ». Et pourtant les deux jeunes gens s'aiment. L'arrivée du jeune homme ne change rien à l'état d'esprit de Venture. Mais Lucien est un habile compagnon, il a vite fait de découvrir le point faible de son oncle et de plaire à la bonne de ce dernier, Zoé, fille avenante et maligne. Et Venture aime mieux céder à son neveu que de laisser partir sa servante.

Capitaliste! comédie en un acte, *en vers*, par M. E. MATRAT. (*Décor :* une chambre. *Epoque :* ad libitum.) — 2 | 1 | 1 50

Colombine a le choix entre Pierrot, devenu capitaliste, mais demeuré lourdaud. et Arlequin, toujours sans le sou, mais toujours incarnant le rêve et la poésie. Femme pratique, elle choisit Pierrot pour mari, mais à la façon dont elle supplie Arlequin de ne pas se « supprimer », il est aisé de deviner que celui-ci ne sera pas, en réalité, le plus mal partagé des deux.

Caprices de Madame (les), comédie en un acte, par M. LOUIS AUTIGEON. (*Décor :* un salon élégant. *Epoque :* de nos jours.) — 2 | 1 | 1 50

Deux époux très récents, Jane et Henry, ont une scène de ménage, non à propos de bottes, mais de chapeau : Jane mettait son « gainsborough » trop de travers au gré de son mari. D'où menaces de divorce, cris, injures presque. C'est l'ami Oscar qui, sans trop y songer — car il y perd dans l'affaire — réconcilie les deux jeunes gens.
Cette petite pièce a tout son attrait dans la manière agréable dont elle a été traitée. Sans être risquée, elle ne conviendrait point à des pensionnaires.

Ce bon Cyprien! vaudeville en un acte par M. MARC SONAL. (*Décor :* un salon. *Epoque :* de nos jours.) — 2 | 1 | 1 »

Un domestique au service d'un dentiste et de sa femme, grands lecteurs de faits divers, est pris pour un chef de bande, et, comme tel, dorlotté à qui mieux mieux par ses maîtres qui n'osent pas le renvoyer par crainte de représailles. — Pièce très comique et d'un effet certain sur tous les publics.

Chaperon rouge, conte en trois actes, *en vers*, par LEFEBVRE HENRI. (*Décors :* un bois, une salle. *Epoque :* ad libitum.) — 1 | 2 | 1 50

H. F. Prix

Chez la Pâtissière, comédie en un acte, par Mme LYDIA VARINE. (*Décor :* une pâtisserie. *Epoque :* de nos jours.) — 1 | 2 | 1 »

Rencontre, fertile en imprévus charmants, d'un monsieur et d'une dame qu'il a suivie, dans la boutique d'une pâtisserie parisienne.

Chimère et réalité, opera-comique en un acte, par AIGNAN. Musique de BLANGINI. (*Décor :* une salle antique. *Epoque :* an XI.) — 1 | 2 | 2 »

Clavecin (le), comédie en un acte, par MM. PAUL EUDEL et BERTRAND MILLANVOYE. (*Décor :* un salon. *Epoque :* Louis XV). — 2 | 1 | 1 50

Ce charmant petit acte est mêlé de chant. Les trois acteurs qui le joueront devront être musiciens. C'est une scène pleine d'esprit entre un abbé doucement sceptique et deux jeunes époux qui se boudent.

Clocher d'Anjouville (le), pièce en un acte, par M. MARCEL GERBIDON. (*Décor :* un salon riche à la campagne. *Epoque :* de nos jours) — 2 | 1 | 1 »

C'est une fatalité : Albéric chipe toutes les maîtresses de Jacques! Au moins ne lui a-t-il pas encore soufflé Rose Minois; Jacques le croit, mais le hasard brusque et ironique lui prouve le contraire. Il chasse Rose Minois, puis il la reprend, et cela par l'entremise du brave curé de l'endroit : le fait surprendra moins quand on saura que Rose a promis au curé que si Jacques la reprenait, il aurait le clocher et le carillon qu'il désire tant pour son église.

Clochette (la), comédie en un acte, *en vers*, par ANSEAUME. (*Décor :* cabane et bosquet. *Epoque :* de nos jours.) — 2 | 1 | 2 »

Collier (le), opéra-comique en un acte, par MM. F. RÉMY et A. SIMIANE. Musique de M. CIEUTAT. (*Décor :* une boutique à Longjumeau. *Epoque :* de nos jours). — 2 | 1 | 1 50

Landry et Cadichon, le jeune et le vieux bourreliers, se font concurrence aussi bien en commerce qu'en amour, puisque Cadichon voudrait épouser sa nièce Lucette, courtisée d'ailleurs, mais avec plus de succès, par Landry. Cette charmante pièce finit comme il convient, et ainsi s'éteint d'elle-même toute compétition.

Congé avant midi, folie en un acte, par DE CLERCY et X***. (*Décor :* un salon. *Epoque :* de nos jours.) — 1 | 2 | 1 »

	H.	F.	Prix

Corneille et Lulli, comédie en un acte, *en vers*, par M. HENRY JOUIN. (*Décor* : un salon avec clavecin. *Epoque* : 1671.) — 2 | 1 | 1 »

Molière est à la cour du roi, préparant un spectacle. Surmené, épuisé, l'auteur de *Tartuffe* fait demander à Corneille d'écrire à sa place une pièce à spectacle sur un thème galant. Tel est le désir exprimé par le roi. Corneille se récuse d'abord :

« Tout esprit créateur veut être respecté
Molière n'est pas prêt? Eh ! parbleu! qu'on
[l'attende ! »

Mais sur l'insistance de Grazia, la charmante fille du compositeur Lulli, il finit par promettre. Mais quel sujet? Le hasard en fournit un : La Vallière, favorite du roi, s'est enfuie dans un monastère, et le chant que fera Corneille rappellera au monarque son amie. Et Grazia, qui decidement sait manier les cœurs, de collaborer avec le grand poète. et c'est là pièce connue de l'*Amour et Psyché* qui va être portée à Molière, et dont Lulli va écrire la musique.

**** Corneille et Richelieu,** à-propos en un acte, *en vers*, par M. EMILE MOREAU. (*Décor* : un cabinet de travail. *Epoque* : Louis XIII.) — 3 | » | 1 »

Richelieu, avide de gloire littéraire, a mandé Pierre Corneille pour en obtenir aide et conseil. Le poète lui donne satisfaction et du même coup sauve la tête du chevalier de Jars, grâce à un stratagème des plus heureux. Petite pièce très littéraire et de sentiments fort élevés. Elle est restée au répertoire de la Comédie-Française, où elle a été créée.

*** Cousin de Rosette** (le), pièce en un acte, par CHIVOT et DURU. (*Décor* : une chambre d'hôtel. *Epoque* : de nos jours.) — 2 | 1 | 1 50

Amilcar de Saint-Estèphe, *alias* Joseph Thibault, est un pauvre peintre qui sombrerait dans la misère la plus complète (ou dans la Seine) si l'arrivée providentielle de sa cousine Rosette, lui apportant sa main et l'héritage de sa tante, ne venait le sauver au dernier moment.

Crampon (le), comédie en un acte, par M. F. BRAHCEL. (*Décor* : un salon. *Epoque* : de nos jours.) — 2 | 1 | 1 50

Cornélie, veuve et belle, finit par accorder sa main au têtu Alcide, qui pourtant l'avait presque exaspérée par ses assiduités inlassables.

Créole (la), vaudeville en un acte, par DELESTRE-POIRSON. (*Décor* : un jardin d'hôtel à La Martinique. *Epoque* : de nos jours) — 2 | 1 | 2 »

Déjeuner de Lise (le), vaudeville en un acte, par MM. F. SAVARD et EMILE DURAFOUR. (*Décor* : un atelier dans une mansarde. *Epoque* : de nos jours.) — 2 | 1 | 1 »

Dernier Jour de deuil (le), vaudeville en un acte, par DES VERGERS et VARIN. (*Décor* : un salon. *Epoque* : de nos jours.) — 2 | 1 | 2 »

**** Derniers Invalides** (les), poème dialogué, par M. CH. DE BUSSY. (*Décor* : une tonnelle. *Epoque* : de nos jours.) — 3 | » | 1 »

Dialogue (en vers) très patriotique, très chauvin, entre deux très vieux invalides et un jeune soldat. Les deux « anciens », enflammés de leurs glorieux souvenirs, trinquent avec leur visiteur, qui, lui, imbu des idées modernes sur la paix et la fraternité, appelle de tous ses vœux l'avènement de la déesse au front couronné de laurier.

**** Deux Bavardes** (les), saynète en un acte, *en vers*, tirée du *Mercure galant*, par BOURSAULT et POIRSON. (*Décor* : une salle où l'on écrit. *Epoque* : Louis XV.) — 1 | 2 | 0 50

Devant le paisible Oronte, choisi pour arbitre, Elise et Oriane, les deux sœurs, se querellent, en beau langage, sur le point de savoir laquelle des deux sait le mieux se taire, et finalement leur colère retombe sur leur innocent auditeur.

Il y a un rôle d'homme dans cette scène, rôle muet pour ainsi dire, car il ne comporte que huit vers, mais en apportant dans le texte les modifications nécessaires. ce rôle peut être remplacé par un rôle féminin.

Deux Ermites (les) ou la Confidence, comédie-vaudeville en un acte, par D. POIRSON et CONSTANT. (*Décor* : une forêt. *Epoque* : fin du XVIIIe siècle en Bavière.) — 1 | 2 | 2 »

Il y a un rôle de fillette; c'est un travesti car il s'agit de figurer un garçonnet âgé de sept ans.

Devin de village (le), intermède, par J.-J. ROUSSEAU. (*Décor* : un hameau. *Epoque* : 1746.) — 2 | 1 | 2 »

Discrétion, vaudeville en un acte. par DUMANOIR et CAMILLE. (*Décor* : un salon. *Epoque* : de nos jours.) — 2 | 1 | 2 »

Doublure (la), comédie en un acte, par MM. F.-A. LAMBERT et E. FOUQUET. (*Décor* : un cabinet de travail. *Epoque* : de nos jours.) — 2 | 1 | 1 »

Pierre a pour collaborateur Henri, un jeune homme talentueux, — qui écrit les œuvres signées par Pierre, — et pour maîtresse une délicieuse jeune femme, laquelle — naturellement — est au mieux avec Henri. Par malheur, Pierre surprend un baiser et des paroles qui ne lui peuvent laisser aucun doute. Il ne se fâche pas ; il se contente de congédier son secrétaire et sa maîtresse, mais d'une manière où ne manquent ni l'esprit ni l'à-propos.

	H.	F.	Prix

Edouard et Adèle, comédie en un acte, par J.-B. DUBOIS. (*Décor* : un salon. *Epoque* : an XII de la République.) — 2 | 1 | 2 »

En livrée, vaudeville en un acte, par MM. A. MÉLANDRI et EUG. HÉROS. (*Décor* : un salon élégant. *Epoque* : de nos jours.) — 2 | 1 | 1 50

Deux jeunes gens, fort épris d'une horizontale haut huppée, se déguisent en valets pour pouvoir l'approcher. Leur rivalité fournit à la belle l'occasion de se divertir à leurs dépens et d'éprouver l'ardeur de leur passion.

Epreuve, comédie en un acte, *en vers*, par M. LOUIS LEGENDRE. (*Décor* : un boudoir élégant. *Epoque* : de nos jours.) — 2 | 1 | 1 50

Comédie libertine, très richement versifiée, où le mari est magistralement roulé par celui qui sera « incessamment » l'amant de sa femme.

Façon de penser (la), comédie en un acte, par M. J. LÉVY. (*Décor* : un salon. *Epoque* : de nos jours.) — 2 | 1 | 1 25

Pièce très agréable à jouer en société, et, bien que très courte, très intéressante. Elle comporte cette moralité, que tout ce qu'on pense n'est pas toujours bon à dire.

Femme dans mon armoire (une), vaudeville en un acte, par ADOLP. CORTHEY. (*Décor* : une pièce. *Epoque* : de nos jours.) — 2 | 1 | 1 50

Amusant vaudeville, mais qui demande une étude très achevée des jeux de scène, pour bien en traduire tout le mouvement A jouer de préférence devant un auditoire d'hommes ou de dames.

Fiez-vous donc aux femmes, folie-vaudeville en un acte, par EMILE DURAFOUR. (*Décor* : un salon. *Epoque* : de nos jours.) — 2 | 1 | 1 »

Jobardin, mari de l'aimable Rosine, n'a-t-il pas donné rendez-vous chez lui à une ancienne « liaison » dont l'insistance se fait comminatoire? Rosine, heureusement, empêche son mari de faire une bêtise et par la même occasion, se souvenant à propos d'avoir été actrice, elle s'amuse à ses dépens.

C'est une pièce très gaie et très drôle, avec un personnage de domestique fort amusant. A ne pas jouer devant les jeunes filles.

Fluide (le), comédie en un acte, par M. A. GUILLON. (*Décor* : un cabinet de travail. *Epoque* : de nos jours.) — 2 | 1 | 1 »

La faculté de magnétiser son semblable n'est pas toujours l'apanage du sexe fort Témoin *Le Fluide*, qui en l'occurrence a des résultats bien plutôt matrimoniaux que magnétiques.

	H.	F.	Prix

Fortune ! comédie en un acte, par EUGÈNE BOURGEOIS et A. THIRIET. (*Décor* : une salle à manger. *Epoque* : de nos jours.) — 2 | 1 | 1 50

Un ménage de petits employés, les Brégeot, habitent Savigny, près Paris. Ils ont acquis une unique obligation du Crédit foncier, et le premier tirage auquel ils participent a lieu le jour même. On doit leur faire connaître par dépêche le numéro gagnant.

On fait en attendant tous les projets imaginables. On fera beaucoup de bien, on placera les fonds de telle et telle façon ; on se chamaille même un peu sur la façon de comprendre les châteaux en Espagne.

La dépêche arrive. Ils ont gagné 100.000 francs. Après une première émotion qui se manifeste par une crise de sanglots, on refait les projets du début, mais combien modifiés. Et puis quand touchera-t-on? Pas avant trois semaines à cause des formalités. D'ici là quelle inquiétude ! Que faire de ce bout de papier qui est une fortune et qu'il est si facile de voler!

Et le cerveau des braves gens travaille, s'apeure, s'effare tant qu'en fin de compte, très malheureux, se croyant déjà la proie de bandes de brigands sans nombre, ils s'enfuient avec leur trésor... là où personne ne pourra soupçonner leur présence.

Etude très poussée des émotions produites par une subite fortune. Allure comique. Peut être jouée dans tous les milieux.

Françoise (la), drame en un acte, par LÉO TRÉZENIK. (*Décor* : un salon bourgeois. *époque* : de nos jours.) — 2 | 1 | 1 »

La Françoise a été assassinée, voici quarante ans, le soir de son mariage, sans qu'on ait jamais pu découvrir le coupable. Son mari, qui ne l'était pas, se fit curé. C'est l'abbé Tribouille. La confession d'une vieille fille dévote, Mlle Roger, lui apprend que le coupable serait son père, le père Roger. Celui-ci est à l'article de la mort. Il ne veut pas de prêtre. Pourtant l'abbé entre dans la chambre du mourant. Celui-ci ne lui donne, on le sent, qu'une demi-vérité, devinant que la haine est restée chez le prêtre aussi vive qu'au premier jour.

Ce drame très empoignant ne peut être joué devant un auditoire trop jeune.

Héritière (l'), comédie-vaudeville en un acte, par SCRIBE et G. DELAVIGNE. (*Décor* : un grand salon. *Epoque* : vers 1820.) — 2 | 1 | 1 »

Cette excellente comédie, que nous recommandons particulièrement, fait se dérouler, en quelques scènes, les péripéties passionnantes d'une intrigue qui se terminera par un mariage. Nous ne saurions résumer ces dialogues d'un ton si naturel et si élevé à la fois, avec la note spirituelle aux bons endroits. Par le jeu des situations, les actes de personnages et l'enchaînement parfait des scènes, l'intérêt est conduit *crescendo* jusqu'au moment où il atteindra sa plus grande intensité, jusqu'au dénouement.

Heure de Charles XII (une), comédie-vaudeville en un acte, par THÉAULON. (*Décor* : un riche cabinet de travail. *Epoque* : Charles XII.) — H. 2, F. 1, Prix 2 »

Hochet d'une coquette (le), comédie en un acte, par LÉON LAYA. (*Décor* : un salon élégant. *Epoque* : sous Louis XV, à Versailles.) — H. 2, F. 1, Prix 1 »

La marquise de Marcilly, se croyant délaissée par le chevalier de Neuville, s'avise, pour exciter sa jalousie, de coqueter avec le duc de Lancey, excellent homme, mais fort perspicace. Il n'est pas dupe du jeu de la marquise, et tandis qu'elle croit s'amuser de lui, il s'égaie fort en *aparté*. Il se donne le malin plaisir d'exaspérer le chevalier, d'affoler madame de Marcilly, de créer des situations en apparence fort délicates. L'intrigue se dénoue par le mariage, et c'est en somme le triomphe du duc de Lancey.

Cette pièce, en son genre, est un bijou d'esprit et de beau style.

Nota. — En outre des personnage principaux, il y a un laquais (livrée de la marquise) et un grison (livrée du duc).

Horreurs du Carnaval (les), opérette en un acte, par AUGUSTE JOUHAUD. Musique de F. CHASSAIGNE. (*Décor* : un salon. *Epoque* : de nos jours.) — H. 1, F. 2, Prix 1 »

Hortense, couche-toi ! saynète, mêlée de chœurs, par M. GEORGES COURTELINE. Musique de M. CHARLES LEVADÉ. (*Décor* : un salon en déménagement. *Epoque* : de nos jours.) — En plus des personnages principaux : le chœur des déménageurs. — H. 2, F. 1, Prix 1 »

C'est une des plus hilarantes pièces de Courteline. La Brige, empêché de payer son terme, déménage. Son propriétaire, M. Saumâtre, prétend l'en empêcher et le saisir. La Brige, brave homme, supplie d'abord, puis devant la mauvaise volonté du personnage, il se fâche, et il ordonne à sa femme de se coucher : Hortense, en effet, est au terme d'une grossesse, et la loi lui donne neuf jours pour accoucher. Le nouveau locataire ne pourra pas emménager. Et La Brige à son tour de dicter ses conditions. Et elles sont dures, et il est impitoyable, et M. Saumâtre n'a qu'à s'en prendre à lui même de sa mésaventure.

Hymnis, comédie lyrique en un acte, par THÉODORE DE BANVILLE. Musique de JULES CRESSONNOIS. (*Décor* : un vestibule fleuri à Herculanum. *Epoque* : l'antiquité.) — H. 1, F. 2, Prix 1 50

Le poète Anacréon dédaigne sa maîtresse Hymnis, une esclave d'une beauté merveilleuse. Eros, dieu d'amour, intervient et, d'un de ses traits, frappe au cœur Anacréon. Sur le conseil d'Eros, Hymnis va partir. La douleur du poète reconquis l'attendrit. Elle tombe dans ses bras, et les amants chantent l'hymne à l'amour. Il va sans dire que ce résumé très succinct ne saurait donner idée des admirables strophes écrites par Banville sur ce thème emprunté aux *Odes anacréontiques*.

Il faut un état, ou **la Revue de l'an VI**, proverbe en un acte, par LÉGER, CHAZET et BUDAN. (*Décor* : un appartement. *Epoque* : an VII de la République.) — H. 2, F. 1, Prix 2 »

* **Il ne faut pas dire : fontaine…** proverbe en un acte, par CHIVOT et DURU. (*Décor* : un salon. *Epoque* : de nos jours). — H. 2, F. 1, Prix 1 »

Un galant homme apprend, aux dépens de son amour-propre, et par la malice d'une dame, qu'il ne faut pas dire : « Fontaine, je ne boirai pas de ton eau. » La fontaine, en l'espèce, c'est le mariage.

Images (les), comédie en un acte, par M. JACQUES ROUCHÉ. (*Décor* : une antichambre. *Epoque* : de nos jours.) — H. 1, F. 2, Prix 1 50

Deux amies se rencontrent dans une soirée. L'une a épousé celui dont l'autre est séparée par le divorce. Les deux anciens époux engagent une conversation d'un tour assurément peu commun, où la force des sentiments supprimés atteint presque au drame. Pièce, en résumé, très forte, et qui doit être jouée, de préférence, devant des personnes d'esprit mûr.

Interview (l'), comédie-vaudeville, par M. ANDRÉ GODARD. (*Décor* : une chambre d'hôtel. *Epoque* : de nos jours.) — H. 2, F. 1, Prix 1 »

Un brave homme, atteint malheureusement d'une sorte de manie des grandeurs, en est guéri d'assez cuisante manière, mais se résigne à abandonner ses espoirs extravagants.

Irrésistible (l'), comédie en un acte, par GASTINEAU. (*Décor* : un salon d'hôtel à Biarritz. *Epoque* : de nos jours.) — H. 1, F. 2, Prix 1 50

L'étourderie d'une dame un peu inconsidérée manque de brouiller ensemble deux amies qui jusqu'alors sympathisaient parfaitement. L'intervention d'un tiers, particulièrement intéressé dans l'affaire, remet les choses au point, — et au bon.

Pièce charmante, à jouer dans un salon pas trop « collet monté. »

Jacques Fayan, drame en un acte, par J. BOBILLOT et ÉMILE

	H.	F.	Prix

Max. (*Décor :* une chambre d'ouvrier. *Epoque :* de nos jours). — 2, 1, 1 »

C'est un drame atroce de la misère. Jacques et Marthe sont deux pauvres travailleurs. Le mari jusqu'alors honnê'e et courageux, devient buveur, lâche et va jusqu'à détourner, dans un moment de folie, l'argent de son patron. Les agissements d'un individu de mœurs suspectes, nommé Briard, compliquent la situation, qui se dénoue d'une manière terrible.

J'ai fait la connaissance d'un homme charmant! pochade en deux tableaux par MM. GEORGES DOCQUOIS et EMILE CODEY. (*Décors :* 1° la mer ; 2° jardinet devant une villa. *Epoque :* moderne, — mais le moyen âge est préférable.) — 2, 1, 1 »

De la facilité des relations à l'heure du bain et des inconvénients qui en peuvent résulter. — Blague d'atelier, d'une bonne humeur inoffensive.

*** Jolibois... Prince nègre!** comédie-vaudeville en un acte, par M. RENÉ DUBREUIL. (*Décor :* le bureau d'un petit hôtel de quartier. *Epoque* de nos jours.) — 3, », 1 »

Tribulations drôlatiques et bouffonnes d'un jeune homme qui se déguise en nègre pour approcher celle qu'il aime. On le prend pour un roi. L'auteur a brodé sur ce thème des épisodes d'une large gaîté.

Lettre (la), saynète par M. F.-A. DE GÉRANDO. (*Décor :* un salon. *Epoque :* de nos jours.) — 2, 1, 1 »

Saynète d'une amusante rapidité, dans laquelle Monsieur est convaincu d'avoir eu de vilains soupçons à l'égard de Madame, et ce injustement.

*** Lettres de Madame de Savigné** (les), comédie en un acte, par M. MARCEL GASTINEAU. (*Décor :* un boudoir. *Epoque :* de nos jours.) — », 3, 1 »

Camille de Savigné, à cause peut-être de l'analogie de son nom avec celui d'une femme illustre, a la manie d'écrire à tout propos et hors de propos, si bien qu'un jour elle brouille enveloppes et missives et fait parvenir aux uns les lettres destinées aux autres, ce qui la met à deux doigts d'une ridicule mésaventure. Tout s'arrange, d'ailleurs, mais madame de Savigné est guérie de sa... maladie épistolaire.

Pièce pouvant être jouée, de préférence, par des dames.

Leur régime, saynète, par MM. GEORGES DOCQUOIS et EMILE CODEY. (*Décor :* le cabinet du docteur. *Epoque :* de nos jours.) — 3, », 1 »

Legros veut maigrir. Lesec veut engrais-

ser. Le médecin leur ordonne à tous deux la bicyclette. Or, Legros devient énorme, et Lesec diaphane. Fureur et irruption des deux clients dans le cabinet du docteur, où tout s'arrange, grâce à un échange extraordinaire, naturellement consenti, entre Legros et Lesec.

Cette saynète ne peut être représentée devant des jeunes filles.

Licorne (la), comédie en un acte, par OCTAVE GASTINEAU. (*Décor :* une salle à Grindelwald. *Epoque :* de nos jours.) — 1, 2, 1 50

Andoche Moulineau rencontre, au cours d'une excursion interrompue par la pluie, une jeune femme qui n'est pas sans faire impression sur lui. Ils ne tardent pas à apprendre, lui, qu'elle est actrice, et elle, qu'il est vaudevilliste. Il a justement un engagement à lui offrir.

Petit acte amusant et d'une heureuse fantaisie.

Lisette, vaudeville en un acte, par DE CLERCY et GAUTHIER. Airs de LAFITTE. (*Décor :* une mansarde. *Epoque :* 1836.)
Nota. — Un des acteurs est chargé de quatre rôles. — 2, 1, 1 »

C'est, entre Julien et Lisette, la classique idylle au sixième étage, agrémentée par les escapades de ce diable de Julien qui, pour se divertir un peu et aussi éprouver l'amour de sa fiancée, se déguise successivement en porteur d'eau, en vieil usurier, en sapeur, etc., et apparaît ainsi à Lisette sous quatre espèces différentes. On devine la fin de ce vaudeville très divertissant et gai.

Liste de mes maîtresses (la), comédie en un acte, par LÉON et REGNAULT (*Décor :* un boudoir. *Epoque :* Louis XV.) — 2, 1, 1 »

Pièce dans la manière de Scribe, très intéressante et d'un bout à l'autre pétillante d'esprit. Le duc d'Ervilly, vieux roué de cour, dispute la jolie et spirituelle marquise de Marigny au comte d'Armay, non moins roué peut-être, mais beaucoup plus jeune que son rival. La lutte entre les deux hommes est brillante, fertile en péripéties, mais l'issue n'en saurait être douteuse, malgré la fâcheuse « liste des maîtresses » du comte, et d'Armay épouse la marquise.

Il y a dans la pièce un rôle de domestique facile à supprimer.

Livre III, Chapitre Ier, comédie en un acte, par E. PIERRON et H. AUGER. (*Décor :* un petit salon sur un parc. *Epoque :* 1831.) — 2, 1, 1 »

Edmond est l'ami d'Octave, et il est chez ce dernier, à la campagne, depuis peu. Lucile, femme d'Edmond, souffre ou croit souffrir de la présence d'Octave, et ne rêve qu'aux moyens de le faire partir. Sur les conseils de sa tante, qui n'est pas le modèle des bonnes femmes, elle emploie un stratagème peu honnête, et que d'ailleurs

	H.	F	Prix

Octave déjoue victorieusement. Une réconciliation générale termine cette très jolie pièce.

Madame a ses brevets, comédie en un acte, par M. A. Valabrègue. (*Décor :* une salle à manger. *Epoque :* de nos jours.) — 1 | 2 | 1 50

Alfred Mercerolle, homme simple, s'est marié pour goûter le bonheur de famille. Il savait, en épousant, que sa femme était instruite, mais il ne se doutait pas qu'elle fût un puits de science au point de rendre à son mari la vie insupportable. Et le malheureux ne peut manger une sardine sans que Léonie, son épouse, lui apprenne avec mépris, avec aigreur, que la sardine est du genre *clupe ;* s'il fume une cigarette, il saura que la présence, dans le tabac, d'un alcaloïde tel que la nicotine… bref madame Mercerolle a besoin d'une leçon. Alfred la lui donne, et de la belle manière. Cette petite comédie est très amusante, avec une pointe de philosophie et beaucoup d'humour. Nous ne saurions trop la recommander.

Madame est servie! comédie en un acte, par A. Bouvret. (*Décor :* un salon. *Epoque :* de nos jours.) — 1 | 2 | 1 »

Querelle frivole, mais amusante, entre deux jeunes époux, suivie de leur réconciliation.

Madame Mascarille, comédie en un acte, *en vers,* par Ch. de Trogoff et G. Duval. (*Décor :* une salle pauvrement meublée. *Epoque :* de nos jours.) — 2 | 1 | 1 50

Mascarille veut mettre à l'épreuve la vertu de Marianne, sa femme. Peut-être eût-il aussi bien fait, malgré son habileté, de se tenir tranquille, car la plaisanterie pourra bien tourner, en fin de compte, au désavantage du mari soupçonneux.

Mademoiselle Bernard, comédie-vaudeville en un acte, par H. Auger. (*Décor :* un jardin. *Epoque :* de nos jours.) — 2 | 1 | 1 50

Fabien Truchet est revenu de Dijon à Saumur, chez son père. C'est un jeune étudiant. Il est épris d'une femme adorable rencontrée dans la capitale de la Bourgogne, madame d'Orvilly. Or, cette dame est la locataire de M. Truchet père, mais nul ne le sait, car pour être plus tranquille, elle a adopté le costume d'une vieille fille. On devine l'indicible bonheur de Fabien lorsqu'il reconnaîtra celle qu'il aime, et qui consent à devenir sa femme.

Maître de Chapelle (le), ou le Souper imprévu, opéra-comique en un acte, par Sophie Gay. Musique de Paër. (*Décor :* appartement dans un village près Milan. *Epoque :* de nos jours.) — 2 | 1 | 1 »

Il n'est personne qui n'ait vu jouer le *maître de Chapelle.* Nous faisons figurer dans notre catalogue cet opéra-comique, qui ne comporte que trois personnages, et se trouve être par conséquent plus facile à jouer que tout autre.

Maître et valets, à-propos en un acte, *en vers,* par M. Bertol-Graivil. *Couronnement du buste de Molière.* (*Décor :* un salon. *Epoque :* de nos jours.) — 3 | » | 1 »

Mascarille, Crispin et Figaro, se rencontrant devant le buste de Molière, se raillent entre eux, chantent tour à tour la gloire de l'immortel auteur du *Misanthrope* et se réconcilient.

Maman Plumeau, folie-vaudeville en un acte, par Emile Durafour. (*Décor :* un intérieur modeste. *Epoque :* de nos jours.) — 1 | 2 | 1 »

Amusant petit acte où une vieille concierge voleuse favorise sans s'en douter le mariage du locataire qu'elle dupait journellement.

Mam'zelle Réséda, opérette en un acte, par J. Prével. Musique de Gaston Serpette. (*Décor :* une chambre pauvre. *Epoque :* Louis XV.) — 2 | 1 | 1 50

La jolie Réséda a un oncle, un vieil avare, qui voudrait lui faire épouser un de ses amis, barbon et harpagon comme lui. Mais l'habileté de celui qu'elle aime et son esprit ingénieux sauvent tout. Pièce charmante, très légèrement grivoise.

Mari en bonne fortune (le), comédie en un acte, par H. Simon. (*Décor :* une salle commune d'hôtel. *Epoque :* 1816.) — 1 | 2 | 2 »

Mariage d'argent, étude de paysans en un acte, par M. Eugène Bourgeois. (*Décor :* intérieur rustique. *Epoque :* de nos jours.) — 2 | 1 | 1 50

Le père Baudruc, attentif à son bien, vit entre son fils et sa jeune servante « la Marie ». — C'est le jour où le vieux doit payer à sa servante, des gages et le prix de menus biens qu'il lui loue. Il paie en rechignant, après avoir longuement essayé de gratter quelques sous. Les comptes réglés, le vieux, que ce paiement horripile, propose à la fille de l'épouser ; il n'y aurait plus ainsi ni gages ni fermages. L'idée ne déplaît pas à la fille et elle acceptera. Survient le fils qui, parti à la ville pour toucher une créance, a fait un peu la fête et a entamé le pécule. Le vieux, qui a sa petite confidence à faire, commence tout doux. Le fils, un peu surpris, accepte l'idée de ce mariage d'argent, du moment que la fille y consent. Puis reddition des comptes du fils qui a dépensé vingt francs sur les fonds qu'il doit rapporter. Scène violente, le père lui fait honte de courir le jupon. —

	H.	F.	Prix

Trouve-moi une femme, je ne courrai plus.
— J'ai ton affaire. — Qui ? — La Marie.
— Et vous ? — Qué que ça fait pourvu
qu'elle soit de la maison ? — Et, comme la
fille préfère le jeune au vieux et que le
jeune consent, mariage.

Acte très étudié au point de vue de la
psychologie paysanne. Comique, d'effet
sûr.

**Mémoires d'un colonel de hus-
sards**, comédie en un acte, par
SCRIBE et MÉLESVILLE. (*Décor* :
intérieur de prison. *Epoque* :
1822.) — H. 2 — F. 1 — Prix 1 »

Le colonel de Montenart donne au sous-
lieutenant Léon une leçon qui n'a pas pour
objet la tact que ni la stratégie, mais les
moyens de réussir dans les projets galants.
Une occasion se présente, sous les espèces
de Mathilde de Montenart; mais comme
nos deux officiers ne peuvent la supposer
à l'endroit où ils sont (en prison), leur méprise commune et leur rivalité donnent
lieu à une situation fort piquante.

Mélitta, comédie en un acte, *en
vers*, par M. H. MARCEL. (*Décor* :
une maison dans les bois. *Epoque* :
celle des costumes de Pierrot.) — H. 1 — F. 2 — Prix 1 »

***Michel et Christine**, comédie-
vaudeville en un acte, par
SCRIBE et DUPIN. (*Décor* : un
jardin clos par une haie. *Epoque* : 1821.) — H. 2 — F. 1 — Prix 1 »

Stanislas est un brave soldat et un grand
cœur. Il le prouve en faisant le bonheur
de Christine et de son cousin Michel qui,
grâce à son abnégation, seront heureux
en ménage. Pourtant Stanislas aimait
Christine, mais il aime véritablement et
pousse l'amour jusqu'au sacrifice de soi-
même.

Nous recommandons cette charmante
comédie.

Nota. — Il y a un rôle de domestique en
plus des trois rôles indiqués, mais il est
peu important.

Mon premier début, vaudeville en
un acte, par M. ALPH. KUHN.
(*Décor* : un salon. *Epoque* : de nos
jours.) — H. 2 — F. 1 — Prix 1 50

Pitanchard, sachant que son neveu Jules
a pour maîtresse Nini Croquetout, comédienne, vient chez celle-ci. La fine mouche
ne trouve rien de mieux que de répéter son
rôle et de faire du bonhomme son complice
dans un assassinat. Il a une telle peur qu'il
lui donne son portefeuille, promet et signe
pour 20.000 francs de billets. Puis il se
ravise, essaye de supprimer Nini en lui
mettant un flacon sous le nez. Elle feint
la mort. Jules arrive ensuite, et l'on
parvient par tout expliquer à ce gobeur de
Pitanchard. A jouer devant un public mondain.

**Monsieur et madame Polichi-
nelle**, comédie en un acte,
en vers, par LÉON SUPERSAC.
(*Décor* : une place sur la campagne ; deux maisons praticables.
Epoque : le temps de Polichinelle.) — H. 2 — F. 1 — Prix 1 50

Monsieur Polichinelle a bien des défauts, et il lui en cuit. Le voici bafoué
par sa femme, qui n'est pas sans écouter
complaisamment les brûlants propos de
Lélie. Une seconde fois, déguisé en commissaire, Polichinelle est reconnu et dé-
masqué. Mais quelle éclatante revanche
il prend ! Il feint de se laisser enivrer par
Lélie et sa femme le « reçoit » en le bour-
rant ; il la pousse alors vers la demeure
du bellâtre absent à ce moment, et l'y enferme. Il conduit ensuite Lélie vers sa
propre demeure, où l'autre s'empresse de
monter ; enfin M. Polichinelle grimpe chez
Lélie et tombe dans les bras de sa femme
stupéfaite et reconquise par ce bon tour,
tandis que le galant Lélie est ridicule-
ment chassé à coups de balai par Marinette, soubrette de madame Polichinelle.

Cette exquise comédie, écrite en vers
charmants, est d'un entrain rapide et d'une
verve ininterrompue.

Monsieur et une dame (un), vaudeville en un acte, par DU-
VERT et LAUSANNE. (*Décor* : une
chambre d'auberge dans le Berry.
Epoque : vers 1840.) — H. 2 — F. 1 — Prix 1 »

Un monsieur et une dame, — une dame
spirituelle — passent fortuitement la nuit
dans une auberge du Berry. Cette nuit, remplie d'incidents piquants, amusants, imprévus, aura d'agréables conséquences, car les
deux voyageurs s'épouseront.

Notons que le rôle de la dame fut créé
au Vaudeville par la célèbre comédienne
Brohan. La pièce de Duvert et Lausanne
est une des plus charmantes qu'aient
écrites ces deux auteurs.

**** Morale au cabaret** (une), ou
Qui a bu boira, proverbe en un
acte, par HONORÉ. (*Décor* : intérieur d'une boutique de marchand de vins. *Epoque* : de nos
jours.) — H. 3 — F. » — Prix 1 »

Ce proverbe un peu gros est très moral,
en même temps que très comique.

Mort d'Œdipe (la), drame sympho-
nique en un acte, par MM. EMILE
et René ASSE, transcrit de So-
PHOCLE. (*Décor* : un temple dans
un bois. *Epoque* : la Grèce antique.) — H. 2 — F. 1 — Prix 1 50

Mouton (le), comédie en un acte,
par MM. PIERRE VEBER et MAR-
CEL GERBIDON. (*Décor* : un sa-
lon. *Epoque* : de nos jours.) — H. 2 — F. 1 — Prix 1 50

Léon a pour amie Francine, une jeune
femme aussi infidèle que jolie, ce qui
n'est pas peu dire. Léon, nature mouton-
nière, ne jugeant rien par lui-même, trouve
bon de présenter Francine à un don
Juan de ses amis, André Paveur, pour

	H.	F.	Prix

avoir l'avis de ce dernier. Or, André est depuis trois mois l'amant de Francine. Afin de ne pas éveiller la jalousie de Léon, Paveur, resté seul avec son camarade une fois la présentation faite, se déclare enthousiasmé, puis il se livre à des réticences, dépasse le but, si bien que voici Léon presque dégoûté de sa maîtresse. Et le pis est qu'il le lui dit, et que la jeune personne, furieuse, jette ses trahisons au nez de son protecteur stupéfait, anéanti, furieux enfin, et menaçant. Elle ne tarde d'ailleurs guère à reconquérir ce caractère faible, mais lorsqu'André rentre, Léon le met à la porte, et plutôt brutalement.

Il y a beaucoup de sel et d'agrément dans cette comédie très moderne et très mondaine.

Mystère de la rue Gaillon (le), fait divers en un acte, par MM. Marc Sonal et Ch. Baret. (*Décor* : un salon. *Epoque* : de nos jours.) | 2 | 1 | 1 50

Une belle-mère a disparu. On la cherche vainement, et le domestique de la maison, à l'insu de ses maîtres, est allé consulter une somnambule. De cette consultation et de ses suites, résulteront des scènes du plus grand comique jusqu'au coup de sonnette annonçant le retour de « belle maman ». Pièce très gaie qui peut être jouée devant tous les publics.

Nuit des noces de la fille Angot (la), vaudeville en un acte, par MM. Monréal et Blondeau. (*Décor* : une chambre de perruquier. *Epoque* : 1793.) | 2 | 1 | 1 »

Dans *la Fille de Madame Angot*, Ange Pitou ne parvient pas à épouser Clairette. Dans *la Nuit des noces de la fille Angot*, Pitou prend sa revanche avec madame Pomponnet, aux dépens de l'infortuné Pomponnet, arrêté comme conspirateur.

C'est une pièce amusante, convenant très bien pour des fêtes locales.

Le rôle d'Ange Pitou est un rôle dit à *tiroirs* et comporte quatre travestissements successifs.

Objet d'art (un), comédie en un acte, par A. Bouvret. (*Décor* : un salon. *Epoque* : de nos jours.) | 2 | 1 | 1 »

Oscar a pris la servante pour la maîtresse. Une photographie l'avait trompé. Un buste qu'on lui montre le fait revenir de son erreur, mais non de sa passion, car il épousera quand même la camériste.

Petite pièce charmante à tous égards.

Œuvres d'Horace (les), comédie en un acte, par E. Pierron. (*Décor* : un petit salon. *Epoque* : 1848.) | 1 | 2 | 1 »

Horace Prudent est, au fond, un brave homme, un excellent cœur, mais à partir du jour où il lui vient en tête d'écrire et de révolutionner le monde, sa chimère le possède et il oublie tout : sa femme, sa fille et sa maison. Une amie de Mme Pru-

dent, Henriette, une comédienne déjà célèbre, arrive sur ces entrefaites. Mise au courant de la situation, elle organise, de concert avec la femme d'Horace, un petit complot qui réussit à merveille, car le mari d'Amélie est à jamais guéri de sa manie.

Le rôle d'Henriette comporte un travesti.

On demande des domestiques, vaudeville en un acte, par Chivot et Duru. (*Décor* : un salon riche. *Epoque* : de nos jours.) | 3 | » | 1 50

Vaudeville très mouvementé, qui contient tout ce qu'on peut souhaiter au point de vue de l'action, de l'intrigue et du dénouement, avec beaucoup de gaîté. A jouer plutôt devant un public d'hommes et de dames.

Où l'amour va-t-il se nicher ? vaudeville en un acte, par Emile Durafour. (*Décor* : une salle à manger. *Epoque* : de nos jours). | 1 | 2 | 1 »

Dubriquet a vu entrer chez sa fille une jeune blanchisseuse, et par un mystère — promptement dévoilé d'ailleurs, il en voit ressortir un amoureux. Cette pièce, facile à jouer en société, comporte un travesti.

Page du Régent (un), comédie-vaudeville en un acte, par Théaulon. (*Décor* : un salon. *Epoque* : Louis XV.) | 2 | 1 | 1 »

Le chevalier d'Hermont a cinquante ans; il ne les porte pas; il est très vert. Ce fut un page du Régent, et l'habitude de courtiser toute jolie femme l'entraîne à négliger la sienne, à la tromper à l'occasion. Pourtant Agathe, toute jeune, a plus que ce qu'il faut pour plaire. Elle évente la mèche, suit son mari, prévient M. Vincent son oncle, homme d'esprit et de sens droit; et tous deux savent mettre d'Hermont en posture si ridicule, si amusante, qu'il n'essayera plus de sa vie aucune tentative du genre de celle où il a si mal réussi.

Charmante comédie, très agréable à jouer dans un salon, devant un public mondain.

* **Pan de robe** (le), comédie-vaudeville en un acte, par A. Favre. (*Décor* : une pièce bien meublée. *Epoque* : de nos jours.) | 1 | 2 | 1 50

Un gandin, séducteur vulgaire et sans scrupules, est parvenu à troubler le cœur d'une jeune fille. Mais la protectrice de celle-ci veille, et démasque habilement la bassesse du personnage.

Cette pièce offre une intrigue très belle et des scènes très émouvantes. Elle est, en outre, morale et sentimentale.

Pantalon pour deux (un), pochade en un acte, par Emile Durafour. (*Décor* : une salle à manger

	H.	F.	Prix

servant d'atelier. *Epoque : de nos jours.*) *Une voix dans la coulisse*. — 2 | 1 | 1 »

Ayant, en le secouant, laissé tomber son pantalon par la fenêtre, Raoul se trouve fort embarrassé. Il emprunte l' « inexpressible » de son concierge, lequel d'ailleurs subit, à la suite de cet accident insignifiant, de cocasses mésaventures.

Papillon (le), comédie en un acte, *en vers*, par MM. PAUL BILHAUD et JULES TRUFFIER. (*Décor :* une pièce. *Epoque :* de nos jours.) — 1 | 2 | 1 »

Le vicomte, sans négliger sa cousine, est très assidu près de la baronne, et fort empressé envers la comtesse. Celles-ci étant de tempérament différent, le vicomte change de caractère selon qu'il se trouve avec l'une ou avec l'autre. Mais la ruse la mieux ourdie peut nuire à son inventeur, et les deux jeunes femmes, découvrant la supercherie, infligent au *papillon* la plus humiliante des leçons.

* **Papillotes** (les), comédie en un acte, *en vers*, par LÉON VALADE. (*Décor :* une salle. *Epoque :* en 1688, à Paris.) — 2 | 1 | 1 50

Nous ne saurions trop recommander cette charmante pièce, parfaite à tous égards, où l'auteur a mis en scène le vieux comédien d'Hauteroche, sa nièce Madeleine et son petit-fils Hubert, poète et acteur déjà remarquable.

Papillottes de M. Benoist (les), opéra-comique en un acte, de J. BARBIER et CARRÉ. Musique de HENRI REBER. (*Décor :* une mansarde. *Epoque :* de nos jours.) — 2 | 1 | 1 »

André et Suzanne, le frère et la sœur, l'un ciseleur, l'autre brodeuse, vivent ensemble du fruit de leur travail. Leur vieux voisin, M. Benoist, s'est laissé prendre au charme de Suzanne; il lui avoue son amour et Suzanne railleuse lui promet d'être sa femme; dans une entrevue avec André il lui révèle ses projets et celui-ci lui dit que sa sœur n'a pour dot que son travail et peut-être le contenu d'une certaine cassette que leur mère en mourant lui a confiée en lui recommandant de ne l'ouvrir qu'au moment du mariage de sa sœur; resté seul, il ouvre la cassette et y trouve une lettre qui lui révèle que Suzanne n'est pas sa sœur. Alors son amitié pour Suzanne se change en amour et il est jaloux de M. Benoist; par dépit il annonce à sa pseudo-sœur qu'il va se marier, par dépit aussi celle-ci veut épouser Benoist. Finalement il donne la lettre à Suzanne qui lui avoue aussitôt qu'elle l'aime, et rien ne s'y opposant plus, ils se marient. Benoist les laisse à leur joie.

Paris-Bazar, revue en un acte, *en vers libres*, par M. P.-L. FLERS. (*Décor :* trois comptoirs de vente

dans un bazar de charité. *Epoque : 1894.*) — 2 | 1 | 1 »

Deux messieurs et une dame, tous trois gens du monde, passent en revue les faits principaux de l'année, et, pour stimuler la générosité des personnes présentes, annoncent que la solution de diverses questions très d'actualité leur sera vendue au profit des malheureux. Et c'est le point de départ d'une série de couplets très drôles, très imprévus, et que les trois protagonistes ne se font pas faute d'exprimer avec liberté, comme avec esprit, des réflexions souvent piquantes et quelquefois salées.

Nota. — La scène du tableau de Roybet et celle de Jenny l'ouvrière peuvent être supprimées.

Parthénice, à-propos en un acte, *en vers*, par M. E. MOREAU. (*Décor :* un appartement austère. *Epoque :* vers 1660.) — 1 | 2 | 1 »

Les personnages sont : Jean Racine (rôle travesti, créé par madame Sarah Bernhardt), son oncle et sa tante, M. et madame Vitard. Racine, très jeune, est confessé par son excellent homme d'oncle, qui assiste avec joie à l'éclosion du talent de Jean, à l'éveil d'une nature incomparablement douée pour sentir et pour exprimer.

Peigne (le), comédie en un acte, par MM. GEORGES DOCQUOIS et PAUL ACKER. (*Décor :* logement de garçon. *Epoque :* actuelle.) — 2 | 1 | 1 50

Cette pièce, très attrayante de ton, très moderne et d'une brièveté allègre, démontre qu'il est difficile de quitter une maîtresse, même dans les occasions les plus propices. Le public est, du reste, ravi de voir qu'en fin de compte, Georges ne peut arriver à décourager la tendresse si gentiment émouvante de Jeanne. — Un peu vif, mais rien qu'un peu.

Pendu (le), drame en un acte, par M. EUGÈNE BOURGEOIS. (*Décor :* une écurie. *Epoque :* de nos jours chez les paysans.) — 2 | 1 | 1 »

Un vieux paysan épris de sa jeune servante, « la Marcotte » a été repoussé par elle et s'est pendu à une poutre de son écurie.

Son fils qu'il a chassé, par jalousie, revient chaque soir voir la Marcotte et le lieu de rendez-vous est cette écurie où les intrus ne sont pas à redouter.

Dès le début, ils aperçoivent le pendu — Une lumière! — C'est le père! On dénoue la corde et le vieux revient à lui; mais, dès qu'il a repris ses sens et qu'il a vu le couple, il est pris d'un accès de fureur contre son fils qui a déjà en mains les écus pris en hâte et contre la fille qui le repousse. Au comble de l'exaspération, il suffoque et s'évanouit.

Alors, devant la misère menaçante, devant l'injustice et les malédictions du père, une idée surgit. — « Personne n'a rien vu, on ne sait rien, le vieux est en pâmoison, quasiment mort. » — On rependle vieux et le rideau tombe sur la mise en scène du début...

Gros effet tragique. C'est, en quelques pages, un drame terrible et non sans beauté.

Perfide comme l'onde, comédie en un acte, par OCTAVE GASTINEAU. (*Décor :* un salon. *Epoque :* de nos jours.)   » 3 1 50

Madame Duplessis et Madame de Merval sont en apparence deux bonnes amies. Mais en apparence seulement, car en réalité, elles n'ont pas de plus grand souci que de se jouer mutuellement de très vilains tours, et rivalisent, l'une envers l'autre, de perfidie. Une fine mouche, la femme de chambre Juliette, complète le trio. Cette comédie, très mordante et très étudiée, est destiné à être jouée par des dames.

Petits péchés de la Grand'maman (les), comédie en un acte, par HONORÉ. (*Décor :* un salon. *Epoque :* de nos jours.)   1 2 1 50

Léon, dix-sept ans (*rôle travesti*) et Clarice, seize ans, sont cousin et cousine, et amoureux l'un de l'autre. Et ils s'en vont d'un pas déluré confier leur secret et leurs projets à la grand-mère dont ils ont, par surcroît, surpris d'innocents péchés de jeunesse, sous forme de lettres mal cachées. Sans contrarier leur amour et tout en acceptant leur futur mariage, la grand'maman leur parle raison.

Phare de Bréhat (le) ou : **Un, Deux et Trois**, comédie-vaudeville en un acte, par BIÉVILLE. (*Décor :* la plate-forme du phare. *Epoque : 1847*)   2 1 1 »

Pierre est le gardien du phare. Un chagrin d'amour lui a fait demander ce poste, et il souffre, retiré du monde des vivants. Celle qu'il aime est Mariette, son amie d'enfance et la pupille de Jeannic son compagnon d'armes. Mariette doit épouser Jeannic, moins par amour que pour obéir au vœu suprême de feu son père, tué à l'ennemi. Celui qu'elle aime, c'est Pierre. La scène capitale, qui se passe sur la plate-forme du phare, est bien près de tourner au tragique. Les deux hommes s'injurient, menacent de se battre, mais ils font la paix, avec l'aide de Mariette, qui sera la femme de Pierre.

Pièce du pape (une), comédie en un acte, par M. MARC SONAL. (*Décor :* un salon. *Epoque :* de nos jours.)   2 1 1 »

A la suite de quelles circonstances une pièce de deux francs à l'effigie du Pape, donnée à un cocher, révèle à une jeune et charmante femme certains faits et gestes de son mari, que celui-ci avait le plus grand intérêt à lui laisser ignorer?

Point du jour (le), vaudeville en un acte, par J. GABRIEL et DE FORGES. (*Décor :* une cabane de berger en Bretagne. *Epoque :* de nos jours.)   2 1 2 »

Poisson rouge, pièce en un acte, par M. MARC SONAL. (*Décor :* un boudoir. *Epoque :* de nos jours.)   1 2 1 50

Ce petit acte, *d'allure assez libre*, mais extrêmement amusant, met en scène un jeune pion, une artiste lyrique et sa bonne. Les deux jeunes femmes mystifient délicieusement le donneur de pensums.

Le rôle du jeune pion peut être joué en travesti, ce qui donnerait alors trois rôles de femmes.

Pomme d'api, opérette en un acte, par MM. LUDOVIC HALÉVY et WILLIAM BUSNACH. Musique de J. OFFENBACH. (*Décor :* un salon. *Epoque :* de nos jours.)   2 1 1 50

Cette ravissante opérette est empreinte du talent et de la verve fantaisiste qu'on peut attendre de ses auteurs. Le sujet : une jeune fille, aimée au quartier latin par le jeune Gustave et que celui-ci retrouve chez son oncle, comme bonne. L'oncle, à peine l'a-t-il vue, s'en éprend, mais la belle restera à Gustave qu'elle n'a jamais cessé d'aimer, et ils se marieront.

Le sujet de la pièce est peu : mais il a été magistralement traité.

Pompier de Victoire (le), folie-vaudeville en un acte, par EMILE DURAFOUR. (*Décor :* une salle à manger. *Epoque :* de nos jours.)   2 1 1 »

Pamphile, pompier de Paris a été introduit dans la cuisine par Victoire, servante de Biscotard. Celui-ci, rentre inopinément, ne surprend pas tout d'abord Pamphile, déguisé à temps, mais la tromperie ne dure pas et finit en fantaisie échevelée.

Quand on l'est..., saynète, par MM. GEORGES DOCQUOIS et EMILE CODEY. (*Décor :* le cabinet de travail d'un romancier. *Epoque :* de nos jours.)   2 1 1 »

Scène, très libre et très désopilante, où un romancier psychologue se voit demander une consultation sur le point de savoir si une veuve peut épouser un homme qui a divorcé à cause de la mauvaise conduite de sa femme.

Quinze jours d'arrêts, comédie en un acte, par MM. H. DE BOMPAR et H. DUCHEZ. (*Décor :* le salon d'un navire. *Epoque :* de nos jours.)   2 1 1 »

Maxime de Koëtven, officier de marine, neveu de l'amiral de Koëtven, est un ti-

	H.	F.	Prix

mide, mais un homme de cœur. Après bien des difficultés, il fait à sa cousine, Marthe de Caylus, une veuve fort seduisante, l'aveu de son amour. En s'épousant, ils feront aussi le bonheur du vieil amiral, chagriné par l'idée que le nom de ses ancêtres pourrait s'éteindre.

'Quiproquo (un), pochade en un acte, par EMILE DURAFOUR. (*Décor :* une salle à manger. *Epoque :* de nos jours.) — **H.** 2 **F.** 1 **Prix** 1 »

Corniquet, parrain de la gentille Rose, surprend une lettre d'où il résulte que sa filleule cache quelqu'un dans la maison. Sa colère est terrible, ses représailles ne le seraient pas moins s'il n'apprenait au bon moment que le « quelqu'un » en question n'est autre qu'un innocent petit chien.

Qui va à la chasse..., proverbe en un acte, par M. ROBERT VERMANDOIS. (*Décor :* le hall d'une maison de campagne. *Epoque :* de nos jours.) — **H.** 2 **F.** 1 **Prix** 1 50

Une légère brouille vient troubler le ménage charmant de Jeanne et de René. La jeune femme a des doutes, injustifiés d'ailleurs, sur la fidélité de son mari. Le jeune cousin Maurice n'est pas loin de profiter, sans trop l'avoir prémédité, de cet incident. Mais le malentendu se dissipe, et les deux époux s'embrassent. Petite pièce agréable, émue.

" Racine à Port-Royal, à-propos en un acte, *en vers*, par L. AUGÉ DE LASSUS. (*Décor :* une chambre sévère. *Epoque :* Louis XIV.) — **H.** 3 **F.** » **Prix** 1 »

La scène se passe chez les jansénistes, à Port-Royal. Jean Racine, l'immortel poète, a seize ans. Il a écrit ses premières pièces, et s'il a pour lui l'indulgent Nicole, il a contre lui le sévère Arnault. Celui-ci, croyant brûler les manuscrits du futur auteur d'*Athalie*, brûle ceux de Nicole. La pièce est charmante, très pure et d'ordre tout à fait choisi; elle a été créée à la Comédie-Française.

Répétition (une), comédie en un acte, *en vers*, par GUY DE MAUPASSANT. (*Décor :* un salon. *Epoque :* de nos jours.) — **H.** 2 **F.** 1 **Prix** 1 »

Cette ravissante comédie montre que le talent de l'illustre écrivain pouvait, tout en restant égal à lui-même, se plier à tous les genres. *Une répétition* est une des pièces les plus charmantes qui se puissent jouer. En voici le sujet. M. Destournelles (55 ans) est prêt à sortir. Il voit sa femme (25 ans) costumée en bergère Watteau : elle va répéter une comédie avec, pour partenaire, M. René Lapierre, un jeune homme ami de la maison. Celui-ci paraît en marquis Louis XV. Destournelles le félicite et sort. La répétition commence, mais René n'a aucun brio, aucun talent. Enfin, il se décide à sortir de son rôle et à faire, pour tout de

bon, une déclaration passionnée à madame Destournelles, très offusquée. Il lui baise les mains, il tombe à ses genoux : juste à cet instant, Destournelles rentre, apportant à sa femme deux bracelets. Se fâchera-t-il? Non. Il feint, spirituellement, de croire à la continuation de la comédie, et s'égaye un moment de la mine du jeune homme, un peu penaud, et contraint — naturellement — de s'éclipser. Inutile d'insister sur la perfection absolue de la forme de cette comédie.

Reprise (la), pièce en un acte, par M. MAURICE RICHARD. (*Décor :* une terrasse sur la campagne. *Epoque :* de nos jours.) — **H.** 1 **F.** 2 **Prix** 1 »

Après une longue séparation, causee par une faute passagère de la femme, deux époux — Henriette et Claude — se reprennent. Henriette est devenue presque aveugle et prématurément vieillie par le chagrin. Petite pièce d'une note assez mélancolique et touchante, convenant peu à un auditoire jeune.

Roman d'une heure (le), comédie en un acte, par HOFFMANN. (*Décor :* un salon. *Epoque :* le début du siècle dernier.) — **H.** 2 **F.** 1 **Prix** 1 »

Valcour, épris de Lucile, une veuve qui réunit toutes les qualités humaines, est homme d'infiniment d'esprit; la délicatesse de ses sentiments n'a d'égale que son ingéniosité. Il sait en peu de temps obtenir de Lucile l'aveu d'un amour partagé et la promesse d'un mariage qui comblera leurs vœux les plus secrets et les plus chers.

Secret du ménage (le), comédie en trois actes, *en vers*, par CREUZÉ DE LESSER. (*Décor unique :* un salon. *Epoque :* 1809.) — **H.** 1 **F.** 2 **Prix** 1 »

Le ménage de M. et Mme d'Orbeuil n'est pas loin de se disloquer. Grâce à la présence de madame d'Ercour, cousine de d'Orbeuil, l'irréparable est évité. Cette comédie, d'une tenue poétique irréprochable, n'a aucun côté comique et demande à être jouée devant un public sérieux. Elle n'intéresserait pas beaucoup un trop jeune auditoire.

Serment d'ivrogne, drame en un acte, par MM. EMILE MAX et EUG. LECLERC. (*Décor :* une chambre très propre d'ouvriers. *Epoque :* de nos jours.) — **H.** 2 **F.** 1 **Prix** 1 »

Drame très triste et très vrai. Pierre fut un bon mari tant que son « copain » Martin ne fut pas venu le débaucher. Il s'est mis à boire, à jouer. Il boit sa paie chez le marchand de vin, maltraite sa femme Jeanne. Enfin, après une scène de violence, il fait un retour sur lui-même, reconnaît son infamie, et pour donner à Jeanne un premier gage de sa guérison, il flanque Martin à la porte. Mais tiendra-t-il son serment?...

	H.	F.	Prix

Shakespeare amoureux, comédie en un acte, par ALEXANDRE DU-VAL. (*Décor* : un salon à Londres. *Epoque*: sous la reine Elisabeth.) — 1 2 1 »

L'immortel écrivain qui mit dans ses œuvres la fougue et la puissance de ses propres passions, aimait à la folie une actrice d'une rare beauté, Clarence, du théâtre de Londres. La scène capitale de la belle pièce d'Alexandre Duval nous montre le poète en proie à d'affreux tourments, puisqu'il croit Clarence prête à épouser lord Wilson. Revenu de son erreur, il s'abandonne à sa joie : il sera le mari de la brillante comédienne.

* **Sœur de Calino** (la), vaudeville en un acte, par AUGUSTE JOUHAUD. (*Décor* : un salon. *Epoque :* de nos jours.) — 2 1 1 »

C'est, mises à la scène, la touchante naïveté et les énormes bêtises de Calino et de sa sœur Framboise, qui n'est d'ailleurs que sa sœur de lait, car à la fin de la pièce, ils se marient.

Sous seing privé, comédie en un acte, par A. BOUVRET. (*Décor :* un salon d'été. *Epoque :* de nos jours.) — 2 1 1 »

Jeanne et Octave sont deux amoureux qui se taquinent et croient ou feignent de croire que le sort ne les a nullement destinés l'un à l'autre. Ils rédigent même un acte en ce sens, sous seing privé. Mais avec l'aide du brave Pierre, un vieux domestique, le malentendu s'efface et les deux jeunes gens s'épouseront.

" **Table mutualiste** (la), poème dialogué, par M. CH. DE BUSSY. (*Décor :* une salle rustique. *Epoque :* de nos jours.) — 1 2 1 »

Une jeune fille entre chez de pauvres paysans, le vieux Firmin et la Lise. On la leur confie jusqu'à ce qu'elle ait seize ans; elle réchauffera leur foyer et remplacera la fille qu'ils ont perdue. C'est la mutualité qui s'occupe ainsi de cette enfant, et la pièce, qui est une courte et heureuse apologie de la mutualité, convient tout à fait aux fêtes que donnent souvent les sociétés de secours mutuels et similaires.

Taupier reçoivent (les), comédie en un acte, par MM. GEORGES DOC-QUOIS et EMILE CODEY. (*Décor :* un salon. *Epoque :* de nos jours.) — 2 1 1 »

Taupier et sa *compagne* Hermance devaient recevoir, « en soirée », des couples (légitimes) d'amis pour lesquels, à les entendre, l'amour sincère et la fidélité valaient toutes les consécrations légales. Au dernier moment, c'est, chez les Taupier, une avalanche de télégrammes de *mille regrets*. Sébastien, seul, vient : il est célibataire, et par-dessus le marché, le meilleur ami d'Hermance !

Temps perdu (le), comédie en un acte, par LOUIS BRIDIER. (*Décor :* un salon de campagne. *Epoque :* de nos jours.) — » 3 1 »

Le temps perdu, c'est celui que Fernande a mis à pardonner à son mari l'offense dont il témoigne, à force de constance, un repentir véritable. Aussi, par l'entremise de Marthe, une fidèle amie, les deux époux vont-ils se réconcilier et retrouver le bonheur des premiers temps de leur union.

Pièce sentimentale, d'une intrigue très heureuse; demande à être jouée par des dames.

Tentée, drame en un acte, par M. P. KARATT. (*Décor :* une chambre d'ouvriers aisés. *Epoque :* de nos jours.) — 2 1 1 »

Pierre Gendrot est un ouvrier travailleur et sérieux. Sa femme, Jeanne, lit de mauvais romans et fait l'accueil le plus détestable à son mari, qui, revenant de l'atelier, n'a pour elle que de douces paroles. Ecœuré, révolté, Pierre prend son chapeau, son pardessus, et s'en va. Il ne va pas loin, et il revient bientôt, car la courte scène qui se passe entre Jeanne et le propriétaire — un vieillard qui la courtise — prouve à Gendrot que sa femme est restée la plus honnête des épouses et la plus tendre des mères.

Testament (le), drame en un acte, par MM. EUGÈNE BOURGEOIS et A. GRAMONT. (*Décor :* intérieur rustique. *Epoque :* de nos jours chez les paysans.) — 2 1 1 50

Mulot et son fils Prosper vivent auprès d'un vieil oncle dont ils font valoir le bien. Le vieil oncle agonise dans une chambre à côté, et sous l'effet d'un remède un peu trop énergique, meurt.

Mulot est inquiet. — Le vieux avec qui on ne s'entendait pas toujours a-t-il fait un testament où il aurait laissé son bien à d'autres qu'à lui? La servante elle aussi s'inquiète. — On va chercher le tiroir aux papiers et l'on se met à les dépouiller.

Survient le fils qui n'a rien à attendre et, très philosophe, estime que l'oncle avait le droit de disposer de son bien à sa fantaisie. Bref on trouve le testament. Mulot est complètement déshérité au profit de cousins, de son propre fils et de la servante. Exaspéré de ce qu'il considère comme un vol et désolé, en bon paysan qu'il est de voir morceler la terre qu'il adore, il brûle le testament, pendant que les autres ont été chercher le magot. — Dès qu'ils rentrent, il les chasse. — Il n'y a jamais eu de testament, il est le maître. — Le fils, qui ne renonce pas à l'héritage inattendu, menace son père. — Sur ces entrefaites, le vieux, qui n'était qu'en syncope revient à lui. Voleurs ! il les dénoncera tous. — Mulot se précipite dans la chambre et rentre quelques instants après, défait, blafard.

Le vieux est bien mort. — Il ne parlera pas et la terre ne sera pas morcelée. — Le fils sera le maître.

Gros effet tragique.

	H.	F.	Prix

Toc-toc, tic-tac, comédie en un acte, par M. CH. DE BUSSY. (*Décor* : une chambre. *Epoque* : de nos jours.) — 2 | 1 | 1 50

Sarnys et sa jeune femme sont près de divorcer, du moins les choses sont-elles assez avancées, puisqu'il est question de simuler un adultère. Pourtant, au cours de leur entretien, les deux époux changent de sentiments; ils reviennent à leur premier amour. Et avec cela, Sarnys a gagné le gros lot!

Petite pièce sentimentale et amusante.

Totote et Boby, comédie en un acte, par M. MAURICE HENNEQUIN. (*Décor* : un petit salon très élégant. *Epoque* : de nos jours.) — 1 | 2 | 1 50

Sans se connnaître, la comtesse de Cermoise et le marquis de Pontet-Canet ont la commune passion des bêtes en général et spécialement des chiens. La comtesse avec sa petite chienne Totote et le marquis avec son petit chien Boby sont des gens parfaitement heureux. Il faut pourtant « marier » Totote : la comtesse s'y resout; elle a recours à une annonce de presse et, par hasard, c'est M. Boby qui devient le « fiancé » de Mlle Totote. Chez la comtesse, où le marquis amène M. Boby, celui-ci se montre beaucoup moins empressé auprès de sa belle que son maître auprès de madame de Cermoise. Et, comme le lecteur l'a prévu, le seul mariage qui se décide en cette délicieuse comédie, très fine sous ses allures risquées, est celui du marquis et de la comtesse.

**** Tragédie et Comédie**, à-propos *en vers*, par M. EDOUARD NOËL. (*Décor* : une scène de Théâtre. *Epoque* : de nos jours.) — » | 3 | 1 | »

La Tragédie et la Comédie, personnifiées respectivement par Hermione et Isabelle, se disputent la place sur la scène, prétendant l'une et l'autre avoir le droit exclusif de rendre hommage au génie de Racine. Finalement Athalie intervient et les met d'accord en reconnaissant les droits de chacune. De jolis vers, de fines allusions et beaucoup d'esprit font de cet à-propos une charmante petite scène à jouer en société.

Trois cœurs, pièce en un acte, par M. GABRIEL MOUREY. (*Décor* : un salon, cabinet de travail. *Epoque* : de nos jours.) — 2 | 1 | 1 50

Cette belle pièce eût pu s'intituler *Trois Gens de Cœur*. — M. Brainville, plus que quadragénaire, avant d'épouser une charmante veuve, madame Gravigny, consulte son fils Paul, qui est son camarade, son ami. Paul, qui ne connaissait pas la fiancée de son père, est stupéfait de retrouver en elle une femme qu'il aimait depuis longtemps sans le lui avoir jamais dit. Mais la droiture de la jeune femme a raison d'une passion irréfléchie, et rien ne viendra ternir le bonheur de M. Brainville.

	H.	F.	Prix

Trois têtes dans un bonnet, vaudeville en un acte, par J. VERNET. (*Décor* : une chambre mal meublée. *Epoque* : de nos jours.) — 2 | 1 | 2 »

Trois valets, comédie en un acte, par M. PAUL MEYAN. (*Décor* : un salon. *Epoque* : de nos jours.) — 3 | » | 1 | »

Deux amis ont fait un pari dont l'enjeu n'est rien moins qu'une jeune femme, auprès de laquelle ils cherchent à s'introduire en se présentant comme domestiques. Ils tombent sur un vrai domestique, lequel est en même temps le mari de la dame. De là, une série de scènes amusantes et pleines d'entrain.

Cette pièce doit être jouée, de préférence, devant un public de jeunes gens ou de dames.

Truc du colonel (le), pièce en un acte, par WILLIAM BUSNACH et ARMAND LIORAT. (*Décor* : une mansarde. *Epoque* : de nos jours.) — 2 | 1 | 1 50

Panoyer de la Panoyère est un vieux libertin, marié, qui, très malhonnêtement, courtise une jolie et charmante ouvrière, Denise. Celle-ci, aidée du jeune patissier Pierre, son amoureux, lutte de ruse avec le bonhomme et remporte une complète victoire.

Veille de duel, comédie en un acte, par M. FERDINAND BLOCH. (*Décor* : une salle d'armes. *Epoque* : de nos jours.) — 2 | 1 | 1 50

Jacques Verlet s'entraîne en vue d'un duel qu'il doit avoir le lendemain. Son ami Edouard, qui lui donne la leçon, ne paraît pas très rassuré. Jacques n'est pas un spadassin. Il fait même des excuses par lettre, et l'on devine que la messagère Tata, maîtresse de Jacques, ne remplira pas que ce seul rôle auprès de l'adversaire.

Petite pièce extrêmement forte et d'une vive allure.

Venez, je m'ennuie, comédie en un acte, par CHARLES MONSELET. (*Décor* : un salon à Spa. *Epoque* : Louis XV.) — 1 | 2 | 1 50

La marquise est venue à Spa pour y passer les premiers mois de son veuvage; elle s'ennuie et s'en plaint à Lisette, sa soubrette. Au même hôtel, à l'étage au-dessus, demeure une femme galante très côtée par le tout Spa qui s'amuse; elle reçoit de nombreuses visites et à tout moment on vient sonner chez la marquise en croyant sonner chez Mlle Fidéline. La marquise dans son isolement s'est décidée à écrire à un de ses soupirants, le comte de Liversun, pour le prier de venir; comme il tarde à arriver, elle imagine de donner l'ordre à Lisette d'introduire près d'elle le premier visiteur qui demandera Fidéline. C'est le duc de Saint-Gratien qui arrive, et croyant s'adresser à la coquette, fait une déclaration très cavalière à la marquise; au bout de quelques instants

	H.	F.	Prix

tout s'explique, le Duc apprenant à qui il s'est adressé s'excuse et demande la main de la marquise. Le comte de Liversun est arrivé entre temps, et, envoyé chez Fidéline, il y est resté, ayant appris que la marquise est avec le duc. Une lettre de Fidéline l'annonce à la marquise qui répond au comte qu'elle ne s'ennuie plus et accorde sa main au duc.

Pièce très fine, digne du délicieux écrivain qu'était l'auteur.

Veuve avant la lettre, comédie en un acte, par MM. A. Lénéka et A. Gandrey. (*Décor:* un petit salon riche. *Epoque:* de nos jours.) — 2 | 1 | 1 50

Comme l'indique le titre de la pièce, il s'agit d'une veuve.. qui n'est pourtant pas précisément une veuve, bien qu'elle ait réellement perdu son mari, mais dans des circonstances particulières.

Dans la scene unique de cette comédie fort originale, un peu forte par places, la jeune veuve dont il s'agit trouve un mari.

**** Victoires et Conquêtes**, fantaisie en un acte, par M. Georges Courteline. (*Décor :* un petit café. *Epoque :* de nos jours.) — 3 | » | 1 | »

Scène désopilante entre deux cabotins sur le retour, et un vieux petit rentier. Les deux acteurs disputent sur leurs aventures et mésaventures, dans un dialogue où se trouve tout le comique de haut goût qui marque si fortement le talent de Courteline.

Vieux farceur (un), vaudeville en un acte, par Emile Durafour. (*Décor :* une salle à manger. *Epoque :* de nos jours.) — 2 | 1 | 1 | »

Ce vaudeville est gai, joyeux, d'une drôlerie achevée. La place nous fait défaut pour le résumer, bien que l'intrigue n'en soit pas fort compliquée. Il nous sufura de dire que cette pièce, comme la plupart de celles écrites par Emile Durafour, est des plus amusantes à jouer en société. Ce n'est ni croustillant ni risqué, mais cela ne conviendrait pas tout à fait à un auditoire jeune.

Violoneux (le), opérette en un acte, par Mestepès et Chevalet. Musique de J. Offenbach. (*Décor :* une place de village breton. *Epoque :* vers 1855.) — 2 | 1 | 1 | »

Tout le monde connaît cette charmante opérette, dont les airs sont devenus si vite populaires. Il y a un peu de comique, et une note d'attendrissement dans cette courte histoire du père Mathieu, le violoneux, et de sa pupille Reinette, qui sera la femme de Pierre, le jeune sabotier.

Voix de Duprez (la), ou le Sirop musical, vaudeville en un acte, par Odry. (*Décor :* une chambre mansardée. *Epoque :* 1838.) — 2 | 1 | 2 | »

Voleuse ! scènes de la vie populaire, par MM. William Busnach et Ferdinand Bloch. (*Décor :* une chambre. *Epoque :* de nos jours.) — 2 | 1 | 1 | »

Scènes très réalistes, très dramatiques. Jean Brichet, travailleur et économe, adore sa femme, de vingt ans plus jeune que lui. Celle-ci (Caroline) le trompe avec un ignoble individu (Alfred) à qui elle donne peu à peu presque tout l'argent que Brichet amasse péniblement pour pouvoir se retirer avec sa compagne dans son pays. Brichet découvre les vols de Caroline, devine sa trahison et pense tuer Alfred ; mais il se maîtrise et les chasse tous les deux.

Voyageuse, comédie en un acte, par MM. Georges Docquois et Emile Codey. (*Décor :* chambre d'officier. *Epoque :* de nos jours.) — 2 | 1 | 1 | »

Le lieutenant Danar est convalescent. La visite inopinée d'une affriolante voyageuse en librairie l'incite à rompre.. certain jeûne. Mais, quand — alors qu'il en est temps encore — la personne lui apprend qu'elle a passé la matinée chez le commandant, le lieutenant repousse... la coupe offerte. Le spectateur sait bien pourquoi et estime, le rideau baissé, que Danar vient de l'échapper belle. Cette pièce qui fut frappée par la censure, et puis, deux ans après, autorisée, demande un auditoire dépourvu de préjugés étroits. (Depuis *les Avariés* de Brieux, elle est, au demeurant, morale.)

Zizine et Gripardin, vaudeville en un acte, par Emile Durafour. (*Décor :* une mansarde. *Epoque :* de nos jours.) — 2 | 1 | 1 | »

Thimoléon est un peintre : bon garçon, du talent peut-être, mais pas un sou ; somme toute, lui et son amie, la jolie et douce et aimante Zizine, sont très malheureux. Malgré la gaîté de l'artiste, l'ingénieuse maîtrise avec laquelle il amène à composition son propriétaire Gripardin, on ne sait trop comment tout cela finirait si un héritage providentiel ne venait assurer à Thimoléon, et à celle qui sera sa femme, le bonheur et la tranquillité pour toute leur existence.

QUATRE PERSONNAGES

**** Absente** (l'), comédie en un acte, par L. Bridier. (*Décor :* une salle à manger. *Epoque :* de nos jours.) — H. 4 | F. » | Prix 1 50

Un vieux général va épouser une aventurière. Une circonstance fortuite, et qui se rattache ingénieusement au mariage de son neveu le capitaine, empêche cette union fâcheuse. Comédie sentimentale et morale.

Actrice (l'), ou **Les Deux Portraits**, comédie en un acte, *en vers,* par Ader et Fontan. (*Décor :* un appartement. *Epoque :* de nos jours.) — H. 2 | F. 2 | Prix 2 »

*** Adolphe et Clara**, opéra-comique en un acte, par Marsollier. Musique de Dalayrac. (*Décor :* un salon au château de Limbourg. *Epoque :* 1799.) La scène se passe en Prusse. Figurants. — H. 3 | F. 1 | Prix 1 »

Pour des futilités, deux aimables époux, Adolphe et Clara, se sont séparés. L'oncle de la jeune femme use d'un stratagème, et fait enfermer les jeunes gens chez son ami, l'excellent M. de Limbourg. Celui-ci s'improvise commandant de prison, et aidé du bon Gaspard, son garde-chasse, offre au jeune ménage les apparences de la plus rare férocité. La captivité à laquelle Adolphe et Clara se croient soumis ne tarde pas à les rapprocher, et le moment arrive où M. de Limbourg les délivre et leur tend les bras. Il y a des scènes charmantes dans ce ravissant opéra-comique.

Adrien Van den Velde, comédie-vaudeville en un acte, par Henrion. (*Décor :* un salon à Paris. *Epoque :* 1650.) — H. 3 | F. 1 | Prix 2 »

**** Agence matrimoniale**, comédie en un acte, par Emile Desbeaux. (*Décor :* un salon. *Epoque :* 1873.) — H. 3 | F. 1 | Prix 1 50

Ruiné, Gaston de Nangis emploie ses derniers louis à l'achat d'une agence matrimoniale et garde par devers lui de quoi vivre une année. Si, l'année finie, il n'a pas fait d'affaires, il se tuera. Et c'est qu'il est homme à tenir son serment! L'année se passe : pas un client n'est entré dans l'agence. Le dernier jour est arrivé : Nangis n'hésite plus que sur le genre de mort. Son fidèle Baptiste, le seul domestique qu'il ait gardé, se lamente et s'arrache les cheveux. Une

dame vient — *la* cliente! C'est une jeune veuve, Blanche de Presle, qui veut *se* marier toute seule, et non pas *être* mariée. Elle reconnaît en Gaston son ex-petit camarade d'enfance, et, mise au courant de son sinistre projet, elle lui rend — en l'épousant — l'amour de la vie.

C'est un délicieux petit acte, très étudié et bien écrit, et qui conviendra tout à fait à un auditoire mondain. Si l'on doit ou non le jouer devant des jeunes filles, cela peut être une question d'appréciation, quoiqu'il n'y ait absolument rien de risqué.

Ah ! le bon billet ! comédie en un acte, par Bureau-Jattiot. (*Décor :* un appartement du xviie siècle. Chez Ninon de Lenclos.) — H. 3 | F. 1 | Prix 1 »

Alexandre et Apelles, comédie héroïque en un acte, *en vers,* par de la Ville de Mirmont. (*Décor :* un atelier à Ecbatane. *Epoque :* la Grèce antique.) — H. 2 | F. 2 | Prix 2 »

Alexis ou l'Erreur d'un bon père, comédie en un acte, par Marsollier. Musique de Dalayrac. (*Décor :* un salon sur jardin en Suisse. *Epoque :* de nos jours.) — H. 3 | F. 1 | Prix 2 »

Amis à l'Epreuve (les), comédie en un acte, *en vers,* par Pieyre. (*Décor :* un salon à Paris. *Epoque :* de nos jours.) — H. 3 | F. 1 | Prix 2 »

Ami du mari (l'), comédie en un acte, *en vers,* par A. Denis. (*Décor :* un salon à Paris. *Epoque :* de nos jours.) — H. 2 | F. 2 | Prix 2 »

Amour à la maréchale (l'), comédie en deux actes, par Mme A. Roger de Beauvoir. (*Décor :* 1° un boudoir rococo ; 2° une avenue plantée d'arbres. *Epoque :* Louis XV.) Figurants. — H. 2 | F. 2 | Prix 1 »

Cette délicieuse pièce, où d'un bout à l'autre règne un esprit endiablé, offre l'image de la vie galante au xviiie siècle. Un marquis, le soir, se croyant en bonne fortune, rencontre sa femme, de qui, naturellement, il méconnaît les charmes en temps ordinaire, mais dont il s'éprend dès qu'il la prend pour une autre. Notez qu'il a bien manqué d'être ce que vous sa-

	H.	F.	Prix

vez, et que seul le hasard l'en a gardé. Bien jouée, avec toute la verve voulue, cette comédie — célèbre d'ailleurs — aura le plus vif succès.

Amours de M. Jacquinet (les), comédie-vaudeville en un acte, par J.-B. Lagrenée. (*Décor : une ferme dans un village. Epoque : an VII de la République.*) — 3 | 1 | 2 »

Amour et le procès (l'), comédie en un acte, *en vers*, par Gaugiran Nanteuil. (*Décor : salon. Epoque : 1820.*) — 2 | 2 | 2 »

Anaximandre ou Le Sacrifice, comédie en un acte, par Andrieux. (*Décor : bois sacré autour du temple des Grâces. Epoque : la Grèce antique.*) — 2 | 2 | 2 »

Angoisses de Rivodon (les), pièce en un acte, par E. Mendel et E. Pourcelle. (*Décor : un jardin : Epoque : de nos jours.*) — 2 | 2 | 1 50

Le soupçonneux Rivodon, après avoir simulé un voyage à Paris, revient à la nuit tombante et surprend sa femme en compagnie d'un homme. Mais cet homme n'est autre que la bonne qui, pour rassurer sa peureuse maîtresse, fait une ronde dans le jardin, revêtue d'habits masculins. Rivodon doit rendre justice à la vertu de sa femme, et en est pour sa courte honte.

Toute la pièce déborde d'une folle gaieté parfois un peu pimentée, ce qui ne la dépare pas.

Annette et Lubin, comédie en un acte, par Favart. (*Décor : une campagne avec cabane de verdure. Epoque : 1762.*) — 3 | 1 | 2 »

A perpétuité, comédie en un acte, par G. Petit. (*Décor : un salon. Epoque : de nos jours.*) — 3 | 1 | 1 »

Jules Sabran, qui veut se marier, charge son ami Achille Moulinier de rendre à sa maîtresse Caroline les lettres qu'il tient d'elle. Et précisément voici que Caroline à son tour vient prier Moulinier de restituer à Jules Sabran son paquet de lettres. Donc ils ont bien l'air, chacun de son côté, de vouloir se séparer. Mais nous assistons à cette amusante volte-face que, mis par Moulinier au courant de leurs projets réciproques, ils se piquent d'amour-propre, et plutôt que de se dire lâchés, se reprennent de plus belle. Ils en ont pour la vie... à perpétuité.

C'est du meilleur esprit en même temps que de la plus fine et amusante psychologie.

Apostat (l'), poème dramatique en un acte, par Georges Bertal. (*Décor : un salon. Epoque : de nos jours.*) Un domestique. — 2 | 2 | 1 »

*** Apprenti de Cléomène** (l'), comédie en un acte, *en vers*, par François Mons. (*Décor : l'atelier de Cléomène. Epoque : la Grèce antique.*) — 3 | 1 | 1 »

Le grand sculpteur Cléomène, dans un moment de découragement et d'impuissance, a résolu de se tuer, malgré les objurgations de Xantippe, archonte d'Athènes. La coupe de ciguë est prête. Il boit. Cependant, un jeune homme, un enfant d'une beauté surprenante, se présente chez Cléomène. Il a voulu, dit-il, voir l'artiste illustre au delà des mers. Or, ce visiteur, c'est une femme, une jeune fille : Nysa. Sa vue, ses paroles rendent au sculpteur l'amour de la vie et de l'art. Mais c'est en vain : il a bu la ciguë. A cet instant, revient Xantippe. Par ses soins, la coupe de ciguë avait été remplie d'un liquide quelconque. Il a sauvé Cléomène.

Arc-en-Ciel (l'), comédie par M. Lucien Moche. (*Décor : un salon. Epoque : de nos jours.*) — 2 | 2 | 1 »

Petite pièce très observée et spirituelle où l'auteur fait *vivre* une de ces petites scènes conjugales — qui d'ailleurs finissent logiquement bien — et où l'éducation des jeunes filles occupe quelque place, non la moins importante, du reste.

Arlequin en gage, comédie-vaudeville en un acte, par Martainville. (*Décor : deux chambres, bureau et atelier. Costumes de la Comédie italienne.*) — 3 | 1 | 2 »

Arlequin portier, comédie-parade en un acte, par Philibert et Marty. (*Décor : la loge d'Arlequin. Costumes de la Comédie italienne.*) — 3 | 1 | 2 »

Article 330 (l'), comédie en un acte, par Georges Courteline. (*Décor : une salle d'audience. Epoque : de nos jours.*) — 4 | » | 1 »

En cette satire judiciaire d'un très haut comique, La Brige, le personnage favori de Courteline, éprouve la rigueur illogique de l'article 330 de la loi. Cette ravissante comédie dont le sujet est un peu scabreux doit se jouer de préférence devant un public d'hommes et de dames, mais non de jeunes filles. Ajoutons qu'elle a été créée au Théâtre-Antoine ; son succès a été tel qu'elle s'est jouée cent cinquante fois en une saison.

*** Auberge de la Forêt** (l'), pochade, par Emile Durafour. (*Décor : une cour d'auberge. Epoque : Louis XV.*) — 2 | 2 | 1 »

Le balourd Truchardin, profitant de l'absence de Maurice, a subtilisé l'héritage du cousin Bernard. Il croit que Maurice est mort à la guerre et voudrait

	H.	F.	Prix

bien mettre encore sa patte crochue sur la fiancée de l'absent, la jolie Pervenche. Mais Maurice arrive à l'improviste, et, déguisé en brigand, fait rendre gorge à Truchardin, aussi capon qu'avare.

Rien ne s'écarte, dans cette pièce, du ton discrètement plaisant.

Auberge du Soleil d'or (l'), comédie en un acte, *en vers*, par MARCEL MONNIER. (*Décor :* une hôtellerie. *Epoque :* XVIᵉ siècle.) — 3 | 1 | 1 50

Cette ravissante comédie est une adaptation du fabliau bien connu : la meunière, en l'absence du meunier, prépare dinde, pâtés et bouteilles pour recevoir le chantre, son galant, et refuse de donner abri au pauvre écholier importun. Celui-ci sort par la porte, rentre par le grenier, et que voit-il ? Il voit la luronne lutinée par le chantre, il voit le mari qui survient ; il voit l'épouse qui cache amant et vivres dans les placards. Sur ce l'écholier, heureux d'une vengeance qui lui rapporte un fin souper, sort de sa cachette et découvre au mari, qui crie au miracle, et la dinde, et le pâté, et les bouteilles.

C'est du meilleur esprit, en vers alertes.

***Au port**, opéra-comique en un acte, par J. RUELLE et G. ESCUDIER. Musique de ETIENNE REY. (*Décor :* un intérieur bourgeois en Bretagne. *Epoque :* de nos jours.) — 2 | 2 | 1 50

Le rôle principal est celui de Stribord, marin. Les trois autres, Aurore, Paul (jeune marin) et Clorinde, peuvent être joués par une seule personne.

(Voir l'analyse parmi la liste des pièces à deux personnages, page 2.)

Bagatelle, opéra-comique en un acte, par H. CRÉMIEUX et E. BLUM. Musique de J. OFFENBACH. (*Décor :* un petit boudoir. *Epoque :* de nos jours.) — 2 | 2 | 1 50

Bagatelle, au théâtre où elle chante, a été sifflée par la minuscule cabale de petits messieurs auxquels un jeune homme inflige séance tenante une leste correction. Elle ne connaît pas son défenseur, et rentrée chez elle, ne le reconnaît pas quand il entre par la fenêtre. Car ce spectateur généreux était un soupirant. Par délicatesse, il ne se désigne pas, et cette fausse situation se prolonge jusqu'à l'agréable dénouement qui vient y mettre fin.

Bailli de Vas-y-voir (le), folie-vaudeville en un acte, par EMILE DURAFOUR. (*Décor :* un intérieur rustique. *Epoque :* de nos jours.) — 2 | 2 | 1 »

Pichu, jeune paysan, aime Claudine, convoitée aussi malheureusement par le ridicule Bailli de Vas-y-voir. Sa tante, la mère Mathieu, voit Pichu avec déplaisir, et le Bailli d'un œil favorable. Mais le jeune gars, aidé de Claudine, berne si adroitement son grotesque rival que la vieille dame est bien obligée, comme on dit, de « mettre les pouces ».

Bandeau (le), comédie-vaudeville en un acte, par BOUILLY et E. VANDERBURCH. (*Décor :* cabinet d'un notaire à Montargis. *Epoque :* de nos jours.) — 3 | 1 | 2 »

Ba-ta-clan, chinoiserie musicale en un acte, par M. LUDOVIC HALÉVY. Musique d'OFFENBACH. (*Décor :* jardin du palais, en Chine. *Epoque :* de nos jours.) — 3 | 1 | 1 »

Cette pièce mérite parfaitement son titre. Elle est follement extravagante. Ses quatre personnages jouent le rôle de chinois, mais ils ne le sont pas du tout ; ce sont les circonstances qui les ont forcés de tenir un tel emploi. Le dialogue, les couplets, sont drôles, gais et d'une fantaisie échevelée. Il faut, pour jouer *Ba-ta-clan*, beaucoup de verve. La pièce convient plutôt à un auditoire d'hommes et de dames. En outre des quatre principaux rôles, il y a le *Chœur des conjurés*.

Batardin, vaudeville en un acte, par H. PESSEY. (*Décor :* une place, maison à gauche. *Epoque :* an XII de la République.) — 2 | 2 | 2 »

Beau-père en hussard (un), vaudeville en un acte, par MM. RICHARD O'MONROY et PAUL SIPIÈRE. (*Décor :* un salon. *Epoque :* de nos jours.) — 3 | 1 | 1 50

Radigneau s'est fait une existence « panachée », avec, d'une part, un faux ménage, de l'autre, un intérieur : celui de madame Chambly, sa fille. Un beau jour, l'inévitable confusion se produit, grâce aux lettres que Radigneau reçoit de sa belle, et dont l'une, surprise par madame Chambly, met celle-ci au désespoir, car elle croit la missive destinée à son mari. Tout s'explique après une scène fort amusante où l'uniforme de Chambly, qui est officier, joue un rôle inattendu.

Belle-petite, comédie en un acte, par M. ANDRÉ CORNEAU. (*Décor :* un boudoir élégant. *Epoque :* de nos jours.) — 2 | 2 | 1 50

Jeanne, une « belle petite », a parmi ses amants un comte qu'elle exploite sans le moindre scrupule. Ce jour-là, justement, elle n'a pas d'argent. Le comte vient : il est à sec. Elle lui cherche querelle, le malmène — en paroles — et finalement le flanque à la porte. En agissant de la sorte, elle sait ce qu'elle fait, puisqu'une demi-heure après elle reçoit de ce grotesque une lettre repentante et enveloppée de billets bleus qui lui permettront d'aller faire la fête avec un « ami » un peu plus malin que *l'autre*.

Betterave (la), comédie en un acte, par MM. Ed. NOËL et HENRI FRANÇOIS. (*Décor :* une élégante chambre à coucher. *Epoque :* de nos jours.) — 2 | 2 | 1 50

La place nous fait défaut pour raconter par le menu l'histoire de la betterave

	H.	F.	Prix

que M. Duponnois, avant de partir pour un court voyage — un voyage tout à fait d'agrément — a mise dans son lit afin de savoir, à son retour, si sa femme lui a été fidèle. Or, il retrouve la betterave. Donc...! C'est une succession de scènes très drôlatiques, plus que folichonnes, et vraiment divertissantes, émaillées de plaisanteries, au gros sel, — au gros sel gaulois — et d'allusions égrillardes.

Bob et Joë, folie en un acte, par ANDRÉ MONSELET. (*Décor* : le vestibule des valets de pied à l'Opéra. *Epoque* : de nos jours.) — 4 | » | 1 50

Série d'amusants quiproquos, se succédant en quelques scènes d'une rapidité inénarrable. Convient plutôt à un public d'hommes ou de jeunes gens.

Bon ménage (le), comédie en un acte, par FLORIAN. (*Décor* : une chambre meublée chez Arlequin, à Bergame. *Epoque* : le XVIIIᵉ siècle de préférence.) — 2 | 2 | 2 »

Bon père (le), ou la suite du bon ménage, comédie en un acte, par FLORIAN. (*Décor* : un salon chez Arlequin, à Bergame. *Epoque* : le XVIIIᵉ siècle de préférence.) — 2 | 2 | 2 »

* **Bouffe et le tailleur** (le), opéra-bouffe en un acte, par VILLIERS et GOUFFÉ. Musique de GAVEAUX. (*Décor* : deux cabinets vis-à-vis, à Bruxelles, en 1804.) — 3 | 1 | 1 »

Le tailleur Barbeau a une faiblesse qui lui coûte cher : il aime le chant et les chanteurs, et pour un air d'opéra-comique, il donnerait trois habits du meilleur drap. Le chanteur italien Cavatini est dans la même maison que lui. Célestine, la fille du tailleur, aime Benini, homme de confiance de Cavatini. Par une supercherie innocente, dont l'artiste est le complice, les amoureux parviennent à attendrir maître Barbeau.

Boulingrin (les), vaudeville en un acte, par M. GEORGES COURTELINE. (*Décor* : un salon. *Epoque* : de nos jours.) — 2 | 2 | 1 50

Des Rillettes, invité chez les Boulingrin, par lui rencontrés chez les Duclou, se forge une félicité des bonnes soirées qu'il passera chez ses nouveaux amis; la réalité ne se fait pas attendre. M. et Mᵐᵉ Boulingrin, à peine auprès de leur visiteur, ont une querelle formidable, inouïe, où Des Rillettes, le malheureux, reçoit les gifles et jusqu'au coup de pistolet que les deux époux se destinent; et peut être ne sortira-t-il pas vivant de l'aventure, car les Boulingrin ne sont pas les « charmantes gens » qu'il croyait, oh! pas du tout!

Bouquet de violettes (le), opéra-comique en un acte, par MM. MAXIME BOUCHERON et GEORGES GRISIER. Musique de M. ANDRÉ MARTINET.

(*Décor* : un salon. *Epoque* : de nos jours.) — 2 | 2 | 1 50

Madame d'Aurigny, qui ne paraît pas en scène, voudrait donner en mariage sa petite-nièce Marcelle à un homme d'âge mûr. Or, celle-ci aime, ce qui se conçoit bien mieux, M. Georges de Valnège. Les ruses charmantes des deux jeunes gens viennent à bout des résistances de la vieille dame. *Nota.* — Le rôle de Valnège est tenu par une jeune femme.

Caméléoni ou **je me venge**, comédie en un acte, *en vers*, par G. DALBY et E. DÉCOUR. (*Décor* : un joli salon à Gênes. *Epoque* : de nos jours.) — 2 | 2 | 2 »

Chambre à coucher (la) ou **une demi-heure chez Richelieu**, opéra-comique en un acte, par EUGÈNE SCRIBE. Musique de GUÉNÉE. (*Décor* : une chambre à coucher. *Epoque* : de nos jours.) — 3 | 1 | 2 »

Chapons (les), pièce en un acte, par MM. LUCIEN DESCAVES et GEORGES DARIEN. (*Décor* : une salle à manger. *Epoque* : de nos jours.) — 2 | 2 | 1 50

Cela se passe en 1870, à Versailles, lors de l'invasion prussienne. Les Barbier, rentiers, sont très inquiets, parce que leur bonne, Catherine, qui les sert depuis vingt-cinq ans avec un absolu dévouement, a perdu au début de la guerre son frère, tué à Forbach. Les Barbier craignent que « cette fille » ne cherche à venger la mort de son frère, auquel cas les représailles seraient terribles pour eux et pour « tout le quartier ». Entre les suggestions d'une lâche crainte et le devoir que leur dicte la dignité, ils n'hésitent guère : ils mettent Catherine à la porte.

Ce petit drame, dont l'intérêt dramatique est poignant, a la portée d'une satire cinglante.

Château-Yquem (le), comédie en un acte, par WILLIAM BUSNACH. (*Décor* : un salon de campagne en Poitou. *Epoque* : de nos jours.) — 2 | 2 | 1 50

La consigne, en cette très jolie pièce, est de ne pas ronfler. Telle est en effet, la condition *sine qua non* mise par madame d'Estrelles, une jolie veuve, à son mariage avec M. de Sergy, un officier de caractère énergique et droit. Et toute l'affaire est de savoir s'il ronfle, ou ne ronfle pas. La curiosité, légitime d'ailleurs, de la femme, manque d'être fâcheuse en conséquences, mais la méprise — car il s'en produit une, et des plus grosses, — se découvre à la satisfaction générale.

Chatte métamorphosée en femme (la), opéra-bouffe en un acte, par SCRIBE et MÉLESVILLE. Musique de J. OFFENBACH. (*Décor* : une

	H.	F.	Prix

chambre en Souabe. *Epoque* : vers 1830.) — **2 | 2 | 1 »**

On connait le sujet de cette gracieuse idylle. Guido s'est épris de Minette, une adorable petite chatte blanche, et l'etrangeté de cette passion fait qu'il ne lui semble pas singulier de voir un jour Minette transformée en une jeune fille délicieusement jolie, ayant gardé le caractère et les allures capricieuses, rebelles propres aux félins. Inutile d'ajouter que la jeune fille, c'est la cousine de Guido, que celui-ci avait repoussée, et qui le reconquiert par son charmant stratagème.

Cheveux blonds (les), comédie en un acte, par MM. E. HERMIL et A. VERNEUIL. (*Décor* : une antichambre. *Epoque* : de nos jours.) — **2 | 2 | 1 »**

Cheveux gris (les), comédie en un acte, par MM. GEORGES MAUREVERT et JACQUES CRÉPET. (*Décor* : un cabinet de travail. *Epoque* : de nos jours.) — **3 | 1 | 1 50**

Daniel, neveu du célèbre romancier psychologue Daniel Vauxchamps, se fait passer pour son oncle auprès d'une jeune et jolie femme (mariée), Charlotte Pommerol. Celle-ci se présente un beau jour chez le romancier : elle s'évanouit en voyant devant elle un homme de cinquante ans au lieu d'un garçon de vingt-deux. Vauxchamps devine l'affaire. Il fait venir son neveu et, débonnaire au fond, laisse partir les deux amoureux. Telle est, en peu de mots, la donnée de cette jolie petite pièce où, comme on l'a pu voir, l'amour trouve son compte plutôt que la morale.

*** Chez le docteur**, comédie en un acte, par M. LOUIS LELOIR. (*Décor* : un salon. *Epoque* : de nos jours.) — **3 | 1 | 1 »**

Gontran s'est assis dans le cabinet de son oncle, qui est médecin, pour l'attendre. Une jeune femme est introduite. Sa beauté et le charme de ses manières bouleversent le jeune homme, et la situation se dénoue, — ou plutôt se renouera par un mariage.

Chez Nini, pièce en un acte, par M. FERDINAND BLOCH. (*Décor* : un salon élégant. *Epoque* : de nos jours.) — **2 | 2 | 1 »**

Nini, demi-mondaine pratique, encore que très sensuelle, laisse son amant de cœur (Jacquelin) se tuer presque sous ses yeux. Fou d'amour et pauvre, il a volé pour lui donner de l'argent Lui mort, elle empoche les billets et suit dans les lieux de plaisir son vieil amoureux, le duc de Versailles, qu'elle s'apprête à gruger de la belle manière

*** Chic anglais** (le), comédie-vaudeville en un acte, par MM. MARC

SONAL et GABRIEL ANNEL. (*Décor* : un salon. *Epoque* : de nos jours.) — **2 | 2 | 1 50**

En l'absence de son protecteur attitré — un diplomate frisant la cinquantaine — une demi-mondaine reçoit la visite d'un élégant sportsman qu'elle a rencontré plusieurs fois aux courses, et dont le « chic anglais » a produit sur elle la plus vive impression. Mais le diplomate survient à l'improviste, et reconnaît qui?... Son cocher!... Sa vengeance, très spirituelle, termine joyeusement ce très amusant vaudeville qui peut être vu par tous les publics.

Ci-devant jeune femme (la), comédie en un acte, par SIMONNIN. (*Décor* : un appartement. *Epoque* : de nos jours.) — **2 | 2 | 2 »**

*** Client de Monsieur** (le), comédie-vaudeville en un acte, de M. MARC SONAL. (*Décor* : un bureau. *Epoque* : de nos jours.) — **3 | 1 | 1 »**

Un jeune avocat de province a plaidé d'office pour un pauvre diable accusé d'avoir volé une montre. Ses arguments en faveur de la solidarité humaine ont ému le tribunal qui acquitte le prévenu. Celui-ci se présente chez son avocat et lui répète sa belle parole de la veille : « Tendez-lui la main » De ce postulat, d'une très fine observation, jaillissent des scènes follement comiques qui font de cette pièce une des plus amusantes qui se puissent jouer devant n'importe quel auditoire.

*** Codicille** (le), comédie en un acte, par M. PAUL FERRIER. (*Décor* : un salon. *Epoque* : de nos jours.) — **3 | 1 | 1 50**

Madame de Chantenay est une jolie et riche veuve qui, voulant être aimée pour elle-même a pu grâce à un stratagème sur lequel roule toute la pièce, constater chez tous les soupirants la même absence de désintéressement. Un loyal gentilhomme, M. de Morières, serait lui-même méconnu sans le hasard bienheureux qui le sauve d'un soupçon et d'un désespoir également immérités.

Coffret (le), vaudeville en un acte, par M. JULAME. (*Décor* : un salon. *Epoque* : de nos jours.) — **2 | 2 | 1 »**

Comment madame Montcotier, ayant engagé avec Onésime, le meilleur ami de son mari, une correspondance coupable mais non encore criminelle, est guérie à tout jamais, par les angoisses qu'elle traverse, de l'envie de recommencer à jouer un jeu aussi dangereux.

Colombine mannequin, comédie en un acte, par BARRÉ, RADET et DESFONTAINES. (*Décor* : l'antichambre et la chambre d'Arlequin. *Epoque* : au temps de Pierrot.) — **3 | 1 | 2 »**

Confident (le), comédie en un acte, par M. J. LÉVY. (*Décor* : un salon

	H.	F.	Prix

de repos. *Epoque :* de nos jours.) La brochure est ornée de dessins de Henri Pille. — **2 2 1 25**

Le comte des Oubliettes, homme entre deux âges, essaie de disputer au peintre Horace Martinet, de vingt ans plus jeune que lui, la main de la jolie marquise de Thierce. La lutte n'est pas longue, le peintre l'emporte.

Confrontation (la), saynète dramatique en un acte, par M. Oscar Méténier. (*Décor :* un bureau. *Epoque :* de nos jours.) — **4 » 1 »**

Un assassin, accompagné par le juge d'instruction, est amené devant le cadavre de sa victime, sa mère. Scène réaliste, courte et poignante. Ne peut se jouer devant des jeunes filles.

Cor fleuri (le), féerie *en vers*, par Ephraïm Mikhael. (*Décor :* une clairière dans la forêt des fées. *Epoque :* celle des fées.) — **2 2 1 »**

Un poète trop tôt disparu, Ephraïm Mikhaël, a composé cette pièce animée d'un clair symbole : l'amour terrestre l'emportant sur l'amour surnaturel.

Très beaux vers, pleins d'enthousiasme et de talent descriptif.

Coup d'éventail (un), comédie en un acte, par Ch. Nuitter et L. Dépret. (*Décor :* un salon. *Epoque :* de nos jours.) — **3 1 1 50**

Coup du Téléphone (le), pièce en un acte et deux tableaux, par MM. Bertol Graivil et Marc Sonal. (*Décor :* un salon. *Epoque :* de nos jours.) — **2 2 1 50**

La morale de cette petite pièce très drôlement immorale est qu'il ne fait pas toujours bon, pour une femme, de prêter son mari et pour un mari de prêter sa femme ; alors même que la substitution de personne n'aurait pour but — comme c'est le cas — que de berner innocemment une vieille parente qui vous a promis de l'argent. C'est là le but, mais combien le résultat est différent, et fâcheux !

Cousine supposée (la), comédie en un acte, par Villard et Adrien. (*Décor :* jardin avec pavillon et villa au bord de la mer. *Epoque :* 1820.) — **2 2 2 »**

Crime passionnel, pièce en un acte, par M. Maurice Hennequin. (*Décor :* un salon. *Epoque :* de nos jours.) — **2 2 1 50**

Les plus jolies pièces sont celles qui comportent une situation délicate, d'où il semble impossible de sortir. Telle est celle-ci, — cette comédie d'un merveilleux entrain et d'un esprit pétillant.

Une veuve exquise, Blanche, est courti-sée par deux hommes également aimables, Grizol et Thoméry. Pour lequel opter ? Elle ne le sait. Et cette hésitation lui est d'autant plus douloureuse qu'elle n'est pas perverse et que les soupirants, loin de se jalouser, sont de braves jeunes gens, comme ils disent : rivaux, mais amis ! Enfin, sur les conseils de sa servante, la délurée Flipote, Blanche décide d'accorder sa main à celui des deux prétendants qui lui donnera la plus grande preuve d'amour qu'un homme puisse donner à une femme. Et elle sort.

Grizol et Thoméry restent perplexes. Sur les conseils de Grizol, Thoméry s'étend à terre. Grizol tire un coup de revolver, et à Blanche, attirée par la détonation, il déclare avoir tué son ami par amour pour elle. Epouvantée, Blanche finit par s'évanouir. Revenue à elle, elle voit, étendu à terre, Grizol au lieu de Thoméry. Elle comprend que les deux amis ont voulu, la prenant pour une coquette, lui infliger une leçon, et elle est prête à les congédier tous deux. Pourtant, Thoméry pleure, et cette larme, une vraie larme d'amour qu'il verse, attendrit la jeune femme.

Pièce infiniment spirituelle et d'un grand effet scénique.

Demande bizarre (la), comédie en un acte, par R. Périn. (*Décor :* une salle à Berlin. *Epoque :* de nos jours.) — **3 1 2 »**

Demoiselle et la Paysanne (la), comédie en un acte, par E. Varez et Th. N***. (*Décor :* un salon de campagne sur jardin. *Epoque :* de nos jours.) — **3 1 2 »**

Dernier des Mohicans (le), comédie en un acte, par M. Antony Mars. (*Décor :* un salon. *Epoque :* de nos jours.) — **2 2 1 50**

Claire de Suzac est venue, à Neuilly, occuper l'hôtel abandonné par une demi-mondaine connue sous le nom de Nini Caraoalla. Gontran, homme du monde un peu trop lancé, se trouve, à la suite d'un pari assez ridicule, en présence de madame de Suzac, qu'il prend pour Nini. Ses paroles, son attitude sont le résultat de cette confusion et le mettent dans la posture la plus comique, mais aussi la moins flatteuse pour l'amour-propre d'un gentilhomme. Il réussit à se faire pardonner sa sottise et même, à produire sur la jeune femme une impression qui deviendra de l'amour.

Sur ce sujet, l'auteur a tramé avec un rare bonheur des scènes extrêmement drôles ; les deux personnages secondaires, Modeste la femme de chambre, et Clampin le cuirassier, sont également très amusants.

La pièce convient de préférence à un public mondain.

Deux cousins (les), vaudeville en un acte, par Emile Durafour. (*Décor :* un salon, salle à manger. *Epoque :* de nos jours.) — **2 2 1 »**

Clarisse, jolie et veuve, a deux cou-

	H.	F.	Prix

	H.	F.	Prix

sins qui aspirent, chacun de son côté, à l'épouser. L'un de ceux-ci a accumulé, comme on dit, gaffe sur gaffe, et favorisé ainsi son heureux compétiteur.

Deux femmes contre un homme, comédie-vaudeville en un acte, par Dumanoir et Brunswick (*Décor : un petit salon. Epoque : de nos jours.*) — 2 | 2 | 2 »

Deux saisons (les), comédie en un acte, *en vers*, par M. Eugène Adenis. (*Décor : jardin et pavillon. Epoque : de nos jours.*) — 2 | 2 | 1 50

Madame Léa Orval est une femme de grand esprit, et encore fort belle. A la campagne, où elle a réuni quelques amis, elle s'éprend d'un jeune homme, Gaston Dorsay, dont le caractère sentimental s'accorde avec le sien. Elle réagit contre cet amour et met Gaston en présence de Geneviève, la charmante fille d'une de ses amies. Les deux jeunes gens se conviennent; ils s'épouseront. Léa, tout d'abord émue douloureusement, sourit ensuite à leur bonheur et unira sa destinée à celle de Servian, un de ses hôtes, plus âgé que Gaston.

Deux sifflets (les), comédie en un acte, par MM. René Asse et A. Georgel. (*Décor : une chambre d'hôtel. Epoque : de nos jours.*) — 3 | 1 | 1 »

Une chambre de l'hôtel tenu par un vieil avare du nom bizarre de Vachebœuf, assisté d'un pauvre hère de domestique, devient le théâtre d'une intrigue tragi-comique où ces deux personnages jouent les rôles grotesques, les autres — les rôles sérieux, — étant dévolus à deux amoureux.

Dianorah, opéra-comique en un acte, par Chantepie. Musique de M. Samuel Rousskau. (*Décor : un site pittoresque près de Carrare, au xvie siècle.*) Figuration : 4 personnages. — 2 | 2 | 1 »

Diner à la carte (un), opérette en un acte, par Auguste Jouhaud. Musique de J. Muller. (*Décor : un cabinet de restaurant. Epoque : de nos jours.*) — 3 | 1 | 1 »

Moncarmin a reçu une lettre anonyme l'informant que sa femme le trompe, et qu'il trouvera les coupables à telle heure, dans tel restaurant. Il y va, prend le costume du garçon, et voit en effet arriver sa femme en compagnie d'un monsieur. C'est lui qui les sert et qui, naturellement épie leurs moindres propos. Il découvre, à la fin, que madame Moncarmin n'a jamais songé à le trahir, et que son compagnon n'est autre qu'un sien oncle, M. Chambron, riche planteur, contre le gré de qui elle s'était mariée. Chambron ne voulait pas se rencontrer avec le mari de sa nièce. La connaissance est faite, et du même coup la réconciliation.

Diner de famille (un), pièce en un service, par A. Bouillette. (*Décor : un salon. Epoque : de nos jours.*) — 2 | 2 | 1 50

On voit dans ce preste petit acte comment sait s'y prendre une femme intelligente pour raviver un feu qui couve dans le cœur de son ancien amant et que celui-ci, tout le premier, croyait éteint. Acte plein d'esprit, et de la meilleure observation.

****Dîner de Madelon** (le), ou le **Bourgeois du Marais**, vaudeville en un acte, par Désaugiers. (*Décor : une chambre. Epoque : 1813.*) Figuration. — 3 | 1 | 1 »

Cette pièce, d'une bonhomie naïve, est d'une allure vive et gaie.

M. Benoît, pâtissier retiré, a pour servante Madelon brave fille de la campagne qui adore son maître. C'est le jour de la Saint-Benoît, elle lui prépare quelques surprises; bref Benoît l'invite à sa table pour sa plus grande joie. Survient un fâcheux qui, une première fois évincé, trouve le moyen de revenir et ne cède la place que par suite de la frayeur qui lui cause Madelon en lui faisant croire que son maître est fou. Pour terminer, le mystère s'éclaircit et tous les trois se mettent à table.

En un mot charmante petite pièce d'un tour un peu vieillot mais pouvant être jouée dans les milieux les plus collet-monté.

Docteur Mirimus (le), comédie en un acte, *en vers*, par MM. Bertrand Millanvoye et Lucien Cressonnois. (*Décor : chez le docteur Mirimus. Epoque : Au temps de la Comédie-Italienne.*) — 3 | 1 | 1 50

Léandre aime Roselle, nièce du docteur Mirimus. Celui-ci se donne le malin et inoffensif plaisir d'aviver la flamme du jeune homme, en feignant de la vouloir contrarier. Son consentement final n'en sera que mieux accueilli, car le bon docteur sait sans doute que la difficulté vaincue double le plaisir du succès.

Double divorce (le), comédie en un acte, par Forgeot (*Décor : un salon. Epoque : an III de la République.*) — 2 | 2 | 2 »

Drelin-din-din, parodie en un acte, par Henrion et Servière. (*Décor : le Pont-Neuf. Epoque : an XII de la République.*) — 2 | 2 | 2 »

Duel (le), comédie en un acte, par Léon Halévy. (*Décor : un petit salon de campagne. Epoque : de nos jours.*) — 2 | 2 | 2 »

Dupe (la), comédie en cinq actes, par M. Georges Ancey. (*Décor*

	H.	F.	Prix

unique : une pièce bourgeoise. *Epoque* : de nos jours.) — **1 | 3 | 2 »**

Plutôt pour se débarrasser de sa seconde fille, Adèle, que pour faire son bonheur, madame Viot l'a donnée en mariage à un certain M. Albert Bonnet, qui est tout simplement le dernier des misérables. On ne s'en aperçoit, bien entendu, que par la suite. Il trompe sa femme, d'abord à son insu, puis ouvertement. Il la bat. Il détourne les fonds de la compagnie d'assurances où il est employé. Il ruine son ménage. Adèle, malgré tout, l'aime: c'est le mari qu'on lui a donné. Jusqu'au bout elle sera sa dupe. Il lui extorquera son dernier sou.

Cette pièce, faite pour les gens d'esprit mûr, est une des plus puissantes, des plus vraies, qu'on doive au théâtre contemporain.

Elle n'exige aucune mise en scène particulière.

Echelle de corde (l'), vaudeville en un acte, par MM. Em. Duranthon et P. Delay. (*Décor* : un salon. *Epoque* : de nos jours.) — **3 | 1 | 1 50**

Paul Biceps, qui est au mieux avec madame Pompon, la voisine d'au-dessus, en est resté aux vieilles traditions : c'est au moyen d'une échelle de corde qu'il grimpe au balcon de sa Dulcinée. Pour le commun des mortels, pour Jean, le valet de chambre, pour M. Pompon, cette échelle de corde lui sert de moyen d'entraînement sportif : prétexte très plausible... au théâtre. Tel est le sujet de ce petit vaudeville amusant, un peu libre.

Education d'Ernestine (l'), comédie-vaudeville en un acte, par William Busnach. (*Décor* : un salon à Etampes. *Epoque* : de nos jours.) — **3 | 1 | 1 »**

Un limonadier retiré des affaires, nommé Gobergeot, a tenu sa fille Ernestine dans une ignorance excessive de toutes choses, de sorte que, mise en présence de son cousin et futur mari Edmond, la pauvrette ne sait que répondre aux paroles gracieuses de ce jeune homme.

Heureusement, Ernestine n'est pas plus bête qu'une autre. Elle a vite compris — un peu avec l'aide du domestique Flageolet — qu'Edmond est un garçon habitué à une existence légère. Elle prend donc pour quelques heures la mise, le langage bizarre et les attitudes familières de ces personnes que regrette son cousin. Celui-ci n'hésite plus à l'épouser ; il a compris la leçon.

Cette pièce est extrêmement amusante.

****Emploi S.-V.-P.** (un), comédie en un acte, par M. Alfred Surin. (*Décor* : un cabinet de directeur dans un ministère. *Epoque* : de nos jours.) — **4 | » | 1 »**

Amusante satire des petits côtés de l'administration, où l'on voit l'influence d'un simple huissier contrebalancer celle d'un directeur. Cette petite comédie, pleine de gaieté, renferme des scènes très comiques, sans pour cela s'écarter du bon ton ; elle peut être joué devant tous les publics.

En détresse, comédie en un acte, par M. Henry Fèvre. (*Décor* : une salle à manger. *Epoque* : de nos jours.) — **2 | 2 | 1 50**

C'est une comédie du genre dit réaliste. Le personnage principal est un jeune homme, Adrien Galafiau, qui n'est ni meilleur ni pire qu'un autre, mais dont la misère et l'injustice sociale ont à peu près étouffé le sens moral. Reçu en guenilles et hébergé par son parrain M. Andoche, il lui vole l'argent que celui-ci, déjà «échaudé» par son filleul, vient de lui refuser. A rien est pris sur le fait. Madame Andoche le veut livrer aux gendarmes, mais, son parrain, brave homme, pour le relever d'une déchéance aisément explicable, le met en mesure de trouver une situation.

La pièce est d'un style vigoureux, les caractères sont fortement tracés. Ne convient pas à un auditoire de jeunes filles.

Ensorcelés (les), parodie en un acte, par Mme Favart, Guérin et H***. (*Décor* : la salle d'un château. *Epoque* : 1772.) — **2 | 2 | 2 »**

Entr'actes du cœur (les), comédie en un acte, par M. Albin Valabrègue. (*Décor* : un salon. *Epoque* : de nos jours.) — **2 | 2 | 1 50**

Claire se plaint, auprès de ses oncle et tante, de l'infidélité de son mari, André. Il faut le corriger, et tous trois s'entendent à seule fin de lui faire croire que sa femme aime un jeune homme, tout à fait nul d'ailleurs. Ils y parviennent si bien que le divorce se décide. Claire voudrait avouer la supercherie à son époux : sa tante s'y oppose, tenant à démontrer au jeune homme que le volage, c'est lui et non sa femme.

Epilogue (l'), pièce en un acte, par Dessolins et L. Jeannin. (*Décor* : un salon. *Epoque* : de nos jours.) — **2 | 2 | 1 »**

Le comte, parvenu au seuil de la vieillesse, découvre par hasard que sa femme l'a trompé, voici longtemps déjà. Il ne peut survivre à une aussi cruelle désillusion ; il se tue. La comtesse, affolée, fait la confession de sa faute à son fils Raoul, qu'elle adore. Celui-ci se refuse à lui pardonner et la quitte pour toujours.

Epoux de quinze ans (les), comédie en un acte, par J. Ernest. (*Décor* : un joli appartement à la campagne. *Epoque* : de nos jours.) — **2 | 2 | 2 »**

Facteur bien noté (le), comédie en un acte, par MM. Georges Docquois et Emile Marchais. (*Décor* : salle à manger de campagne. *Epoque* : actuelle.) — **2 | 2 | 1 50**

La receveuse des postes d'Auvers-sur-Oise a épousé — sans éclat — son facteur, Moutonnet. L'inspecteur Bidon ignore cet important détail. La receveuse est un peu gênée à la pensée de le lui dévoiler. Elle s'abstient donc. Par malheur, l'inspecteur

	F.	H.	Prix

est très ép is de la dame et lui fait une cour pressante, — ce dont, *in petto*, le facteur enrage. Les choses sont à l'extrême : Bidon offre le mariage, et Mme Moutonnet est bien obligée de s'expliquer. Un bon dîner dissipe la compréhensible mauvaise humeur du fonctionnaire. — Comédie leste sans être risquée et très amusante par le choc bien réglé de ses légers quiproquos. Pas trace d'immoralité.

**** Fausse Manœuvre**, comédie en un acte, par MM. Bertol-Graivil et Marc Sonal. (*Décor* : un jardin. *Epoque* : de nos jours.) — **F** 2, **H** 2, **Prix** 1 50

Un parisien s'ennuie dans son château de Normandie, malgré la société de sa jeune femme et d'une charmante veuve qui semble avoir renoncé au mariage. Survient un de ses amis, retour d'un long voyage, qui, follement épris jadis de la jolie veuve, finit par la décider à l'épouser après diverses péripéties, tantôt gaies tantôt sentimentales, qui font le charme de cette très fine comédie, créée avec succès à l'Odéon.

Peut être jouée devant n'importe quel auditoire.

Faux duel (le), comédie en un acte, par H. Simon. (*Décor* : un parc de château. *Epoque* : 1816.) — **F** 2, **H** 2, **Prix** 2 »

Femme comme il faut (une), comédie en un acte, par Aug. Jouhaud. (*Décor* : un salon. *Epoque* : de nos jours.) — **F** 3, **H** 1, **Prix** 1 »

Une jeune femme dont les manières étaient plutôt relachées, a inspiré à l'un des partenaires de ce joyeux petit acte l'idée de se servir d'elle pour dégoûter du *conjungo* un tiers personnage. La ruse ne réussit qu'à moitié, pour mieux dire pas du tout.

Femmes qui fument (les), comédie en un acte, par M. Gaston Peloux. (*Décor* : un salon. *Epoque* : de nos jours.) — **F** 1, **H** 3, **Prix** 1 50

Henri n'a obtenu la main de Mlle Clotilde de Civry qu'au prix d'une grave promesse : celle de renoncer à la joie de fumer. Pareille promesse avait été exigée par Mme de Civry de son mari. Henri a tenu bon quelque temps, puis il s'est remis à s'adonner en cachette, à son plaisir favori. Il y a longtemps que M. de Civry avait fait de même. Or, Clotilde reçoit la visite d'une charmante amie, Hermine, qui lui fait fumer une cigarette. Ce petit incident en occasionne d'autres, et il arrive qu'Hermine, pour dénouer une situation embrouillée, est réduite à faire croire à Henri que sa femme souffre d'un malaise très naturel. L'espoir d'une paternité prochaine le met au comble de la joie.

C'est une pièce très jolie, convenant parfaitement à un auditoire mondain.

Femme romanesque (la), comédie en un acte, par J. Leroy. (*Décor* : un salon à la campagne. *Epoque* : an IX de la République.) — **F** 2, **H** 2, **Prix** 2 »

	H.	F.	Prix

Fille de Dominique (la), comédie en un acte, par de Villeneuve et Charles. (*Décor* : un salon chez l'acteur Baron. *Epoque* : 1688.) — **H** 3, **F** 1, **Prix** 1 »

Pièce extrêmement spirituelle.

Baron, comédien du roi, homme en vedette, refuse audience à Catherine Biancobelli, fille de Dominique, ancien arlequin de la Comédie-Italienne, lequel avait pourtant facilité les débuts de Baron dans la carrière dramatique. Catherine ne se laisse pas rebuter par cette ingratitude d'un acteur que grise le succès. Elle lui prouve son talent de comédienne en apparaissant à lui sous trois déguisements successifs, sans qu'il flaire le stratagème. Lorsqu'il l'apprend, c'est lui-même qui, après avoir fait refuser l'entrée du théâtre de cour à Catherine, la lui fait accorder, et la prend pour femme.

Il y a une figuration : des personnages de comédiens et comédiennes ; la scène où ils paraissent peut être supprimée.

Forioso à Bourges, comédie en un acte, par P.-J.-A. Bonel et P. Villiers. (*Décor* : un salon à Bourges. *Epoque* : de nos jours.) — **H** 3, **F** 1, **Prix** 2 »

Galuchon ou la Pariure normande, opérette en un acte, par Carmouche. Musique de Oray (*Décor* : un hangar ouvert sur la campagne. *Epoque* : de nos jours.) — **H** 3, **F** 1, **Prix** 1 50

Farce paysannesque très savoureuse et très piquante ; ce sont les roueries, les malices non cousues de fil blanc de villageois rusés, se disputant une jeune fille campagnarde, rieuse, naïve, égrillarde quelquefois.

La pièce n'a rien de risqué ; tout au plus est-elle quelque peu pimentée de place en place.

Gardien (le), comédie-vaudeville en deux actes, par Eugène Scribe et Gaillard. (*Décors* : 1° un salon à Paris, 2° un salon à Bièvre. *Epoque* : de nos jours.) — **H** 2, **F** 2, **Prix** 1 »

Daniel, commis et obligé de M. de Bussières, grand manufacturier, veille, en l'absence de son bienfaiteur, sur les intérêts de la maison et sur la vertu de madame de Bussières. Il remplit avec abnégation, et avec une grande force d'esprit, ce rôle ingrat, et quand Aurélie de Bussières est sur le point de partir avec M. de Varades, Daniel démasque habilement la duplicité du séducteur.

Cette pièce est d'une rare puissance dramatique.

Il y a deux personnages de domestiques en outre des principaux rôles.

Ghoung (le), pièce en un acte, par MM. Georges Docquois et Montjoyeux. (*Décor* : une salle à manger. *Epoque* : de nos jours.) — **H** 2, **F** 2, **Prix** 1 50

L'excellent M. Badu a accepté Letorpilleur comme futur gendre. Une chose le chagrine, c'est que ce jeune homme, depuis un mois qu'il est l'hôte du château, n'a pas été une seule fois à la ville voisine sacrifier à certaine déesse... Que faire ? Badu n'hésite pas ; il ordonne à sa servante Zélonie, une jolie fille, de séduire Letorpilleur. Scène piquante entre cette pauvre fille et Letorpilleur, qui reste parfaitement insensible, et pour cause : sa fiancée Augustine n'ayant plus rien à lui refuser. Ce qu'apprenant, Badu n'a plus qu'à hâter le mariage, non sans avoir généreusement récompensé Zélonie, pour la consoler.

Faut-il dire que cette amusante pièce est extrêmement croustillante et ne saurait convenir à tous les publics.

Gilles en deuil, opéra en un acte, par Désaugiers, A. Croisette et Jacquelin. Musique de Piccini. (*Décor* : une place publique. Costumes de la Comédie-Italienne). ... 3 1 2 »

Gilles ventriloque, parade en un acte, par Gersin, Année et Vieillard. (*Décor* : un salon chez Cassandre. Costumes de la Comédie Italienne.) ... 3 1 2 »

Gondolier (le) ou **La Soirée Vénitienne**, opéra en un acte, par Ségur Aîné et X. . Musique de Foignet. (*Décor* : un jardin fermé d'une grille sur le canal, à Venise. *Epoque* : 1760) ... 2 2 2 »

Grand-père (le), drame en un acte, par Georges Petit. (*Décor* : une grande salle de ferme à Amplepuis. *Epoque* : 1818.) ... 3 1 1 »

Personnages : le père Darsac, un vieillard ; son fils Vincent, bon ouvrier, mais qui, depuis la trahison et le départ de sa femme, s'est mis à boire et à jouer ; Mariette, fille de Vincent, amoureuse d'André Burel, travailleur et honnête. André demande la main de Mariette à Vincent . celui-ci s'aperçoit qu'André est le fils de l'homme qui a séduit et lui a enlevé sa femme. Au comble de la fureur, il veut d'abord le tuer, puis il se contente de s'opposer au mariage. Le grand-père alors intervient. Il menace de se tuer, on sent qu'il le fera. Vincent consent alors au bonheur des deux jeunes gens.

En dehors de son mérite littéraire, ce petit drame, si vrai et si éloquent, est d'une intensité dramatique extraordinaire.

Grotte des Cévennes (la), opéra-comique en un acte, par C.-A.-B. Sewrin. Musique de Gresnick. (*Décor* : lieu champêtre : montagnes ; l'entrée d'une grotte. *Epoque* : 1760.) ... 2 2 2 »

Hasard corrigé par l'Amour (le), ou **la fille en loterie**, arlequinade en un acte par Jacquelin et Philidor. (*Décor* : une salle de

magasin chez Cassandre. Costumes Arlequin, Gilles, Cassandre et Colombine. *Epoque* : 1795.)

Nota. — Cette pièce a été créée par des enfants. ... 3 1 2 »

Heure à Calais (une), pièce en un acte, par de Leuven et A. M... (*Décor* : une salle d'auberge, à Calais. *Epoque* : 1820.) ... 2 2 2 »

Homme comme il faut (un), vaudeville en un acte, par Auguste Jouhaud. (*Décor* : un salon. *Epoque* : de nos jours.) ... 3 1 1 »

Sur le point d'épouser Aurore, fille du riche Bonneville, jolie et bien dotée, Thibaudier reçoit la visite de son ami Castagnol, qui vient s'inviter à la noce. Thibaudier redoute la compagnie de ce garçon, dont le langage trivial va effaroucher tout le monde. Ces craintes ne sont que trop fondées. Castagnol n'est pas arrivé depuis dix minutes qu'il a scandalisé Aurore et exaspéré le papa. Il met le comble à l'infortune de Thibaudier en achetant, pour la corbeille de mariage, une foule d'objets hétéroclites, vulgaires. Il faut dire que ce diable d'homme exhibe en dernier lieu le portefeuille contenant la dot d'Aurore, que Thibaudier avait perdu et que Castagnol a trouvé dans l'escalier. On s'aperçoit alors que s'il n'a pas les manières du grand monde, il a le cœur d'un brave homme. Et on l'invite !

Vaudeville amusant, gai, bon garçon.

Honnêtes femmes (les), comédie en un acte, par Henry Becque. (*Décor* : un salon donnant sur un parc. *Epoque* : de nos jours.) ... 1 3 1 50

Madame Chevalier, jolie femme, mère de famille, a pour hôte à la campagne M. Lambert, un jeune homme de trente ans. Il l'aime ou croit l'aimer, ce qui revient au même, et il va jusqu'à le lui dire. Madame Chevalier le congédie d'abord avec quelque vivacité, puis elle le retient. Geneviève, fille d'une amie, est là. Les deux jeunes gens sont présentés l'un à l'autre. Leur mariage est fait, par la maîtresse de céans, avec autant de sagesse que d'habileté.

La pièce est des meilleures, tant pour le fond que pour la forme. L'habituelle sobriété du style ne fait que mieux ressortir les passages vigoureux du dialogue.

Ile enchantée (l'), comédie en un acte, *en vers*, par M. Robert de la Villehervé. (*Décor* : un paysage de rêve. *Epoque* : de préférence le XVIIIe siècle au temps de Watteau.) ... 2 2 1 50

Cette pièce exige d'une part une certaine étude de la diction, de l'autre une mise en scène étendue. Il y a, en outre des acteurs principaux, des figurants, musiciens, rameurs, etc. C'est une belle comédie

	H.	F.	Prix

en vers et clairement allégorique. Elle aboutit à la victoire de l'amour simplement humain sur l'amour éthéré.

Illusion (l'), drame lyrique en un acte, par DE SAINT GEORGES et MÉNISSIER. Musique de HÉROLD. (*Décor : une vallée, au Tyrol, avec chaumière et bosquet. Epoque : de nos jours.*) — 2 | 2 | 2 »

Illustre maître, comédie en un acte, par MM. ALBERT NOUVEAU et LOUIS BRÉMOND. (*Décor : un cabinet de travail. Epoque : de nos jours.*) — 3 | 1 | 1 »

Pièce satirique. La fille d'un écrivain un peu « bluffeur » (Surfet) épouse un poète qui se trouve être en même temps un agent de change, réalisant ainsi le vœu du père.

Ilote (l'), comédie en un acte, *en vers*, par CHARLES MONSELET et PAUL ARÈNE. (*Décor : la terrasse d'une ferme à Sparte, dans la Grèce antique.*) *Figuration.* — 3 | 1 | 1 50

En des vers harmonieux, colorés, évoquant, avec le ciel bleu de l'Attique, la poésie et le charme de la vie dans l'antiquité, les auteurs ont tracé le tableau très vivant d'une idylle entre Léandre, bel adolescent, et Fleur-de-Sauge, gracieuse esclave, contrariée par le bonhomme Chrémès, — idylle favorisée par un faux ilote réellement ivre. L'ilote, c'est Gnathon, serviteur d'Alcibiade. Il chante, couronné de roses, l'ivresse, les joies de la vie. Il adoucit Chrémès le Spartiate et le rend une sorte d'épicurien.

*** Il pleut!** comédie en un acte, par HENRI CHABRILLAT. (*Décor : un petit salon. Epoque : de nos jours.*) — 2 | 2 | 1 50

Spirituelle fantaisie pleine d'entrain et de gaîté. Une jeune veuve, Eva de Laussaint, s'ennuie parce qu'il pleut ; après avoir vainement cherché une distraction, elle envoie Jean, son domestique, porter une lettre à M. de Mont-Roquet son soupirant officiel, pour le prier de venir ; mais aussitôt elle regrette cette démarche et de dépit jette par la fenêtre le bouquet qu'il lui a envoyé. Le bouquet tombe sur un jeune homme qui croyant à une invitation, en profite pour monter ; pour se distraire Eva le reçoit, mais la situation d'abord très embrouillée s'éclaircit à la fin ; Eva fait connaître son véritable nom, le jeune homme aussi se nomme et demande la main d'Eva qui la lui accorde.

Bien que renfermant des passages un peu lestes, cette pièce se maintient dans les limites du bon ton.

***Image** (l'), comédie-vaudeville en un acte, par SCRIBE et T. SAUVAGE. (*Décor : la salle basse d'un château en Bretagne. Epoque : vers 1840.*) — 3 | 1 | 1 »

Le baron de Kérandal s'est intéressé au peintre Léopold, plus riche de talent que

d'écus, et que la mort de la marquise de Brévannes a conduit à une mélancolie incurable, une sorte de neurasthénie. Léopold aimait en secret cette femme, pleine de cœur et de beauté. Le compatissant baron fait venir en son château une jolie paysanne, dont la ressemblance avec feu la marquise a quelque chose d'effrayant. Léopold ne tarde pas à apprendre que les deux femmes n'en font qu'une : la marquise s'était réfugiée en Bretagne, et déguisée pour fuir les mauvais traitements de son mari. Lui mort, elle se démasque et consent à épouser le peintre, au grand dol du baron, lequel s'était épris de la séduisante petite bretonne, aussitôt qu'aperçue.

Intrigue à contre-temps (l'), comédie en un acte, par MARTAINVILLE. (*Décor : une salle d'auberge. Epoque : 1811.*) — 3 | 1 | 2 »

Intrigue dans la hotte (l'), vaudeville en un acte, par A. GOUFFÉ et SIMONIN. (*Décor : une arrière-boutique d'herboriste. Epoque : 1829.*) — 3 | 1 | 2 ›

Intrigue en l'air (l'), comédie en un acte, par SEWRIN et CHAZET. (*Décor : un village. Epoque : 1807.*) — 3 | 1 | 2 »

Jaloux malgré lui (le), comédie en un acte, *en vers*, par E.-B.-J. DELRIEU. (*Décor : un salon. Epoque : l'an II de la République.*) — 1 | 3 | 2 »

Jeune homme en loterie (le), comédie en un acte, par A. DUVAL. (*Décor : un salon. Epoque : de nos jours.*) — 2 | 2 | 2 »

Jeune hôtesse (la), comédie en trois actes, *en vers*, par CARBON-FLINS. (*Décor unique : une salle d'hôtel à Francfort. Epoque : 1802.*) — 3 | 1 | 2 »

Jeune Indienne (la), comédie en un acte, *en vers*, par CHAMFORT. (*La scène se passe à Charlestown. Amérique du Nord. Epoque : en 1764.*) — 3 | 1 | 2 »

***Jeune premier**, comédie en un acte, par M. PAUL GINISTY. (*Décor : un salon de campagne. Epoque : de nos jours.*) — 2 | 2 | 1 50

Un vieux comédien est par l'âge éloigné de la scène où il ne comptait plus ses succès. Il regrette surtout les billets doux qu'il recevait naguère. Sa compagne pour lui rendre le bonheur et sacrifiant son amour-propre de femme, use d'un généreux subterfuge que le vieux « cabotin » apprend par hasard, mais sans être nullement corrigé.

Pièce très jolie, très littéraire et que tout le monde peut entendre.

Je vais retrouver ma femme, comédie en un acte, par Emile Durafour. (*Décor :* une chambre à coucher. *Epoque :* de nos jours). — H. 2, F. 2, Prix 1 »

Les mésaventures de deux maris, dont l'un s'est trompé d'étage, et les quiproquos qui s'ensuivent, sont le sujet de cette pièce absolument à pouffer de rire, mais qui ne peut convenir qu'à un public de dames, d'hommes ou de jeunes gens.

Joie du Talion (la), comédie en un acte, par MM. Ferdinand Bloch et Louis Schneider. (*Décor :* un élégant cabinet de travail. *Epoque :* de nos jours.) — H. 2, F. 2, Prix 1 »

C'est la vengeance d'un mari trompé, mais une vengeance aussi originale que féroce, car le mari en question, sans nulle fureur, mais avec une douceur inexorable, contraint les coupables... au mariage.

Ce court résumé suffit à indiquer que la pièce ne peut être jouée devant des jeunes filles.

Kerkakoff, pièce en un acte, par MM. A. Lénéka et E. Matrat. (*Décor :* un petit salon. *Epoque :* de nos jours.) — H. 2, F. 2, Prix 1 »

Frédéric soupçonne d'infidélité sa femme, qui de son côté le soupçonne également. Or, leurs craintes communes ont une même origine, où la tromperie n'entre absolument pour rien, mais qu'ils ne découvrent qu'après des scènes inénarrables.

Kwtz (le), — prononcez *Koutss* — drame passionnel en un acte, par M. Sacha Guitry. (*Décor :* un salon. *Epoque :* de nos jours.) — H. 2, F. 2, Prix 3 50

Le *Kwtz* est tout ce qu'il y a de plus dégrafé, mais aussi de plus étourdissant comme fantaisie, comme drôlerie, comme entrain. Il serait difficile d'en raconter le sujet par le menu, ou même l'ensemble. Le *Kwtz* ne peut se jouer que devant un public de jeunes gens *pas trop jeunes*, et en général, de personnes indulgentes à la grivoiserie.

Leçon d'Amour (la), opérette en un acte, par Armand Liorat. Musique de F. Wachs. (*Décor :* un petit salon. *Epoque :* de nos jours.) — H. 2, F. 2, Prix 1 »

Lucien, fraîchement échappé du lycée, vient passer quelque temps chez son oncle Pophillat, à Pont-Audemer. Il y trouve sa cousine Marguerite, et Jeannette, égrillarde servante. Lucien fume, boit, y gagne un certain malaise. Il lutine Jeannette ; il a le diable au corps et fâche son oncle, lequel n'a de cesse que le mariage de Marguerite avec Lucien ne soit décidé.

Petite pièce fort amusante, et pimentée aux bons endroits d'une pointe de grivoiserie.

Le rôle de Lucien est joué par une jeune femme.

Lola, opérette en un acte, par M. Georges Chauvin. Musique de M. Willent-Bordogni. (*Décor :* un élégant boudoir. *Epoque :* de nos jours.) — H. 2, F. 2, Prix 1 »

La belle Lola, danseuse-étoile, se voit délaissée par le guitariste Huerta, qui lui préfère la Cerrita. Mais elle le reconquiert de haute lutte, dans une scène fort jolie. Il y a d'assez nombreux couplets, et les acteurs doivent être musiciens.

Lucas s'en va-t-aux Indes, farce en un acte, par M. Georges Docquois. (*Décor :* une rue. *Epoque :* Louis XIII.) — H. 3, F. 1, Prix 1 50

Lucas, après un faux départ, s'aperçoit qu'il a eu tort de confier à Tabarin le soin de veiller sur la vertu d'Isabelle, amoureuse de Rodomont. — Moulinets de batte, vessies qui claquent, coups de bâton, séquestrations en sac, tout l'attirail, tous les mouvements bouffons de la farce proprement dite sont inclus dans ces neuf scènes (supprimer, à la page 10, les cinquième et sixième vers dont la crudité ne peut être tolérée que par les grandes personnes, et voilà de quoi faire rire innocemment les familles).

Lunatiques (les), comédie en un acte, par A. Erhard. (*Décor :* un petit salon. *Epoque :* de nos jours.) — H. 3, F. 1, Prix 1 »

Cette comédie est très fine et spirituelle. Dans le ménage, récent et jusqu'alors heureux, de Maurice, quelque chose est venu mettre le trouble, ce quelque chose est le rêve, ou plutôt la rêvasserie. Clémence, peu à peu, s'est peuplé le cerveau de chimères. Un oncle de son mari, Galaor, brave homme, mais un peu toqué, entraîne la jeune femme dans la voie du mysticisme spécial qu'il s'est forgé lui-même. Voici Clémence prête à quitter Maurice pour tout de bon. L'inexprimable douleur de son mari, qui l'adore, la rend à la réalité ; elle se jette à ses genoux, et le comique Galaor revient à la raison.

Madame est jalouse, comédie en un acte, par M. Paul Ferrier. (*Décor :* un petit salon élégant. *Epoque :* de nos jours.) — F. 4, Prix 1 50

Ce petit acte, très mouvementé et dans lequel l'intérêt n'est jamais en suspens, roule tout entier sur les aventures extra-conjugales du baron et de la baronne des Verrières. Il met en scène une actrice en vogue, dont le rôle, avec celui de Marguerite, la baronne, est le principal. L'intrigue ne s'en peut résumer. Elle est des plus ingénieuses et le dénouement propre à satisfaire les plus difficiles. Ajoutons que cette pièce très mondaine doit être jouée par des dames.

Mademoiselle Gaussin, comédie en un acte, par Chazet. (*Décor :* un salon. *Epoque :* de nos jours.) — H. 2, F. 2, Prix 2 »

	H.	F.	Prix

Magdelon, comédie en un acte, par le COUSIN JACQUES. (*Décor :* une chambre d'hôtel garni. *Epoque :* de nos jours.) — 2 / 2 / 2 »

Maître Andréa, comédie en un acte, *en vers*, par E. BLAU. (*Décor :* un appartement à Venise. *Epoque :* le XVIᵉ siècle.) — 3 / 1 / 1 50

Maître Andréa, riche joaillier de Venise, est le vieux mari de Paula, jeune, belle et par-dessus tout vertueuse. Mais la vertu n'empêche pas la jeunesse de faire entendre sa voix toute-puissante. Malgré elle, Paula aime Julio, l'élève préféré de son mari. Devant Andréa qui, caché d'eux, les écoute, Paula et Julio se font mutuellement l'aveu de leur amour. Ils dominent leur cœur : le départ du jeune homme est décidé. Après des incidents très pathétiques, Julio s'en va, sous l'œil attristé de maître Andréa, du vieillard.

Maître Cabochard, vaudeville en un acte, par DELMARE et C. APPAY. (*Décor :* la terrasse d'un jardin, à Pézenas. *Epoque :* de nos jours.) — 2 / 2 / 1 »

C'est une grosse bouffonnerie, amusante dans ses détails burlesques, et sans action bien précise.
Elle comporte des rôles supplémentaires de commères villageoises, de paysans et de paysannes.

Mam'zelle Clochette, vaudeville en un acte, par MM. MONRÉAL et BLONDEAU. (*Décor :* une chambre pauvre. *Epoque :* de nos jours.) — 3 / 1 / 1 »

Le peintre Clodion a été, jusqu'à présent, poursuivi par la déveine. Or, la malechance le quitte et la vie lui sourit un beau jour, le jour même où il est expulsé de son logement.
Cette pièce convient plutôt à un auditoire d'hommes ou de dames.

Mangeur de nez (le), vaudeville en un acte, par AUG. JOUHAUD. (*Décor :* un salon. *Epoque :* de nos jours). — 2 / 2 / 1 »

Mansarde du crime (la), comédie en un acte, par ROSIER. (*Décor :* une chambre mansardée. *Epoque :* vers 1840.) — 3 / 1 / 1 »

Boulard fait métier de montrer des figures de cire. Une de ces figures, qualifiée « la victime » parce qu'elle joue ce rôle dans les drames représentés par Boulard, occasionne des méprises tragi-comiques sur lesquelles viennent se greffer les escapades de deux maris qui ont tout fait pour éviter à leurs coupables tentatives le résultat piteux qu'un hasard ironique leur réservait.
Les accessoires sont importants dans cette amusante bouffonnerie; ce sont dix figures de cire. Il y a des rôles de commissaire de police, gardes nationaux et commissionnaires qui se peuvent supprimer ou dont le rôle est très facile à simplifier.

	H.	F.	Prix

Mari au bal (le), opéra-comique en un acte, par E. DESCHAMPS et ***. Musique de AMÉDÉE DE BEAUPLAN. (*Décor :* un salon. *Epoque :* vers 1845.) — 3 / 1 / 1 50

M. Dubourget, homme du monde, gai, bon vivant, délaisse sa charmante femme, au point de donner rendez-vous à un domino bleu, au bal de l'Opéra. Mᵐᵉ Dubourget, surprenant l'intrigue dans l'œuf, fait en sorte que son mari va se trouver en présence d'un domino bleu qui cache la propre tante et la complice de sa femme, et que, du même coup, la jalousie le pincera au cœur. Il accourt chez lui ; la situation est délicate. Un hasard bienveillant — une porte condamnée d'un seul côté — sauve toute l'affaire.

Mari, s'il vous plaît (un), comédie-vaudeville en un acte, par LÉON HALÉVY et PITRE-CHEVALIER. (*Décor :* un salon à la campagne. *Epoque :* de nos jours.) — 3 / 1 / 1 »

Sabatier adore Mᵐᵉ de Blerzy. Celle-ci met une condition à son union : le mariage de sa nièce Anna. Et Sabatier de courir par monts et par vaux, en quête de prétendants que la jeune fille éconduit régulièrement, pour cette excellente raison qu'un mariage secret la lie à un jeune homme sans fortune, qu'elle aime et que sa tante ne veut pas voir. L'arrivée de M. de Vermont, rival heureux de Sabatier, complique d'une façon piquante une intrigue pleine d'intérêt. La pièce se termine par deux mariages, dont aucun n'est celui de Sabatier, qui se trouve, un peu par sa faute, célibataire comme devant.

Mariniers de Saint-Cloud (les), improvisation en un acte par C. SEWRIN. (*Décor :* un jardin de guinguette. *Epoque :* en 1799.) Figuration. — 4 / » / 1 »

Cet impromptu a une signification patriotique et est d'un grand effet. Il comporte des chœurs, qui peuvent toutefois être supprimés, et des couplets qu'on peut convertir en prose.

Martingale (la) ou **le Secret de gagner au jeu**, par SERVIÈRE, FRANCIS et BELURGEY. (*Décor :* une salle chez Cassandre. *Epoque :* de fantaisie.) Costumes de la Comédie-Italienne. — 3 / 1 / 1 »

Masque et visage, vaudeville en un acte, par HONORÉ. (*Décor :* un salon. *Epoque :* de nos jours.) — 3 / 1 / 1 »

Médecin turc (le), opéra-bouffe en un acte, par A. GOUFFÉ et VILLERS. Musique de NICOLO ISOARD. (*Décor :* intérieur de maison à Constantinople. *Epoque :* 1840.) — 2 / 2 / 2 »

Ménage Popincourt (le), vaudeville en un acte, par H. Raymond et Maxime Boucheron. (*Décor* : une salle à manger. *Epoque* : de nos jours.) — 2 2 1 50

M. Popincourt a une femme très autoritaire et jalouse, et qui change de bonne encore plus souvent que de chemise. Or, sa dernière servante est justement une « ancienne » de son mari, fille peu commode et qui fait filer doux le malheureux homme. Finalement, elle épouse un porteur d'eau et la paix renaît dans le ménage.

** **Mentons bleus**, fantaisie en un acte, par MM. Georges Courteline et Dominique Bonnaud. (*Décor* : un petit café. *Epoque* : de nos jours.) — 4 » 1 »

Scène désopilante entre deux cabotins sur le retour, et un vieux petit rentier. Les deux acteurs disputent sur leurs aventures et mésaventures, dans un dialogue où se trouve tout le comique de haut goût qui marque si fortement le talent de Courteline.

Miel et vinaigre, vaudeville en un acte, par Léonce et Petit. (*Décor* : une salle commune à deux logements. *Epoque* : de nos jours.) — 2 2 1 50

Mila ou l'Esclave, comédie en un acte, par Dupin et Edouard. (*Décor* : un salon à Nogent-sur-Marne. *Epoque* : de nos jours.) — 3 1 1 50

Miniature (la), comédie en un acte, par MM. E. Depré et Ch. Clairville. (*Décor* : un salon. *Epoque* : 1819.) — 2 2 1 50

Sur le vu d'un mauvais portrait, Raymond dédaigne par avance la charmante veuve à qui il pourrait s'unir. Celle-ci, femme avisée, donne au jeune homme la plus ingénieuse des leçons de clairvoyance et ne tarde pas à reconquérir et l'hommage et le mari qui lui étaient dus.

Modèle (le), croquis d'atelier en un acte, par Théodore et Hippolyte C***. (*Décor* : un atelier. *Epoque* : de nos jours.) — 3 1 2 »

Mœurs (les) ou **Le Divorce**, comédie en un acte, par Pigault-Lebrun. (*Décor* : un salon. *Epoque* : 1810.) — 2 2 2 »

Mon mari est à Versailles, par William Busnach et Octave Gastineau. (*Décor* : un salon. *Epoque* : de nos jours.) — 2 2 1 50

Un peu faible de caractère, Leblanc n'a pas osé avouer à sa femme que ce n'est pas lui le Leblanc qui vient d'être élu député. Il faut dire aussi qu'il a sur la conscience une peccadille qui l'oblige à persister dans ce fragile mensonge; et voici Mme Leblanc qui, grisée de succès, de politique, etc., donne dans le piège à elle tendu par un certain duc de Catalpa qui l'a suivie dans la rue. Inconsciemment — d'ailleurs — Leblanc empêche l'intrus de mener à bonne fin son entreprise, pour le moment du moins ; et c'est sur l'éclaircissement d'une situation très embrouillée que se termine cette comédie extrêmement amusante.

Monsieur et Madame Crusoé, comédie en un acte, mêlée de chant, par Ch. Nuitter. Musique de Rosenboom. (*Décor* : cabane de pêcheur. *Epoque* : de nos jours.) — 3 1 1 50

M'sieu Landry, opérette en un acte, par Camille du Locle. Musique de Jules Duprato. (*Décor* : intérieur de paysans aisés. *Epoque* : 1856.) — 2 2 1 50

Cette charmante opérette, aux couplets joliment troussés, met en scène Javotte et Parfait, son mari, Suzanne leur nièce, et Landry, jeune paysan. Celui-ci se croit tout permis : il fait une déclaration à Javotte, sans se douter que les deux femmes ont comploté de lui donner une leçon de modestie. Il est entendu entre elles que Suzanne va imiter dans l'escalier la grosse voix de Parfait. Le fermier est très jaloux et Landry le craint. On entend bien une grosse voix, en effet, mais il y a un malheur : c'est que cette grosse voix est bien réellement celle de Parfait. Terreur de Javotte et aussi de Landry, qui se cache dans la huche. L'affaire se termine par le mariage de Landry avec Suzanne et la réconciliation entre Parfait et Javotte.

Naturalisme ! folie-vaudeville en un acte, par MM. E. Max et Ch. Lancelin. (*Décor* : une chambre. *Epoque* : de nos jours.) — 4 » 1 50

Folie-vaudeville d'une cocasserie échevelée, où, grâce à de bouffons travestissements, on assiste aux méprises les plus imprévues. Ne peut être jouée devant les jeunes filles.

Nicaise peintre, vaudeville en un acte, par Léger. (*Décor* : un atelier de peintre. *Epoque* : 1790.) — 2 2 2 »

Nièce de ma tante Aurore (la), ou **La manie des Romans**, comédie en un acte, *en vers*, par Jacquelin. (*Décor* : une bibliothèque à la campagne. *Epoque* : de nos jours.) — 2 2 2 »

Nouveau Sargines (le), vaudeville en un acte, par Francis. (*Décor* :

l'arrière-boutique d'une crémière. *Epoque :* de nos jours.) — H. 3 | F. 1 | Prix 2 »

Nuit d'un joueur (la), comédie en un acte, par Aude. (*Décor :* une chambre meublée. *Epoque :* de nos jours.) — H. 3 | F. 1 | Prix 2 »

Officier enlevé (l'), comédie en un acte, par A. Duval. (*Décor :* un salon de château. *Epoque :* 1830.) — H. 3 | F. 1 | Prix 2 »

Oiseau perdu et retrouvé (l') ou **La Coupe des foins**, vaudeville en un acte, par Piis et Barré. (*Décor :* maison et jardin. *Epoque :* l'an VII de la République.) — H. 3 | F. 1 | Prix 2 »

On demande un jeune ménage, comédie en un acte, par MM. Georges Docquois et Emile Marchais. (*Décor :* une chambre simplette. *Epoque :* de nos jours.) — H. 2 | F. 2 | Prix 1 50

M. et Mme Poliveau sont de braves gens, retirés des affaires et ayant gardé l'habitude du travail au point de faire *celui* des domestiques. Ils prennent à leur service un jeune ménage, Célestin et Françoise, et accablent ceux-ci de prévenances, de petits soins. M. et Mme Poliveau apprennent enfin que Célestin et Françoise ne se connaissent que depuis le matin, pour s'être trouvés ensemble au bureau de placement. Il n'y avait pas de place de domestique seul, et c'est Célestin qui a persuadé à Françoise, fille sérieuse, d'ailleurs, le stratagème à employer. Aussi bien, les patrons ne se fâchent pas, au contraire, M. Poliveau sera le témoin de Célestin.

Pièce amusante, drôle ; pas pour les jeunes filles.

** **On demande des quêteuses**, par MM. Em. Blémont et J. Truffier, *à-propos en vers* pour préparer et annoncer les quêtes dans les représentations de charité. (*Décor :* une pièce quelconque. *Epoque :* de nos jours.) — H. 4 | F. » | Prix 1 »

A propos très vif, assez court, et dont le sujet est indiqué plus haut. A été joué à la Comédie-Française. Cette petite pièce, comme le dit son sous-titre, s'impose à tout programme de fêtes de charité dans lesquelles des quêtes doivent être faites.

On est bien forcé d'être honnête, vaudeville en un acte, par Emile Durafour. (*Décor :* une salle à manger. *Epoque :* de nos jours.) — H. 2 | F. 2 | Prix 1 »

Le titre de cette pièce fort drôle, un peu grivoise par endroits, signifie que l'honnêteté est une obligation à laquelle on ne se soumet quelquefois que par force. Il en est ainsi pour Panardier, que ses cinquante ans bien sonnés n'empêchent pas de lutiner sa bonne, et pour Mme Panardier, que la maturité ne mit pas à l'abri, certain jour, d'une mésaventure peu avouable ; ces deux époux se voient contraints de favoriser, par espèces sonnantes, le mariage de Ragusine, la servante, avec Fricandeau le cuisinier.

On prend des pensionnaires, comédie en un acte, par M. A. Perrimet. (*Décor :* un salon. *Epoque :* de nos jours.) — H. 2 | F. 2 | Prix 1 50

Oui ou non, comédie en un acte, par Dorvigny. (*Décor :* boutique et tonneau de ravaudeuse. *Epoque :* l'an VII de la République.) — H. 2 | F. 2 | Prix 2 »

Pantomime de poche, récit animé *en vers*, par M. Georges Docquois. (*Décor :* petite salle ouverte sur un jardin. *Epoque : ad libitum.*) — H. 3 | F. 1 | Prix 1 »

Un fin repas, une belle fille... Par quoi commencer ? Pierrot hésite. Arlequin, sans délibérer, se régale des deux à la fois. Haut enseignement pour les indécis. — Le jeu muet des personnages est commenté, à l'avant-scène, par un récitatif.

Parachute (le), comédie-parade en un acte, par H. Chaussier et Hapdé. (*Décor :* intérieur chez Cassandre. *Epoque : ad libitum.*) Costumes de la Comédie-Italienne. — H. 3 | F. 1 | Prix 2 »

Paratonnerres (les), comédie en un acte, par A. de Nesselrode. (*Décor :* un cabinet de travail. *Epoque :* de nos jours.) — H. 2 | F. 2 | Prix 1 50

Lise et Victor sont mariés depuis trois mois. Ils ont des bouderies à propos de tout et de rien. Ça pourrait mal finir si leur ami Blaise n'y mettait bon ordre. C'est toujours délicat de se mêler des affaires des autres, surtout en matière d'amour. Blaise, pourtant, réussit très bien. Il attire sur lui la colère des deux jeunes gens et les laisse se réconcilier tout naturellement. Quand il revient, reçu par eux avec effusion, il leur explique qu'il a joué entre eux le rôle d'un paratonnerre conscient, qu'il a volontairement détourné sur lui l'orage qui eût, sans cela, emporté leur bonheur.

Par hasard, pièce en un acte, par M. Emile Carré. (*Décor :* un salon. *Epoque :* de nos jours.) — H. 3 | F. 1 | Prix 1 50

Georges Morancey, ayant fait une chute de cheval, est secouru par les gens d'un château voisin, où il entre, pour se reposer un peu. La maîtresse de la maison, Mme de Saranne, entre et Morancey reconnaît en elle la femme qu'il a le plus aimée. Il n'avait pu, quatre ans plus tôt, l'épouser, malgré leur amour réciproque. Depuis, M. de Saranne étant mort, la jeune veuve est libre : elle accorde sa main à Morancey, au grand dam du vieux M. Grosbois, qui la courtisait assidûment.

Paroles inutiles (les), proverbe en un acte, par M. Victor de Marolles. (*Décor :* le salon d'un hôtel, à la mer. *Epoque :* de nos jours.) — H. 1 | F. 3 | Prix 1 »

Léon d'Almin rencontre par hasard Mme de Restel et Marie, sa fille, jeune personne accomplie. Le jeune homme a le tort d'exprimer son enthousiasme pour la nature, dans des termes un peu exagérés, qui indisposent Marie contre lui : elle n'aime pas ceux qui bavardent. Le hasard rehausse Léon dans son estime : il accomplit un sauvetage au péril de sa vie, et la jeune fille promet d'être à lui.

Partie carrée (la), comédie-vaudeville en un acte, par THÉAULON, A. DART et D***. (*Décor : partie de jardin avec pavillon. Epoque : de nos jours.*) — H. 2, F. 2, Prix 2 »

Partie fine (la), comédie-vaudeville en un acte, par CARMOUCHE et DE COURCY. (*Décor : une antichambre. Epoque : 1820*) — H. 3, F. 1, Prix 2 »

Pascal Fargeau, drame en un acte, par M. JULES DE MARTHOLD. (*Décor : une chambre d'ouvrier. Epoque : de nos jours.*) — H. 2, F. 2, Prix 1 »

Pascal Fargeau, honnête ouvrier, bon père de famille, a une femme indigne de lui, qui le trompe et ne songe qu'à s'amuser. Écœuré, égaré par la douleur, il tue sa femme.
A noter qu'un des personnages femmes est une fillette. La pièce ne peut se jouer devant les jeunes filles.

Pâté d'anguilles (le) ou **Le Quiproquo**, vaudeville en un acte, par H. SIMON et DARTOIS. (*Décor : un parc. Epoque : de nos jours.*) — H. 2, F. 2, Prix 2 »

Pêche à la lune (la), fantaisie en un acte, *en vers*, par M. PAUL FLAMANT. Musique de M. J. HANSEN. (*Décor : un clair de lune d'été ; une maison. Epoque : celle de Pierrot et d'Arlequin.*) — H. 3, F. 1, Prix 1 »

Pierrot est jaloux de Colombine et d'Arlequin. Sa flamme n'échauffe pas le cœur de la volage. Il les entend, dans l'ombre, échanger de tendres paroles. « Il neige dans mon cœur des baisers refroidis », murmure le pauvre Pierrot. Il enrage, il poursuit Arlequin et le manque. Il attrape Colombine : elle se dégage et fuit. Le pauvre se lamente. Le poète, dans ce petit acte, joue le rôle du philosophe.

Petit champ (le), farce en un acte *en vers*, par M. GEORGES DOCQUOIS. (*Décor : une rue. Epoque : Louis XIII.*) — H. 3, F. 1, Prix 1 50

Au point de vue conjugal, Tabarin est un fort mauvais agronome. « Ta femme est un champ », a dit Mahomet : Tabarin l'ignore-t il ? Quoi qu'il en soit, il laisse la sienne en jachère. Il préfère le cabaret. Franscisquine, loyalement, le menace d'avoir recours à de plus avisés laboureurs. Elle fait, successivement, marché avec un vieux et un jeune. Ce double marché, Tabarin en surprend les termes.

Il se substitue à sa femme, d'accord avec elle, d'ailleurs, et extorque leur argent à Lucas et à Typhaine, non sans avoir frotté ces amateurs du petit champ du bois dont ils prétendaient le coiffer. Après quoi, prudemment, il reprend, lui-même, la charrue. — Pièce connue comme tour de force d'esprit scabreux. Grand succès.

Petits souliers (les), comédie-vaudeville en un acte, par A. D'ENNERY et E. GRANGER. (*Décor : intérieur de ferme. Epoque : de nos jours.*) — H. 2, F. 2, Prix 2 »

Petite revue (la) ou **Quel mari prendra-t-elle?** comédie-vaudeville en un acte, par THÉOPHILE et SIMONNIN. (*Décor : un salon. Epoque : de nos jours.*) — H. 3, F. 1, Prix 2 »

* **Peur d'être grand'mère** (la), comédie en un acte, par M. E. DAMIEN. (*Décor : un salon. Epoque : de nos jours.*) — H. 2, F. 2, Prix 1 50

Un travers, d'ailleurs assez touchant, a fourni le thème de cette petite comédie, tout à fait exquise, dont l'action est parfaitement conduite et la forme très littéraire. Une mère, qui ne veut pas vieillir, répugne au mariage de sa fille et finit par se laisser attendrir.
Peut se jouer devant n'importe quel public.

Pièce en perce (la), comédie en un acte, par EDMOND et A. C***. (*Décor : un cellier à Carpentras. Epoque : de nos jours.*) — H. 3, F. 1, Prix 2 »

Pierre et Catherine, opéra-comique en un acte, par de SAINT-GEORGES. Musique de AD. ADAM. (*Décor : une vallée boisée sur les confins de la Russie. Epoque : 1829.*) — H. 3, F. 1, Prix 2 »

Piqûre (la), comédie en un acte, par MM. MARCEL LUGUET et MARCEL LAURAS. (*Décor : un salon. Epoque : de nos jours.*) — H. 1, F. 3, Prix 1 50

Olivier et Germaine forment un ménage très uni, jusqu'au moment où Marthe, ancienne amie de pension de la jeune femme, vient troubler la paix de cet intérieur parfait. Marthe est vicieuse, nerveuse et morphinomane. Le mal serait irrémédiable, si Olivier, prenant une résolution imprévue, ne s'avisait d'un moyen très hardi, et très heureux, de mettre l'intruse à la porte.
Ne peut être jouée devant des jeunes filles.

Polka (la), vaudeville en un acte, par P. VERMOND et F. BÉRAT. (*Décor : un salon. Epoque : vers 1844.*) — H. 3, F. 1, Prix 1 »

Oscar aime Caroline, fille de Robinet, qui la lui refuse, parce qu'il est pauvre et aussi pour pouvoir détourner à son profit un héritage auquel ce jeune homme a droit. Oscar, pour pénétrer chez Robinet, dit de Bougival, prend le déguisement d'une jeune Anglaise, provoque force scènes amusantes, et avance grandement ses affaires : Robinet lui rendra son argent, et lui donnera sa fille; un intrigant du nom de Flamichon est éconduit.

La pièce peut être jouée devant un public mondain, de préférence.

Pont aux Anes (le), farce *en vers*, par M. GEORGES DOCQUOIS. (*Décor :* la lisière d'un bois; une maisonnette à droite, un pont à gauche. *Epoque :* vers le XVIᵉ siècle.) — 3 1 1 »

Cette farce, fort piquante, est de longue origine. L'auteur l'a mise en vers excellents. Elle indique aux maris un moyen — vieux, mais toujours bon, paraît-il — de venir à bout de leurs femmes.

Portraits dramatiques (les), bluette-vaudeville en un acte, par QUERSIN et GUYON. (*Décor :* un salon. *Epoque :* 1860.) — 3 1 1 »

Un ex-comédien, Plumichon, refuse la main de sa fille à son neveu Julien, parce que celui-ci, agréé d'ailleurs par Pauline, veut quitter son métier d'imprimeur pour entrer au théâtre. Sans être reconnu, Julien apparaît successivement dans les personnages de plusieurs acteurs célèbres, Mélingue, Chilly, Lebel, etc... Plumichon est bien obligé de s'incliner devant le talent du jeune homme et de ne pas refuser plus longtemps de faire le bonheur des deux amoureux.

La pièce convient à tous les auditoires.

Prima Dona (la), ou **La Sœur de lait**, comédie en un acte, par ACHILLE et JULES. (*Décor :* un hameau d'Italie. *Epoque :* de nos jours.) — 2 2 1 50

Prison de Pompéïa (la), tragédie en un acte, *en vers*, par P. LACROIX. (*Décor :* un souterrain à Pompéïa. *Epoque :* dans l'antiquité, sous le règne de Titus.) — 2 2 2 »

Protégé (le), comédie en un acte, par ROSIER. (*Décor :* un salon. *Epoque :* de nos jours.) — 2 2 1 »

Julie de Narbois, veuve, ornée de toutes les séductions, y compris la richesse, a refusé jusqu'ici sa main à M. de Giraud, qui a quarante-cinq ans et qu'elle n'aime pas. Son cœur a tressailli, par contre, aux paroles enflammées d'un jeune homme, Charles Maucour, qui se trouve être, par hasard, son protégé auprès du ministre, et qui va devenir son mari, malgré les efforts et les moyens — pas toujours loyaux — mis en œuvre par M. de Giraud pour empêcher ce mariage, contre lequel il tâche, à la fin, de faire bonne figure. Il espère prendre sa revanche, *après*.

Pupille de la garde (le), à-propos en un acte, par DE RENNEVILLE et E. NANTULLE. (*Décor :* un bosquet de traiteur. *Epoque :* 1859.) — 3 1 1 50

Quatre femmes sur les bras, vaudeville en un acte, par COMMERSON et LABOURIEUX. (*Décor :* un appartement de garçon. *Epoque :* de nos jours.) — 3 1 1 »

Retournons à Paris, comédie en un acte, par DESPREZ et E. VAREZ. (*Décor :* un salon à la campagne. *Epoque :* de nos jours.) — 2 2 2 »

Rival au berceau (un), comédie en un acte, par M. V. JANNET. (*Décor :* un petit salon. *Epoque :* de nos jours.) — 2 2 1 50

Lucien se plaint de sa femme ; elle n'a plus, dit-il, d'autre souci que celui de leur tout jeune enfant. Georges, de son côté, reproche à Marthe une soi-disant coquetterie. Que font les deux jeunes femmes ? elles abondent dans le sens de leurs maris, qui tout de suite avouent l'inanité de leurs griefs.

Rodolphe ou Frère et Sœur, drame en un acte, par SCRIBE et MÉLESVILLE. (*Décor :* un salon à Dantzig. *Epoque :* 1823.) — 2 2 2 ›

Rodolphe et Antoine sont deux associés heureux en affaires. Thérèse passe pour être la sœur de Rodolphe, tandis qu'en réalité elle est une jeune fille sauvée jadis par lui et par lui recueillie; Antoine en devient amoureux ; d'autre part, Rodolphe et Thérèse s'aiment sans d'abord se le dire. Ce n'est que quand Rodolphe dévoile la vérité que Thérèse lui déclare sa flamme. Et Antoine lui-même met la main de la jeune fille dans celle de son associé.

C'est une pièce très touchante, très pathétique; le caractère noble et généreux d'Antoine offre un grand relief.

Roi de carreau (le), vaudeville en un acte, par CHABOT DE BOUIN et MASSELIN. (*Décor :* un logement d'ouvrier. *Epoque :* de nos jours.) — 3 1 2 »

Roman par lettres (le), par DE COURCY, GUSTAVE et ***. (*Décor :* un salon. *Epoque :* de nos jours.) — 2 2 2 »

*****Ronds-de-cuir** (les), comédie administrative en un acte, par M. ALFRED SURIN. (*Décor :* un bureau dans une mairie de province. *Epoque :* de nos jours.) — 4 » 1 »

Cette amusante petite pièce, d'où il suffirait de retrancher quelques termes violents pour la rendre accessible à tous les auditoires, est une satire des mœurs bureaucratiques. Robert, l'employé sérieux

	H.	F.	Prix

et travailleur, est regardé comme un paresseux toujours en retard dans sa besogne, et Daniel, le rond-de-cuir arriviste et sans conscience, jouit de la faveur du chef et se voit appelé à lui succéder.

Rose bleue (la), comédie-vaudeville en un acte, par M. Brieux. (*Décor* : un intérieur mi-rustique, mi-salon. *Epoque* : de nos jours.) — 2 | 2 | 1 50

Le principal acteur de cette pièce est une enfant, une fillette de neuf ans, dont le rôle peut être, d'ailleurs, tenu par une toute jeune fille en modifiant quelques mots de façon à donner au personnage douze ans au lieu de neuf.

Juliette est donc une enfant terrible, mais d'un cœur exquis ; elle chérit tendrement le comte, son parrain (60 ans), qui vit loin de tout, séparé de sa femme depuis six années, et gâte et adore sa filleule. La comtesse revient pour emmener Juliette afin de faire son éducation ; or, il advient que grâce à cette petite fille, le comte et la comtesse, dont le temps a calmé les chagrins, se réconcilient et reprennent la vie commune.

Cette pièce, une des premières de l'auteur de *Blanchette*, est très originale, et charme autant par la vivacité et le naturel des scènes, que par un sentimentalisme nullement outré.

**** Rouget de l'Isle**, drame en un acte, *en vers*, par M. Léo Duran. (*Décor* : une chambre. *Epoque* : 1836.) — 3 | 1 | 1 50

L'auteur nous fait assister aux derniers moments de Rouget de l'Isle dont le génie, méconnu pendant sa vie, est justement récompensé au moment de sa mort par les conscrits de Choisy-le-Roi qui viennent chanter sous sa fenêtre les couplets de la « Marseillaise. »

Drame essentiellement patriotique et pouvant être joué devant tous les publics.

Sang de Navet, comédie en un acte, par M. Miguel Zamacoïs. (*Décor* : un salon. *Epoque* : de nos jours.) — 2 | 2 | 1 50

Bonnasseau, tout en se connaissant, au fond, comme très poltron, veut se donner le change à lui-même, et provoque son meilleur, son plus ancien ami, l'excellent Bijou. Il ne réussit qu'à se couvrir de ridicule, car le hasard ayant voulu qu'un officier, en pleine rue, manquât de respect à Mme Bonnasseau, son mari, au lieu d'aller tirer les oreilles du drôle, se dérobe honteusement.

Petite comédie très vive et très mordante.

Sans tambour ni trompette, comédie-vaudeville en un acte, par Brazier, Merle et Carmouche. (*Décor* : une place publique. *Epoque* : de nos jours.) — 3 | 1 | 1 »

Fanfare, trompette de cuirassiers, et Breloque le tambour, sont amoureux de la petite vivandière Claire. Schabraque, hussard retraité, cantinier de la garnison, est aussi violemment épris de la jeune fille, malgré qu'il ait quarante-cinq ans bien sonnés. Des souvenirs touchants ajoutent encore à son amour pour elle. Mais la coquette hésite entre les trois soupirants. Les jeunes veulent brusquer l'affaire, mais Schabraque, mieux aguerri que ses camarades, agit de ruse et l'emporte sur eux.

Claire se mariera avec lui..., sans tambour ni trompette.

Sculpteur (le) ou **Une vision**, comédie-vaudeville en un acte, par Théaulon et Biéville. (*Décor* : une chambre gothique de sculpteur, en Espagne. *Epoque* : 1838.) — 2 | 2 | 1 »

Le grand sculpteur d'Alvar, ayant aperçu une femme de grande beauté, fut hanté par son image et reproduisit ses traits dans toutes les statues qu'il fit depuis lors. Cette femme, Blanche d'Amurrio, d'Alvar ne pouvait songer à la posséder, puisque le jour où il l'avait vue, elle se mariait. Sans qu'il pût le savoir, elle devint veuve. Lui, ne pouvant s'arracher à sa passion, décide de se faire moine. Blanche, arrivée au couvent où d'Alvar travaille, se révèle à lui, et il ne tarde pas à abandonner ses idées de renoncement pour le bonheur qui s'offre.

C'est une très jolie pièce, sérieuse, mais avec une note amusante, fournie par deux rôles secondaires.

Seconde année (la) ou **A qui la faute**? comédie-vaudeville en un acte, par Scribe et Mélesville. (*Décor* : un appartement riche. *Epoque* : de nos jours.) — 3 | 1 | 1 »

C'est de la seconde année d'un mariage qu'il s'agit en cette comédie extrêmement intéressante à tous les points de vue. Denneville, tout homme d'esprit qu'il est, n'a pas su garder à sa charmante femme un amour sincère au début. La jalousie le remet sur le chemin de la fidélité. C'est une voie que Mme Denneville n'a pas quittée, mais d'où, par la faute de son mari, Edmond de Saint-Elme ne serait pas loin de la faire dévier. Denneville, averti, flairant son... malheur, parvient à tourner la situation à son avantage et à évincer le trompeur. Et le mari se dit *in petto* qu'il l'a échappé belle.

La pièce a été créée en 1830, mais elle peut être jouée complètement dans le style moderne.

Séducteur champenois (le), comédie-vaudeville en un acte, par Dartois, Sartine et Saint-Laurent. (*Décor* : une chambre-atelier, à Reims. *Epoque* : de nos jours.) — 2 | 2 | 2 »

Serinette de Jeannot (la), vaudeville en un acte, par MM. Blondeau et Monréal. (*Décor* : salon Louis XV. *Epoque* : Louis XV.) — 3 | 1 | 1 »

C'est une petite pièce alerte et gaie, qui justifie cette parole : heureux les simples d'esprit. Jeannot est de ces derniers. Sans

	H.	F.	Prix

savoir au juste comment ni pourquoi, il fait un heureux mariage, il confond un intendant vaurien, il épargne au marquis de la Roche-Trompette un désagrément capital, etc., etc. Le rôle de Jeannot peut être un travesti joué par une jeune femme.

Simple histoire, comédie-vaudeville en un acte, par SCRIBE et DE COURCY. (*Décor :* un riche salon. *Epoque :* de nos jours.) — 3 | 1 | 2 »

Sire de Franc-Boisy (le), vaudeville-légende, par A. FLAN et E. DELTEIL. (*Décor :* l'intérieur d'un castel moyen-âge. *Epoque :* Charles VII.) — 2 | 2 | 1 50

Sommeil de Vatès (le), pièce en un acte, *en vers,* par M. LOUIS MULLER. Musique de scène par M. RAOUL LESENS. (*Décor :* une forêt. *Epoque :* de nos jours.) — 3 | 1 | 1 »

C'est, en de fort beaux vers, le rêve d'un poète qui, très vieux, victime des préjugés et des passions de la foule, tombe épuisé au pied d'un chêne. Une fée apparaît et lui révèle que pendant son sommeil, sa parole enfin comprise a transformé l'humanité. Il croit rêver, mais un ouvrier et un écolier, qui passent en chantant, lui confirment les paroles de la fée. Galvanisé un instant par un élan d'enthousiasme, il meurt dans l'extase.

Souper fin de siècle (un), comédie-vaudeville en un acte, par M. MAURICE D'ORFEUIL. Musique de M. PAUL RUBEN (*Décor :* un cabinet particulier. *Epoque :* de nos jours.) — 3 | 1 | 1 »

Spirite, comédie en un acte, par P. CHARTON. (*Décor :* un salon. *Epoque :* de nos jours.) — 3 | 1 | 1 50

Méraux a vingt ans de plus que Marcelle, sa femme. Il sait se faire aimer d'elle, en lui témoignant de la confiance, sans nulle marque de jalousie, et tout va bien jusqu'au jour où Gaston, cousin de Marcelle, s'avise de lui faire la cour. Le mari découvre à temps le manège de ce jeune homme et réussit à l'évincer définitivement de son ménage.

La pièce est très amusante et bien conduite.

Sur la gouttière, comédie-vaudeville en un acte, par ALPHONSE ARNAULT et LOUIS JUDICIS. (*Décor :* en deux parties : 1° une chambre ; 2° une mansarde. *Epoque :* 1848.) — 3 | 1 | 1 »

Un voisinage de sixième étage rapproche Annibal et Marie, qui ne croyaient guère se connaître. Pourtant ils étaient amis d'enfance. Comme bien on pense, la pièce se termine par un mariage.

Surprise de l'Amour (la), opéra-comique en deux actes, par CHARLES MONSELET. Musique de POISE. (*Décor :* un parc, genre Watteau. Costumes de la Comédie italienne.) — 2 | 2 | 1 »

Cette pièce connue, écrite d'après Marivaux, est de tous points charmante. Elle a été créée à l'Opéra-Comique. Sujet : les caprices de cœur de la comtesse et de Lélio d'un côté, de Colombine et d'Arlequin de l'autre. Jolis vers, situations gracieuses, souvent comiques.

Sylviane et Tristan, conte en un acte, *en vers,* par M. ALFRED C. LAVAUZELLE. (*Décor :* une salle à manger. *Epoque :* le XVIIe siècle.) Le personnage du curé est changé souvent par un notaire. Variantes indiquées à la fin de l'ouvrage.) — 3 | 1 | 1 »

Le fougueux Tristan aime Sylviane, fille d'un bon bourgeois, Gauchot. Malgré quelques difficultés soulevées par ce dernier, ils finissent par obtenir son assentiment.

La pièce est très littéraire et de belle prosodie ; de plus l'auteur y a su observer un mouvement, y mêler la bouffonnerie au sentiment, de manière à bien donner l'impression du théâtre tel que le traitaient les meilleurs auteurs de l'époque où se place la pièce.

****Terreurs de Jarnicoton** (les), vaudeville-pantomime en un acte, par MM. MONRÉAL et BLONDEAU. (*Décor :* une chambre. *Epoque :* de nos jours.) — 2 | 2 | 1 »

Vaudeville-pantomime très bouffon, et de beaucoup de fantaisie, nullement risquée d'ailleurs. Pour jouer les *Terreurs de Jarnicoton* il faut divers accessoires spéciaux mais faciles à créer, et des interprètes doués de beaucoup de vivacité et de verve.

Terrible Bonnivet (le), comédie en un acte, par MM. A. DELILIA et E. SEURAT. (*Décor :* une salle à manger. *Epoque :* de nos jours.) — 2 | 2 | 1 50

Les Monflanchart et les Bonnivet sont divisés par une haine à la Montaigut-Capulet ; et Monflanchart fils, qui aime Mlle Bonnivet en est réduit à entrer dans la maison... comme domestique. Il subit mille avanies, et de guerre lasse, avoue tout à Mme Bonnivet, et la supplie à genoux, lorsque Bonnivet lui-même arrive et le surprend aux pieds de sa femme. Fou de rage, il provoque le jeune homme, et le malentendu s'aggrave. Il prend fin, d'ailleurs, à la satisfaction de tous.

****Tournée Casimir** (la), vaudeville en un acte, par M. MARC SONAL. (*Décor :* le cabinet d'un juge d'instruction. *Epoque :* de nos jours.) — 4 | » | 1 50

M. Riboulin, juge d'instruction à Poligny (Jura), professe pour le théâtre, en

|H.|F.|Prix|

général, et les comédiens, en particulier, une insurmontable aversion. — « Le thé-âtre n'est pas l'image de la vie et les comé-diens sont tous des pantins », déclare-t-il à un sien neveu, en refusant de l'accom-pagner à Lons-le-Saunier où doit passer, le soir même, *la Tournée Casimir.* Son intransigeance ne tarde pas à être très co-miquement punie grâce à l'arrivée d'un jeune comédien, ami du neveu, qui, de complicité avec celui-ci, se fait passer auprès du juge d'instruction pour l'introu-vable assassin d'une rosière. Sous les traits d'un ignoble bandit, *plus vrai que nature,* il affole Riboulin par d'extrava-gantes réponses, lui récite des vers, le menace d'un formidable couteau ensan-glanté — accessoire de l'Ambigu — se fait servir à déjeuner, et dévoile, enfin, son identité pour la plus grande joie du neveu et à la confusion de l'oncle *théâtro-phobe* qui se vengera spirituellement en allant applaudir *la Tournée Casimir.*

Extrêmement amusant et bien facile à jouer, ce joyeux vaudeville peut être vu par tout le monde.

Trahison (une), comédie en un acte, par M. AUGUSTE VITOUX. (*Dé-cor : un salon. Epoque :* de nos jours.) — 1 | 3 | 1 | »

M. Riquet épouse une femme divorcée. Voilà-t-il pas qu'il fait connaissance avec M. Jacquin, le premier mari de sa femme ! Mmᵉ Riquet découvre cette « liaison » d'un nouveau genre et stupéfaite, de-mande des explications à son époux qui les lui donne fort gracieusement. Elle le soupçonnait de la trahir, mais d'une autre façon. Et la perspective de relations entre son mari et.. l'autre ne calme pas son humeur jalouse.

Agréable piécette, pour un public de grandes personnes.

Triplette (la), comédie en un acte, par MM. ANDRÉ MARÉCHAL et JULES BROUD. (*Décor :* une salle à manger. *Epoque :* de nos jours.) — 2 | 2 | 1 | 50

Cette pièce très légère ne peut être jouée que devant un public mondain. .

Troisième larron (un), comédie-vaudeville en un acte, par FOUR-NIER et LUB ze. (*Décor :* un salon de campagne. *Epoque :* 1847.) — 2 | 2 | 1 | 50

Pommereau vit dans un pays où les maris ont d'incroyables malheurs. Obligé de s'absenter pour courir après la dépu-tation, il a une peur terrible de ce qui pourra advenir alors de Caroline, son épouse. Il ne trouve rien de mieux, pour se tranquilliser, que de faire venir un de ses amis, un « lion »; celui-ci mettra à l'épreuve la vertu de Caroline. Si elle résiste à ce « séducteur de premier choix », Pommereau s'en ira l'âme en paix. Mais il a compté sans le hasard; l'intrigue manque de tourner tout à fait au désa-vantage de l'ingénieux mari, qu'un re-tour de la chance favorise en dernier lieu. Il renonce à la députation.

La pièce est des plus amusantes.

Trois oncles (les) ou **Les visites,** comédie-vaudeville en un acte, par SAINT-ANGE MARTIN et AU-GUSTE. (*Décor :* un salon. *Epoque :* de nos jours.) — 2 | 2 | 2 | »

* **Vampire de Montlignon** (le), folie-vaudeville en un acte, mêlée de chant, par EMILE DURAFOUR. (*Dé-cor :* un intérieur rustique. *Epo-que :* de nos jours.) — 3 | 1 | 1 | »

Le vigneron Grospoulot ne veut donner sa fille Rosine au beau postillon Adonis que s'il a « le sac ». Comment faire ?

Par bonheur, le vigneron est supersti-tieux et croit au *Vampire.* Adonis, incar-nant le monstre, apparaît au bonhomme épouvanté et lui ordonne de se soumettre. Mais cette ruse même était inutile, car le courrier apporte justement à Adonis ce qui lui manquait pour être heureux.

Cette pièce, très drôlatique, peut se jouer devant n'importe quel public.

Vie de garçon (la), comédie-vaude-ville en deux actes, par PAUL DU-PORT et DE BIÉVILLE. (*Décors :* 1° un salon élégant ; 2° un salon de campagne. *Epoque :* 1838.) — 3 | 1 | 1 | »

Brière est un vieux garçon très expéri-menté qui, convaincu que son neveu Adrien faisait une bêtise en épousant Louise, sa fiancée, s'est fâché avec lui, mais s'est laissé réconcilier par la suite.

Cette pièce sentimentale peut être inter-prétée à la mode de nos jours.

Vieillesse d'une grisette (la), vau-deville en un acte, par THIRION et PÉLISSIER. (*Décor :* une cham-bre modeste. *Epoque :* de nos jours.) — 2 | 2 | 1 | »

Vieux Parisien (un), comédie en un acte, par M. BERTOL-GRAIVIL. (*Décor :* un vieux salon Empire. *Epoque :* de nos jours.) — 3 | 1 | 1 | 50

Amusante petite comédie, comique avec une pointe, très juste, de sentiment. Fa-cile à jouer, n'exigeant aucun décor spé-cial. Conviendra à un public mondain.

Violette, comédie en un acte, par M. LUCIEN ARNETTE. (*Décor :* un salon à la campagne. *Epoque :* de nos jours.) — 2 | 2 | 1 | »

Violette et Guy sont fiancés. Marcelle, cousine de Violette et son aînée, s'amuse un peu méchamment à ensorceler ce pauvre Guy. M. Danval, tuteur de Vio-lette, s'en mêle et ne tarde pas à ramener à la pauvre fille son fiancé : M. Danval épousera Marcelle.

Cette aimable piécette est tout indiquée pour être jouée en société.

	H.	F.	Prix

Voiture versée (la), comédie en un acte, par M. Georges Courteline. (*Décor* : un salon. *Epoque* : de nos jours.) — 3 | 1 | 1 »

M. Ledaim, jeune homme charmant, n'est pas surpris du tout qu'une délicieuse jeune femme, par lui secourue dans un accident de voiture très anodin, lui permette d'abord de l'accompagner jusque chez elle, et ensuite, de lui exprimer l'ardeur de sa passion subite. Mais il est plus surpris de l'arrivée d'un monsieur — le mari — qui, très cyniquement, le détrousse. Et M. Ledaim crie, mais un peu tard, au chantage.

CINQ PERSONNAGES

	H.	F.	Prix

****Accident** (l'), comédie en un acte, pour cinq jeunes filles, par M. Prabonneaud. (*Décor* : le hall d'un château. *Epoque* : de nos jours.) — » | 5 | 1 »

Une dame du Cormier a été tuée, aux environs de Tours, par une automobile. « C'est notre tante à héritage », s'écrient Adrienne et Yvonne, deux parisiennes de peu de cœur et d'esprit. Et d'accourir au château : mais, déception cruelle, la tante, Mlle du Cormier, est bien, bien vivante ; elle présente aux deux sœurs celle qui sera son héritière, Marthe Langeais, et après leur avoir rappelé que lorsqu'elle était dans le besoin, ces dames ne s'étaient point inquiétées d'elle, elle va pour les congédier. Mais Marthe réconcilie tout le monde.

Cette petite comédie est très piquante et d'une heureuse inspiration. Elle a été écrite pour être interprétée par des jeunes filles et elle peut être jouée devant n'importe quel public.

Accusé d'être père, comédie en un acte, par MM. René Asse et A. Royer. (*Décor* : une chambre coquette. *Epoque* : de nos jours.) — 2 | 3 | 1 50

C'est, dans la sécurité conjugale des époux Sirotot, une fausse alerte aggravée par une méprise qui porte à son comble le désespoir de madame. Tout s'arrange pour le mieux.

Comédie parfaitement convenable, et réhaussée par deux types très originaux de domestiques.

Album (l'), comédie-vaudeville en un acte, par Picard et Mazères. (*Décor* : une place de village. *Epoque* : de nos jours.) — 3 | 2 | 1 50

A l'eau de rose, à-propos en un acte, par A. Conte. (*Décor* : un salon-bureau. *Epoque* : de nos jours). *Figuration*. — 4 | 1 | 1 50

Leçon de courage civique et de présence d'esprit donnée par un jeune ingénieur, en temps d'élection, à une espèce d'*arriviste* prêt à toutes les concessions, fût-ce les plus viles.

Alfred et Félicie, comédie-vaudeville en un acte, par Gabriel et E. Mévil. (*Décor* : une entrée d'hôtel à Marseille. *Epoque* : de nos jours.) — 3 | 2 | 2 »

Amant auteur et valet (l'), comédie en un acte, par Céron. (*Décor* : chez Lucinde. *Epoque* : 1737.) — 3 | 2 | 2 »

Amant bossu (l'), comédie-vaudeville en un acte, par Scribe, Mélesville et Vandière. (*Décor* : un pavillon élégant. *Epoque* : de nos jours.) — 4 | 1 | 1 50

Amants enfoncés (les), tragédie burlesque, en un acte, *en vers*, par Thibaut. (*Décor* : un carrefour de Paris. *Epoque* : de nos jours.) — 3 | 2 | 2 »

Ambassadeur (l'), comédie-vaudeville en un acte, par Scribe et Mélesville. (*Décor* : un salon riche, à Naples. *Epoque* : 1826.) — 3 | 2 | 1 50

****Ame des héros** (l'), pièce en un acte, *en vers*, par MM. Paul Bilhaud et Michel Carré. (*Décor* : une petite pièce, l'intérieur d'un vieux soldat. *Epoque* : à Paris, en 1823.) — 3 | 2 | 1 50

On admirera cette pièce où les vers sont impeccables et la pensée haute.

Grégoire est un vieux soldat de l'Empire qui avait aimé Bonaparte, mais qui, républicain, l'avait quitté au couronnement. Plus tard, ce fut plus fort que lui : il revint. Très vieux et très malade, il est chez lui avec la mère Moustache l'ancienne cantinière, et Frilot, son petit-fils. Celui-ci lit au grognard des passages de Corneille, qui enivrent le soldat. Il apprend que l'illustre Talma dit ces vers avec magnificence, et l'enfant de partir chercher l'acteur, qui accourt. Mais le docteur ne répond pas de la vie du vieillard, à qui les émotions ne valent rien. L'entretien entre l'acteur idéaliste et le médecin voltairien est une belle page. Talma déclame le récit du combat des Horace et des Curiace, et c'est Grégoire qui clame le « qu'il mourût ». Et il tombe mort.

** **Ablette** (l'), comédie en un acte, par M. Ordonneau. (*Décor :* un salon à la campagne. *Epoque :* de nos jours.) — 4 | 1 | 1 50

Beauchardon et Beaucadet sont des pêcheurs enragés, — au point d'avoir, à propos de la meilleure manière de prendre l'ablette, des altercations violentes. Au cours de leurs querelles, Beaucadet et Beauchardon s'imaginent de bonne foi qu'ils se sont *noyés mutuellement*. La situation donne lieu à des scènes du plus haut comique.

Cette jolie comédie peut être jouée devant tout le monde.

Amis avant tout ! (les) comédievaudeville en un acte, par M. André Lemoine. (*Décor :* un salon salle à manger. *Epoque :* de nos jours.) — 2 | 3 | 1 50

Il ne faudait pas chercher dans cette pièce la morale satisfaite, le vice puni et la vertu récompensée. Au contraire. C'est un petit acte très alerte, très osé, où l'on voit un mari chasser de chez lui son chien, sa servante et enfin sa femme, pour complaire à un individu dénué de tout scrupule, et dont il eut jadis le tort de faire son ami.

Amour brode, comédie-drame en trois actes, par M. François de Curel. (*Décors :* un salon, une chambre. *Epoque :* de nos jours.) — 2 | 3 | 4 | »

Amour dans un ophicléide (l'), vaudeville en un acte, par Ch. Nuitter. (*Décor :* un salon. *Epoque :* de nos jours.) — 2 | 3 | 1 50

Amours de Gonesse (les), comédie en un acte, par Favart et Chamfort. (*Décor :* la boutique d'un boulanger. *Epoque :* de nos jours.) — 4 | 1 | 2 | »

Amour et l'Argent (l'), comédie en un acte, par Chazet, Lafortelle et Désaugiers. (*Décor :* un salon à Madrid. *Epoque :* 1803.) — 4 | 1 | 2 | »

Amour et la Guerre (l'), vaudeville en un acte, par E. Arago, Victor et Desnoyers. (*Décor ;* intérieur de pavillon en Allemagne : *Epoque :* 1825.) — 3 | 2 | 2 | »

Antécédent (un), comédie-vaudeville en un acte, par Marie Aycard et Emmanuel. (*Décor :* un salon. *Epoque :* 1830. A la rigueur de nos jours.) — 3 | 2 | 1 50

M. Dubreuil voudrait bien marier sa fille Eugénie — une adorable veuve — à l'oncle de cette dernière, M. d'Ormoy. Mais la femme a donné sa parole à Ernest de Rennecourt, qui, par le cœur et surtout par l'âge, lui convient beaucoup mieux. Le hasard méchant a beau apprendre au jeune homme qu'Eugénie a eu une intrigue d'amour, il n'en reste pas moins loyal. Il persiste dans sa résolution, et la tendre jeune femme tombe dans ses bras.

Artisans (les) ou **le lendemain de noce**, vaudeville en un acte, par H. Le Roux et Lebas. (*Décor :* une mansarde. *Epoque :* de nos jours.) — 3 | 2 | 2 | »

Artistes par occasion (les), comédie en un acte, par A. Duval. (*Décor :* un vaste jardin à Tivoli. *Epoque :* 1807.) — 3 | 2 | 2 | »

Aspirant de marine (l'), opéra-comique en deux actes, par Rochefort et Decomberousse. Musique de Théodore Labarre. (*Décor :* un joli jardin à Naples). *Figuration.* — 3 | 2 | 1 50

Auteur dans son ménage (l'), comédie en un acte, par Gosse. (*Décor :* un cabinet. *Epoque :* de nos jours.) — 3 | 2 | 2 | »

* **Automate** (l'), folie-vaudeville en un acte, par Emile Durafour. (*Décor :* une salle à manger à Chatou. *Epoque :* de nos jours.) *Un figurant.* — 4 | 1 | 1 | »

Tocardier est riche, mais maniaque. Il a la « tocade » des inventions. En fait il n'invente rien ; il achète les inventions des autres, sérieuses ou non, et il se les attribue. Sa fortune, qui lui permet d'assouvir une aussi coûteuse passion, lui interdit d'autre part de donner sa fille Justine en mariage au peintre Dublaireau, son filleul, homme de talent, mais sans le sou.

L'ingénieux peintre, qui connaît la faiblesse de Tocardier, en use avec habileté, et le mystifie tant et si bien que le rentier se trouve forcé de lui accorder la main de Justine. Il ne fait en cela que combler les vœux des jeunes gens.

Cette pièce est d'une drôlerie bouffonne et des plus amusantes qui se puissent jouer.

Avant la fin du jour, comédie en un acte, *en vers*, par M. GEORGES DOCQUOIS. (*Décor* : champêtre. *Epoque* : De nos jours.) — H. 3 F. 2 Prix 1 50

Idylle moderne, et sinon morale, du moins philosophique sous le débraillé et l'heureuse fantaisie du vers, avec beaucoup de finesse et d'imprévu Un boulevardier ruiné a accepté la misère et *s'est créé son églogue*, en se faisant berger et enseignant La Guillotte, simple fleur des champs. Survient Lamarche, jeune boulevardier déjà ruiné, et cherchant mais en vain à retenir sa vénale amie, Liane. Le berger se trouve là et leur prédit l'avenir. Lamarche héritera, mais plus tard. En attendant, il n'a plus qu'à vêtir la limousine et à paître les moutons, en inculquant Senèque et le mépris des richesses à La Guillotte, car voici que le Clerc vient chercher le Berger pour lui remettre un héritage colossal. Suivi de Liane, le Berger suit le Clerc, devant Lamarche résigné au Destin.

Aveux indiscrets (les), opéra-comique en un acte, par LA RIBAD'ÈRE. Musique de MONSIGNY. (*Décor* : un hameau. *Epoque* : 1759.) — H. 3 F. 2 Prix 2 »

Balance (la), comédie en un acte, par M. THÉODORE HENRY. (*Décor* : un salon luxueux. *Epoque* : de nos jours.) — H. 2 F. 3 Prix 1 50

Banqueroute du Savetier (la), à-propos en un acte, par A. MARTAINVILLE. (*Décor* : une place publique. *Epoque* : 1806.) — H. 4 F. 1 Prix 2 »

Baraque (la), comédie en un acte, par M. F. BERNARD. (*Décor* : une baraque à gauche, une place villageoise à droite. *Epoque* : de nos jours.) — H. 3 F. 2 Prix 1 »

Au lieu d'aller à la chasse, comme il l'avait dit à Bérengère, sa femme, La Bobinière cherche Clara, une demi-mondaine de sa connaissance. De son côté, Bérengère flirte avec Edgard, qui a loué la baraque d'une femme colosse, *la Belle Hollandaise*, pour être plus tranquille. Vain espoir d'ailleurs, car après bien des palinodies, au cours desquelles Clara, Bérengère et La Bobinière même tiennent le rôle de la femme colosse, Edgard prend le train avec Clara, tandis que les époux La Bobinière rentrent chez eux.

Cette pièce, assez leste, est très amusante et gaie. Le décor double est indispensable, la scène se passant alternativement dans la baraque foraine et sur la place.

Bathyle, opéra-comique en un acte, par EDOUARD BLAU, musique de WILLIAM CHAUVET. (*Décor* : la demeure d'Anacréon. *Epoque* : l'antiquité.) — H. 2 F. 3 Prix 1 »

Bathyle est un jeune homme qu'Anacréon, le doux poète, a adopté et auquel il s'est

attaché. L'amour vient, sous l'aspect d'une belle jeune fille, que Bathyle veut suivre. Anacréon, oubliant toute bonté, la chasse. Bathyle s'empoisonne. Le poète, désespéré, invoque Cupidon, qui apparaît et opère la résurrection.

Nota. — Le rôle de Bathyle est tenu par une jeune fille ou une jeune femme.

Belle Allemande (la), fait historique en un acte, par H. DUPIN et A. DARTOIS. (*Décor* : un village de Prusse. *Epoque* : sous le règne de Frédéric Guillaume.) *Figuration*. — H. 3 F. 2 Prix 2 »

**** Berrichon perd sa place**, comédie-bouffe en un acte, par M. HUBERT-FILLAY. (*Décor* : un cabinet de travail. *Epoque* : de nos jours.) — H. 5 F. » Prix 1 »

Scènes burlesques dans le cabinet d'un auteur de gros mélodrames. Le domestique de ce dernier joue le principal rôle, rôle d'ahuri perpétuel, écorchant les mots, poussant la stupidité à son comble et prenant pour la réalité les scènes du drame que son maître fait répéter devant lui. Pièce très amusante, à gros effets.

Boira-t-il encore ? comédie en un acte, par A. GRÉTRY neveu. (*Décor* : une rue en province. *Epoque* : 1806.) *Figuration*. — H. 3 F. 2 Prix 2 »

Bon Ange (le), vaudeville en un acte, par BOULÉ, CORMON et LAURENCIN. (*Décor* : un salon d'été sur jardin.) — H. 3 F. 2 Prix 1 »

Bonne Femme (la), comédie en un acte, par DUBOIS et BRAZIER. (*Décor* : un hameau. *Epoque* : de nos jours.) *Figuration*. — H. 3 F. 2 Prix 2 »

Brodequins de Lise (les), comédie-vaudeville en un acte, par LAURENCIN, DESVERGERS, et G. VAËZ. (*Décor* : un salon à Phalsbourg. *Epoque* : vers 1839.) — H. 4 F. 1 Prix 1 »

La trame de cette pièce est très légère et d'une heureuse invention. On ne peut, en une rapide notice, la retracer, exactement. Nous dirons que la scène se passe à Phal-bourg, vers 1839, chez un capitaine de dragons français, Dalbert. Par générosité d'abord, et ensuite dans l'espoir un peu vague d'une bonne fortune, il se fait le chevalier discret mais avisé d'une jolie femme persécutée par son mari et par un jeune homme auquel, avant son mariage, elle avait eu l'imprudence d'écrire.

Cette comédie n'a rien de risqué, pourtant elle convient plutôt à un public d'expérience.

Brouille et le Raccommodement (la), comédie en un acte, par FRÉDÉRIC et H. SIMON. (*Décor* : un salon vide. *Epoque* : de nos jours.) *Figuration*. — H. 3 F. 2 Prix 2 »

H. | F. | Prix

Bruïs et Palaprat, comédie en un acte, *en vers*, par Etienne. (*Décor :* une chambre très simple, chez Bruis.) *Trois figurants.* — 4 | 1 | 1 »

Les auteurs célèbres du *Patelin* que l'on connaît, Bruïs et Palaprat, avaient subi un echec douloureux avec *Le Grondeur.* L'amitié, en même temps que la misère, unissait ces deux hommes. Dans la jolie pièce d'Etienne, on voit Palaprat, en l'absence de son ami, prendre à son compte la prison destinée à Bruïs poursuivi pour dettes. Mlle de Beauval, l'actrice du *Grondeur*, gênée elle-même, court vendre son dernier diamant... Mais elle a été devancée par le duc de Vendôme, ce grand capitaine entiché des choses de l'esprit. Vendôme sauve Bruïs et Palaprat.

Il y a dans la pièce des personnages secondaires sans importance. Elle peut être jouée dans les salons, mais non devant des jeunes filles.

* **Brutus ou le dernier soldat du guet**, comédie en un acte, mêlée de chant, par Varin et Couailhac. (*Décor :* salle à manger. *Epoque :* la première révolution.) *Figuration.* — 3 | 2 | 1 »

Cette pièce est une amusante satire de la manie qu'avaient les Républicains de 1789 de donner à tout le monde des noms romains. Un ancien marchand, Courtois, membre du Club des Cordeliers, y recrute tous ses amis; il y fait la connaissance du marquis de Blençay, et, ignorant que celui-ci a pour sa femme une passion cachée, il l'invite à venir chez lui. L'aventure d'une bague donnée au marquis par Mme Courtois un jour qu'il avait réussi à se rendre près d'elle, et que Jacques-Brutus, le domestique des Courtois, par suite d'une série de circonstances bizarres, a trouvée, provoque quelques quiproquos pleins de gaîté. Finalement tout s'arrange et la pièce se termine par de joyeux couplets.

En résumé, pièce d'un tour spirituel et agréable et facile à jouer devant tous les publics.

Cabine n° 9 (la), comédie-bouffe en un acte, par MM. Marc Sonal et P. Laurey. (*Décor :* un bureau d'attente aux bains. *Epoque :* de nos jours.) — 3 | 2 | 1 »

Méprises, malentendus et scènes comiques dont l'amour et son habituelle commère, la jalousie, forment le pivot. Cette amusante pièce demande, de la part des interprètes, beaucoup de verve et d'entrain.

Cage (la), pièce en un acte, par M. Lucien Descaves. (*Décor :* les restes d'un intérieur confortable. *Epoque :* de nos jours.) — 2 | 3 | 1 50

La devise précédant cette belle pièce : *Aux désespérés pour qu'ils choisissent,* en indique le sens général.

Une famille de braves gens, les Havenne, est réduite à la misère « en habit noir ». Rien ne peut les en tirer, ni les efforts du père, ni le courage de la fille et du fils, jeunes gens accomplis. Les malheureux, acculés au suicide, allument un réchaud; les parents même hâtent leur fin et s'empoisonnent. Mais les enfants, aux approches de l'asphyxie, font une suprême causerie. La jeunesse et l'espoir l'emportent. Ils ne veulent plus mourir; ils vivront en révoltés plutôt que de s'immoler à la société responsable de leur malheur.

Caporal et la Payse (le), comédie-vaudeville en un acte, par Varin, Paul de Kock et Garnier. (*Décor :* une chambre de bonne. *Epoque :* 1840.) — 3 | 2 | 1 »

M. Poupelard courtise sa bonne Arthémise. Celle-ci lui préfère son « pays », le caporal Exupère. Quant à Mme Poupelard, elle est en butte aux assiduités du parfumeur Jonquille. Une telle situation ne peut que produire des incidents, et c'est ce qui arrive en effet, une nuit que tous les personnages précités se croient mutuellement absents de la maison, grâce aux précautions prises par chacun d'eux pour qu'il en fût ainsi. Ce sont alors des quiproquos très amusants, que le dénouement termine à souhait.

Pièce fort bien menée; ne convenant pas à un auditoire de jeunes filles.

Caroline ou Le Tableau, comédie en un acte, par F. Roger. (*Décor :* une chambre. *Epoque :* de nos jours.) — 3 | 2 | 2 »

Catherine ou La Fille du Marin, comédie en un acte, par Sewrin et Dumersan. (*Décor :* un petit port pêcheur. *Epoque :* de nos jours.) *Figuration.* — 4 | 1 | 2 »

Cavalier servant (le), comédie en un acte, par P. Duport et E. Monnais. (*Décor :* une salle de réception à Florence. *Epoque :* 1806.) — 3 | 2 | 2 »

Cent Louis (les), comédie en un acte, par de Belle-Roche. (*Décor :* un appartement. *Epoque :* de nos jours.) — 3 | 2 | 2 »

Céphise ou l'Erreur de l'Esprit, comédie en un acte, par J.-B. Marsollier. (*Décor :* un salon. *Epoque :* 1784.) — 3 | 2 | 2 »

** **C'est la grève**, comédie en un acte, par M. Prabonneaud. (*Décor :* une salle à manger. *Epoque :* de nos jours.) — » | 5 | 1 »

Amusante petite pièce, où l'on voit trois servantes se mettre en grève dans le but d'obtenir de l'augmentation et refuser subitement l'obéissance à leurs patronnes le jour même où celles-ci ont préparé un lunch qu'elles comptent offrir à deux jeunes hommes de lettres dont elles souhaitent devenir les épouses respectives. Devant la désolation de leurs maîtresses, les jeunes rebelles abandonnent leur attitude agressive pour reprendre leur travail. Les invités laissés à la porte par les servantes grévistes déposent en se retirant des cartes sur lesquelles ils annoncent leur visite pour le lendemain. La grève est terminée ; ils seront reçus.

C'est encore la même, vaudeville en un acte, par J. Ségur. (*Décor :* une grande salle d'hôtel. *Epoque :* 1808.) *Un figurant.* — H. 2, F. 3, Prix 2 »

Chambre à louer, comédie-vaudeville en un acte, par E. Vaëz. (*Décor :* un salon. *Epoque :* de nos jours.) *Figuration.* — H. 4, F. 1, Prix 1 »

Changement d'uniforme, comédie-vaudeville en un acte, par d'Ennery. (*Décor :* un petit salon. *Epoque :* Louis XV.) *Un domestique.* — H. 3, F. 2, Prix 1 »

Le commandeur a deux neveux séminaristes, Angelo et Séraphin. Il faut que l'un des deux entre dans l'armée. Il n'y a pas longue hésitation. Séraphin, décidément, possède toute l'étoffe d'un diable à quatre. Il le prouve tout de go à ce digne commandeur en lui enlevant — pour le bon motif d'ailleurs — sa nièce Amélie.

Petite comédie spirituellement tournée et fort amusante.

Chanoinesse (la), comédie-vaudeville en un acte, par Eugène Scribe et F. Cornu. (*Décor :* un salon en Touraine. *Epoque :* 1822.) — H. 3, F. 2, Prix 1 »

Mlle Héloïse de Montluçon, chanoinesse, retrouve, au bout de sept ans, le père de son enfant. La naissance de ce dernier avait eu lieu dans des circonstances tragiques, à la suite desquelles Héloïse faillit mourir. Le père, c'est le général Bourgachard. Parallèlement à ce roman d'amour, un autre roman se déroule, celui de Henri, neveu du général, et de Gabrielle, nièce de la chanoinesse. Nous ne pouvons, dans une brève notice, résumer les incidents, les péripéties qui font de cette pièce une des plus intéressantes du répertoire. Elle convient de préférence à un public d'esprit mûr.

Chant d'amour, comédie lyrique en un acte, par M. A. Gandrey. Musique de Francis Thomé. (*Décor :* un parc près de Nevers. *Epoque :* de nos jours.) — H. 4, F. 1, Prix 1 50

Le général de Rouvray déplore que son neveu André, au lieu d'épouser sa fille Marcelle, se destine au séminaire. Et rien ne peut faire revenir le jeune homme sur sa résolution Cependant qu'André se promène avec sa cousine, un jeune oisif,

M. de Prévert, demande la main de la jeune fille. De quoi André éprouve quelque peine. Il s'en ouvre à Marcelle, et s'aperçoit que le bonheur est pour lui dans le mariage, et non dans la vocation ecclésiastique.

Chapitre de Balzac (un), comédie-vaudeville en deux actes, par Ch. de Renneville. (*Décor :* un salon. *Epoque :* de nos jours.) — H. 3, F. 2, Prix 1 50

Chasse aux Loups (la), vaudeville en un acte, par C. Sewrin. (*Décor :* une campagne couverte de neige, avec maisons. *Epoque :* l'an V de la République.) *Figuration.* — H. 4, F. 1, Prix 2 »

Chevalier d'honneur (le), comédie en un acte, par Sewrin, Gersin et Tousez. (*Décor :* une terrasse de château, en Allemagne. *Epoque :* 1820.) — H. 3, F. 2, Prix 2 »

Chiffonniers et les Balayeurs (les), tragédie burlesque en un acte, en vers, par V. Benoist. (*Décor :* une place publique. *Epoque :* ad libitum.) *Figuration.* — H. 4, F. 1, Prix 1 »

L'auteur de cette tragédie burlesque a parodié le style héroïque du grand siècle, les tirades cornéliennes. Les chiffonniers et les balayeurs, ennemis de date immémoriale, décident de livrer une grande bataille, pour en finir une bonne fois. Il est ainsi fait. Dans ce combat sanguinaire, Ducrochet, sorte de paladin de la hotte, est mortellement blessé; avant que d'expirer, il pardonne à ses ennemis, et spécialement à Titi le balayeur, qui lui disputait la main de Chiffonnette, fille d'un chiffonnier nommé Laloque.

On appréciera s'il convient ou non de jouer cette pièce très bouffonne devant des jeunes filles.

Chou-Blond, fantaisie en un acte, par M. J.-Joseph Renaud. (*Décor :* une buvette dans un bois de la banlieue. *Epoque :* de nos jours.) — H. 3, F. 2, Prix 1 50

Chou-Blond est une jolie jeune fille, Berthe, qui a un gentil petit amoureux, Maurice. Ils se promènent dans les bois. A peine se sont-ils installés à la guinguette qu'on entend le bruit d'un teufteuf. M. de Laverdière, vieux beau très riche, en descend. Berthe le connaît et le reconnaît. Il s'assied avec les deux jeunes gens et ne tarde pas à enlever Berthe à Maurice, mais à la manière modern-style, c'est-à-dire avec des conventions qui permettront à ce pauvre Maurice de n'être pas... le plus malheureux des trois.

Les quelques lignes qui précèdent montrent suffisamment que cet alerte petit acte n'est pas fait pour un auditoire candide...

	H.	F.	Prix

*** Classe !** (la), bouffonnerie militaire en un acte, par M. E. Ma-trat. (*Décor :* la cour d'une caserne. *Epoque :* de nos jours.) — 5 » 1 50

Ce petit acte est d'une vérité et d'un comique achevés. La trame en est légère : Gordiflaud, jeune soldat, essaye de « la faire » à M. le major, pour aller « tirer sa flemme » à l'infirmerie; — le major ne donne pas dans le panneau et Gordiflaud est puni; — mais combien le dialogue est amusant, vrai et drôle! L'auteur de *A la Chambrée* a rendu d'une manière à la fois exacte et scénique le caractère du troupier, et du troupier *à la caserne*, mélange de naïveté, de bonne camaraderie entre petits gradés et simples pioupious, de cordialité s'exprimant en injures inoffensives. *La Classe !* est une page d'observation très réussie; sa mise à la scène — on ne peut plus facile, un paravent peut suffire — obtiendra le succès le plus certain, devant tout auditoire, sauf exception bien entendu.

Nota. — Les rôles du major et du sergent peuvent être joués, au besoin, par le même acteur.

Clermont ou **Une Femme d'artiste**, comédie-vaudeville en deux actes, par Eug. Scribe et Vanderburch. (*Décor :* un atelier de peintre. *Epoque :* vers 1838.) — 3 2 1 50

Pour subvenir aux dépenses somptuaires de son ménage, le grand peintre Clermont, arrivé jeune au succès, touchant presque la gloire, se surmenait effroyablement. Un jour, il devient subitement aveugle. Un médecin allemand répond de le guérir. Pour gagner l'argent nécessaire, Hermance, (Mᵐᵉ Clermont), entre au théâtre et chante le grand répertoire musical. Clermont recouvrera la vue.

L'intérêt de cette pièce réside en ce que Clermont, aveugle, mal renseigné par un rapin stupide, soupçonne sa femme de le tromper, de le bafouer.

A jouer devant un public mondain.

Coffre-fort (le), comédie-vaudeville en un acte, par G. Vaez. (*Décor :* une cour intérieure. *Epoque :* 1840.) Deux figurants. — 3 2 1 »

M. Duterrier croit que son locataire, cet original de Robert, est avare et riche; aussi lui accorde-t-il la main d'Elise, sa fille. — Patatras, on s'aperçoit que le coffre-fort de Robert est vide. « Plus d'affaire! » s'écrie Duterrier. — « Pardon, réplique Robert, ces papiers vont vous éclairer. » En effet, Robert n'est autre que le propre frère de Duterrier, lequel a jadis fort mal agi envers lui. Une réconciliation générale et un mariage terminent cette pièce amusante et sentimentale. — On peut la jouer à la moderne.

Colleur (le), comédie-vaudeville en un acte, par Antier et A. Decomberousse. (*Décor :* un salon. *Epoque :* de nos jours.) — 3 2 2 »

Compagnon d'Infortune (le), comédie-vaudeville en un acte, par Théaulon et Arago. (*Décor :* une chambre lambrissée, à Sainte-Pélagie. *Epoque :* 1830.) — 4 1 2 »

Comptes de tutelle (les), comédie-vaudeville en un acte, par Merville et Bayard. (*Décor :* un salon. *Epoque :* 1826.) — 3 2 2 »

Comte Ory (le), comédie-vaudeville en un acte, par Scribe et Poirson. (*Décor :* un salon gothique. *Epoque :* 1816.) — 1 4 1 50

Concert à la cour (le) ou **La Débutante**, opéra-comique en un acte, par Scribe et Mélesville. Musique de Auber. (*Décor :* un riche salon. *Epoque :* 1824.) *Figuration.* — 3 2 2 »

Confessions du Vaudeville (les), comédie en un acte, par Etienne, Moras et G. Nanteuil. (*Décor :* aux Champs-Elysées. *Epoque :* 1801.) — 4 1 2 »

Conscrit (le), vaudeville en un acte, par Merle, Simonnin et Ferdinand. (*Décor :* une place de village. *Epoque :* 1823 ou de nos jours.) *Figuration.* — 3 2 1 50

Consigne (la), comédie-vaudeville en un acte, par Ancelot et A. Decomberousse. (*Décor :* une salle en Picardie. *Epoque :* 1833 ou de nos jours.) — 3 2 2 »

Consolateur (le), comédie en un acte, par J. Prével et A. Erny. (*Décor :* un salon. *Epoque :* de nos jours.) — 3 2 1 50

Galifard est un homme « à bonnes fortunes » qui, mûri par l'expérience, renonce aux conquêtes dangereuses en conséquences et opère dans ce qu'il appelle *la sous-catégorie des femmes séparées de corps.* C'est ainsi qu'il s'introduit chez Hélène Ratiboul, laquelle n'est d'ailleurs pas séparée de corps. Nous n'essayerons pas de narrer par le menu les aventures fort humiliantes de Galifard. Il y laisse plus que l'amour-propre : la liberté, car à la fin de l'histoire, il se voit forcé d'épouser une femme abandonnée par lui.

Petite pièce très piquante, à jouer devant un public mondain.

Contrastes (les), comédie en un acte, par de Beauregard. (*Décor :* un salon à Neuilly. *Epoque :* de nos jours.) *Un figurant.* — 3 2 1 50

	H.	F.	Prix

Coup de Soleil (le), comédie en un acte, par A. SECOND et T. DE GRAVE. (*Décor* : un salon élégant. *Epoque* : de nos jours.) — 2 | 3 | 1 50

Oscar Despruniers, un riche inutile, a demandé la main d'une jeune fille un peu étourdie, mais charmante. Une conversation, à laquelle assiste un vieil ami, le spirituel comte Régor, fait éclater l'indignité du prétendant, qui ne tarde pas à être évincé.

Charmante comédie, d'un ton fort distingué.

Coup double, comédie en un acte, par M. E. NOËL. (*Décor :* un salon de lecture à Dieppe. *Epoque :* de nos jours.) — 4 | 1 | 1 50

Coup double en effet, puisqu'à la fin de cette pièce dont l'intrigue est très heureuse, André de Breil épouse Mme de Chatenay, tandis que le baron, son oncle et tuteur, regagne sa liberté et garde sa maîtresse. Quant à Georges de Lussan, il manque en cette affaire son treizième mariage.

Cousin Frédéric (le), comédie-vaudeville en un acte, par EMMANUEL et ETIENNE ARAGO et ALEXANDRE. (*Décor :* une portion de jardin et pavillon. *Epoque :* 1829 ou de nos jours.) — 2 | 3 | 2 »

Crescendo (le), opéra-bouffe en un acte, par SEWRIN. Musique de CHÉRUBINI. (*Décor :* la campagne aux environs de Berlin. *Epoque :* 1810.) *Figuration.* — 4 | 1 | 2 ,

Cric-crac ou L'Habit de garçon, comédie-vaudeville en un acte, par A. JACQUELIN et DÉSAUGIERS. (*Décor :* une auberge de village. (*Epoque :* 1803 ou de nos jours.) — 3 | 2 | 2 »

* **Criminel malgré lui**, comédie-vaudeville en un acte, par MM. G. MAROT et E. PHILIPPE. (*Décor :* une salle à manger sur jardin. *Epoque :* de nos jours.) — 3 | 2 | 1 50

La phrénologie, science ayant pour objet, comme on le sait, d'étudier l'esprit humain d'après les bosses crâniennes, expose ses adeptes à d'étonnantes mésaventures. C'est ainsi que Vespasien, venu de loin pour épouser Henriette, son amie d'enfance, fille de M. Biroteau, brave homme entiché de crâniologie, — Vespasien, avant de s'endormir, compare les reliefs de sa tête avec ceux d'une tête artificielle numérotée selon les indications de Gall. Et le jeune homme se découvre la bosse du crime. Anéanti par cette brusque révélation, il commet toutes sortes d'extravagances. Il n'en résulte rien de bien grave et tout se répare. D'ailleurs. Vespasien s'est trompé de numéro : il n'a pas la bosse du crime, mais celle de la gourmandise.

	H	F.	Prix

Crispin battu, comédie en un acte, *en vers*, par LOUIS GALLET. (*Décor :* chez Crispin. Costumes *ad hoc.*) — 3 | 2 | 1 »

Crispin, presque vieux et quasi-riche, oublie que l'homme expérimenté doit se méfier de sa propre expérience. Il a trop confiance en lui-même, et se laisse battre, au figuré, par son épouse et par sa fille. Marion, vingt-huit ans, seconde femme de Crispin, s'esquive pour aller rejoindre un galant ; Camille, de son côté, va retrouver celui qu'elle aime. Crispin qui s'était endormi dans son fauteuil, s'éveille, constate son double malheur et s'en va se pendre. Cependant, Marion revient, hors d'haleine : sa vertu est sauvée. Camille et son amoureux entrent à leur tour. Crispin est trop heureux, en pardonnant à tous, de s'en tirer à si bon compte.

Très jolie pièce, facile à jouer en société, devant un public d'hommes et de dames.

Croix du Capitaine (la), vaudeville en un acte, par MM. GEORGES MATHIEU et ALBERT RIONDEL. (*Décor :* un cabinet de travail. *Epoque :* de nos jours.) — 4 | 1 | 1 50

Brazier, capitaine de pompiers dont le cœur est un vrai... brasier, a accompli un sauvetage nocturne pour lequel il demande la croix. Ce fait assez commun se complique d'intrigues sentimentales mais qui deviendront à bref delai passionnelles.

Pièce très amusante, mais assez libre.

Dames patronnesses (les), proverbe en un acte, par SCRIBE et ARVERS. (*Décor :* un salon. *Epoque :* 1837 ou de nos jours.) — 3 | 2 | 2 »

Dans les vieux pots, comédie en un acte, par MM. EUGÈNE HÉROS et TRÉBLA. (*Décor :* le salon d'une demi-mondaine. *Epoque :* de nos jours.) — 2 | 3 | 1 50

L'époque, en effet, est tout à fait de nos jours. Fanny (quarante ans) est une encore très jolie demi-mondaine, qui met en rapports Suja (dix-huit ans), sa charmante petite amie, avec ce vieux viveur de Chameron. Celui-ci veut lancer dans la grande vie son neveu Serge, et l'abouche, par l'entremise de Fanny, avec l'émoustillante Suja. Mais Serge ne comprend pas. Ce n'est pas de Suja qu'il s'éprend, mais de Fanny : au fond, ça ne tombe pas trop mal, car de son côté, Chameron fait fort brillamment la conquête de Suja. Dans les vieux pots, on fait la meilleure soupe.

En cette pièce extrêmement égrillarde, chaque mot est un mot d'esprit. Inutile d'ajouter qu'elle ne convient nullement à un public jeune ou austère.

Dans le rêve, comédie dramatique en un acte, par M. LOUIS MULLEM (*Décor :* un quatrième étage de la rue Beauregard. *Epoque :* de nos jours.) — 2 | 3 | 1 50

Paul Rémond, pauvre, est obligé, pour vivre et aider les siens à vivre, de s'astreindre à un travail de bureau, qu'il méprise. Il souffre ; il aspire à ce qu'il appelle la liberté ; il voudrait penser à loisir, écrire ; il est dans le rêve. Son père est mort fou : c'est pourquoi, peut-être, Paul Rémond a-t-il des visions extraordinaires, — lesquelles, soit dit en passant, exigent un certain matériel pour effets de magie.

Cette pièce très originale n'est pas à jouer devant les jeunes filles.

**** Dead-heat**, comédie en un acte, par MM. DE FÉRAUDY et J. ROUCHÉ. (*Décor :* un petit salon. *Epoque :* de nos jours.) — » | 5 | 1 50

De Berthe, d'Emma ou de Fanny, qui épousera M. Bertrand-Latour ? Chacune des trois se croit préférée : de là une série de scènes à émotions mais à émotions comiques jusqu'au dénouement, dont le côté tout à fait imprévu fait à la pièce une fin des plus amusantes.

De deux heures à quatre heures, vaudeville en un acte, par J. RENARD. (*Décor :* un salon. *Epoque :* de nos jours.) — 3 | 2 | 1 50

Amusant vaudeville, dont les personnages sont : une jeune et jolie veuve, sujette à de fâcheux malaises, un médecin et un avocat qui se renvoient mutuellement la clientèle au moyen d'un tube acoustique reliant leurs deux appartements. De là les incidents et méprises qui agrémentent cette pièce, facile à jouer en société, devant un public mondain de préférence.

De l'or ou Le Rêve d'un savant, comédie en un acte, par BAYARD et DE BIÉVILLE. (*Décor :* un cabinet en Flandre. *Epoque :* 1837 ou de nos jours.) — 3 | 2 | 2 »

Demoiselle et la Dame (la), comédie-vaudeville en un acte, par SCRIBE, DUPIN et DE COURCY. (*Décor :* la barrière du Maine. *Epoque :* 1822.) — 3 | 2 | 2 »

Dénouement en l'air (le), folie en un acte, par RICHARD et DELESTRE. (*Décor :* un jardin à Suresnes. *Epoque :* 1812.) *Figuration.* — 3 | 2 | 2 »

Dernier cabinet (le), vaudeville en un acte, par MM. VICTOR GRÉHON et JEAN CASTIL. (*Décor :* un cabinet particulier. *Epoque :* de nos jours.) — 3 | 2 | 1 50

La scène se passe dans un restaurant de quinzième ordre — au point de vue confortable — entre deux ménages, Ed-

mond et Jeanne, Paul et Aglaé. Ils se connaissent, et même les relations sont devenues dangereuses ; car Jeanne a rendez vous avec Paul, et Aglaé avec Edmond. Le garçon du cabinet particulier, Gustave, ayant trouvé un moyen ingénieux de faire servir la même pièce pour tout le monde, le moment ne manque pas d'arriver où une reconnaissance générale va se produire, avec les fâcheux effets qu'elle comporte. Heureusement, cette reconnaissance se fait « par petits paquets », et la réconciliation s'ensuit, sans scandale.

Pièce très amusante, mais très libre ; le personnage du garçon est fort drôle.

Dernier de la famille (le), comédie-vaudeville en un acte, par ANCELOT et A. DECOMBEROUSSE. (*Décor :* un salon, dans la Haute-Garonne. *Epoque :* 1834.) *Figuration.* — 3 | 2 | 2 »

Dernier jour de fortune (un), comédie-vaudeville en un acte, par DUPATY et SCRIBE. (*Décor :* un appartement d'hôtel garni. *Epoque :* 1828 ou de nos jours.) — 3 | 2 | 2 »

Deux contre deux, comédie-vaudeville en un acte, par E. ACLOCQUE. (*Décor :* une pièce. *Epoque :* Louis XV.) — 2 | 3 | 1 »

Pièce alerte et pimpante. Le sujet : le mariage de lord Edouard avec la délicieuse vicomtesse Rosalinde. La note comique est donnée par le valet Frontin et la gentille Rose-Marie, servante paysanne.

Deux coupables, comédie-vaudeville en un acte, par ANCET et DUMANOIR. (*Décor :* un salon. *Epoque :* 1830.) *Nota :* un rôle de jeune homme *ad libitum*, en travesti ou non. — 2 | 3 | 2 »

Cette petite pièce convient parfaitement comme comédie de salon, par son allure gaie et alerte, par la manière aisée dont elle frise les situations les plus délicates, presque les plus tragiques, pour rester dans ce juste milieu où il n'arrive rien d'irréparable.

Deux cousines (les), opéra-comique en un acte, par L. SAUVAGE. Musique de TRUCTIN. (*Décor :* un jardin à Wiesbaden. *Epoque :* la fin du XVIIIe siècle.) Un figurant. — 3 | 2 | 1 50

Pièce charmante, en même temps que pathétique, où le spectateur assiste aux aventures émouvantes d'un très jeune homme dont la présence d'esprit et le courage font face à des circonstances très périlleuses.

Le rôle de Franz de Wingradt doit être joué de préférence par une femme.

	H.	F.	Prix

Deux Créoles (les), comédie-vaudeville en deux actes, par BAYARD et VANDERBURCH. (*Décors :* 1° un salon à Paris; 2° un salon au Hâvre. *Epoque :* 1835 ou de nos jours.) *Figuration.* — 3 | 2 | 2 »

Deux de moins, comédie-vaudeville en un acte, par DE LABOULLAYE et CORMON. (*Décor :* un petit salon à Fontainebleau. *Epoque :* 1834.) — 3 | 2 | 2 »

Deux factions (les), vaudeville en un acte, par CORMON et GRANGÉ. (*Décor :* une guérite près d'un corps de garde. *Epoque :* 1840.) Un figurant. — 3 | 2 | 1 50

Deux maîtresses (les), comédie-vaudeville en un acte, par FÉLIX ARVERS. (*Décor :* un salon. *Epoque :* 1830 ou de nos jours.) — 4 | 1 | 2 »

*** Deux Normands**, vaudeville en un acte, par ADER. (*Décor :* l'intérieur d'une cour à Vire. *Epoque :* de nos jours.) — 3 | 2 | 1 »

L'auteur de ce très joli vaudeville a campé deux types admirables de Normands, au parler pittoresque, à l'esprit rusé. Leurs tours, leurs roueries, occupent les principales scènes. Cette pièce, que nous recommandons, peut se jouer devant n'importe quel auditoire. Elle exige quelques accessoires : un coffre assez grand pour contenir un homme, un vaste panier pouvant s'élever au moyen d'une poulie solide.

Elle a été créée en 1839 à la Porte-Saint-Martin, mais n'a nullement vieilli.

Deux Pères (les) ou **La leçon**, comédie en deux actes, par DUPATY. (*Décor unique :* un bosquet à la campagne. *Epoque :* 1800.) — 4 | 1 | 2 »

Deux tuiles (les), vaudeville en un acte, par E. MATHIEU et A. RENEAUME. (*Décor :* un salon à la campagne. *Epoque :* de nos jours.) — 3 | 2 | 1 50

Dinde du Mans (la), comédie en un acte, par SUARD et LENOIR. (*Décor :* un cabinet de procureur. *Epoque :* 1783.) Un figurant. — 2 | 3 | 2 »

Diplomate, comédie-vaudeville en un acte, par M. G. RUBEAU. (*Décor :* un salon riche. *Epoque :* de nos jours.) — 3 | 2 | 1 50

De Brenne était sous-préfet à Nérac. Il revient à Paris : il veut être diplomate. En attendant, il a envie de s'amuser. C'est pourquoi, sa femme étant absente, il a invité inconsidérément Gabrielle, une charmante demi-mondaine. Celle-ci aperçoit les vases de chine, les dentelles rares achetées à l'intention de Claire (Mme de Brenne) par de Brenne qu'elle ignore marié. Celui-ci les lui offre. Ils boivent du champagne, mais leur idylle est interrompue par Leimard, journaliste influent, ami de Brenne, puis par l'arrivée inopinée de Claire. Affolement. Trop tard pour cacher Gabrielle. Claire, une jeune femme exquise, par sa grâce et son charme conquiert du premier coup Gabrielle. Celle-ci sauve la situation en félicitant de Brenne des cadeaux (vases de Chine et dentelles) qu'il a apportés à sa femme et sort le plus naturellement du monde, laissant Leimard et de Brenne confondus de sa présence d'esprit et de sa générosité.

Cette délicieuse comédie veut être jouée avec finesse, en observant bien les nuances du dialogue. Ce n'est pas une pièce pour pensionnaires.

*** Docteur !...** comédie en un acte, par MM. ALEXANDRE BISSON et GEORGES THURNER. (*Décor :* un salon. *Epoque :* de nos jours.) — 3 | 2 | 1 50

Maurice n'est qu'avocat. Pour approcher Suzanne, qu'il aime, il se dit médecin, et agit comme tel, mais son ignorance ne tarde pas à sauter aux yeux d'un vrai docteur, M. Bouscardin. La colère du père sera terrible. Mais Bouscardin est un brave homme, un vrai. Il a vu Maurice sincèrement épris, et il fait le mariage. Tel est en peu de mots le sujet de cette pièce pleine d'esprit et de cette bonhomie indulgente et fine qui caractérise les pièces de ces deux auteurs.

Docteur Robin (le), comédie-vaudeville en un acte, par J. DE PRÉMARAY. (*Décor :* un salon à Londres. *Epoque :* vers 1840.) Un figurant. — 3 | 2 | 1 »

Mary Jackson, fiancée à un avocat brillant, Arthur Mallam, est en proie à une rêverie maladive. Elle a vu l'illustre acteur Garrick dans ses principaux rôles; elle est hantée par son souvenir. Jackson, pour guérir sa fille, prend un parti désespéré. Il appelle Garrick et le supplie de sauver son enfant. L'artiste consent. En des scènes très pathétiques, trop longues à raconter ici, il met en œuvre son talent stupéfiant d'imitation, et il atteint le but désiré.

Encore une pièce pour laquelle nous laissons aux pères de famille le soin de juger s'ils la feront jouer devant un auditoire jeune.

Dominique ou **Le Vinaigrier**, drame en un acte, par MERCIER. (*Décor :* une salle basse sur jardin. *Epoque :* 1831 ou de nos jours.) Un *figurant.* — 4 | 1 | 2 »

Dot de Suzette (la), opéra-comique en un acte, par DEJAURE. Musique de BOÏELDIEU. (*Décor :* un salon. *Epoque :* 1798 ou de nos jours.) *Figuration.* — 3 | 2 | 2 »

	H.	F.	Prix

Double stratagème (le), comédie en un acte, par Mme DE BAWR. (*Décor : un salon. Epoque :* 1811 ou de nos jours). — 3 | 2 | 2 »

Droits de la femme (les), comédie en un acte, *en vers*, par T. MURET. (*Décor : un salon. Epoque :* 1837 ou de nos jours.) *Un figurant.* — 3 | 2 | 1 50

Du Belloy ou Les Templiers, vaudeville en un acte, par CHAZET et LAFORTELLE. (*Décor : chez Dubelloy. Epoque :* 1806.) *Un figurant.* — 4 | 1 | 2 »

Duel et le Déjeuner (le), comédie en un acte, par GOUFFÉ et LEDOUX. (*Décor : une forêt. Epoque :* 1775.) Deux figurants. — 4 | 1 | 1 »

Dugazon, l'habile interprète de Crispin, raillait continuellement son confrère Desessarts, bon comédien, mais obèse. Ce travers physique excitait la verve de Dugazon, lui inspirant force saillies aussi méchantes que spirituelles. De temps en temps, Desessarts se fâchait, mettait l'épée à la main. La jolie pièce de Gouffé et Ledoux est inspirée de ces souvenirs quasi-historiques de la fin du XVIIe siècle. L'intrigue a pour cadre un déjeuner de chasse, et est accompagnée d'épisodes charmants. Rien de choquant, aucune trivialité, juste la note amoureuse, et encore très anodine.

Duel impossible (le), comédie en un acte, par MARTAINVILLE. (*Décor : une salle d'auberge. Epoque :* 1803 ou de nos jours.) *Figuration.* — 4 | 1 | 2 »

Ecossais de Chatou (l'), opérette, par AD. JAIME et PHILIPPE GILLE. Musique de LÉO DELIBES. (*Décor : une chambre meublée à Chatou. Epoque :* 1869.) — 3 | 2 | 1 »

L'idée de la pièce est celle-ci : un vieux maniaque, nommé Ducornet, ayant pris au sérieux la *Dame blanche* et croyant à l'hospitalité des montagnards écossais, a fondé un hôtel où tout est gratuit, mais où personne ne vient, parce que Ducornet est trompé et grugé indignement par une soi-disant soubrette et un faux domestique, qui vivent à ses dépens.

C'est une opérette très gaie, très originale, avec de charmants couplets pour lesquels Léo Delibes a écrit une musique délicieuse.

Ecrivain public (l'), comédie-vaudeville en un acte, par THÉAULON, SIMONIN et DE COURCY. (*Décor : une place publique. Epoque :* 1827.) *Figuration.* — 4 | 1 | 2 »

Ecu de six francs (l'), comédie en un acte, par SEWRIN. (*Décor : une chaumière et une ferme. Epoque :* 1809.) — 4 | 1 | 2 »

Edmond et Caroline ou La lettre, comédie en un acte, par MARSOLLIER. (*Décor : un salon dans le genre ancien. Epoque :* 1819.) — 3 | 2 | 2 »

Elèves du Conservatoire (les), vaudeville en un acte, par EUG. SCRIBE et XAVIER SAINTINE. (*Décor : une mansarde. Epoque :* 1827.) *Un figurant.* — 1 | 4 | 2 »

Emilie ou Les Femmes, comédie en un acte, par J.-B. DUBOIS. (*Décor : un salon. Epoque :* 1802.) *Figuration.* — 3 | 2 | 2 »

En douceur, comédie en un acte, par MM. LÉON XANROF et PIERRE VEBER. (*Décor : le café du Casino dans une petite station balnéaire. Epoque :* de nos jours.) — 4 | 1 | 1 50

C'est, en quelques scènes charmantes d'esprit et de vivacité, une comédie d'humour et aussi de psychologie.

Le brave Racuire avertit — à temps — M. Jugeotte que la belle madame Clotilde Jugeotte n'est pas loin de le tromper avec le galant, riche et avare Faribol. Mais Jugeotte n'a pas volé son nom. Au lieu de provoquer bêtement le personnage, il le touche au point vulnérable : la bourse. Il fait en sorte que Faribol croit se trouver en présence d'un de ces ménages suspects où la femme aide, par le moyen que vous savez, le mari à faire ses affaires. Il lui demande de placer sa fortune dans sa banque à lui, Jugeotte. Et le Faribol de s'esquiver, sous le regard narquois de Racuire, et devant Clotilde furieuse.

En famille, comédie en un acte, par M. OSCAR MÉTÉNIER. (*Décor : une boutique de brocanteur. Epoque :* de nos jours.) — 3 | 2 | 1 50

Pièce libre, aux expressions violentes et en argot.

Entre l'arbre et l'écorce, comédie-vaudeville en un acte, par LÉONCE et MOLÉRI. (*Décor : un salon de château. Epoque :* 1845.) — 3 | 2 | 1 »

Amélie de Ligny se plaint auprès de son amie, Mme de Sennepart, que son mari n'est pas si empressé qu'au début de leur mariage. Mme de Sennepart lui promet de faire en sorte que de Ligny lui revienne plus épris que jamais. Et avec les meilleures intentions du monde, elle manque de causer un duel mortel, de brouiller le ménage de Ligny, de « rater » son propre mariage, car elle est veuve.

Jolie pièce, à jouer devant un public mondain.

	H.	F.	Prix

Epée et le billet (l'), comédie en un acte, par SEWRIN. (*Décor :* un salon. *Epoque :* 1804.) — 2 | 3 | 2 »

Epreuve après la lettre (une), comédie en un acte, par ALPH. DE LAUNAY et ERN. RASETTI. (*Décor :* un salon. *Epoque :* 1860.) — 3 | 2 | 1 »

La jalousie vient troubler le ménage, pourtant charmant, du comte Henri et de Léonore. Henri est serré d'un peu près par Berthe, une femme coquette et, d'ailleurs, mal mariée. Mais les choses n'en sont pas encore à l'irréparable, loin de là, et après bien des scènes très réussies, très mouvementées, les deux époux tombent dans les bras l'un de l'autre. Berthe elle-même se tire de l'affaire sans y laisser trop de plumes.

C'est une comédie très littéraire et scénique.

Nota. — Parmi les accessoires, deux dominos et deux masques avec barbe en dentelle.

Epreuve délicate, comédie en un acte, *en vers,* par ROGER. (*Décor :* un salon d'où l'on voit un jardin. *Epoque :* de nos jours.) — 3 | 2 | 2 »

Estelle ou Le père et la Fille, comédie-vaudeville en un acte, par SCRIBE. (*Décor :* un salon. *Epoque :* 1834.) — 4 | 1 | 1 »

M. de Soligné adorait sa fille Estelle. Un jour, s'étant mépris sur le sens d'une lettre adressée à feu son épouse, il croit qu'Estelle n'est pas sa fille, et dès ce moment, la rend très malheureuse par son dédain et sa froideur. Cependant Estelle est recherchée en mariage par Raymond de Bussières. Pour des raisons dont l'exposé nous entraînerait trop loin, ce fait précipite l'intérêt et le dénouement d'une intrigue poignante au plus haut point. Le seul nom de Scribe est d'ailleurs une garantie pour la force dramatique d'une pièce. *Estelle ou le père et la fille* est à cet égard, une des meilleures. A jouer devant un auditoire mondain.

Explosion (une), opérette en un acte, par AUGUSTE JOUHAUD. Musique de M. GEORGES DOUAY. (*Décor :* un salon. *Epoque :* de nos jours.) *Une figurante.* — 2 | 3 | 1 »

Landerneau, sur le point d'épouser Violette, est en proie à une tristesse dont il se décide à avouer la cause à sa fiancée : il a reçu jadis une balle dans l'abdomen, et la balle étant explosible, il est exposé au plus affreux malheur. Cette infirmité spéciale n'atteint pas l'amour de Violette; mais voici qu'au milieu des allées et venues de la noce, une détonation se fait entendre. Justement Landerneau n'est pas là. La jeune fille affolée se croit « veuve avant la lettre ». Mais tout s'explique : c'était une plaisanterie du domestique Robinson. D'ailleurs, on apprend que la balle n'était pas explosible, et elle est retrouvée. Petite pièce très amusante.

Faim (la), drame en un acte, par M. CH. RAYMOND. (*Décor :* une mansarde misérable. *Epoque :* de nos jours.) — 2 | 3 | 1 50

Jacques Raimbaud était riche. Il a fait faillite, mais, homme d'honneur, il a payé intégralement ses créanciers. Le voici réduit à la plus atroce misère, avec sa fille Julienne et deux petits enfants. Le malheureux s'est heurté à l'indifférence de tous; tout est fini : il s'empoisonne.

Cette pièce, qui convient à un public sans jeunes-filles, comporte deux rôles d'enfants, l'un de dix ans, l'autre de neuf

Faiseur refait (un), vaudeville en un acte, par LOUIS BOYER et CHARLES NUITTER. (*Décor :* un atelier. *Epoque :* de nos jours.) — 3 | 2 | 1 »

Famille des Innocents (la), comédie en un acte, par SEWRIN et CHAZET. (*Décor :* un village aux environs de Gonesse. *Epoque :* 1807.) *Figuration.* — 3 | 2 | 2 »

Famille Singer (la), vaudeville en un acte, par MM. PAUL MEYAN et A. GUYON. (*Décor :* une chambre d'hôtel. *Epoque :* de nos jours.) — 3 | 2 | 1 »

Outre les principaux personnages, il y a des rôles de petites femmes qui peuvent être supprimés. C'est une pièce qui exige, de la part de ses interprètes, une verve acrobatique. C'est drôle et d'un genre un peu gros. Il faut que les acteurs soient presque des acrobates.

Cette pièce convient parfaitement à une société de gymnastique, à un théâtre forain, à un cirque, à un music-hall, etc.

Fantasia (une), opérette en un acte, par CH. NUITTER. Musique de HERVÉ. (*Décor :* la campagne. *Epoque :* 1850 en Algérie.) *Figuration.*

(Deux des rôles d'hommes ont été créés par des femmes). — 3 | 2 | 1 50

Fausses Infidélités (les), comédie en un acte, *en vers,* par BARTHE. (*Décor :* un salon. *Epoque :* en 1768 ou de nos jours.) — 3 | 2 | 2 »

Faux mentor (le), comédie en un acte, *en vers,* par HUBERT. (*Décor :* un salon de l'Estival. *Epoque :* 1820.) — 3 | 2 | 2 »

Femme qui n'y est pas (une), vaudeville en un acte, par F. TOURTE. (*Décor :* une chambre de garçon. *Epoque :* de nos jours.) *Un figurant.* — 4 | 1 | 2 »

Feu Peterscott, vaudeville en deux actes, par d'ENNERY et GRANGÉ.

(*Décor* : 1° un intérieur de taverne; 2° une chambre. *Epoque* : 1840.) *Un figurant.* — **H. 4 F. 1 Prix 1 »**

Péterscott est le patron d'un cabaret londonnien et l'heureux mari de la séduisante Baby. Strafford, noceur, bretteur et buveur enragé, courtise la jeune femme. La jalousie de Peterscott, son peu de douceur, manquent lui porter malheur, mais le vieil acteur Gibbs conseille à ce mari aux abois un stratagème qui réussit à souhait : Péterscott disparaît, passe pour défunt, se déguise et sous la figure d'un parent de « feu lui-même », retrouve Baby et la reconquiert victorieusement.

Telle est en très peu de mots la trame de cette délicieuse pièce, charmante à tous égards, par l'habile progression de l'intrigue, la variété des caractères, la vivacité du dialogue.

Fiancée du fleuve (la), comédie-vaudeville en deux actes, par Carmouche et C. J*** (*Décor* : un village écossais. *Epoque* : 1829.) — **H. 3 F. 2 Prix 2 »**

Fifine et Nonore, vaudeville en un acte, par Emile Durafour. (*Décor* : une salle à manger. *Epoque* : de nos jours.)
Nota. — Deux des rôles de femmes — rôles très marqués — ont été créés par des hommes. — **H. 3 F. 2 Prix 1 50**

Bouffonnerie avec situations et travestis cocasses, à jouer de préférence devant un auditoire d'hommes ou de dames, sans d'ailleurs que la pièce soit autrement grivoise.

Fifre enchanté (le), opéra-bouffe en un acte, par Ch. Nuitter et Et. Tréfeu. Musique de J. Offenbach. (*Décor* : salon Louis XVI. *Epoque* : 1780.) *Neuf figurants.*
(Un des rôles d'hommes peut être joué par une femme). — **H. 3 F. 2 Prix 1 50**

Figurante (la), comédie en trois actes, par M. François de Curel. (*Décors* : 1° un salon à la campagne; 2° un salon à Paris; 3° un cabinet de travail. *Epoque* : de nos jours.) — **H. 2 F. 3 Prix 2 »**

M. de Monneville, vieux savant d'esprit très subtil, a épousé une femme (Hélène) de trente-cinq ans plus jeune que lui. Il eut tort. Sa femme devient la maîtresse d'un ami de la maison, M. Henri de Renneval, député, homme d'avenir. Il y a chez Monneville une jeune fille, Françoise, nièce d'Hélène, douée, sous des dehors égoïstes, d'une grande intelligence et d'un tempérament ardent. Monneville l'aime comme sa fille. Celui-ci, — qu'il ne faut pas prendre pour un mari complaisant, car si, ayant surpris de longue date les amours d'Hélène et de Renneval, il les supporte c'est qu'il se considère comme le premier fautif, — Monneville veut néan-

moins marier Françoise avec Renneval qu'elle aime en secret. Il incite perfidement Hélène à conseiller ce mariage : Françoise, cœur sec, âme cupide, sera la « figurante », l'associée politique de Renneval. Hélène restera la maîtresse; cette dernière tombe dans le panneau, forge de ses mains l'arme qui va la frapper. En effet, sitôt mariée, Françoise conquiert son mari, écrase de son mépris et de ses sarcasmes Hélène sanglotante, folle de douleur et de rage.

Cette pièce — une des plus belles du théâtre contemporain — est pleine de grandeur tragique ; écrite dans une langue magnifique, châtiée, elle est d'une puissance dramatique intense.

Fille d'un voleur (la), vaudeville en un acte, par Théaulon et Stephen. (*Décor* : une rue solitaire de Plimouth. *Epoque* : 1339). *Figuration.* — **H. 4 F. 1 Prix 1 »**

Nelly, jeune et jolie ouvrière de qui la modestie est la moindre des vertus, aime Williams Burton, qui de son côté se heurte au refus du riche Burton, son père, peu soucieux d'une alliance aussi misérable. Il arrive que, grâce à une information lue trop vite, Nelly passe pour être la fille de Makinson, riche et célèbre voleur, dont les journaux annoncent la mort. C'est là tout l'intérêt de la pièce ; la situation semble un moment inextricable, mais se dénoue au mieux de tous, lorsqu'on découvre que Nelly n'est pas la fille de Makinson.

Jolie pièce, très bien conduite. On appréciera s'il convient ou non de la jouer devant des jeunes filles.

Fille Jockey (la), vaudeville en un acte, par Lafortelle. (*Décor* : un salon. *Epoque* : 1805.) — **H. 4 F. 1 Prix 2 »**

Fils d'un agent de change (le), comédie-vaudeville en un acte, par Scribe et Dupin. (*Décor* : une chambre. *Epoque* : 1836.) — **H. 3 F. 2 Prix 2 »**

Théophile aime Joséphine, femme de chambre chez Hortense Dalogny. La maison est sévère. Comment faire pour approcher Joséphine? Théophile, apprenant qu'on demande une nourrice pour le petit Dalogny, se travestit habilement, imite la voix et les manières féminines et se fait agréer. On devine quel parti les auteurs ont tiré de cette situation hilarante et bouffonne. C'est, par moments, à mourir de rire. Il va sans dire qu'à la fin le truc est découvert et que Théophile épousera Joséphine.

Au point de vue scénique, comme pour le dialogue, cette pièce est des plus réussies.

Fils S. V. P. (un), vaudeville en un acte, par Moléri et E. Chauffer. (*Décor* : un salon dans un village. *Epoque* : de nos jours.) — **H. 3 F. 2 Prix 1 50**

Fin mot (le), vaudeville en un acte, par P. Dandre. (*Décor* : un salon à Mannheim. *Epoque :* de nos jours.) — H. 3 | F. 2 | Prix 1 50

Français à Venise (les), opéra-comique en un acte, par J. Gensoul. Musique de Nicolo Isouard. (*Décor :* un salon à Venise. *Epoque :* 1813.) — H. 2 | F. 3 | Prix 2 »

Frêle et forte, drame en un acte, par Emile Veyrin. (*Décor :* un boudoir élégant. *Epoque :* de nos jours.) — H. 2 | F. 3 | Prix 1 »

Ce drame émouvant au plus haut degré, montre, en face de la douleur poussée au paroxysme chez un père, l'extraordinaire force de volonté d'une mère — malade — en présence d'un deuil qui les frappe tous deux.

Fureurs de Bouchonnard (les), vaudeville en un acte, par Emile Durafour et E. Aupto. (*Décor :* un salon. *Epoque :* de nos jours.) — H. 3 | F. 2 | Prix 1 »

Bouchonnard manque de sang-froid ; il se laisse aller, pour les moindres motifs, à des colères bleues. Il s'imagine que sa femme le trompe ; il prend le charbonnier Pierre, auvergnat de race, pour un galant acharné à le déshonorer, alors que le pauvre garçon vient simplement pour Javotte, la servante. Mme Bouchonnard met ordre à tout cela et rétablit le calme dans sa maison et dans les esprits de son mari. Même celui-ci, pas méchant au fond, procure un emploi à Pierre et lui promet de payer les frais de sa noce.

Gant (le), comédie en un acte, par MM. Paul Bilhaud et Maurice Hennequin. (*Décor :* un salon. *Epoque :* de nos jours.) — H. 2 | F. 3 | Prix 1 50

Boisjoli va se battre en duel avec Cotanson pour une querelle futile. Cotanson lui a jeté à la figure un gant que Boisjoli a mis dans sa poche. C'est un gant de femme. Blanche, femme de Boisjoli, découvre le gant. Furieuse, jalouse, elle veut divorcer. Elle ne croit pas un mot de l'explication de son mari, et reste incrédule devant la confirmation qui en est fournie par Cotanson lui-même. Ce fameux gant est celui d'une dame très belle que Cotanson aime, et qu'il ne connaît pas. Il a ramassé le gant au théâtre, après que la dame eut quitté sa loge. Or, cette dame, c'est Mathilde, amie de Blanche. Tous les personnages se trouvent réunis, et Blanche de soupçonner Mathilde, qui finalement consent à épouser Cotanson.

Pièce extrêmement amusante, très scénique et bien conduite.

Garçon parfumeur (le), vaudeville en un acte, par Cogniard frères. (*Décor :* l'arrière-boutique d'un parfumeur. *Epoque :* 1833 ou de nos jours.) — H. 3 | F. 2 | Prix 2 »

Grivois la malice, comédie en un acte, par Sewrin. (*Décor :* un vil-

lage. *Epoque :* 1810 ou de nos jours.) *Figuration*. — H. 4 | F. 1 | Prix 2 »

Guet-apens (le), comédie en un acte, par MM. Victor de Cottens et Paul Gavault. (*Décor :* un salon. *Epoque :* de nos jours.) — H. 3 | F. 2 | Prix 1 50

A la campagne, Hector de Chancey dépouille l'homme du monde, pêche à la ligne, fume, pédale, chante ; bref, il jouit prosaïquement de la nature et du grand air. Ça le dépoétise aux yeux de sa femme, Antoinette, qui sans cesse le navre de ses mauvais compliments. Pour guérir l'humeur d'Antoinette, sa tante, l'aimable marquise de Pavezac, prend sur elle d'inviter aux champs M. des Armettes, ex-soupirant déçu de la jeune femme, et de le mettre tout à fait à son aise. Des Armettes apparaît aux yeux d'Antoinette tout aussi peu « romance » qu'Hector. Ainsi la marquise obtient le résultat désiré.

Pièce très amusante, à jouer devant un public mondain.

Héritage (l'), tragédie rustique en un acte, *en prose*, par M. Maurice Pottecher. (*Décor :* un intérieur pauvre chez des paysans. *Epoque :* de nos jours.) — H. 3 | F. 2 | Prix 2 »

Héros de cuisine (les), tragédie burlesque en un acte, *en vers*, par J.-A. Jacquelin. (*Décor :* une salle à manger d'auberge. *Epoque :* 1799.) — H. 3 | F. 2 | Prix 2 »

Heure de mariage (une), comédie en un acte, mêlée de chants, par Etienne. Musique de Daleyrac. (*Décor :* un salon orné de portraits de famille. *Epoque :* 1804.) — H. 3 | F. 2 | Prix 1 »

M. de Marcé est un « original », un malade imaginaire, un homme d'une santé robuste. Il a promis de déshériter son neveu Germeuil si celui-ci n'épouse Constance, qui est la fille de feu son meilleur ami. Germeuil a pourtant épousé Elise, mais, pour ne pas perdre l'espoir d'hériter de son oncle, ils conviennent, Elise, Constance et lui, de faire passer celle-ci pour sa femme. Ce serait très bien, n'était la présence de Saint-Ange, amoureux de Constance qui le paie de retour. L'oncle Marcé, bon homme au fond, pardonne la supercherie.

Excellente comédie.

Heureusement, comédie en un acte, *en vers*, par Rochon de Chabannes. (*Décor :* un salon. *Epoque :* 1762 ou de nos jours.) — H. 3 | F. 2 | Prix 2 »

Histoires de femmes, vaudeville en un acte, par L. Battaille et H. Feugère. (*Décor :* un salon. *Epoque :* de nos jours.) — H. 3 | F. 2 | Prix 1 »

Nous n'essayerons pas de raconter l'intrigue de ce gai vaudeville, fort drôle

	H.	F.	Prix

et divertissant, avec des effets très comiques. Très libre, du reste, et ne convenant pas à un auditoire jeune.

Hors les lois, comédie en un acte,
en vers, par MM. Louis Marsolleau et Arthur Byl. (*Décor :* une
île presque déserte. Pour *l'époque*,
s'en rapporter aux détails de la
pièce.) — 3 | 2 | 1 50

Les auteurs ont eu l'idée fort originale
de rapprocher des individus d'époque et
de caractères différents Le chevalier et
Parthénice portent le costume du temps de
Louis XV. Ils sont dans une île déserte.
Devant eux surgissent : un souteneur
moderne, une fille perdue, un huissier,
tous trois évadés du bagne, et parlant argot. Parthénice sympathise avec le bandit, et le chevalier se rapproche de la
pierreuse. La pensée qui ressort de ce petit acte très littéraire, très joliment écrit
est que l'amour, ou le désir, effacent les
distances créées par l'usage, et qu'il ne
distingue pas entre les êtres, qui par lui
s'unissent en dehors de toute qualité, de
tout esprit de classe.

Huit bis, rue Papillon, comédie-
bouffe en un acte, par MM. Marc
Sonal et Victor Gréhon. (*Décor :*
un boudoir coquet. *Epoque :* de
nos jours.) — 3 | 2 | 1 »

Ce sont des aventures amusantes et
extra-conjugales, et les méprises fâcheuses qui en résultent. Pièce à jouer
devant un public mondain.

Hussards de la République (les),
vaudeville en un acte, par Aug.
Jouhaud. (*Décor :* une place de
village. *Epoque :* 1792.) — 3 | 2 | 1 »

Idée de médecin (une), comédie en
un acte, par Armand et A. Dartois. (*Décor :* un joli salon de
province. *Epoque :* de nos jours.)
Un figurant. — 3 | 2 | 1 50

Idée du mari (l'), comédie-vaudeville en un acte, par d'Ennery et
Cormon. (*Décor :* une salle d'auberge. *Epoque :* 1834. La scène
se passe dans un petit port nor-
mand.) — 3 | 2 | 1 »

Leloup l'aubergiste est tellement niais,
tellement « mari » que ce serait vraiment
fâcheux s'il n'était pas... trompé. Pourtant, sa femme, Marie, est vertueuse, et
Tanguy, un brave corsaire, est un honnête homme qui ne courtise pas la femme
de son prochain. Mais que voulez-vous,
Leloup le force à rester ! La fin est facile
à prévoir.

Il ne sait pas lire, vaudeville en un
acte, par Beauvallon. (*Décor :* un
salon. *Epoque :* de nos jours.) — 3 | 2 | 1 50

La scène se passe chez une chanteuse,
qui est un peu une demi-mondaine. Elle

reçoit par erreur la visite d'un gentilhomme breton, décavé et illettré, M. de
Castelkrakec, qui croit se trouver chez le
père de sa fiancée, M. Martineau. Les
deux hommes se rencontrent en effet chez
Léda — tel est le nom de la dame de céans
— mais c'est à la suite de circonstances où le
mariage n'est pour rien. D'ailleurs le
mariage en question n'en est pas moins
décidé.

Vaudeville amusant, à interpréter devant un auditoire d'hommes et de dames.

Il ?... ou Elle ?... comédie en un
acte, par M. André Mouézy-Eon.
(*Décor :* un salon. *Epoque :* de
nos jours.) — 4 | 1 | 1 50

Ernest, fiancé de Mlle Esther Panier, attend impatiemment le jour, prochain d'ailleurs, de son mariage. Il a compté sans
les tracasseries d'un affreux rond-de-cuir,
M. Gratte, qui, ayant découvert qu'Ernest a été inscrit — par erreur — sur
les registres de l'état-civil comme étant
du sexe féminin, ne peut par conséquent
convoler en justes noces avec une demoiselle. M. Panier lève de grands bras et
refuse son consentement. Que font les
deux jeunes gens ? Tout bonnement un en-
lèvement en automobile. Et M. Panier de
mettre à la porte M. Gratte, tout penaud.

Cette petite pièce est très spirituelle.
L'exposé seul du sujet — qui du reste
n'est pas scabreux, somme toute — suffit à
indiquer devant quel auditoire elle peut
ou non être représentée.

Impôt sur les femmes (l'), comédie
en un acte, par M. Léon Duro-
cher. (*Décor :* un salon. *Epoque :*
de nos jours.) — 3 | 2 | 1 »

On a voté au Parlement une nouvelle
loi : l'Impôt sur les femmes, loi que
MM. les députés et sénateurs sont les
premiers à méconnaître, il va sans dire.
De Tressensé, sénateur, refuse de s'inscrire sur la liste des imposables : il prétend ne pas tromper sa femme. Le député-
répartiteur Lafoly, qui a des intentions
sur celle-ci, jette une chanteuse dans les
bras du sénateur. De Tressensé file, sous
prétexte de campagne électorale, en réalité pour suivre sa belle. Sa femme, pendant ce temps, aura... maille à partir avec
le pressant Lafoly.

Indiscrète (l'), comédie en un acte,
par Beauvallon. (*Décor :* un salon de province. *Epoque :* de nos
jours.) — 3 | 2 | 1 50

Edith est une jeune fille charmante,
mais d'esprit positif et de volonté tenace.
Elle aime M. de Labrinière, elle est prête
à l'épouser, mais à condition de savoir
exactement à quoi s'en tenir sur le mariage, et pourquoi, par exemple, son
amie Clémentine, le lendemain de sa nuit
de noces, était pâle et étonnée. Une telle
prétention, de la part d'Edith, révolte sa
mère et taquine son fiancé. Elle n'en veut
démordre ; du reste, M Duverniquet, le
notaire, lui donne raison en droit et en
fait. M. de Labrinière réussit finalement

	H.	F.	Prix

à vaincre les résistances de sa future femme.

Il va sans dire qu'on appréciera s'il convient de jouer ou non cette amusante comédie devant les jeunes filles.

Infidèles (les), comédie en un acte, par PAUL DE KOCK. (*Décor* : un salon donnant sur un jardin. *Epoque* : 1823 ou de nos jours.) — 3 | 2 | 2 »

Ingénue de Brives-la-Gaillarde (l'), vaudeville en un acte, par X*** et et H. SIMON. (*Décor* : une salle d'auberge à Brives-la-Gaillarde. *Epoque* : 1817.) — 3 | 2 | 2 »

Insouciant (l'), comédie en un acte, par SAINT-HILAIRE et PAULIN. (*Décor* : une salle d'auberge. *Epoque* : 1824.) *Un figurant*.. — 3 | 2 | 2 »

Intendant de papa (l'), vaudeville en un acte, par MM. P. DE NÉHA et MARC SONAL. (*Décor* : un salon. *Epoque* : de nos jours.) — 3 | 2 | 1 »

La scène se passe au salon d'une cocotte, où, dans un dessein facile à deviner, est venu un intendant naïf autant qu'inflammable, et envoyé par son maître à la recherche du fils de ce dernier. Leur rencontre imprévue se produit dans le susdit boudoir. Cette pièce est émaillée d'épisodes à pouffer de rire.

Intrigues du Carrefour (les) ou **Les Amours de Pommadin**, comédie en un acte, par MARTINVILLE. (*Décor* : une place publique. *Epoque* : 1805.) — 3 | 2 | 2 »

Isabelle et Gertrude, pièce en un acte, par FAVART. (*Décor* : un jardin avec pavillon. *Epoque* : 1765.) *Figuration*. — 2 | 3 | 2 »

* **Jacquot**, vaudeville en un acte, par J. GABRIEL et P. VERMOND. (*Décor* : un salon modeste. *Epoque* : 1843.) — 3 | 2 | 1 »

Balthazar est un ancien directeur de théâtre, devenu aveugle, mais né malin. Guéri un beau jour, il feint la cécité, ce qui lui permet d'apercevoir bien des choses très utiles à connaître. Il refusait sa nièce Juliette au jeune imprimeur Jacquot, comédien d'avenir, et lui préférait Galop, marchand de chevaux, un homme peu désintéressé.

Grâce à la supercherie qu'il a eu la bonne inspiration d'imaginer, il se rend compte de la valeur personnelle des deux prétendants, et il donne sa nièce à Jacquot.

Pièce amusante, pouvant être jouée devant tout public.

Jaloux (le), comédie en un acte, par EUGÈNE et HIPPOLYTE. (*Décor* :

un salon. *Epoque* : 1827 ou de nos jours.) — 3 | 2 | 2 »

Jaunard et Vertillon, vaudeville en un acte, par MM. GEORGES MATHIEU et ALBERT RIONDEL. (*Décor* : le bureau d'une maison de soieries. *Epoque* : de nos jours.) — 3 | 2 | 1 50

Deux associés, Jaunard et Vertillon, ont, à l'insu l'un de l'autre, la même maîtresse. Cette circonstance, jointe à un certain article de leur contrat d'association, est le point de départ de scènes archi-comiques et hilarantes.

Cette pièce ne peut se jouer devant des jeunes filles.

Je serai comédien, comédie en un acte, par CH. DESNOYERS. (*Décor* : un salon. *Epoque* : de nos jours.) — 3 | 2 | 1 »

Jeunes bonnes et les vieux garçons (les), vaudeville en un acte, par DESVERGERS et VARIN. (*Décor* : une salle à manger. *Epoque* : 1831 ou de nos jours.) — 3 | 2 | 2 »

* **Jeune femme colère** (la), comédie en un acte, par ETIENNE. (*Décor* : un salon élégant. *Epoque* : 1800 ou de nos jours). — 3 | 2 | 1 »

La trame de cette charmante comédie peut se résumer ainsi : de Valrive vient d'épouser une jeune fille dont la tendresse et la bonté naturelles sont gâtées par un caractère emporté, « colère », mal corrigé par l'éducation première ; Rose de Volmar était orpheline dès le bas âge. Valrive, aidé par son beau-frère, se met aussitôt à réformer sa femme. Chez lui, la douceur est une vertu dominante. Il feint néanmoins d'être lui-même affligé d'accès de fureur épouvantables. Rose, effrayée d'une révélation aussi brusque, offre à son mari de l'aider à se maîtriser. La scène est fort amusante. Il va sans dire que Rose comprend la leçon.

Nous recommandons cette pièce très jolie, où la morale sait n'être pas ennuyeuse, et qui peut être jouée devant tout auditoire.

Jeune père (le), vaudeville en un acte, par A. DARTOIS et DE SAINT-GEORGES. (*Décor* : un salon. *Epoque* : 1836.) *Figuration*. — 3 | 2 | 2 »

Jeune Tante (la), opéra-comique en un acte, par MÉLESVILLE. Musique de KREUBÉ. (*Décor* : un salon de château. *Epoque* : 1830.) — 3 | 2 | 2 »

Jeune Werther (le), vaudeville en un acte, par DÉSAUGIERS et GENTIL. (*Décor* : une chambre. *Epoque* : 1819 ou de nos jours.) *Un figurant*. — 2 | 3 | 2 »

Jockey (le), comédie en un acte, par Hoffmann. (*Décor :* un salon. *Époque :* 1796.) — H. 2, F. 3, Prix 2 »

Jour à Rome (un) ou **Le jeune homme en loterie**, comédie-vaudeville en un acte par Mazères. (*Décor :* un appartement commun d'hôtel, à Rome. *Époque :* 1821 ou de nos jours.) — H. 3, F. 2, Prix 2 »

Journée de Saint-Cloud (la), vaudeville en un acte, par Léger, Chazet et A. Gouffé. (*Décor :* l'entrée du parc de Saint-Cloud. *Époque :* l'an VIII de la République.) — H. 4, F. 1, Prix 2 »

Judith, comédie en deux actes, par Bayard et Dumanoir. (*Décors :* salons. *Époque :* 1837 ou de nos jours.) *Figuration.* — H. 3, F. 2, Prix 2 »

Krach (un), vaudeville en un acte, par M. Julaime. (*Décor :* un salon. *Époque :* de nos jours.) — H. 2, F. 3, Prix 1 »

Pièce amusante (à ne pas jouer devant les jeunes filles). Hector, depuis un an fiancé avec Cecile, fille de M. et Mme Pontavert, a « agrémenté » ces longs mois d'attente au moyen d'une intimité discrète, mais absolue, entre lui et Agathe, la femme de chambre. Ce qui donne lieu, d'abord entre Hector et Agathe, puis entre Hector et les Pontavert, enfin entre Hector et sa fiancée, à des scènes fort bien menées, et que termine le mariage des deux jeunes gens.

Labougette, comédie en un acte, par M. René Grivart. (*Décor :* un intérieur modeste. *Époque :* de nos jours.) — H. 2, F. 3, Prix 1 »

Labougette, Lustrine et autres, sont employés à l'Hôtel de Ville. Tous, sauf Lustrine, n'y vont que rarement. C'est ce dernier qui fait la besogne de tout le monde. Labougette joue aux courses. Il vient, dans l'intérieur paisible et étriqué du bon Lustrine, donner le « tuyau » : *Rose-de-Mai* arrivera dans un fauteuil. Germaine Lustrine risquerait bien cent sous, mais le mari et la belle-mère se révoltent à la seule pensée de jouer aux courses. Cependant, Labougette revient : *Rose-de-Mai* a gagné, et comme il l'avait, lui Labougette, placé sur ce cheval dix francs qu'il devait à son camarade, il vient, en brave garçon, lui remettre neuf cent francs. Tableau !
Petite comédie très amusante et gaie.

Léocadie de Pantin (la), parodie en un acte de la *Léocadie de Feydeau*, par Dartois, Dupin et Varner. (*Décor :* la place de Pantin. *Époque :* 1824.) *Figuration.* — H. 4, F. 1, Prix 2 »

Léopold Robert, comédie en un acte, *en vers*, par M. Tiesse. (*Décor :* un atelier à Rome. *Époque :* 1825.) — F. 4, H. 1, Prix 1 »

Cette comédie a été écrite à propos du peintre Léopold Robert et d'un de ses tableaux les plus célèbres. C'est une pièce sentimentale, où tour à tour entrent en jeu l'amitié et l'amour, la passion et la douleur.

Leurs filles, comédie en deux actes, par M. Pierre Wolff. (*Décor unique :* un salon. *Époque :* de nos jours.) — F. 4, H. 1, Prix 1 50

Pièce jouée pour la première fois au Théâtre-Libre ; très réaliste, très douloureuse. Valentine d'Alencey, une demi-mondaine (37 ans), a une fille, Louisette, qu'elle veut élever honnêtement. Mais la fatalité, qui s'acharne sur la mère, pousse la fille au vice, et la malheureuse femme étouffe de rage en apprenant que celui qui a ravi l'honneur de Louisette est son propre amant à elle.

Leycester du faubourg (le), vaudeville en un acte, par Scribe, Henry et Carmouche. (*Décor :* une arrière-boutique. *Époque :* 1824.) — F. 3, H. 2, Prix 2 »

Loi de Jatab (la) ou **Le Turc à Paris**, comédie en un acte, *en vers*, par Dumaniant. (*Décor :* la chambre d'un appartement. *Époque :* 1787.) — F. 4, H. 1, Prix 2 »

Lui-même, opéra-comique en un acte, par Francis. Musique de Piccini. (*Décor :* un salon. *Époque :* 1804.) — F. 3, H. 2, Prix 2 »

Lune rousse (la), comédie en un acte, par Rosier. (*Décor :* un jardin avec maison. *Époque :* à Paris, sous la Régence.) — F. 2, H. 3, Prix 1 »

Cette comédie, écrite avec un grand bonheur de style et de composition scénique, ne pourrait que très difficilement se resumer. C'est un imbroglio d'intrigues amoureuses un peu libertines, du genre de celles qui passionnaient le temps de la Régence. Le chevalier de Brévannes est très assidu auprès de la marquise et fort entreprenant envers Germaine, femme du jardinier Brisquet. Le marquis et le jardinier, chacun de son côté, donnent des coups de canif dans le contrat, ce qui ne les empêche pas d'être très jaloux, au contraire. La fin de la pièce laisse deviner aisément qu'il leur en cuira de leur impudence.
Le rôle du chevalier est joué par une femme.

Maboul, folie-vaudeville en un acte, par MM. Emile Durafour et P. de

	H.	F.	Prix

Néha. (*Décor :* un bureau. *Epoque :* de nos jours.) — **3 | 2 | 1 »**

Pièce archi-fantaisiste dont toutes les scènes ne sont que la succession des méprises inénarrables qui se produisent entre les différents personnages.

Au demeurant, cette folie-vaudeville est drôle, et très mouvementée. Il est préférable de ne pas la jouer devant des jeunes filles.

Ma capitaine, comédie-bouffe en un acte, par MM. André Lénéka et A. Gandrey. (*Décor :* un petit salon-fumoir. *Epoque :* de nos jours.) — **3 | 2 | 1 50**

Le capitaine Loripeau est un fort brave homme, mais un très mauvais cavalier. Sa malchance, ses chutes répétées lui valent force humiliations. Son épouse (Médarine), une maîtresse femme, lui adresse de terribles reproches, bien qu'au fond elle soit sans méchanceté. Dans leur mauvaise humeur, Loripeau et Médarine refusent la main de leur fille (Micheline) à M. Des Bois. Grande est la désolation des deux jeunes gens. Pour comble de malheur, le capitaine reçoit un communiqué lui annonçant sa mise à la retraite. Désolation générale. Médarine s'attendrit, console et embrasse Loripeau. Gaston, rentré en tapinois, lit le message officiel, et félicite le capitaine : celui-ci, en effet, n'avait pas tourné la page, sans quoi il eût appris que le gouvernement, pas tout à fait ingrat, lui conférait le ruban rouge. Du coup Gaston épousera Micheline.

Jolie petite comédie, par endroits un peu leste.

Madame Basile, comédie en un acte, par L. Lurine et Solar. (*Décor :* une arrière-boutique à Turin. *Epoque :* 1770.) — **3 | 2 | 1 »**

Madame Clara, somnambule, folie en un acte, par MM. Leterrier et Vanloo. Musique de M. J. Legoux. (*Décor :* un salon de somnambule. *Epoque :* de nos jours.) — **4 | 1 | 1 50**

Évariste Toupignol, pour échapper à la vengeance effroyable d'un certain Picratès de Caramba, se réfugie par hasard chez Mme Clara ; il trouve le mari de cette dame, lui emprunte, de force, sa pelisse et jusqu'à ses moustaches. Peu après, Toupignol se voit obligé, toujours pour sauver la situation, de prendre le costume de la somnambule. Le truc ne lui réussit pas longtemps, et l'ingénieur Evariste passerait un très vilain quart d'heure, si une suprême inspiration ne le venait encore tirer d'affaire.

La pièce est fort comique, d'un succès de rire certain ; convient à un public d'hommes et de dames.

Madame de Brienne, drame en deux actes, par Saint-Yves et Max-Raoul. (*Décor unique :* un vieux salon doré. *Epoque :* 1839.) — **3 | 2 | 1 »**

Il serait impossible de résumer brièvement ce beau drame, très bien char-

	F.	H.	Prix

penté, très intéressant, et qui ne sera bien compris que d'un public de gens mariés ou d'esprit mûr. Le fond de la pièce, c'est la tragique existence de Mme de Brienne, qui expie le plus douloureusement du monde une grande faute de jeunesse. Elle a la force de marier un jeune homme qu'elle aime (car elle est encore jeune) avec une jeune fille charmante par sa douceur et sa beauté. Mais l'effort surhumain qu'elle a fait coûtera la vie à l'héroïne.

Madame de Sainte-Agnès, comédie en un acte, par Scribe et Varner. (*Décor :* un salon dans une ville des Pyrénées. *Epoque :* 1829 ou de nos jours.) *Figurants.* — **3 | 2 | 2 ▪**

*** Madame Dugazon,** comédie en un acte, *en vers,* par M. Eug. Adenis. (*Décor :* un salon. *Epoque :* 1776.) — **2 | 3 | 1 50**

Une grande brouille éclate entre Mme Dugazon et son mari : il la chasse. Mais le voici bien avancé. Gourgaud, un oncle à héritage, va venir voir son neveu, dont il a fini par accepter l'union d'abord blâmée. Dugazon croit se tirer d'affaire en inventant une fausse Mme Dugazon ; il s'adresse d'abord à Dorine, la servante, puis à Henriette, une amie. L'oncle entre, et trois Mmes Dugazon l'embrassent, car la vraie est revenue. Situation fâcheuse !... Mais l'oncle est crédule : il n'a pas de peine à croire qu'il est tombé au beau milieu de la répétition d'une pièce. De cette trouvaille l'auteur a tiré le parti le plus heureux, et *Madame Dugazon* est une délicieuse comédie.

*** Madame Rose,** opéra-comique en un acte, par MM. Paul Bilhaud et Albert Barré. Musique de M. Banès. (*Décor :* une salle à manger dans une ferme. *Epoque :* de nos jours.) — **3 | 2 | 1 »**

Gracieuse bluette, aux couplets alertement troussés, et qui, sans grands frais d'accessoires, obtiendra un succès assuré, si les acteurs la jouent avec le sentiment convenable. La principale donnée — l'amour de Rosette pour Jean — et la jalousie de Mathurin, indiquent le genre de la pièce, qui ne peut blesser la modestie de personne.

Mademoiselle Aïssé, vaudeville en un acte, par Aycard et Emmanuel. (*Décor :* un riche salon. *Epoque :* Louis XV.) *Deux figurants.* — **3 | 2 | 2 »**

Mademoiselle de Bois-Robert ou les deux gardes-chasse, comédie-vaudeville en deux actes, par N. Fournier. (*Décor unique :* un salon. *Epoque :* 1788.) *Un figurant.* — **3 | 2 | 1 50**

Mademoiselle Gertrude, vaudeville en un acte, par J.-B. Simonnin. (*Décor :* un appartement à Chartres. *Epoque :* 1806.) — **3 | 2 | 2 »**

	H.	F.	Prix

Mademoiselle Marguerite, vaudeville en un acte, par XAVIER et DUVERT. (*Décor :* une antichambre. *Epoque :* de nos jours.) — 3 | 2 | 1 50

Ma femme et mon parapluie, vaudeville en un acte, par LAURENÇIN. (*Décor :* un salon bourgeois. *Epoque :* 1834.) — 3 | 2 | 1 »

C'est un vaudeville dont tous les détails sont extrêmement divertissants. La trame en est légère : Philibert Dubocage, sorte de chevalier d'industrie (concerts en pl in vent), et Honoré Maillard se disputent Mlle Irène Coquardon, jolie et assez bien dotée. Un certain Sermet, accordeur de pianos, d'esprit un peu faible, qui entremêle comiquement ses malheurs conjugaux avec la perte de son parapluie, complique à souhait les manigances et les allées et venues des autres personnages. La pièce se termine par le mariage d'Irène et d'Honoré.

Ne peut être jouée devant les jeunes filles.

Main de Singe (la), conte dramatique en trois tableaux, par MM L.-N. PARKER et W.-W. JACOBS. Adaptation de M. ROBERT NUNÈS. (*Décor unique :* une pièce dans un vieux cottage. *Epoque :* de nos jours.) — 4 | 1 | 1 50

Le sergent-major Morris a donné à M. White une main de singe desséchée qu'il a rapportée des Indes, ensorcelée par un fakir, de façon que l'on puisse formuler un nombre de vœux, limité d'ailleurs : la main les exaucera. Ainsi, White a besoin de deux cents livres sterling ; pour s'amuser, et malgré les avertissements de Morris, il les demande à la main de singe. Le lendemain, M. et Mme White apprennent que leur fils Herbert, en racontant à ses camarades de l'usine l'histoire de la main de singe, a été saisi et broyé par un volant. Le porteur de cette nouvelle leur remet deux cents livres de la part de la Compagnie. Il reste deux vœux à formuler. Malgré lui, White exprime le désir de revoir Herbert, puis il se ravise : deux coups avaient retenti à la porte ; ils cessent : Mme White tombe évanouie.

Scènes terrifiantes, d'un effet étrange, énigmatique, et infaillible.

Mains liées, comédie en un acte, par M. E. NOËL et J. DERRIAZ. (*Décor :* un salon. *Epoque :* de nos jours.) — 3 | 2 | 1 50

Le vicomte de Bellecroix, malgré un congé très nettement signifié, s'obstine à importuner de ses protestations d'amour la femme de son ami, la baronne Julie de Courseulles. Il est cruellement puni de sa fatuité, de sa lâcheté, par Julie d'abord : Bellecroix, pour lui prouver sa sincérité, offre de se mettre à ses genoux, pieds et poings liés ; et elle l'attache à un fauteuil. Puis, le mari rentre : mis au courant des faits, il contraint Bellecroix

aux plus pénibles affronts, aux excuses les plus humiliantes.

Cette comédie est fort bien menée ; elle convient parfaitement pour un public mondain.

* **Maison à vendre**, comédie en un acte, mêlée de chants, par DUVAL. Musique de DALAYRAC. (*Décor :* deux maisons séparées par une barrière, aux environs de Bordeaux. *Epoque :* 1820 ou de nos jours.) *Un figurant.* — 3 | 2 | 1 »

Cette charmante comédie peut être représentée devant tous les publics. C'est l'odyssée de deux jeunes gens pauvres, Versac et Dermont, l'un poète, l'autre compositeur. Par suite de circonstances trop longues à raconter ici, la nécessité de se restaurer, d'apaiser sa faim, amène Versac à acheter une maison de soixante mille francs. Il l'achète en effet, et même sans un sou vaillant, il trouve moyen de gagner vingt mille francs en un quart d'heure. L'amour de Dermont pour Lise, nièce de la bonne Mme Dorval, donne à la pièce un attrait sentimental du meilleur goût.

Manteaux (les), comédie en deux actes, par SCRIBE, VARNER et DUPIN. (*Décor unique :* une chambre modeste en Allemagne. *Epoque :* 1826.) — 3 | 2 | 2 »

Marchande de goujons (la), vaudeville grivois en un acte, par FRANCIS et DARTOIS. (*Décor :* une arrière-boutique. *Epoque :* 1830 ou de nos jours.) *Un figurant.* — 2 | 3 | 2 »

Maria (ou) **La Demoiselle de Compagnie**, comédie en un acte, *en vers*, par F.-P.-A. LÉGER. (*Décor :* un salon. *Epoque :* 1817 ou de nos jours.) — 2 | 3 | 2 »

Mariage du ci-devant jeune homme, comédie en un acte, *en vers*, par DE ROUGEMONT, MARÉCHALLE et TRONET. (*Décor :* un salon. *Epoque :* 1820.) — 3 | 2 | 2 »

Mariage extravagant (le), comédie-vaudeville en un acte, par DÉSAUGIERS et DE V***. (*Décor :* une salle avec un cabinet grillé. *Epoque :* 1812.) *Figurants.* — 4 | 1 | 1 »

Le docteur Werner dirige une maison de santé, où il laisse quelque liberté à un vieux toqué, Darmancé, dont la douce folie consiste à se croire le père de toutes les jeunes filles de la terre et à vouloir marier tout le monde. C'est ainsi qu'il risque de faire manquer le mariage de Betzy, fille de Werner, avec Edouard Blinval. On pense bien qu'à la fin tout s'arrange pour le mieux dans cette très vive et très bouffonne comédie.

Mariage par imprudence (le), opéra-comique en un acte, par DE JOUY. Musique DE DALVIMAR. (*Décor :* un parc avec château à gauche. *Epoque :* 1809.)   F. 3 | H. 2 | Prix 2 »

Mariée sous le masque, comédie en un acte, *en vers*, par G. THALRAY. (*Décor :* un cabinet du café Anglais. *Epoque :* de nos jours.)   2 | 3 | 1 »

La marquise d'Erlante, jolie et veuve, aime de Vercy, qui jadis l'aimait, qui peut-être l'aime encore, malgré ses liaisons passagères avec des demi-mondaines. La marquise pour faire une dernière tentative, donne hardiment rendez-vous à Vercy dans un cabinet particulier ; elle l'y reçoit masquée. Sans deviner à qui il s'adresse, le jeune homme peu à peu laisse parler son cœur. Il épousera la marquise : c'est le dénouement de ce petit acte très habilement mené, et qui peut être joué avec beaucoup de succès devant un public mondain.

Marquise de Pretintaille (la), vaudeville en un acte, par BAYARD et DUMANOIR. (*Décor :* une salle de château. *Epoque :* 1780.) *Figuration.*   3 | 2 | 1 »

** **Marraine** (la), comédie-vaudeville en un acte, par SCRIBE, LOCKROY et CHABOT DE BOUIN. (*Décor :* un salon de campagne. *Epoque :* de nos jours.)   3 | 2 | 1 50

Caroline de Néris est une très jeune veuve, belle, et dont la bonté exquise a gardé quelque chose de capricieux et d'enfantin, qui la rend plus touchante encore. Avec cela, une immense fortune. M. de Jordy, l'homme d'affaires de Caroline, administre ses biens avec honnêteté, mais, il faut bien le dire, sans un désintéressement absolu : il nourrit le projet d'épouser cette charmante femme, et il emploie toute son habileté à contrecarrer l'amour d'Edouard, filleul pauvre de Mᵐᵉ de Néris. Après plusieurs scènes fort animées, fort intéressantes, Edouard, que sa marraine aimait, elle aussi, se trouve au comble de ses vœux.

Les personnages précités sont les principaux ; il y a deux rôles secondaires, dont l'action ne fait que resserrer le nœud de la pièce et en augmenter l'intérêt. *La Marraine* est une comédie de tous points parfaite et que tout le monde peut entendre.

* **Martyr de la Rue Pigalle** (le), pièce en un acte, par M. MARCEL GERBIDON. (*Décor :* un salon boudoir. *Epoque :* de nos jours.)   3 | 2 | 1 »

C'est bien un martyr en effet que ce pauvre Pierre à qui sa femme interdit de fumer et de boire de l'alcool ; le malheureux garçon ne peut même décacheter ses lettres ; il n'a le droit de faire aucune observation et n'est même pas libre d'inviter un ami à dîner. Un camarade qu'il n'a pas revu depuis son mariage et qui vient

lui serrer la main à son retour des colonies, lui reproche de se laisser ainsi mener et l'exhorte à prendre le dessus. Un moment réconforté par les paroles de cet ami, il cherche à secouer le joug qui l'opprime mais il ne tarde pas à subir de nouveau l'influence dominatrice de sa femme et à courber la tête plus bas encore qu'auparavant.

Pièce spirituelle et gaie, convient à tous les publics.

Mauvais œil (le), opéra-comique en un acte, par SCRIBE et G. LEMOINE. Musique de Loïsa PUGET. (*Décor :* petit village de Biscaye.) *Figuration.*   H. 4 | F. 1 | Prix 2 »

Médecine sans médecin, opéra-comique en un acte, par SCRIBE et BAYARD. Musique de HÉROLD. (*Décor :* une arrière-boutique. *Epoque :* 1832.)   3 | 2 | 2 »

* **Médor**, comédie en trois actes, par M. HENRI MALIN. (*Décor* premir acte, salle à manger chez M. VALUCHE ; — deuxième et troisième actes, même décor, avec quelques changements. *Epoque :* de nos jours) A Paris.   2 | 3 | 2 »

Cette pièce sort tout à fait de l'ordinaire. C'est bien, en effet, une comédie, — comédie toute d'observation, de finesse et de caractère. Le sujet, fort simple, consiste en ceci : une brouille, suivie de réconciliation, entre deux amis d'enfance, dont jamais un nuage n'avait terni l'affection réciproque, jusqu'au moment où la passion, l'amour et aussi l'amour-propre, sont entrés au jeu. Sur ce thème souvent employé, l'auteur a écrit un scénario fort original et d'un intérêt jamais en suspens.

Cette pièce ne peut manquer de plaire à tout le monde, le dénouement en est très moral.

Melcourt et Verseuil, comédie en un acte, *en vers*, par DE MURVILLE. (*Décor :* un salon. *Epoque :* 1785.)   3 | 2 | 2 »

* **Ménage du savetier** (le) ou **La Richesse du Pauvre**, comédie-vaudeville en un acte, par DUPEUTY, DE VILLENEUVE et JOUSLIN DE LASALLE. (*Décor :* une chambre pauvre. *Epoque :* 1827.)   3 | 2 | 1 »

Le savetier Thomas et sa femme sont très pauvres et très heureux ; ils s'adorent ; ils ne vivent que l'un pour l'autre. Ce sont de braves gens. Le malheur est que les chansons du savetier gênent la riche Mᵐᵉ Derfeuil et son mari. Ces derniers sont aussi des gens très doux et conciliants. Ils viennent voir le savetier, et la gaité, l'entrain de Thomas et de Margot les leur font aimer. M. Derfeuil donne à Thomas de l'argent ; mais dès lors, le

	H.	F.	Prix

ménage du pauvre se brouille, et vite le savetier rend cet argent.

Il est à peine besoin de dire que cette pièce est célèbre et des plus charmantes à jouer, soit en société, soit au théâtre.

Meule (la), pièce en quatre actes, par M. G. Lecomte. (*Décor :* 1° un cabinet d'avocat; 2° une chambre d'hôtel. *Epoque :* de nos jours.) *Figuration.* — 3 — 2 — 2 »

1760 ou une **Matinée de grand seigneur**, comédie en un acte, *en vers*, par A. de Longpré. (*Décor :* une chambre à coucher ; à Versailles. *Epoque :* 1760.) *Un figurant.*) — 3 — 2 — 1 »

Julie, la femme du colonel, a vingt-deux ans. Son mari en a cinquante. Son cousin, le bouillant lieutenant de Merval, a vingt ans. Peut-être au fond l'aime-t-elle, mais elle ne paraît pas femme à lui céder. Les démarches réitérées de Merval, celles du maréchal, une sorte de vieux beau du temps de Lancret, constituent la trame de cette jolie pièce, dont le dénouement est fort habile, et qui, par un certain ton de badinage amoureux, convient plutôt à un public d'hommes et de dames.

Milton, opéra-comique en un acte, par Jouy et Dieulafoy. Musique de Spontini. (*Décor :* le cabinet de Milton, à Boston, en Angleterre. *Epoque :* Cromwell.) *Figuration.* — 3 — 2 — 2 »

Minuit, comédie en un acte, par Desandras. (*Décor :* une chambre à coucher. *Epoque :* 1798.) — 2 — 3 — 2 »

Misanthrope (le) **et l'Auvergnat**, comédie en un acte, par Lubize, Labiche et Siraudin. (*Décor :* un salon. Pièce jouée au Palais-Royal, à Paris. *Epoque :* 1852.) — 3 — 2 — 1 »

Chiffonnet est misanthrope, dégoûté de ses semblables. Il abhorre le mensonge, il n'aime que la vérité. S'il supporte sa cuisinière, Prunette, c'est, dit-il, pour avoir toujours sous les yeux un échantillon parfait de l'humaine turpitude. Il rencontre par hasard un auvergnat, Machavoine, dont la franchise brutale le ravit, et il le prend à son service, en lui donnant pour mission de pourchasser et d'exterminer le mensonge. Machavoine n'y manque point et en peu d'instants Chiffonnet se trouve écrasé sous le poids de sa bévue énorme. Grâce à Machavoine, qui le démasque à tout moment, quand il agit contrairement à la vérité, Chiffonnet a de vilaines histoires sur les bras. Son unique ressource est, aidé par l'astucieuse Prunette, de faire de Machavoine un menteur, effronté impudent. La ruse réussit à souhait.

La pièce de Lubize, Labiche et Siraudin, est des plus amusantes. Elle convient plutôt à un auditoire de gens expérimentés.

Misgoton, tragédie bourgeoise en trois actes, *en vers*, par Rozenry. (*Décor :* une antichambre. *Epoque :* 1750.) *Figuration.* — 3 — 2 — 2 »

Moiroud et Compagnie, comédie en un acte, par Bayard et Devorme. (*Décor :* un petit salon. *Epoque :* 1836.) — 3 — 2 — 1 »

M. et Mᵐᵉ Bonin ont divorcé, au profit de madame, qui a emmené le fils, Victor, puis a épousé en secondes noces M. Blanchet, brave homme, sans enfants, mais avec une nièce, Mˡˡᵉ Juliette, une belle et bonne fille. Victor est devenu un jeune homme accompli. Il s'éprend de Juliette, qui de son côté le trouve à son goût. Le malheur est que Mᵐᵉ Blanchet ne l'entend pas de cette oreille-là. C'est une femme autoritaire; elle domine son mari et le contraint d'éloigner Juliette de Victor. Le désespoir des deux jeunes gens est pénible. Sur ces entrefaites, Bonin, qu'on croyait mort, intervient dans l'affaire. Il prend en main la cause de son fils et force très habilement son ex-épouse à marier Victor et Juliette.

Ce résumé très bref ne peut, bien entendu, donner qu'une faible idée de cette pièce très réussie, dont l'intérêt ne se ralentit jamais, et où les auteurs ont donné aux bons endroits une note d'émotion très franche. On appréciera s'il convient de la jouer devant les jeunes filles.

Mon ami Cléobule, vaudeville en un acte, par J. Arago. (*Décor :* une chambre à coucher. *Epoque :* de nos jours.) — 3 — 2 — 1 50

Mon bonnet de nuit, vaudeville en un acte, par Maréchalle et P... (*Décor :* un salon riche. *Epoque :* 1833.) *Figuration.* — 3 — 2 — 2 »

Monsieur Beldam ou **La Femme sans le savoir**, comédie en un acte, par A. Gouffé et Villiers. (*Décor :* un salon avec cabinet à gauche. *Epoque :* 1815.) — 4 — 1 — 2 »

Monsieur bien mis (un), vaudeville en un acte, par MM. Commerson et Henry Rochefort. (*Décor :* un salon. *Epoque :* de nos jours.) *Une figurante.* — 3 — 2 — 1 50

Nestor Péchinet, absolument ruiné, se met à donner des leçons de piano, et tombe amoureux de Mˡˡᵉ Juliette, fille de la baronne. Nestor a un rival, M. Chamblin. Après une succession de scènes extrêmement amusantes, Nestor démasque Chamblin, personnage malpropre, malhonnête, et obtient la main de celle qu'il aime.

Pièce à jouer de préférence devant un public d'hommes et de dames.

	H.	F.	Prix

Monsieur de Bièvre ou l'Abus de l'Esprit, vaudeville en un acte, par C***. (*Décor* : un appartement. *Epoque* : 1799.) *Un figurant.* — 3 | 2 | 2 »

Monsieur de Floridor, opéra-comique en un acte, par Nuitter et Tréfeu. Musique de M. Théodore de La Jarte. (*Décor* : maison de paysan, en Bourgogne. *Epoque* : 1880.) — 3 | 2 | 1 »

Monsieur E. B., comédie en un acte, par MM. A. Perrimet et A.-G. Maurevert. (*Décor* : une terrasse. *Epoque* : de nos jours.) — 2 | 3 | 1 50

Monsieur Jean, comédie en un acte, par M. Georges Nanteuil. (*Décor* : le cabinet de toilette d'une demi-mondaine. *Epoque* : de nos jours.) — 3 | 2 | 1 50

Paulette, belle et de facile vertu, cherchait un maître d'hôtel. Elle en trouve un, qui justement n'est autre qu'un de ses anciens « amis ». L'entretien prend alors la plus galante tournure. Mais quelqu'un trouble la fête : c'est l'adorateur — riche — de Paulette. Que va-t-il se passer ? Oh ! rien qu'une scène amusante. Tout se termine sans esclandre, et la dame ni le serviteur ne sont congédiés. Petite pièce spirituelle et plutôt leste.

Monsieur Lamblin, comédie en un acte, par M. Georges Ancey. (*Décor* : un salon élégant. *Epoque* : de nos jours.) — 2 | 3 | 1 50

Cette pièce semble être l'embryon de *La Dupe*, qui figure en ce catalogue, parmi les pièces à quatre personnages. M. Lamblin est un de ces êtres privés de sens moral qui ne cherchent que la satisfaction des besoins qu'ils se sont créés. *Monsieur Lamblin* ne conviendrait pas à un auditoire de jeunes filles.

Monsieur Lerond, comédie en un acte, par Francis et Gabriel. (*Décor* : un salon modeste. *Epoque* : le Directoire.) — 3 | 2 | 2 »

** **Monsieur qui dîne en ville** (un), comédie en un acte, par M. A. Mars. (*Décor* : un salon. *Epoque* : de nos jours.) — 3 | 2 | 1 50

Mᵉ Froidmanteau, huissier, est venu chez M. Boismouchet pour le saisir et... c'est lui qui a été saisi, en ce sens qu'ayant aperçu Mˡˡᵉ Angèle Boismouchet, il a reçu le « coup de foudre ». Le difficile est d'arriver au mariage. Un certain Mirmidon l'y aide adroitement, et cela pour un motif égoïste et bizarre. Célibataire, Mirmidon a fait pas mal de mariages dans sa vie, et s'est créé de la sorte « une rente viagère en dîners hebdomadaires » ; le mardi seul, il dîne chez lui, et, dit-il, c'est maigre. Il fait si bien que le mariage de Froidmanteau avec Angèle est décidé, et qu'il peut ainsi placer un mardi.

Pièce charmante à tous égards, et qui peut être jouée devant n'importe quel public.

Mort de Bucéphale (la), tragédie burlesque en un acte, *en vers*, par J.-J. Rousseau. (*Décor* : où l'on veut. *Epoque* : au temps d'Alexandre.) *Figuration.* — 3 | 2 | 2 »

** **Mouton !...** comédie en un acte, par MM. Alexandre Bisson et Georges Thurner. (*Décor* : une serre-jardin d'hiver. *Epoque* : de nos jours.) — 3 | 2 | 1 50

Deux jeunes gens — Florestan (pas timide) et Edmond (timide) se disputent Mˡˡᵉ Cécile Boucart, — parti idéal sous tous les rapports. Après de rapides péripéties, Edmond, que ses petits camarades avaient jadis surnommé « Mouton », l'emporte sur son rival reconnu capon et fanfaron. Cette pièce, où la bonhomie est toujours spirituelle sans méchanceté, peut se jouer devant tout auditoire.

Musique de chambre, comédie en un acte, par M. Marc Sonal. (*Décor* : un petit salon de province. *Epoque* : de nos jours.) — 5 | » | 1 50

Des amateurs — ou soi-disant tels — de musique, doivent se rencontrer chez l'un d'eux pour une répétition. Ce rendez-vous donne lieu à l'imbroglio le plus indescriptible.

Nadia, opérette en un acte, par M. P. Milliet. Musique de M. Jules Bordier. (*Décor* : une salle de ferme aux environs de Nijni-Novgorod. *Epoque* : 1860.) — 2 | 3 | 1 50

Navette (la), comédie en un acte, par Henry Becque. (*Décor* : un salon élégant. *Epoque* : de nos jours.) — 3 | 2 | 1 50

Antonia est une femme élégante et capiteuse qui, ayant son existence largement assurée par un riche adorateur, ne dédaigne pas — bien loin de là — les hommages d'un jeune homme peu renté et plus aimé. Seulement, la jalousie et l'amour-propre de l'homme sont insondables ; l'amant de cœur n'a de cesse qu'il ne devienne l'amant en titre, et de ce jour il est le plus ennuyeux, le plus agaçant des compagnons ; il est infailliblement trompé. Dans cette jolie petite comédie, l'observation acérée et juste est servie par le style ferme que l'on connaît à Henry Becque.

Neveu de Beaumarchais (le), comédie en un acte, *en vers*, par M. Henry Jouin. (*Décor* : un parc. *Epoque* : Directoire.) — 2 | 3 | 1 »

	H.	F.	Prix

Nid d'Amour (le), paysannerie en un acte, par Nérée, Desarbres et Nuitter. Musique de Montaubry. (*Décor :* une place. *Epoque :* de nos jours.) — 3 | 2 | 1 50

Ni l'un ni l'autre, tableau villageois, par J. Vernet. (*Décor :* une place de village en Espagne. *Epoque :* 1816.) — 3 | 2 | 2 »

Noctambule (le), vaudeville en un acte, par Varner et Deslandes. (*Décor :* une salle à manger. *Epoque :* de nos jours.) — 3 | 2 | 1 50

* **Nouveau régime**, comédie en un acte, par M. Georges Thurner. (*Décor :* un coquet cabinet de travail. *Epoque :* de nos jours.) — 3 | 2 | 1 50

Ce petit acte, très joliment troussé, peut convenir à tout auditoire. Dans un ménage de jeunes époux, riches, le mari s'avise brusquement que les dépenses sont trop élevées et que s'il n'y met bon ordre, ce sera la ruine. Il admoneste sa femme, Colette, « une petite peste », selon le joyeux oncle Malansac. Et celle-ci de décommander tout : robes, chapeaux, habit; d'eteindre l'électricité, de supprimer les cigares, de congédier les domestiques, etc. Le mari comprend la leçon.

Nouvelle Bonne (la), comédie en un acte, par M. H. Monréal. (*Décor :* une salle à manger. *Epoque :* de nos jours.) — 3 | 2 | 1 50

Ce vaudeville, spirituel et passablement leste, est égayé d'une foule de situations des plus comiques et des plus imprévues. C'est dire qu'on ne peut le résumer.

Nuage (un) **dans un Ciel bleu**, comédie-vaudeville en un acte, par M. Gaston Marot. (*Décor :* un petit salon à la campagne. *Epoque :* de nos jours.) — 3 | 2 | 1 50

Le ciel bleu, c'est le bonheur de Mathilde et de Georges; le nuage qui le traverse, ou qui, pour mieux dire le trouble, est la visite d'un ami, d'un faux ami, venant jeter pour un moment la discorde et l'intrigue dans le ménage. Après plusieurs scènes tragi-comiques, la paix se rétablit. Le nuage est passé.

Charmante pièce, nullement risquée, mais qui ne peut être comprise que d'un public d'hommes ou de dames. Comme en toute bonne comédie, les rôles de second plan y sont très étudiés et ingénieusement mêlés à l'action principale.

Nuit de Noël (la) ou **Les Superstitions**, pièce en un acte, par Rochefort et Emmanuel. (*Décor :* une place de village en Bohême. *Epoque :* 1831 ou de nos jours.) — 3 | 2 | 2 »

Oiseleur et le Pêcheur (l'), vaudeville en un acte, par Carmouche, Xavier et Ferdinand. (*Décor :* une place de village avec rivière. *Epoque :* 1822.) *Figuration.* — 4 | 1 | 2 »

Oncle d'Amérique (l'), comédie en un acte, par Scribe et Mazères. (*Décor :* un petit salon. *Epoque :* 1826 ou de nos jours.) — 3 | 2 | 2 »

Oncle modèle (l'), vaudeville en un acte, par Ader. (*Décor :* deux chambres séparées par une cloison. *Epoque :* de nos jours.) — 3 | 2 | 1 »

On demande une étoile, scènes de la vie de théâtre, en un acte, par MM. H. Blondeau et H. Monréal. (*Décor :* le cabinet d'un directeur de théâtre. *Epoque :* de nos jours.) — 3 | 2 | 1 50

Marius, un brave comédien, et une jolie cabotine, Stella, viennent demander à Durozel, directeur de théâtre parisien, de les auditionner et de les engager. Durozel envoie promener le premier, parce que les petites femmes seules l'intéressent, et la seconde parce qu'elle est vertueuse. Il reçoit ensuite, et coup sur coup, des visites très différentes, et qui l'ahurissent quelque peu. C'est d'abord un gros banquier nommé Floumann, puis une actrice du genre cocotte, Diane, puis encore un compositeur toulousain, le chevelu Cabassol, et enfin Théréson, la grisette toulousaine. Tous ces personnages ne sont autres que Marius et Stella, qui ont mystifié spirituellement Durozel : il se hâte de signer leur engagement.

Cette fantaisie amusante, vive et spirituelle, fera grand effet à la scène si elle est montée soigneusement, bien apprise et jouée avec entrain. Inutile d'ajouter que ce n'est pas une pièce pour jeunes filles.

On demande un quatorzième! vaudeville en un acte, par MM. Gaston Marot et Edouard Phillippe. (*Décor :* un salon. *Epoque :* de nos jours.) — 3 | 2 | 1 50

Chaplon est féru d'un certain Grelu, qu'il ne connaît pas beaucoup et que néanmoins il veut donner pour mari à sa nièce Ernestine. La jeune fille n'éprouve qu'indifférence envers lui : elle aime son cousin Anatole. Pour le malheur de Grelu, il se trouve que la bonne de Chaplon, Mlle Clapotte, est celle précisément que naguère, il avait quittée lâchement après lui avoir promis le mariage. Clapotte le reconnaît, puis, avec l'aide d'Anatole, elle fait en sorte qu'Ernestine épouse son cousin et que Grelu la demande, elle, en mariage.

C'est un excellent vaudeville, très amusant à jouer en société, mais qui n'est pas à représenter devant des jeunes filles.

Pages de Bassompierre (les), comédie en un acte, par Varin, E. Arago

	H.	F.	Prix

et Desvergers. (*Décor :* l'intérieur d'une tente. *Epoque :* 1612.) *Figuration.* — 3 | 2 | 1 »

Page et Pensionnaire, vaudeville en un acte, par Ch. de Renneville et E. Nantule. (*Décor :* un salon de château. *Epoque :* Louis XV.) — 2 | 3 | 1 50

Pâquerette, comédie en un acte, par E. Pierron et A. d'Alembert. (*Décor :* un salon très simple. *Epoque :* 1842.) — 3 | 2 | 1 50

Parlementaire (le), comédie en un acte, par Scribe et Mélesville. (*Décor :* une salle commune de ferme. *Epoque :* 1824 ou de nos jours.) — 4 | 1 | 2 »

Parole de Birbansac (la), comédie en un acte, par Beauvallon. (*Décor :* la cour d'une maison rustique. *Epoque :* de nos jours.) — 3 | 2 | 1 50

Rodolphe a promis d'épouser son amie, Mlle Charlotte Durand, élève du Conservatoire; cette promesse le taquine un peu, mais comme un Birbansac n'a que sa parole, il fait tout ce qu'il peut pour que son oncle Birbansac consente à ce mariage. Il essaie de « rouler » son oncle. Le tour ne réussit qu'à moitié. Rodolphe a écrit à son oncle qu'il se retirait aux champs avec son seul groom; — le groom, c'est Charlotte travestie, — mais la ruse est promptement découverte. D'ailleurs, Charlotte quitte son ami, qui va pouvoir épouser Mlle Cécile Durand, fille d'un notable de la contrée.

La pièce est très jolie, et convient à un public mondain.

**** Passe électrique** (la), comédie-vaudeville en deux actes, par M. Gastineau. (*Décor unique :* un salon à la campagne. *Epoque :* de nos jours). — 5 | » | 1 50

Cette pièce met en scène un maître chanteur et les honnêtes gens qu'il cherche à intimider pour leur extorquer de l'argent. Il est honteusement chassé. Le sujet est très moral en même temps que l'intrigue est très vive et intéressante.

Passion (une), vaudeville en un acte, par Varin, Desvergers et ***, (*Décor :* un salon. *Epoque :* 1833.) *Figuration.* — 3 | 2 | 1 »

Le jeune Anténor jette le trouble dans le ménage d'un maître de dessin, M. Duplessy. Celui-ci croit qu'Anténor veut lui ravir sa femme, mais le jeune homme lui-même s'était trompé; il finit par épouser Lilia, la belle cousine de Mme Duplessy.

La pièce abonde en amusantes surprises. Sans qu'elle soit risquée, elle n'est pas à jouer devant des jeunes filles.

Pauvre Femme (la), comédie en un acte, par Marsollier. (*Décor :* un galetas propre. *Epoque :* 1797.) — 3 | 2 | 2 »

*** Pauvre Jacques** (le), vaudeville en un acte, par Cogniard frères. (*Décor :* une mansarde à Marseille. *Epoque :* de nos jours.) — 4 | 1 | 1 »

Jacques est un vieillard, un compositeur de génie, honteusement exploité par son propriétaire, lequel, aussi peu enclin que possible à la beauté, est néanmoins tourmenté par un désir de gloire artistique. La raison échappe parfois au pauvre Jacques, ayant été troublée par une aventure de jeunesse, dont le souvenir est comme une inguérissable plaie. Un grand bonheur lui échoit enfin : il retrouve sa fille — celle de la femme qu'il avait aimée; et du même coup la fortune et la gloire lui sourient, la lacune de son cerveau est comblée. Très belle et très dramatique, cette pièce qui fit courir tout Paris jadis peut être entendue de tout le monde.

Paysan (le), drame en un acte, par M. Jean Sigaux. (*Décor :* une cour de ferme. *Epoque :* de nos jours.) — 2 | 3 | 1 »

L'action de ce drame se déroule quelques années après la guerre franco-allemande. C'est très poignant. Toinette, veuve, bru de Chassignol, est aimée d'un fermier nommé Simon. Mais elle refuse de se marier avec lui, parce que son enfant, le petit Etienne, est pour elle la cause involontaire d'une éternelle douleur. L'explication de ce fait est donnée à Simon par Chassignol, qui lui raconte l'événement tragique, atroce, dont sa ferme avait été le théâtre en 1870, lors du passage des Prussiens.

Pièce à ne pas jouer devant des jeunes filles.

Peau de l'Ours (la), comédie en un acte, par Léo Trézenik. (*Décor :* un petit salon Louis XV (ou autre style *ad libitum*). *Epoque :* de nos jours.) — 3 | 2 | 1 »

Spirituelle ébauche du langage et des mœurs d'une petite ville de province. Les époux Rabot ont fait un héritage, qui vient arrondir leur fortune déjà honnête, et le mari est parti toucher l'argent. En son absence, qui se prolonge étrangement, sa femme est circonvenue et tourmentée par un entrepreneur qui voudrait lui forcer la main dans une affaire de construction de chapelle. Prétexte : une vague promesse soutirée à Mme Rabot par le curé de l'endroit. Rabot, qui revient de voyage, tranquille, énigmatique, intrigue fort son épouse. Celle-ci s'égare dans les suppositions les plus désobligeantes. C'est un drôle d'homme, ce M. Rabot, au demeurant malicieux et bon. Il a tout bonnement fait à sa femme une surprise qui la ravit d'aise.

Pièce amusante, à jouer devant un public d'hommes et de dames.

Péché de jeunesse (un), comédie en un acte, par Samson et J. de

	H.	F.	Prix

Wailly. (*Décor :* un salon. *Epoque : 1843.*) — H. 3 F. 2 Prix 1 »

Mme Derneville, veuve, belle et femme de beaucoup d'esprit, a depuis longtemps promis sa main à M. Dersilly. Elle est sur le point de mettre le comble à son bonheur, lorsque le hasard lui apprend un secret que son futur mari (qui a quarante-cinq ans) lui avait caché soigneusement. Le hasard, c'est la visite d'un jeune homme, M. Ernest Dericourt, qui va devenir l'heureux époux de Mme Derneville, au grand dam de Dersilly.

Pièce de très haut goût, d'un dialogue très vif et spirituel, pas immorale du tout, mais qui ne sera comprise que d'un public d'expérience.

Pendu ou marié, folie-vaudeville en un acte, par Auguste Muriel. Airs d'Olivier Métra. (*Décor :* une boutique de tailleur : *Epoque : 1840.*) *Un figurant.* — H. 3 F. 2 Prix 1 »

Bouffonnerie très endiablée dont la trame serait oiseuse à relater. Tout l'intérêt est dans le jeu des acteurs, qui doit être tout d'entrain et de vivacité. Un mannequin habillé est absolument indispensable dans les accessoires. La pièce peut à la rigueur être jouée comme si l'action se passait de nos jours.

Pensionnaire mariée (la), comédie-vaudeville, par Scribe et Varner. (*Décors :* un grand salon en Normandie. *Epoque : 1835.*) *Figuration.* — H. 3 F. 2 Prix 2 »

Père Pascal (le), comédie en deux actes, par Varin et Laurencin. (*Décors :* 1° un jardin, 2° un salon à Bayonne. *Epoque :* de nos jours.) *Figuration.* — H. 3 F. 2 Prix 1 »

Périchole (la), comédie en un acte, par Théaulon et Deforges. (*Décor :* le palais du vice-roi à Lima. *Epoque : 1761.*) *Figuration.* — H. 4 F. 1 Prix 2 »

Permission de dix heures (la), comédie-vaudeville en un acte, par Mélesville et Carmouche. (*Décor :* campagne et tonnelle. *Epoque : 1841.*) *Figuration,* consistant en : *un notaire de campagne, bossu; un caporal; quatre soldats aux gardes françaises; un garçon de cabaret; une servante.* — H. 3 F. 2 Prix 1 »

Cette pièce est très connue, et à juste titre. C'est une des plus amusantes du répertoire comique. La trame en est fort heureusement imaginée, et nous n'essaierons pas de la raconter par le menu. Bornons-nous à rappeler que Larose Pompon, soldat aux gardes, et l'ineffable sergent Lanternick se disputent le cœur de la jolie et tendre Nicole, nièce de Mme Jobin. Larose, plus malin et, avant

tout, plus jeune, l'emporte sur son rival, qui épousera la tante, parti encore très présentable à tous égards.

La Permission de dix heures est loin d'être une pièce immorale; seul, un certain côté de badinage amoureux peut-il empêcher de la jouer devant un auditoire jeune.

Permission de dix heures (la), opéra-comique en un acte, par Mélesville et Carmouche, musique d'Offenbach. — H. 3 F. 2 Prix 1 »

C'est la même pièce que la précédente, mais avec des modifications dans le dialogue et dans les couplets. La musique et les couplets de la *Permission de dix heures,* comédie-vaudeville, sont empruntés à divers airs en vogue. Celle de l'opéra-comique a été écrite par le célèbre auteur d'*Orphée aux Enfers.*

Pessimiste (le), comédie en un acte *en vers,* par Pigault-Lebrun. (*Décor :* un appartement. *Epoque : 1800.*) *Un figurant.* — H. 3 F. 2 Prix 2 »

Petit courrier (le), comédie en deux actes, par Bouilly et A. Moreau. (*Décor unique :* un salon. *Epoque : 1809.*) *Figuration.* — H. 3 F. 2 Prix 2 »

Petite à Bobinel (la), vaudeville en un acte, par MM. Paul de Néha et Marc Sonal. (*Décor :* un salon. *Epoque :* de nos jours.) — H. 3 F. 2 Prix 1 »

De ce qu'un locataire, au demeurant très jobard, a pris l'habitude de dire « la petit » au lieu de « la petite cheminée », il s'ensuit une désopilante série de quiproquos.

Pièce convenant plutôt à un public d'hommes et de dames.

Petite Rahet (la), comédie en un acte, par Francis et Dartois. (*Décor :* un salon. *Epoque : 1823.*) *Figuration.* — H. 3 F. 2 Prix 2 »

Petite correspondance, comédie en acte, par de la Fère et G. de Bompar. (*Décor :* un salon. *Epoque :* de nos jours.) — H. 3 F. 2 Prix 1 50

Selon cette amusante petite pièce, les annonces de journaux, ou si l'on veut, la « petite correspondance » arrivent à faire de bons mariages. Il est vrai que, dans l'espèce, si le résultat est favorable et positif, c'est surtout au hasard qu'il faut en rendre grâce. En effet, si M. Raoul de Villeboyer, jeune homme riche et momentanément désœuvré, a eu recours aux petites annonces, c'était dans l'unique but de se distraire. La plaisanterie, après avoir failli mal tourner, produit finalement le bonheur de Raoul et de Mlle Anita Johnson, américaine jolie et sensible.

Petite métromanie (la), comédie en un acte, par Thésigny et Cha-

	H.	F.	Prix

zet. (*Décor : un salon d'étude. Epoque : 1790.*) *Figuration.* — 4 | 1 | 2 »

Pile ou face? comédie en un acte, par MM. Albert Nouveau et Etienne Seurette. (*Décor : un bureau. Epoque : de nos jours.*) — 4 | 1 | 1 »

Les affaires ne marchent pas. Lebrasseur et son camarade Charlemagne sont dans le marasme. Ça ne les empêche pas de boire coup sur coup plusieurs verres de whisky, et — naturellement — d'être un peu pochards. Ils le sont au point que Charlemagne joue sa femme Florida, à pile ou face, avec Lebrasseur. Et celui-ci la gagne. C'est d'autant plus ennuyeux pour Charlemagne que Florida, entrant subitement, annonce qu'elle a gagné le gros lot de 100.000 francs. Et Lebrasseur, comptant profiter de la femme et de l'argent, ne cache à Florida rien de ce qui vient de se passer. Au surplus, que les deux amis ne se mettent point en peine : la dame, sortie furieuse, leur envoie un court billet : elle a pris la poudre d'escampette avec cette fripouille de Vermicel, le garçon de bureau de Lebrasseur.

Petite pièce très leste, amusante et pleine d'entrain.

Pinguet et la Dame masquée, à-propos en un acte, par Auguste Paër (*Décor : un cabinet particulier. Epoque : de nos jours.*) — 2 | 3 | 1 »

Cette pièce est une parodie de la comédie de Dumas fils, *Francillon.*

Plus de jeudi, vaudeville en deux actes, par V Ducange et Anicet Bourgeois. (*Décor : un palier. Epoque : 1835 ou de nos jours.*) — 2 | 3 | 2 »

Plus de loterie, vaudeville en un acte, par Cogniard frères. (*Décor : une chambre à Lyon. Epoque : 1830.*) — 3 | 2 | 2 »

*** Plus de têtes chauves,** vaudeville échevelé en un acte, par MM. A. Cahen, Emile Cohl et E. Norès, musique de M. Guyon fils. (*Décor : un salon. Epoque : de nos jours.*) — 3 | 2 | 1 »

Valcomble, père d'Eléonore, a la manie de faire repousser les cheveux des gens qui n'en ont pas ; ses expériences lui coûtent très cher et ne sont pas sans troubler son cerveau ; il ne veut pour gendre qu'un homme chauve, qui puisse être un « champ » d'expériences tout trouvé. Il a porté son choix sur le très vilain M. Dugazou, au détriment de Raoul, aimé d'Eléonore. Celui-ci engage la lutte avec pas mal d'audace et beaucoup d'originalité, et il remporte la victoire haut la main.

Cet amusant vaudeville peut être joué devant tout auditoire.

Poire pour la soif (une), comédie-bouffe en un acte, par MM. Marc

SONAL et VICTOR GRÉHON. (*Décor : un salon. Epoque : de nos jours.*) — 3 | 2 | 1 50

Chez une horizontale, à l'époque du terme et au moment où les fournisseurs las de réclamer, font « instrumenter » par huissier. Un jeune homme y rencontre son futur beau-père, et en profite pour lui faire augmenter la dot promise. L'huissier reçoit des gifles d'abord, et finalement des fonds. En somme, petite pièce très amusante.

Pont de Veyle (le) ou le **Bonnet du Docteur,** vaudeville en un acte, par Gossé et Etienne. (*Décor : une salle de réception à l'Ecole de Droit à Metz. Epoque : 1801.*) *Figuration.* — 4 | 1 | 2 »

Porc-épic de Charles-Quint (le), vaudeville en un acte, par Henri Chivot et Alfred Duru. (*Décor : un cabinet de travail. Epoque : 1857.*)

Le même acteur est chargé de cinq rôles différents. — 3 | 2 | 1 »

Saint-Albin directeur de théâtre, ne veut plus voir son neveu Célestin, qui est comédien. Celui-ci revient pourtant, et il apparaît successivement à Saint-Albin, qui, naturellement, ne le reconnaît pas, sous la figure d'un lord, d'une paysanne, d'un cocher, etc. Saint-Albin apprend que son premier rôle, sur qui il comptait, part à Saint-Pétersbourg ; c'est la ruine pour lui. Célestin alors se démasque : Saint-Albin l'engage et lui accorde la main de sa fille Pauline.

Vaudeville extrêmement divertissant. La brochure contient, en appendice, tous les renseignements nécessaires pour les costumes des acteurs, et notamment de celui qui remplit le rôle de Célestin.

Portrait de Fielding (le), comédie en un acte, par Ségur jeune, Desfaucherets et Després. (*Décor : un atelier à Londres. Epoque : l'an VIII de la République.*) — 3 | 2 | 2 »

Position délicate (une), comédie-vaudeville en un acte, par Léonce et de Bernard. (*Décor : une salle commune d'hôtel à Bade. Epoque : 1836.*) — 3 | 2 | 1 »

Pièce très jolie, écrite avec le plus grand talent, et dont le style et l'intrigue sont également agréables. L'indication des scènes et du sujet de cette comédie nous entraînerait trop loin. Cela se passe aux Eaux de Bade. La présence d'une femme brillante par sa beauté et son esprit, Mme de Marancey, est le point de départ de scènes et de discussions que termine de la plus heureuse manière un dénouement naturel et ingénieux.

Une position délicate sera jouée avec beaucoup de succès dans les salons, mais en dehors des jeunes filles. Inutile d'ajouter, d'ailleurs, que la pièce n'est nullement grivoise.

	H.	F.	Prix

Poudre à la Reine, comédie en un acte, par M. A. Comte. (*Décor :* un salon. *Epoque :* Louis XVI.) — **3 | 2 | 1 50**

La très jeune marquise de Brécourt est l'épouse d'un très vieux seigneur; le baron de Fortville et le Vicomte d'Arbelles la courtisent férocement. Il y a gros à parier que, malgré la jalousie du marquis, le vicomte sera, à plus au moins bref délai, le consolateur de la jeune femme.

Comédie amusante et gaie, pour un auditoire d'hommes et de dames.

Poupée (la) ou l'Écolier en bonne fortune, comédie en un acte, par Fournier et Arnould. (*Décor :* un salon. *Epoque :* de nos jours.) — **2 | 3 | 2 »**

Pour et le Contre (le), comédie en un acte, par Bourgueil. (*Décor :* un jardin avec pavillon et bosquets. *Epoque :* de nos jours.) — **3 | 2 | 2 »**

Pour être heureux, comédie en deux actes, par Charles Desfontaines et Paul Arosa. (*Décor unique :* un cabinet de travail. *Epoque :* de nos jours, à Paris.) — **3 | 2 | 1 50**

Aristide Jolibois, architecte, convaincu, au bout de trois ans de ménage, que sa femme Yvonne n'est décidément pas l'épouse idéale, a pris une maîtresse. Mais l'oisiveté de sa femme le gêne : il favorise alors, et de mille manières, les desseins d'un milliardaire américain, Jim Rodgers, qui, pour mieux courtiser Yvonne, confie à Jolibois d'importants travaux. Dès que la jeune femme est devenue la maîtresse du Yankee, ce qui ne tarde guère. Jolibois est parfaitement tranquille, et peut courir à ses affaires ou à ses amours sans être inquiété par sa moitié. Ce mari original a compté sans ses domestiques, Jeanne et Honoré, lesquels, pour se distraire et pour jouer un tour à Rodgers, obligent Jolibois à surprendre malgré lui sa femme au moment où Rodgers l'embrasse. Très contrarié, l'architecte se ressaisit, explique à sa femme et à l'Américain stupéfaits, le secret de ses complaisances et de son aveuglement. Jim parti, Jolibois navré reste seul avec Yvonne, qui maintenant l'aime, par un de ces retours habituels aux cœurs féminins. — Et l'architecte se donne du moins le plaisir de chasser les valets maladroits et fourbes.

Pièce très amusante, spirituelle, fort bien écrite mais qui ne peut convenir, bien entendu, à tous les publics.

Préface (la) et Le Commentaire, comédie en un acte, par H. Simon et Théodore. (*Décor :* un hôtel garni. *Epoque :* 1818.) — **4 | 1 | 2 »**

Première cause (La) ou le jeune Avocat, comédie en un acte, par P. Duport et E. Monnais. (*Décor :* un cabinet de travail. *Epoque :* 1830 ou de nos jours.) *Figuration.* — **4 | 1 | 2 »**

Premier rendez-vous (le), comédie en un acte, par J. de Nouvelle. (*Décor :* un atelier de peintre. *Epoque :* de nos jours.) — **4 | 1 | 1 50**

Bibolet est le cousin de Marius, peintre talentueux peut-être, mais bon vivant à coup sûr, et qui se charge d'initier son parent aux mystères de la vie parisienne. Bibolet, venu de province le gousset bien garni, est généreux jusqu'au vide absolu de ses poches. Ses mésaventures alternent avec celles du propriétaire de Marius, M. Dubrancard, et avec les entrées et sorties de Mlle Violette, délicieuse personne à laquelle M. Dubrancard et son locataire s'intéressent tout particulièrement, à l'insu l'un de l'autre. L'affaire se termine à la satisfaction de tous, y compris M. Dubrancard, qui est bien et dûment berné.

Comédie drôle et mouvementée, à ne pas jouer devant des jeunes filles.

Premières amours (les) ou Les Souvenirs d'Enfance, comédie en un acte, par Scribe. (*Décor :* un salon. *Epoque :* de nos jours.) — **4 | 1 | 1 »**

Pièce parfaite à tous égards, et d'un puissant intérêt dramatique. Caractères fortement marqués.

Emmeline, fille de Dervière, est une charmante enfant gâtée. Elle est restée un peu romanesque, et parvenue à l'âge du mariage, elle ne veut d'autre époux que son cousin Charles, qu'elle n'a pas vu depuis longtemps, mais avec qui, dans son enfance, elle jouait « au petit mari et à la petite femme ». Elle refuse énergiquement Rinville ; mais, et c'est là le fond de la pièce, il se découvre que Charles a complètement oublié sa cousine, et qu'il s'est dévoyé dans la vie. Emmeline sera la femme de l'heureux Rinville.

Cette comédie n'a rien qui puisse choquer les convenances ; on appréciera s'il convient ou non de la jouer devant un auditoire comprenant des jeunes filles.

Prince Charmant (le), folie-vaudeville en un acte, par Delestre, Scribe et Dupin. (*Décor :* le jardin d'un Palais. *Epoque :* 1828.) — **3 | 2 | 2 »**

Prisonnier d'une femme, comédie en un acte, par A. Lagrange et Cormon. (*Décor :* un salon de campagne. *Epoque :* 1836.) — **3 | 2 | 2 »**

Prisonnière (La), comédie en un acte, par Jouy, Longchamp et Saint-Just. (*Décor :* la salle d'un vieux château-fort, à Edimbourg. *Epoque :* l'an VII de la République.) — **3 | 2 | 2 »**

Privilège de Gargantua (le), comédie en un acte, *en vers*, par MM. Ch. Grandvallet et J. Truffier. (*Décor :* le parc de Rambouillet. *Epoque : François Ier.)* *Figuration.* — 3 | 2 | 1 50

Au temps de Rabelais, la liberté de penser et d'écrire n'existait pas. Les écrivains comme lui pouvaient être appréhendés du jour au lendemain, puis jugés et condamnés à d'horribles tortures. Rabelais a donc demandé pour son *Gargantua* un privilège qu'il dépend du roi de lui accorder. La pièce de MM. Grandvallet et Truffier est une forme dramatique, très heureuse et intéressante, de cet épisode. Elle nous montre les intrigues malfaisantes du bouffon Brusquet, les déconvenues amoureuses de la belle Isabeau, la bonhomie et la finesse du grand Rabelais, qui sait faire le bonheur des autres en même temps que le sien.

Pièce convenant à un auditoire d'esprit mûr.

Projets de mariage (les) ou **Les deux Officiers**, comédie en un acte, par ALEXANDRE DUVAL. (*Décor* : salon de campagne ouvert sur jardins. *Epoque* : 1798 ou de nos jours.) *Un figurant.* — 4 | 1 | 1 »

Rosaline, nièce de Casini, jeune et veuve, est sous tous les rapports un brillant parti. Mais elle ne veut pas se marier. Son oncle s'obstine à lui présenter les jeunes gens les plus recommandables, et elle persiste à les évincer. Le sous-lieutenant Belmont est plus heureux, lui il parvient à enlever de haute lutte le cœur de Rosaline, que son colonel, M. de Germencey, lui disputait. Ce dénouement heureux n'est atteint qu'après des péripéties très piquantes.

La pièce est fort spirituelle et d'une intrigue charmante. On jugera si elle doit être jouée devant des jeunes filles.

Promesse (la), pièce en trois tableaux, par MM. J.-H. ROSNY. (*Décors :* 1° un salon ; 2° un jardin. *Epoque :* de nos jours.) *Un figurant.* — 2 | 3 | 1 50

Il y a beaucoup de profondeur et de force dans cette pièce d'une trame simple et d'une observation psychologique très aiguë.

Marthe Verneuil devait, — sur la promesse faite au lit de mort de son père, — épouser Béthune, son tuteur, un officier un peu rigide. Mais il y a des malentendus entre elle et lui, et cette jeune fille d'esprit lucide et de froide résolution retire sa parole à l'homme qui l'adore. Il se soumet, la laisse libre, et c'est elle qui finalement revient à lui, le reconnaissant loyal, bon et franc.

C'est, certes, une pièce sérieuse, mais qui intéressera grandement ceux qui demandent au théâtre, au lieu des gaités vaudevillesques, les émotions du cœur et de l'esprit.

Quaker (le) **et la Danseuse**, comédie en un acte, par SCRIBE et DUPORT. (*Décor* : un boudoir élé-

gant à Londres. *Epoque :* 1831.) *Figuration.* — 4 | 1 | 1 »

James Morton, après une jeunesse orageuse, s'est fait quaker, s'est asservi aux principes de Ben-Johnson. Le hasard, en le mettant en présence d'une jolie femme, lui prouve qu'on n'est jamais, même quaker, à l'abri des tentations. Après des péripéties émouvantes, le quaker épouse la danseuse, car c'était une personne de grand talent et d'une coquetterie purement superficielle.

Cette pièce convient à un public d'homme et dames ; elle est parfaite à tous égards.

Quarante-cinq francs pour neuf jours, comédie en un acte, par PH. MM. BRÉBAN et P. THOMY. (*Décor* : un salon d'hôtel. *Epoque :* de nos jours.) — 2 | 3 | 1 »

Mme Euphémie Chérange tient, à Paris, un hôtel où l'on est logé à raison de 45 francs pour neuf jours, et où l'on ne reçoit que des femmes. Elle fait cependant exception pour M. Corbeillon, dont les cheveux gris lui inspirent une confiance que leur possesseur est loin de mériter. M. Corbeillon est accompagné de sa nièce, Mme veuve Anaïs Martin, qui vient acheter son trousseau, car elle va se marier.

D'autre part, M. Bélineau vient aussi à l'hôtel de Mme Chérange, mais pour des raisons toutes particulières et dont l'exposé ne tiendrait pas en un résumé aussi bref. La confusion qui en résulte pourrait être grosse de conséquences, mais elle n'occasionne que des incidents extrêmement comiques.

Cette pièce est des plus amusantes, mais ne convient pas à un auditoire de jeunes filles.

Quarantaine (la), comédie en un acte, par SCRIBE et MAZÈRES. (*Décor* : un salon riche. *Epoque :* de nos jours.) — 4 | 1 | 2 »

Quaterne (le), vaudeville en un acte, par ARMAND (*Décor* : un salon. *Epoque :* 1800.) — 4 | 1 | 2 »

Quatre-vingt-dix neuf moutons et un Champenois, vaudeville en un acte, par E. VANDERBURCH. (*Décor* : une place avec des arbres et une ferme. *Epoque :* de nos jours.) — 3 | 2 | 1 »

Quatre-vingt-dix-neuf moutons et un Champenois... ne font pas toujours cent bêtes. Ainsi se peut compléter le titre de cette jolie pièce dont l'intrigue est fort piquante, sans rien de choquant, et dont les personnages sont tous comiques, de manière différente.

Quitte ou double, comédie en deux actes, par ANCELOT et P. DUPORT. (*Décor* : un jardin avec

	H.	F.	Prix

pavillon et bosquet. *Epoque :* de nos jours.) *Figuration.* — 3 | 2 | 1 50

Rébecca, comédie-vaudeville en deux actes, par SCRIBE. (*Décor :* 1° une plate-forme de donjon; 2° un riche boudoir, à Parme.) *Epoque :* 1780.) — 2 | 3 | 1 »

Cette pièce, où Scribe a mis toute sa puissance dramatique, a pour point de départ un épisode historique.

Le marquis de Palavicini, emprisonné pour « délit politique » et menacé de l'échafaud, se trouve soudain, par un brusque mouvement populaire, porté à la plus haute situation. En même temps, et c'est là le plus grand intérêt de cette comédie qui par certains côtés est tragique, — en même temps Palavicini, qui était adoré de Rébecca, fille d'un orfèvre israélite, unit sa destinée à celle de cette belle juive.

Un des personnages de *Rébecca*, Ascanio del Dongo, a été créé, en 1844, par Mlle Fernand.

On appréciera s'il convient de jouer cette pièce devant des jeunes filles.

. * Record (le), comédie en un acte, par M. GEORGES THURNER. (*Décor :* un salon de fantaisie. *Epoque :* de nos jours.) — 3 | 2 | 1 50

Plainoy est athlète et sot. A la campagne où il vient, chez son ami Cormières, il a surpris ses hôtes par ses records à cloche-pied et la minutie ridicule de son entraînement. Il a demandé la main d'une charmante jeune fille, Camille, belle-sœur de Cormières. Advient qu'aux entours de la maison, un taureau furieux se précipite sur Marguerite (femme de Cormières) accompagnée à ce moment par Plainoy. Ce dernier prend la fuite. Marguerite est sauvée par un jeune botaniste, René, pas athlète du tout, mais qui sait dominer la brute. Camille épousera René, et Plainoy ira continuer ailleurs la série de ses records.

Amusante comédie, aux caractères bien tracés.

Reine de seize ans (la), comédie en deux actes, par BAYARD. (*Décors :* 1° la maison de plaisance de la reine, à Swartzio; 2° le palais de la reine, à Stockholm. *Epoque :* Louis XIII.) *Figuration.* — 3 | 2 | 1 »

Reliques d'amour, comédie en un acte, par A. DE LAUNAY. (*Décor :* un cabinet particulier. *Epoque :* de nos jours.) — 3 | 2 | 1 50

De Silly est le mari d'une charmante jeune femme qu'il n'aime peut-être pas autant qu'elle le mérite. Celle-ci a pensé que le cœur de son époux s'était émietté dans les aventures de sa vie de garçon; elle l'entraîne un peu malgré lui dans un cabinet particulier; elle voudrait qu'il vît en elle sa maîtresse autant que sa femme. Silly est plutôt triste. L'équipée de Marguerite se termine le mieux du monde.

Rendez-vous (le), comédie en un acte, par BRISSARS. (*Décor :* un salon élégant à Auteuil. *Epoque :* 1727.) *Un figurant.* — 3 | 2 | 2 »

Retour de Stanislas (le), comédie en un acte, par J. P. C. (*Décor :* un magasin. *Epoque :* 1826.) — 3 | 2 | 2 »

Retour du Japon (le), comédie en un acte, par A. DELACOUR et A. ERNY. (*Décor :* un salon de campagne. *Epoque :* de nos jours) — 3 | 2 | 1 50

Cette pièce, dont un rapide exposé suffit à indiquer le genre, est très littéraire et très bien conçue. Elle convient admirablement à un public mondain.

L'idée fondamentale de cette charmante pièce est qu'il ne faut pas pousser trop loin la confiance en ses amis. Les scènes sont nombreuses et amusantes. — Ne peut se jouer devant des jeunes filles.

Revanche forcée (la), comédie en un acte, par DESCHAMPS. (*Décor :* un bosquet à la campagne. *Epoque :* 1792.) — 3 | 2 | 2 »

Rêve (le), opéra-comique en un acte, par ETIENNE. Musique de GRESNICK. (*Décor :* un salon donnant sur un parc, à Tours. *Epoque :* 1799.) — 2 | 3 | 2 »

Rêve du mari (le) ou **Le Manteau,** comédie en un acte, *en vers,* par ANDRIEUX. (*Décor :* un salon de campagne. *Epoque :* 1826.) — 2 | 3 | 1 »

Cette comédie, en vers très agréablement tournés, nous montre un mari jaloux, — tout spirituel qu'il puisse être — et qui se trouve puni de ses vilains soupçon par un complot innocent auquel participent trois femmes dont la sienne.

La pièce n'a rien de choquant, mais convient de préférence à un public d'hommes et de dames.

Revenants (les), drame familial en trois actes, par IBSEN, traduit par M. R. DARZENS. (*Décor :* la même chambre pour les trois actes. *Epoque :* de nos jours.) — 3 | 2 | 2 »

Risette et Durandeau, comédie-vaudeville en un acte, par MM. E. PHILIPPE et A. POULLION. (*Décor :* une salle à manger. *Epoque :* de nos jours.) — 3 | 2 | 1 50

Georges aime Berthe, qui le paie de retour; mais M. Laurent, de qui dépend la destinée de cette jeune fille, refuse de faire le bonheur des amoureux, et ce pour certain motif très puissant. D'autre part, Risette, une bonne d'esprit fort avisé, voudrait s'unir avec Durandeau, caporal-tambour. C'est Risette qui, devant la ti-

	H.	F.	Prix

midité de Georges et le désespoir de Berthe, assume la tâche de faire le bonheur de tout le monde, y compris le sien. Elle y réussit à merveille. Cette pièce, entremêlée de scènes comiques, est fort divertissante en général. A jouer devant un auditoire d'hommes et de dames.

Roman de la Pension (le), comédie-vaudeville en un acte, par BAYARD et SAINT-LAURENT. (*Décor :* un salon de campagne. *Epoque :* 1844.) *Un figurant.* — 3 | 2 | 1 »

Comédie de caractère, fort touchante et d'un vif intérêt dramatique. Le principal personnage est une jeune fille, Anna Damartel, dont les vertus innées ont subi quelque peu l'influence de lectures romanesques. Elle veut imiter les héros de ces livres dévorés en cachette à la pension, et elle risque de gâter à jamais l'existence de son entourage, de tous ceux qu'elle aime. Redevenant elle-même, et s'apercevant du mal qu'elle a fait, elle montre tant d'abnégation et de réelle grandeur de sentiments, que tout lui est pardonné, et qu'elle épouse celui auquel elle pensait sans cesse.

On jugera s'il convient de jouer cette pièce devant des jeunes filles.

Roman nouveau (le), vaudeville en un acte, par VARIN et E. VANDERBURCH. (*Décor :* une arrière-boutique. *Epoque :* 1833.) — 3 | 2 | 2 »

Romance (la) et le portrait, comédie en un acte, par JOSEPH et P. CHARDIN. (*Décor :* une salle d'hôtel. *Epoque :* 1817.) — 3 | 2 | 2 »

S'aimer sans y voir, folie-vaudeville en un acte par ARMAND MONTJOYE et JULES CHAULIEU. (*Décor :* une chambre modeste. *Epoque :* 1856 ou de nos jours.) — 2 | 3 | 1 »

Vaudeville burlesque, d'un comique un peu gros, mais parfois assez farce. — Le rôle de Pétronille, nièce de Perforé, doit être joué par une duègne, et dans le costume d'une pensionnaire.

Saint-Hubert (une), comédie en un acte, *en vers*, par A. DE LONGPRÉ. (*Décor :* un riche salon. *Epoque :* Louis XV.) *Un figurant.* — 3 | 2 | 1 »

Le cadre étroit d'une notice ne nous permet pas de résumer convenablement cette pièce dont l'intrigue est compliquée, encore que facile à suivre, et intéressante. Une Saint-Hubert, c'est, en vers faciles, en dialogues spirituels, un de ces tournois frivoles du temps de Louis XV et dont l'enjeu, longtemps disputé, rarement obtenu, est le cœur d'une jolie femme. Dans un salon, devant un public mondain, cette piquante comédie aurait un joli succès.

Sainte-Périne, vaudeville en un acte, par THÉAULON, OVERNAY et

L***. (*Décor :* berceaux de jardin. *Epoque :* 1827.) *Figuration.* — 3 | 2 | 2 »

* **Sanglier** (le), comédie en un acte, par M. ALEXANDRE BISSON. (*Décor :* un salon, *Epoque :* de nos jours.) — 3 | 2 | 1 50

Cette très jolie pièce, sous des quiproquos et des malentendus inénarrables, cache une observation piquante et vraie des caractères. Elle met en opposition des violents et des timides. Elle montre l'oubli facile des serments. Mais c'est une pièce avant tout comique et drôle, et que tout le monde peut entendre.

Sansonnet (le), comédie en un acte, par AUGUSTE. (*Décor :* un salon. *Epoque :* de nos jours.) *Deux figurants.* — 2 | 3 | 2 »

Saturnin va plaider, vaudeville en un acte, de M. MARC SONAL. (*Décor :* un bureau. *Epoque :* de nos jours.) — 3 | 2 | 1 »

Saturnin, avocat sans causes, n'épousera la jolie Lucie que s'il parvient à plaider. Une affaire de divorce vient précisément s'offrir à lui ; mais le « cher maître » se trompe de clientes, fait gaffes sur gaffes, ne se tire d'embarras qu'en chassant un domestique madré, cause de tous ses malheurs.

D'un comique très franc, ce vaudeville convient plutôt à un auditoire de jeunes gens, d'hommes et de dames.

* **Sauve qui peut**, folie-vaudeville en un acte, par EMILE DURAFOUR. (*Décor :* un salon bourgeois. *Epoque :* de nos jours.) — 3 | 2 | 1 »

Mme Daiglemont, jeune et jolie veuve, consent à épouser celui qu'elle aime, le peintre Dorval. Mais auparavant, il lui faut évincer deux soupirants grotesques. Avec l'aide du peintre, elle les mystifie de la belle manière, et la scène s'achève en fous rires.

Cette pièce peut être jouée devant n'importe quel auditoire.

Schubry, comédie en un acte, par P. DUPORT et DE FORGES. (*Décor :* un petit salon. *Epoque :* 1837.) — 2 | 3 | 1 50

Scrupule d'honneur, comédie en un acte, par M. DE MAROLLES. (*Décor :* le salon de l'ambassade de France, à Vienne. *Epoque :* de nos jours.) — 3 | 2 | 1 50

Petite pièce où ressortent les vertus chevaleresques d'un attaché militaire français et la fermeté d'une jeune fille que le hasard a mise en la possession momentanée d'un secret d'état.

Secret (le), comédie en un acte, par HOFFMANN. (*Décor :* une chambre avec retraite cachée. *Epoque :* 1786.) *Un figurant.* — 3 | 2 | 2 »

Secret d'Etat (le), comédie en un acte, par DE VILLENEUVE, S*** et M***. (*Décor :* un salon à Vienne (Autriche). *Epoque :* 1830.) — 3 | 2 | 2 »

Sénateur (le), comédie en un acte, par DUMANOIR et LAUREY. (*Décor :* un petit salon. *Epoque :* les derniers temps du Ier Empire.) *Un figurant.* — 3 | 3 | 2 »

Séraphin, comédie en un acte, par M. LORIOT-LECAUDEY. (*Décor :* un salon. *Epoque :* de nos jours.) — 2 | 3 | 1 50

Singe voleur (le) ou **Jocrisse victime**, imitation burlesque, en un acte, par DÉSAUGIERS et MERLE! (*Décor :* un appartement à Valognes. *Epoque :* 1815.) *Figuration.* — 3 | 2 | 2 »

Sœur de Jocrisse (la), comédie en un acte, par VARNER et DUVERT. (*Décor :* un salon. *Epoque :* 1841.) — 3 | 2 | 1 »

La pièce où Varner et Duvert ont mis en scène le célèbre personnage de Jocrisse est une des plus charmantes du répertoire. En voici la trame en quelques mots.

Jocrisse et sa sœur Charlotte sont au service de Duval, qui doit épouser une jeune fille dont il ne connaît pas très bien le vrai caractère. Charlotte aime son maître en secret, et elle a fort à faire de corriger les bévues de Jocrisse, lesquelles, par leur énormité même, désarment Duval. Celui-ci, en dernier lieu, épousera Charlotte et gardera son frère au logis.

La sœur de Jocrisse n'a rien que de très moral ; nous laissons au lecteur le soin d'apprécier s'il doit la jouer ou la faire jouer devant tout auditoire.

Sœur de Jocrisse (la), opéra-comique en un acte, par M. ALBERT VANLOO, d'après la pièce de VARNER et DUVERT. Musique de M. ANTOINE BANÈS. (*Décor :* un salon. Costumes 1840.) — 3 | 2 | 1 50

Cette pièce ne diffère guère de la précédente que pour le texte des couplets et la musique. Elle a été créée à Paris, à l'Opéra-Comique, en 1901.

Soldat (le) **et le Vigneron**, vaudeville en un acte, par LAQUEYRIE. (*Décor :* une place de village au Clos-Vougeot. *Epoque :* de nos jours.) *Figuration.* — 3 | 2 | 2 »

Sol-si-ré-pif-pan, bouffonnerie musicale, par WILLIAM BUSNACH.

Musique de H. VINCENT. (*Décor :* le jardin du Palais Royal. *Epoque :* 1813.) — 4 | 1 | 1 »

Une dame du nom de Cœlina croit avoir perdu son mari. Elle se remarie et épouse un amiral. Mais le premier mari n'était pas mort ; il revient en l'absence du second, et la dame l'écoute avec la plus grande complaisance. La naissance d'un enfant oblige les coupables à cacher le nouveau-né. Cela n'est pas chose facile, et les manœuvres du père et des autres personnages de la pièce se perdent en une série de méprises et de quiproquos fort amusants. Pièce un peu libre au demeurant, et par suite à ne pas jouer devant des jeunes filles.

Somnambule mariée (la), comédie en un acte, par Théaulon. (*Décor :* une galerie de statues et de tableaux. *Epoque :* 1820.) — 3 | 2 | 2 »

Soprano (le), comédie en un acte, par SCRIBE et MÉLESVILLE. (*Décor :* un superbe appartement à Rome. *Epoque :* 1830.) *Figuration.* — 3 | 2 | 2 »

Souliers mordorés (les), comédie en deux actes, par FERRURÈS. (*Décors :* 1º une chambre militaire ; 2º une chambre bourgeoise en Allemagne. *Epoque :* 1776.) *Un figurant.* — 4 | 1 | 2 »

Souper de Justin (le), vaudeville en un acte, par MM. GEORGES MATHIEU et ALBERT RIONDEL. (*Décor :* le salon d'une garçonnière. *Epoque :* de nos jours.) — 3 | 2 | 1 50

Une fausse lettre, écrite par un domestique peu scrupuleux, est le point de départ d'une série de quiproquos troublant momentanément deux intrigues galantes, jusqu'alors paisibles.

Souvenirs de la marquise de V*,** comédie en un acte, par FOURNIER. (*Décor :* un salon servant de cabinet de travail. *Epoque :* de nos jours.) — 3 | 2 | 2 »

Suicide à l'encre rouge (un), vaudeville en un acte, par COMMERSON et FURPILLE. (*Décor :* une boutique d'épicier à Boulogne. *Epoque :* de nos jours.) — 3 | 2 | 1 50

Suite (la) **d'un bal masqué**, comédie en un acte, par Mme DE BAWR. (*Décor :* un salon. *Epoque :* 1813.) *Un figurant.* — 2 | 3 | 1 »

Cette pièce convient tout spécialement à un public mondain, et n'exige ni décors particuliers ni accessoires. L'intrigue en est très ingénieuse, le dialogue très alerte. Après une série de scènes où la situation semble embrouillée à plaisir, elle se denoue tout à coup, et le plus naturellement du monde, par une double promesse de mariage.

Suites d'une séparation (les), comédie en un acte, par P. DUPORT et A. DECOMBEROUSSE. (*Décor* : un salon. *Epoque* : 1829.) *Un figurant.* — H. 3, F. 2, Prix 2 »

Sultan du Havre (le), folie-vaudeville en un acte, par A. DARTOIS et H. DUPIN. (*Décor* : un salon gothique au Havre. *Epoque* : 1810. Costumes *ad hoc*) — H. 4, F. 1, Prix 2 »

Sur la foi des étoiles, pièce en trois actes par M. GABRIEL TRARIEUX. (*Décor unique* : une vaste salle-bibliothèque. *Epoque* : de nos jours.) — H. 3, F. 2, Prix 2 »

Surprises (les), comédie en un acte, par EUGÈNE SCRIBE. (*Décor* : salon donnant sur un jardin. *Epoque* : 1840 ou de nos jours.) — H. 2, F. 3, Prix 1 »

Tapisserie (la), comédie en un acte, par A. DUVAL. (*Décor* : un salon riche. *Epoque* : 1808.) — H. 3, F. 2, Prix 2 »

Téléphone (le), vaudeville en un acte, par H. RAYMOND et P. BURANI. (*Décor* : un salon élégant. *Epoque* : de nos jours.) — H. 3, F. 2, Prix 1 50

Le téléphone, généralement utile, devient dangereux quand on lui demande des services trop compliqués. L'héroïne de cette petite pièce éprouve la malice de son appareil téléphonique, au moyen duquel elle donnait des rendez-vous différents à ses deux amants, jusqu'au jour où, les communications s'étant mêlées, il s'ensuivit un imbroglio déplorable.

Tentation (la) de **Maître Antoine**, vaudeville en un acte, par de LEUVEN et DE FORGES. (*Décor* : une chambre rustique en Alsace. *Epoque* : 1830.) *Figuration.* — H. 2, F. 3, Prix 2 »

Théophile ou **Ma vocation**, comédie en un acte, par VARIN, ET. ARAGO et DESVERGERS. (*Décor* : un intérieur de pavillon. *Epoque* : 1830 ou de nos jours.) *Figuration.* — H. 2, F. 3, Prix 2 »

Toujours ou **l'Avenir d'un Fils**, comédie en deux actes, par SCRIBE et VARNER. (*Décors* : 1° un salon ; 2° une pièce gothique. *Epoque* : 1830.) — H. 2, F. 3, Prix 2 »

Tour de Ninon (un), comédie en un acte, *en vers*, par M. GEORGES DOCQUOIS. (Jouée à la Comédie-Française.) (*Décor* : le parloir de Ninon. *Epoque* : 1671.) — F. 2, H. 3, Prix 1 »

On a ouï parler des amours de Racine avec la Champmeslé. L'actrice était infidèle ; elle eut un caprice pour Charles de Sévigné, qui lui-même était alors au mieux avec Ninon de Lenclos. Celle-ci, pour se venger, « chipa » au faible et irrésolu Charles les lettres que la Champmeslé avait écrites à ce dernier, et ce pour les donner à Racine, qu'elle a convoqué dans cette intention. C'était là un méchant tour !... Racine arrive, mais, accourt également La Champmeslé avertie par Charles. Et Ninon, bonne fille au fond, de jeter les lettres au feu.

Tel est, en un trop bref résumé, cette délicieuse comédie, pleine d'esprit et rimée avec un bonheur qui eût transporté le maître Banville.

Tous dentistes, vaudeville en un acte, par SAINT-AGNAN CHOLER. (*Décor* : le cabinet d'un dentiste. *Epoque* : de nos jours.) — F. 3, H. 2, Prix 1 50

Durandal, dentiste, et son ami Guilledou sont deux méridionaux qui, par définition, ne doutent de rien. Ils sont donc convaincus *à priori* que Florise ne pourra résister à leurs attraits surhumains, et ils commencent à se la disputer mutuellement, au plus grand ennui de cette jeune dame, sur qui les œillades et les manœuvres des deux compères ne produisent aucun effet. La pièce au surplus se termine à leur confusion.

A jouer devant un auditoire mondain.

Tout s'arrange ! comédie en un acte, par MM. E. MATRAT et JEAN CONTI. (*Décor* : un boudoir élégant. *Epoque* : de nos jours.) — F. 3, H. 2, Prix 1 50

Paulette d'Artimon est une demi-mondaine en vue, que son amant, le baron des Fourchettes, va quitter pour se marier. Elle apprend cela par une lettre anonyme, et sa fureur en est grande. Cependant, son voisin, M. Champersy, que tout le monde croyait suicidé (sa femme l'avait abandonné), entre, très pochard, chez Paulette. Il se dégrise peu à peu, accepte de partager le souper de la jeune femme — en attendant mieux. De sorte que, lorsque le baron rentre, Paulette lui présente son « remplaçant ».

** **Traître** (un), drame en un acte, par M. GASTINEAU. (*Décor* : une salle en Alsace. *Epoque* : sous Napoléon Ier.) — F. 5, H. », Prix 1 50

Ce drame très passionnant figure un épisode des guerres de la fin du Premier Empire. Un officier français, prisonnier des Autrichiens, s'est échappé chez le bailli Hartmann, où malheureusement un traître l'a découvert. Mais le fugitif est sauvé à temps et le misérable passé par les armes.

Ce petit drame peut être joué devant tous les publics.

Trésor supposé (le), comédie en un acte, par Hoffman. (*Décor : un salon. Epoque :* Louis XV.) — 3 2 2 »

Trilby ou **Le Lutin d'Argail**, comédie en un acte, par Théaulon, La Fontaine et Jouslin. (*Décor : une cabane rustique en Ecosse. Epoque : 1823.*) *Figuration.* — 3 2 1 50

Trois beaux-frères (les), comédie en un acte, par Bayard et Sauvage. (*Décor : un petit salon à Dieppe. Epoque : 1850* ou de nos jours.) — 3 2 1 50

Trois Fanchon (les), vaudeville en un acte, par Bonel et Jore fils. (*Décor : maison de campagne en Savoie. Epoque : 1803.*) *Figuration.* — 3 2 2 »

Trois manières (les), comédie en un acte, *en vers,* par Ch. Maurice. (*Décor : un salon. Epoque :* 1807.) — 3 2 2 »

Trois œufs dans un panier, comédie en un acte, par A. de Longpré. (*Décor : un salon Louis XV, en province. Epoque :* de nos jours.) — 3 2 1 50

Trop heureuse, comédie en un acte, par Ancelot et Leroy. (*Décor : un salon riche. Epoque :* de nos jours.) — 2 3 1 50

Truc de Godillard (le), vaudeville en un acte, par M. Marc Sonal. (*Décor : un salon. Epoque :* de nos jours, à Paris.) — 2 3 1 50

Pour dégoûter son mari de la fréquentation des « petites femmes », Mme Godillard n'a rien trouvé de mieux que de venir offrir à Cyprienne de Châteaudun un beau billet de mille, à charge par celle-ci de rendre Godillard très malheureux. Cyprienne accepte, mais le hasard déjoue ce plan mirifique : Godillard entre chez la belle, en se faisant passer pour le neveu d'un certain Des Mirettes. Quand il sort, Mme Godillard est irréparablement... trompée.

Pièce fort amusante, fort croustillante aussi; ne convient donc pas à tous les publics.

Tuteur fanfaron (le), comédie en un acte, *en vers,* par Gaugiran-Nanteuil. (*Décor : un salon à Amboise. Epoque :* de nos jours.) — 2 3 2 »

* **Valérie**, comédie en trois actes, par Scribe et Mélesville. (*Décor unique :* un salon donnant sur jardins, en Allemagne. *Epoque :* 1822.) (Créée au Théâtre-Français.) — 3 2 1 »

Il est à peine besoin d'esquisser la trame de cette comédie justement célèbre et qui n'a pas vieilli, grâce à sa force dramatique et à l'action qui se déroule dans un intérêt croissant jusqu'à la fin. Valérie, une jeune fille aveugle, est auprès de son amie Caroline de Baumfeld, une jeune veuve. Elle aime depuis assez longtemps un jeune homme qui un jour l'avait défendue au risque d'être tué, et tous deux se sont juré un amour éternel. Pourtant, ce jeune homme — Ernest de Habsbourg — n'est pas encore de retour. Il revient cependant; il a travaillé, il a surmonté les obstacles les plus effrayants, et il revient pour guérir Valérie. L'aveugle se soumet à ses soins, et recouvre finalement la joie de voir, de rentrer dans le monde des vivants.

L'éloge de cette pièce n'est plus à faire. Il nous suffira d'ajouter qu'à notre avis rien n'empêche qu'elle puisse être jouée devant des jeunes filles.

Valets de campagne (les), comédie en un acte, par Gersin. (*Décor :* le devant d'une maison, près Paris. *Epoque :* 1805.) — 3 2 2 »

Veau d'or (le), comédie en un acte, par Scribe et Dupin (*Décor :* une mansarde. *Epoque :* 1841.) *Un figurant.* — 4 1 1 »

C'est une comédie de caractères magistralement tracés et très vivants.

Ledoux est un gros usurier, un gros prêteur très âpre au gain, au fond, brave homme endurci par de grands chagrins. Il aime deux jeunes gens très pauvres qui sont ses voisins, Juliette la couturière et le clerc d'avoué Édouard. Un hasard lui fait entrevoir que Juliette est sa fille. Cette paternité qui fait bondir son cœur, lui est railleusement disputée par son débiteur, le duc de Beaufort. Mais Ledoux ne peut douter, et il fait le bonheur de Juliette et d'Édouard, qu'elle aime, et qui ne sauront jamais la tragédie qui a assombri l'existence de leur bienfaiteur.

Veille des noces (la), comédie en un acte, par Mélesville. (*Décor :* un salon en Castille. *Epoque :* 1817.) *Un figurant.* — 3 2 2 »

Veillée (la), opéra-comique en un acte, par P. Duprat et V. de Saint-Hilaire. Musique de Paris. (*Décor :* l'intérieur d'une ferme, sur les côtes de Galles. *Epoque :* 1831.) *Figuration.* — 3 2 2 »

Vengeance (la), comédie en un acte, *en vers,* par J. Patrat. (*Décor :* un salon en Hollande. *Epoque :* 1800.) *Un figurant.* — 2 3 2 »

	H.	F.	Prix

Vengeance de Pistache (la), vaudeville en un acte, par COMMERSON et HENRY NORMAND. (*Décor :* une petite salle. *Epoque :* fin du Second Empire, ou de nos jours.) — 2 3 1 »

Rouget, riche et vieux garçon, faisait la cour à l'honnête Virginie et oubliait Pistache, une personne qu'il avait séduite. Mais, celle-ci, maîtresse femme, sait se faire épouser, tandis que Virginie se marie avec Annibal, son amoureux.

Vérité dans le vin (la), comédie en un acte, par SCRIBE et MAZÈRES. (*Décor :* à la Porte-Maillot. *Epoque :* 1823) — 3 2 2 »

Veuve et Garçon, vaudeville en un acte, par ALEXANDRE et THÉODORE. (*Décor :* un salon donnant sur un parc. *Epoque :* 1820). — 3 2 2 »

Veuve du Républicain (la), comédie en trois actes, *en vers*, par LESUR. (*Décor unique :* un salon. *Epoque :* 1794.) — 4 1 2 »

Vieux Camarades, comédie à-propos, *en vers*, par M. ALBERT LAMBERT. (*Décor :* un salon-bureau. *Epoque :* de nos jours.) — 2 3 1 »

Les très beaux vers de cet à-propos mettent en scène deux vieux acteurs, Roselin et Mérindor. Celui s'apprête à épouser, un peu bien malgré elle, une jeune fille dont il est le bienfaiteur. Roselin intervient, fait un éloquent appel à la raison de son vieux camarade, et comme c'est justement le jour anniversaire de la mort de Molière, il invoque ce génie qui peignit avec une si profonde et âpre vérité les misères humaines. Et Mérindor se ressaisit. La jeune fille épousera celui qu'elle aime, et c'est lui qui les dotera.

Vingt marches de trop, vaudeville en un acte, par MM. G. BILHAUT et G. MONCA. (*Décor :* un salon. *Epoque :* de nos jours.) — 3 2 1 »

Albert Duval habite au troisième. Une nuit, en revenant du cercle, il est entré, par distraction et méprise, chez son voisin du quatrième. On devine que les auteurs de ce vaudeville rapide et amusant ont su tirer parti d'une semblable situation.

Visite en prison (une), comédie-vaudeville en un acte, par DUVERT et NICOLE. (*Décor :* la salle commune de Sainte-Pélagie. *Epoque :* 1824.) — 4 1 2 »

Voisin Bagnolet (le), vaudeville en un acte, par PAUL DE KOCK et BOYER. (*Décor :* une petite chambre. *Epoque :* 1845.) — 3 2 1 »

Charles Evrard devait épouser Juliette, et c'est Marie qu'il aime et dont il est aimé. Juliette croit l'être, cependant, et le malentendu ne se dissipe que grâce au hasard, qui se montre sous les espèces du voisin Bagnolet. Il découvre chez Juliette le goût du théâtre et l'épouse, et Charles garde Marie.

*** Voyage en Suède** (le), comédie-bouffe en un acte, par MM. MARC SONAL et VICTOR GRÉHON. (*Décor :* un salon. *Epoque :* de nos jours) — 3 2 1 50

Cette jolie pièce a des scènes très heureuses.

Un et un font deux : *le roi de Suède* et *Leroy, de Suède*, font deux également. Pour l'oreille la confusion est possible, et c'est d'elle que vient le sujet du *Voyage en Suède*, petite pièce pétillante et gaie, que tout le monde peut entendre et qui est très facile à jouer dans un salon.

Wagon 513 (le), comédie en un acte, par ÉM. et ÉD. LECLERC. (*Décor :* le cabinet d'un dentiste. *Epoque :* 1874.) *Un figurant.* — 4 1 1 50

M. Sarrazin et M. Chandoran, hommes mariés, ont de fâcheuses velléités d'inconstance et — ce qui ne leur est nullement particulier — sont enclins à ne pas supporter, de la part de leurs épouses, l'injure qu'ils sont, eux, tout prêts à leur infliger. Sarrazin a fait la rencontre d'une femme charmante (Mme Chandoran) qu'il voulut entraîner hors des sentiers de la vertu, et Chandoran — les deux ménages ne se connaissaient pas — s'est trouvé mêmement en bonne fortune avec Mme Sarrazin, sans que toutefois ni d'une part ni de l'autre, le crime fût consommé. Les deux hommes, qui ont plus d'une « peccadille » sur la conscience, parviennent à sortir de ce mauvais pas.

Pièce amusante, un peu libre, et d'un succès assuré.

Zoé ou **La Pauvre petite**, comédie en un acte, par J.-N. BOUILLY. (*Décor :* une chambre. *Epoque :* 1702.) *Un figurant.* — 3 2 2 »

SIX PERSONNAGES

Adèle ou les Métamorphoses, comédie en un acte, par C. L. P. SÉGUR L'AÎNÉ. (*Décor* : un appartement à Strasbourg. *Epoque* : 1800.) 4 2 2 »

Affaire d'honneur (une), comédie en un acte, par MÉLESVILLE et RAOUL. (*Décor* : un salon très simple. *Epoque* : 1830 ou de nos jours.) *Un figurant*. 4 2 2 »

Agence Laconnet (l'), comédie en un acte, par MM. LÉNÉKA, BRYON et MATRAT. (*Décor* : un bureau d'agence. *Epoque* ; de nos jours.) 4 2 1 »

L'agence Laconnet est la plus extraordinaire qui se puisse rêver, et aussi la seule — sans doute — où le temps se passe au milieu d'aventures follement gaies, désopilantes et cocasses. Faute de pouvoir les resumer, nous en indiquons le caractère, en ajoutant que le ton de la pièce, le plus souvent badin et drôlatique, est quelquefois assez libre.

Agnès de Chaillot (l'), parodie d'*Agnès de Méranie*, de PONSARD, en un acte, *en vers*, par LEGRAND et DOMINIQUE. (*Décor* : une maison à Chaillot. *Epoque* : 1777.) *Figuration*. 4 2 2 »

Allez voir Dominique, comédie en un acte, par J. PAIN. (*Décor* : un cabinet de travail. *Epoque* : 1820.) 4 2 2 »

Amant somnambule (l'), comédie en un acte, par PHILIPPE et SAINT-ANGE MARTIN. (*Décor* : un salon de château. *Epoque* : 1820.) 4 2 2 »

Ami de l'ordre (l'), drame en un acte, par M. GEORGES DARIEN. (*Décor* : une chambre. *Epoque* : 1871.) 4 2 1 50

Le 26 mai 1871, à Paris, tandis qu'on achève de noyer la Commune dans le sang, la noblesse, le clergé et le Tiers-Etat, symbolisés par un gentilhomme, un curé et un bourgeois, mettent à nu, le premier son amer découragement, le second sa grandissante horreur pour les cruautés journalières, le dernier son âme de tortionnaire egoïste et tremblant.

L'abbé, pour expier le crime d'un autre prêtre qui s'est fait pourvoyeur des fusillades, sauve, en se parjurant, une petroleuse réfugiée chez lui.

Cette simple pièce a l'envergure d'un drame social.

Ami d'Oscar (l'), opéra-comique en un acte, par M. BOUCHERON. Musique de M. ANDRÉ MARTINET. (*Décor* : le carrefour du parc de Versailles. *Epoque* : Louis XV.) 3 3 1 50

C'est, entremêlée de quelques couplets qu'il serait très facile de supprimer sans nuire au dialogue, une piquante intrigue entre deux fiancés qui s'aiment sans le savoir et qui sont bien heureux quand ils s'en aperçoivent. Cette découverte leur est facilitée par l'ineffable bêtise de Narcisse, l'ami d'Oscar, qui est bien un des plus joyeux ahuris qu'on puisse rêver.

Le ton de cette pièce, sans se refuser quelques libertés, ne s'écarte pas d'un agréable badinage.

Amitié des femmes (l'), comédie en un acte, *en vers*, par J. LAFFITE. (*Décor* : un salon donnant sur jardin. *Epoque* : 1820 ou de nos jours.) *Un figurant*. 2 4 2 »

Amours de Paris (les), comédie en deux actes, par DUMERSAN. (*Décor* : un salon. *Epoque* : 1830.) *Figuration*. 4 2 2 »

Angéline ou La Champenoise, comédie en un acte, par DARTOIS et LÉON. (*Décor* : jardin avec pavillon. *Epoque* : 1817.) 4 2 2 »

Anglaises pour rire (les), comédie en un acte, par SEWRIN et DUMERSAN. (*Décor* : un salon. *Epoque* : 1814.) 4 2 1 »

M. Copeau, vieux bourgeois de la rue de Loursine, abuse de la dépendance où se trouve vis-à-vis de lui sa nièce Aspasie, pour la contraindre à épouser M. Fusin, professeur de dessin, homme de peu de mérite professionnel et personnel. La jeune fille lui préfère de beaucoup M. Menu, fabricant de mannequins, et pour sa part, Gothon, l'aimable servante, est fort éprise de M. Coclet, élève de M. Menu. Sous un adroit prétexte, Menu et Coclet s'introduisent, travestis l'un en dame, l'autre en jeune fille anglaises, et l'on devine les scènes bouffonnes qui vont se dérouler. Mais au cours d'une gigue échevelée, l'ajustement de M. Menu se défait et révèle la culotte de soie noire et les bas blancs du sexe fort Tableau. La supercherie n'en a pas moins réussi, car Menu est arrivé, au cours de la pièce, à faire apparaître le peu de sincérité de M. Fusin.

Pièce burlesque, mais amusante, nullement grivoise.

	H.	F.	Prix

Anna, comédie en un acte, par Ancelot. (*Décor : une chambre misérablement meublée. Epoque : 1830.) Deux figurants.* — 3 | 3 | 2 | »

Anneau de la Marquise (l'), comédie en un acte, par Laurencin et Cormon. (*Décor : un salon Louis XV à la campagne. Epoque : Louis XV.) Un figurant.* — 4 | 2 | 1 | »

Le vicomte Alfred, jeune officier à bonnes fortunes, se montre assidu et même pressant à l'égard de la marquise Hortense de Lucy, dont le mari est momentanément absent. Cette circonstance permet au jeune homme de faire croire à la marquise que son mari, prétextant des affaires urgentes, n'est allé à Paris que pour... son plaisir. Hortense aime le marquis, elle hésite à croire le vicomte. Une piquante méprise vient déranger les affaires du séducteur : la nuit, venant au rendez-vous où il croit que la marquise s'est rendue, il trouve Mariette, qui s'est par coquetterie revêtue du domino destiné a sa maîtresse. Les paroles brûlantes du jeune homme étourdissent la cameriste, et elle lui laisse prendre son anneau. Sur ces entrefaites, le marquis survient. Il flaire quelque intrigue et soupçonne sa femme. Mais la vérité ne tarde pas à se découvrir.

Agréable comédie, à jouer devant un public mondain.

Apollon du Belvédère (l') ou **L'Oracle**, folie-vaudeville en un acte, par Etienne, Moras, Gaugiran-Nanteuil. (*Décor : un salon. Epoque : 1800.)* — 4 | 2 | 2 | »

Art de payer ses dettes (l'), comédie en un acte, par Mélesville et Varner. (*Décor : une chambre meublée. Epoque : 1830.) Deux figurants.* — 4 | 2 | 2 | »

Artiste (l'), comédie-vaudeville en un acte, par Eugène Scribe et Perlet. (*Décor : une mansarde (piano, chevalet, etc.) Epoque : 1821. A la rigueur, de nos jours.) Figurants.* — 5 | 1 | 1 50

Edouard, très doué, très artiste, a le malheur d'être riche, et le plus grand malheur encore d'être bon, généreux et délicat. Il n'y a, dès lors, aucune chance que M. Raymond, père d'Emilie, l'agrée comme prétendu pour sa fille. Raymond, brave homme, mais bohème, ne conçoit pas que l'instinct esthétique s'allie avec autre chose que la misère, et si un beau jour Edouard ne se révélait parfait comédien, il lui refuserait à jamais sa fille. — Tel est, en peu de mots, le résumé de cette pièce fort amusante et aussi fort observée.

A-t-il perdu ? comédie en un acte, par Ch. de Longchamps. (*Décor :*

---

un parc avec château au fond, près Paris. *Epoque : 1820.)* — 4 | 2 | 2 | »

Auberge de Calais (l'), comédie en un acte, par Bonel, Dorvigny et G. Duval. (*Décor : une salle d'auberge. Epoque : 1800.) Figuration.* — 4 | 2 | 2 | »

** **Au bureau de police**, comédie bouffe vécue, en un acte, par M. Félix-Simon. (*Décor : un bureau de police. Epoque : de nos jours.)* — 6 | » | 1 50

On amène au poste un vieil ouvrier réduit à la mendicité. Mais, comme il a une pièce de deux francs sur lui, il faudra le remettre en liberté. Survient un pauvre gosse, qu'on arrête lui aussi, mais qui n'a pas un sou, et dont la mère est malade. Le mendiant lui donne ses deux francs et le brave homme de commissaire complète la somme de cinq francs.

Cette pièce, a'un dialogue très amusant, est égayée par deux rôles secondaires, pittoresques et drôles, elle est une leçon de générosité. Elle est très facile à jouer; elle ne contient que des rôles d'hommes dont un rôle pour un enfant de de dix ou douze ans.

Au grand col, comédie en un acte, par M. P. Ferrier. (*Décor : une rue, magasin à droite. Epoque : de nos jours.)* — 5 | 1 | 1 50

Un vêtement intime, appelé caleçon, sert de base à l'intrigue de cette petite pièce extrêmement drolatique. En effet, Alfred Cavardin, époux de Lucienne, entretient de coupables relations avec une jeune dame, dont le mari, survenant inopinément et ebranlant la porte de coups répétés, oblige l'*autre* à fuir précipitamment et habillé tout de travers. Alfred ne peut rentrer chez lui, l'absence du vêtement susnommé le perdrait à jamais. Il se résigne, malgré l'heure tardive, à réveiller son ami le bonnetier Mérinjot, et les deux hommes de mettre au pillage le magasin jusqu'à ce qu'Alfred trouve ce qu'il lui faut. Ces allées et venues nocturnes ont par malheur intrigué deux gardiens de la paix. Ils arrêtent Alfred. Lucienne apparaît, et l'on pourrait croire que tout est perdu, lorsque le hasard révèle que Cavardin avait tout bonnement oublié, le matin, le caleçon objet de tout le mal !

Cette comédie demande un certain déploiement de mise en scène, et ne peut, naturellement, convenir à un auditoire de pensionnaires.

Auteur mort et vivant (l'), opéra-comique en un acte, par Planard. Musique de Hérold. (*Décor : un jardin en Touraine. Epoque : 1820.)* — 4 | 2 | 2 | »

* **Babiole et Joblot**, comédie en deux actes, par Scribe et Xavier. (*Décors : 1° un magasin de tapis-*

	H.	F.	Prix

serie; 2º un salon. *Epoque :* 1845 ou de nos jours.) — 4 | 2 | 1 | »

Comme la plupart des pièces de Scribe, celle-ci comporte une moralité, et elle est fort bien faite au point de vue dramatique. Voici le scénario en quelques lignes.

Le tapissier Marcel a chez lui sa filleule, Babiole, éprise du garçon, Joblot, bon ouvrier, homme de cœur, mais amoureux d'une jeune fille de haute naissance, Céline d'Auberive, qu'un jour, à la mer, il sauva de la noyade. Cette passion folle bouleverse la vie matérielle et morale du pauvre garçon, et il ne redevient lui-même, honnête homme, comme il dit, qu'en apprenant les projets désespérés d'un jeune homme excellent, le comte Ernest, son bienfaiteur. Le comte, aimant Céline d'un amour partagé, se croit déshérité et dans l'impossibilité de l'épouser, d'autant que la famille de Céline a des préférences pour ce vieux dandy de vicomte de Lavarenne. Joblot, etouffant sa propre passion, met son initiative au service d'Ernest, lui révèle l'amour de Céline auquel le jeune comte ne pouvait croire, et découvre le testament qui rend à ce dernier une fortune légitime. Après avoir fait le bonheur de ces deux êtres, Joblot accepte l'amour de Babiole.

On appréciera, à la lecture, s'il convient ou non de jouer cette pièce devant des jeunes filles.

Baboukin ou Le sérail en goguette, vaudeville en un acte, par MERLE et LAFORTELLE. (*Décor :* un beau jardin turc. *Epoque :* 1818 ou de nos jours.) *Figuration.* — 4 | 2 | 2 | »

Bagatelle ou La leçon conjugale, comédie en un acte, par DUBOIS. (*Décor :* un jardin avec cabinet à droite. *Epoque :* 1815 ou de nos jours.) — 3 | 3 | 2 | »

Baiser au porteur (le), comédie en un acte par SCRIBE, J. GENSOUL et DE COURCY. (*Décor :* un hameau. *Epoque :* 1820 ou de nos jours.) *Figuration.* — 3 | 3 | 2 | »

* **Bal Blanc,** comédie en deux scènes, par LUCIEN PUECH. (*Décor :* un salon. *Epoque :* de nos jours.) — » | 6 | 1 | »

Six jeunes filles, dont la plus âgée n'a que dix-huit ans et la plus jeune, seize, s'arrêtent de danser au milieu d'un bal blanc, et décident, en une séance fort comique et tenue avec le plus grand sérieux, d'arriver à l'abolition de ce genre de divertissement. Comédie spirituelle et amusante.

* **Baron de Fourchevif** (le), comédie en un acte, par LABICHE et JOLY. (*Décor :* un salon gothique sur un parc à Grenoble. *Epoque :* 1859.) — 4 | 2 | 1 | 50

Potard, commerçant enrichi, ayant acheté le domaine de Fourchevif, où sa femme, sa fille et lui, vivent en bons bourgeois économes et modestes, a cru devoir dans un sentiment de fâcheuse vanité s'arroger le titre nobiliaire et la particule des anciens seigneurs de ce lieu, authentiques ceux-là. La visite fortuite d'un jeune peintre, Étienne Lambert, rendra aux hôtes de céans la conscience de leur ridicule. Lambert, ami du dernier descendant des Fourchevif, se fait passer pour celui-ci et oblige M. Potard, sous peine des menaces les plus terribles, à subir tous ses caprices, sous prétexte de se montrer digne du grand nom qu'il s'est approprié. Le pauvre sue sang et eau et se décide à abandonner toute vaine ambition. Lambert à son tour lui révèle la simple vérité.

Tout le monde peut entendre cette pièce très gaie, et d'une aimable philosophie.

Beau-frère (le) ou **La veuve à deux maris,** comédie en un acte, par SAINT-HILAIRE et PAULIN. (*Décor :* un salon. *Epoque :* 1820 ou de nos jours.) — 3 | 3 | 2 | »

Berquin ou L'Ami des enfants, comédie en un acte par J.-N. BOUILLY et J. PAIN. (*Décor :* un jardin avec bâtiments sur les côtés. *Epoque :* celle de Berquin : 1770.) *Figuration.* — 5 | 1 | 2 | »

Biribi le Mazourkiste, vaudeville en un acte, par DUMERSAN et DE LEUVEN. (*Décor :* un salon. *Epoque :* 1845.) *Figuration.* — 4 | 2 | 1 | »

Vaudeville d'un comique assez bouffon, mais drôle. Biribi le mazourkiste est un jeune vaurien, maudit par son oncle Olibrius, lequel, professeur de danse, est à la solde du stupide et despotique baron Marforio. Olibrius, dont la science jusqu'alors souveraine se trouve en défaut, est tiré du mauvais pas par ce garnement de Biribi. Telle est, très succincte, la trame légère de cette pièce dont les détails sont amusants et spirituels souvent. Elle est un peu grivoise.

* **Blanchisseuse de dentelles,** comédie en un acte, par M. PRABONNEAUD. (*Décor :* un atelier de blanchisseuse. *Epoque :* de nos jours.) — » | 6 | 1 | »

C'est l'histoire d'une jeune femme noble et pauvre qui, pour se soustraire à la triste situation que lui ont faite trois vieilles cousines en la prenant à leur service, vient à Paris et s'établit blanchisseuse de dentelles. Les trois vieilles filles viennent la relancer chez elle et sous prétexte qu'elle déroge à sa qualité, tentent de la ramener à elles, mais en vain. Il y a là l'intervention très comique d'une Anglaise, qui chasse les vieilles cousines et offre à la jeune femme une situation de dame de compagnie auprès d'elle, que celle-ci accepte. Les dernières scènes sont extrêmement gaies et produisent infailliblement un succès de fou rire. Amusante

	H.	F.	Prix

petite pièce, en résumé, et qui a l'avantage de pouvoir se jouer partout, tout en étant très comique.

Bobinette. vaudeville en un acte, par SAINT-AGNAN CHOLER. (*Décor* : un village. *Epoque* : de nos jours.) — 3 | 3 | 1 50

Grivot avec Bastienne, Goulet avec Francine sont les plus heureux des hommes. Pourquoi faut-il qu'un soir de fête au village, une velléité... d'inconstance les vienne aiguillonner ? Quoiqu'il en soit, leurs deux jeunes femmes s'entendent pour infliger à leurs maris la petite leçon qu'ils méritent, tant et si bien qu'à un moment donné, Grivot et Goulet sont sur le point de se battre. Il n'en est rien grâce à un tiers personnage et surtout grâce à Bobinette qui, sans paraître une seule fois sur la scène, joue néanmoins un rôle important dans la pièce.

Boileau à Auteuil, comédie en un acte, par MOREAU et FRANCIS. (*Décor* : campagne avec pavillon à Auteuil. *Epoque* : Louis XIV.) *Figuration*. — 4 | 2 | 2 »

Bon papa (le) ou **La Proposition**, comedie en un acte, par MÉLESVILLE et SCRIBE. (*Décor* : un salon. *Epoque* : 1820 ou de nos jours.) — 3 | 3 | 2 »

Bonheur en bouteille (le), à-propos en un acte, par MARC MICHEL. (*Décor* : un salon. *Epoque* : de nos jours.) — 4 | 2 | 1 50

Bonne sœur (la), comédie lyrique en un acte, par PETIT et PHILIPON. (*Décor* : devant le château de Spitzberg. *Epoque* : le XVᵉ siècle.) *Figuration*. — 5 | 1 | 2 »

Bouchers (les), comédie en un acte, *en vers*, par FERNAND ICRES. (*Décor* : étal de boucher dans un bourg pyrénéen. *Epoque* : de nos jours.) *Deux figurants*. — 4 | 2 | 1 50

Cette pièce, écrite par un poète de race en vers colorés et vigoureusement frappés, est tragique et sanglante. Les passions, l'amour, la jalousie et la haine, s'y entrechoquent pour aboutir à un dénouement terrible. L'intrigue est poignante, les caractères sont puissamment dessinés. — Ne peut être jouée que devant un public d'hommes ou de dames.

Bouillon de la Mariée (le), comédie-vaudeville en un acte, par SAINT-AGNAN CHOLER. (*Décor* : jardin de restaurant de banlieue. *Epoque* : de nos jours.) — 4 | 2 | 1 50

L'une des nièces de Papillon, Désirée, épouse Justin. L'autre, Adolphine, a été demandée sans succès par Amédée, qui justement va servir la noce comme garçon. Enfin, Isidore, ami de Justin, s'empresse auprès d'Adolphine et obtient d'elle un rendez-vous. Or, la nuit et les « manigances » d'Amédée aidant, un imbroglio fâcheux mais comique se noue entre ce rendez-vous et celui des nouveaux mariés. Épilogue : Isidore épousera Adolphine et Amédée restera... garçon.

Bouquet de bal (le), comédie en un acte, par CH. DESNOYERS. (*Décor* : un petit salon. *Epoque* : de nos jours.) *Figuration*. — 4 | 2 | 1 »

* **Bracelet** (le), comédie en un acte, par JULES MOINAUX. (*Décor* : un salon. *Epoque* : de nos jours.) — 4 | 2 | 1 50

Après quatre années de bonheur, Albert est sur le point de devenir infidèle à sa charmante femme. Une sorte de hasard bienveillant vient contrecarrer et finalement anéantir son projet.
Cette petite pièce est très amusante et d'une action très vive.

Brigands par amour (les), comédie-vaudeville en un acte, par M. GASTON MAROT. (*Décor* : un salon avec panoplies, statuettes, etc. *Epoque* : de nos jours.) — 4 | 2 | 1 50

Pièce franchement gaie, drôle et amusante depuis la première jusqu'à la dernière scène. Tout le comique réside en partie dans le caractère des personnages, notamment de Mˡˡᵉ Aménaïde Ménardier, mais surtout dans les situations. Les indiquer toutes nous entraînerait trop loin. Disons seulement que, dans la maison Ménardier, chacun a sa manie : Ménardier celle de collectionner les bustes, portraits, statues de bandits célèbres, et Mˡˡᵉ Aménaïde, sa sœur — demoiselle romanesque et mûre — celle de ne rêver que brigands, et montagnes, et maquis. A cela s'ajoutent des projets de mariage entre Ernestine, fille de Ménardier, et Baudruchard, brave homme de boucher, qui finit par épouser Aménaïde, tandis que la demoiselle convolera avec l'élu de son cœur, M. Alfred Visaumur.
La pièce convient de préférence à un auditoire d'hommes et de dames.

Brouette à vendre, comédie en un acte, par DIEULAFOY et GERSIN. (*Décor* : maison avec terrasse et grille au fond. *Epoque* : 1815.) — 4 | 2 | 2 »

* **Budget d'un jeune ménage** (le), comédie en un acte, par SCRIBE et BAYARD. (*Décor* : un salon. *Epoque* : 1831.) — 4 | 2 | 1 »

Un ménage heureux et fortuné, celui de Ludovic et de Stéphanie, est troublé et bouleversé par l'argent, ou si l'on préfère, par les méfaits de l'argent. Les jeunes époux, ne songeant qu'à s'adorer l'un l'autre et à jouir de la vie, font des dépenses inconsidérées. Leur parent, leur bienfaiteur, Victor d'Hermental, vient, dans un moment de gêne commerciale,

	H.	F.	Prix

leur demander une assez grosse somme. Eux mêmes sont dans l'embarras : ils empruntent à leur propriétaire, le richissime Roquebrune, et ne s'aperçoivent qu'après coup des intentions inavouables de ce dernier : il n'a obligé Ludovic que dans l'espoir de plaire à Stéphanie, dont il voudrait — tout bonnement — faire sa maitresse. La situation, très critique, se détend et les deux époux retrouvent le bonheur.

C'est une pièce de haute moralité, d'une force dramatique très vive. Elle peut être jouée à peu près devant tout auditoire.

Cadet-Roussel maître d'école à Chaillot, comédie en un acte, par SIDONI. (*Décor : une école de village. Epoque : 1800.*) *Figuration d'écoliers.* — H. 3, F. 3, Prix 2 »

Cadet-Roussel Procida, parodie en un acte, *en vers*, par DUPIN et CARMOUCHE. (*Décor : une salle d'hôtel. Epoque : 1820.*) *Figuration.* — H. 5, F. 1, Prix 2 »

Calife de Bagdad (le), opéra-comique en un acte, par SAINT-JUST. **Musique de** BOÏELDIEU. La scène se passe à Bagdad. (*Décor : un appartement.*) *Figuration.* — H. 3, F. 3, Prix 1 50

Isaûn, calife de Bagdad, ayant un jour, incognito, délivré la belle Zétulbé, fille de Lemaïde, de bandits qui cherchaient à l'enlever, s'est épris de la jeune fille, qui de son côté fut depuis doucement obsédée par l'image de son sauveur. Mais le calife, qui ne veut rien obtenir que par lui-même, se présente déguisé chez Lemaïde. Le nom sous lequel il court les aventures est *Il Bondocani*. Ce nom-talisman, connu des seuls serviteurs d'Isaûn, gens de cour, fonctionnaires, exerce une influence magique, instantanée, qui confond Lemaïde et ne surprend qu'à moitié Zétulbé. Enfin, le calife et la jeune fille s'épousent.

Le Calife de Bagdad est une œuvre trop connue pour que nous insistions sur sa valeur scénique et dramatique. Bien que sa création remonte à plus d'un siècle, ce charmant opéra-comique n'a point trop vieilli.

Capitaliste malgré lui (le), comédie en un acte, par FRANCIS, D'ARTOIS et XAVIER SAINTINE. (*Décor : chambre-mansarde. Epoque : 1826 ou de nos jours.*) *Une figurante.* — H. 4, F. 2, Prix 2 »

Carlin à Rome ou **Les Amis de Collége**, souvenir historique en un acte, par ROCHEFORT et GUST. LEMOINE. (*Décor : une chambre. Epoque : 1770.*) *Figurants.* — H. 3, F. 3, Prix 1 »

Carlin Bertinazzi est un ancien arlequin de la Comédie Italienne. Avec l'âge, il a renoncé à bien des prétentions, et l'Eglise n'a pas de plus fervent adepte que lui. Seulement, le naturel reprend toujours le

dessus, et les circonstances obligent Carlin à redevenir Carlin. Il n'a point trop à s'en plaindre, d'ailleurs. Il retrouve son fils, il retrouve son ami Laurent, le bon franciscain, qui devient ni plus ni moins que pape.

Il est impossible d'expliquer plus longuement cette belle comédie, où l'attrait de l'intrigue le dispute à l'agrément du dialogue, à l'accentuation des caractères.

Carnaval (le), ou **Les figures de cire**, parodie en un acte, par MONTIGNY. (*Décor : un atelier de carrossier transformé en salle de bal. Epoque : 1826.*) *Figuration.* — H. 4, F. 2, Prix 2 »

Carte blanche, comédie en un acte, par LÉON HALÉVY et PAUL DUPORT. (*Décor : un riche salon. Epoque : 1839.*) — H. 4, F. 2, Prix 1 »

Comédie très spirituelle et fort compliquée, psychologiquement parlant. Tout l'art des auteurs a consisté — hors l'esprit et la vivacité du dialogue — à mettre les personnages à deux doigts des situations les plus fâcheuses, les plus terribles même, pour les en faire sortir le plus naturellement du monde.

* **Carte d'Hector** (la), comédie-bouffe, en un acte, par MM. MARC SONAL et VICTOR GRÉHON. (*Décor : un salon. Epoque : de nos jours.*) — H. 4, F. 2, Prix 1 50

Un monsieur un peu gris, à la suite d'une discussion, donne la carte d'un de ses amis au lieu de la sienne, à son adversaire. Il en résulte des complications et des quiproquos inouïs, le jour même du mariage de cet ami.

Pièce fort amusante et qui peut se jouer devant n'importe quel auditoire.

Cartel (le), comédie-vaudeville en un acte, par M. EUGÈNE HÉROS. (*Décor : un salon bourgeois. Epoque : de nos jours.*) — H. 6, F. », Prix 1 50

Un même terme peut avoir deux significations complétement différentes. Le mot *cartel* est de ce nombre. Un cartel, c'est une provocation ; c'est aussi une pendule ; et voilà l'idée de cette pièce amusante au possible. De cette idée l'auteur a tiré grand parti. Il s'agit, au début, d'une querelle au sujet d'une partie de manille. A propos d'un coup manqué par un des partenaires, un autre joueur, M. Vatrel l'injurie. On sait que les joueurs de manille ont des mœurs très violentes, quand ils jouent. L'affaire n'en restera pas là, et M. Vatrel a un cartel sur les bras. Voyant arriver chez lui deux messieurs qui parlent d'un cartel, ce brave homme est au fond très ennuyé. La méprise ne cesse que lorsqu'on découvre que les deux messieurs en question viennent pour réparer un cartel chez Vatrel.

Cassandre astrologue, comédie-parade en un acte. (*Décor : un

	H.	F.	Prix

salon chez Cassandre. Costumes de la Comédie-Italienne.) — 4 | 2 | 2 »

Cassandre oculiste, comédie-parade en un acte, par Piis et BARRÉ. (*Décor* : à Chaillot, dans l'appartement d'Isabelle. Costumes de la Comédie-Italienne.) *Figuration*. — 4 | 2 | 2 »

* **C'est le professeur**, comédie en un acte, par MM. G. MAQUIS et A. BERTINOT. (*Décor* : un salon de village. *Epoque* : de nos jours.) — 4 | 2 | 1 »

Soufflardet s'est mis dans la plus fàcheuse posture en se vantant, à son cercle, de savoir jouer de la clarinette, alors qu'il n'entend rien à l'art musical. Gustave, le professeur de dessin de sa fille Anaïs, le tire de ce mauvais pas, et par la suite obtient le consentement de Soufflardet, jusqu'alors hostile à son mariage avec Anaïs.

C'est Monsieur qui paye, vaudeville en un acte, par BAYARD et VARNER. (*Décor* : un jardin devant une guinguette, à Nanterre. *Epoque* : 1838.) — 5 | 1 | 1 »

Ce vaudeville amusant, assez endiablé, touche à la farce. Ce sont les vexations, mauvais tours et duperies infligés à un brave monsieur (Roard) très craintif et timoré — on dirait aujourd'hui *une poire* — par un certain loustic, nommé Simonneau, homme ingénieux, fertile en expédients, nul en scrupules. Roard subit les pires avanies, il se fait même gifler aux lieu et place du fripon par un militaire plutôt ivrogne et brutal. Le seul rôle de femme est celui d'une petite blanchisseuse qui, à la fin de la pièce, épousera le guerrier. Elle eût préféré Simonneau, mais celui-ci, toujours malin, a conclu, sans le lui dire, une union — une affaire plus avantageuse.
Cette pièce un peu grosse convient bien à un public amateur de bouffonneries, et exige un certain entrain de la part des acteurs.

C'est Papa, tableau de la vie nocturne, par M. FERDINAND BLOCH. (*Décor* : les boulevards extérieurs. *Epoque* : de nos jours.) — 5 | 1 | 1 »

Cette pièce archi-réaliste, et que les oreilles délicates ne pourraient entendre, met en scène plusieurs personnages de ce monde tout à fait spécial qui a pour emblèmes le « surin » et la casquette à trois ponts. Au demeurant, l'action est bien conduite et le drame d'un très grand effet.

Chacun chez soi, comédie-vaudeville en un acte, par LÉONCE et LUBIZE. (*Décor* : un salon. *Epoque* : 1845.) — 3 | 3 | 2 »

Si le ménage de Brulière a des tiraillements, des zizanies, c'est, on le croira

sans peine, dû en grande partie à la présence de Mme Brulière mère. Celle-ci, heureusement, se remarie et, par la séparation forcée qui va s'en suivre, la paix renaîtra dans le jeune ménage.

Champenois (le) **ou les mystifications**, comédie en un acte, par FRANCIS, ARMAND et DARTOIS. (*Décor* : un salon et quatre cabinets en Bretagne. *Epoque* : 1820 ou de nos jours.) — 3 | 3 | 2 »

Champmeslé (la), comédie en un acte *en vers*, par H. LUCAS. (*Décor* : un salon. *Epoque* : Louis XIV.) — 4 | 2 | 2 »

Champmeslé (la), comédie en deux actes, par ANCELOT et P. DUPORT. (*Décors* : deux salons. *Epoque* : Louis XIV.) — 4 | 2 | 1 50

Chapelle et Bachaumont, vaudeville en un acte, par G. DUVAL et A. VIEILLARD. (*Décor* : un salon chez Chapelle. *Epoque* : Louis XIV.) — 4 | 2 | 2 »

Chapitre (le) **des Informations**, comédie en un acte, par VARIN et DESVERGERS. (*Décor* : un salon ouvrant sur une salle de bal. *Epoque* : de nos jours.) — 4 | 2 | 2 »

Charge à payer (la), comédie en un acte, par VARNER. (*Décor* : un grand salon. *Epoque* : de nos jours.) *Deux figurants*. — 3 | 3 | 1 50

Charmettes (les), ou **Une Page des Confessions**, comédie en un acte, par BAYARD, VANDERBURCH et DESFORGES. (*Décor* : un petit salon ouvert sur un jardin. *Epoque* : XVIIIe siècle.) *Figuration*. — 4 | 2 | 2 »

** **Le Châtiment**, drame social en un acte, par M. AUGUSTE FOUGERAY. (*Décor* : une salle de travail. *Epoque* : de nos jours.) — 6 | » | 1 50

Ce petit drame est extrêmement facile à interpréter et peut être entendu par tout le monde; il est en effet conforme à la morale la plus rigoriste puisqu'à défaut de vertu récompensée, nous y voyons le vice puni. Gabilleau, riche industriel, a acquis sa fortune par des moyens plutôt louches; il est avare et dur envers ses ouvriers. Il aspire en couronnement de sa carrière, à la députation; mais il se laisse duper à son tour par des fripons plus retors que lui-même. L'un d'eux lui vole sa fortune et se sauve; il apprend d'un seul coup sa ruine et la grève de son personnel. C'est là le châtiment.

Chaumière (une) **et son cœur**, comédie en trois actes, par SCRIBE et ALPHONSE. (*Décors : 1° un château ; 2° une taverne ; 3° une ferme. Epoque : 1835*) — **H.** 3 **F.** 3 **Prix** 1 50

La scène se passe en Angleterre. Jenny, pupille de lord Wolsey, noble d'esprit et de naissance, et riche, qui l'a adoptée, Jenny se laisse emporter au pays des chimères et rêve de retrouver celui qui, dans son enfance de pauvre petite paysanne, la protégeait et l'aimait : le fermier John Gripp. Une nuit, elle n'y tient plus, elle abandonne la maison, le palais que lui avait donné son bienfaiteur, elle laisse un billet, lui apprenant — à lui qui avait demandé sa main — qu'elle en aime un autre, et s'enfuit, revêtue de ses haillons d'autrefois. A la taverne où elle retrouve John Gripp, ses illusions folles cèdent la place au dégoût que lui inspire la grossièreté des gens, et la crapuleuse existence des familiers de ce lieu, — y compris John Gripp, devenu cupide, buveur et paillard. Jenny, affolée, retourne auprès de lord Wolsey. Les scènes finales sont pénibles, pathétiques : le généreux seigneur et la jeune fille s'épouseront pourtant.

Cette très belle comédie est pleine d'enseignements utiles, mais s'adresse plutôt à un public d'expérience.

Cheminée de 1748 (la), vaudeville en un acte, par MÉLESVILLE et BRAZIER. (*Décor :* un salon avec large cheminée. *Epoque :* 1830 ou de nos jours.) *Figuration.* — **H.** 4 **F.** 2 **Prix** 2 »

Cherchez la Fraise, comédie en un acte, par LOUIS FIGUIER. (*Décor :* à la campagne, pavillon et maison rustique. *Epoque :* Louis XI.) *Une figurante.* — **H.** 4 **F.** 2 **Prix** 1 »

*** Chevilles** (les) de maître Adam, ou le Menuisier de Nevers, comédie en un acte, par FRANCIS et MOREAU. (*Décor :* une place publique à Nevers. *Epoque :* 1641.) — **H.** 4 **F.** 2 **Prix** 1 »

Adam Billaut fut un menuisier-chansonnier, spirituel, bon et vraiment poète. Le libraire Toussaint-Quinet vient un jour trouver ce modeste et lui achète, argent comptant, le manuscrit de ses *Chevilles*. Richelieu lui décerne une pension de cent pistoles. Maître Adam n'en tire aucune vanité et même refuse d'aller à la cour. Il continuera de rimer à Nevers, entre son rabot et sa bouteille. Cette anecdote du temps passé a fourni aux auteurs la jolie pièce dont ci-dessus est le titre. Elle s'agrémente d'une idylle habilement esquissée. Les couplets et le chant y tiennent grande place. •

Chipie (la), comédie en un acte par BAYARD et VARNER. (*Décor :* un magasin de nouveautés en province. *Epoque :* 1830 ou de nos jours.) *Figuration.* — **H.** 3 **F.** 3 **Prix** 2 »

Christophe ou **Cinq pour un**, vaudeville en un acte, par P. DUPORT,

DESVERGERS et VARIN. (*Décor :* un salon de restaurant. *Epoque :* 1830 ou de nos jours.) *Figuration.* — **H.** 5 **F.** 1 **Prix** 2 »

Christophe le Rond, comédie en un acte, par DORVIGNY. (*Décor :* un salon. *Epoque :* 1780.) *Un figurant.* — **H.** 4 **F.** 2 **Prix** 2 »

Clarinette postale (la), vaudeville en un acte, par JULES RENARD. (*Décor :* une salle formant antichambre de restaurant. *Epoque :* de nos jours.) *Figuration.* — **H.** 5 **F.** 1 **Prix** 1 50

Se servir d'une clarinette comme d'un instrument, non pas de musique, mais de correspondance amoureuse, est une idée assurément peu banale, mais aussi peu prudente. Amédée, futur avoué, en fait l'épreuve dans cette amusante piécette où les choses finissent par s'arranger au mieux après avoir failli tourner très mal.

Client de Campagnac (le), comédie en un acte, par G. PETIT. (*Décor :* un cabinet de travail. *Epoque :* de nos jours.) — **H.** 4 **F.** 2 **Prix** 1 »

Campagnac est un médecin sans clientèle mais non sans intelligence. Sa présence d'esprit et son audace — d'ailleurs bien compréhensible — le sauve d'une situation précaire et fait s'ouvrir devant lui un avenir souriant.

Cette pièce est très bien conduite, d'une forme très personnelle et bien observée.

*** Coiffeur** (le) et le Perruquier, comédie en un acte, par SCRIBE, MAZÈRES et SAINT-LAURENT. (*Décor :* un salon. *Epoque :* 1824.) — **H.** 4 **F.** 2 **Prix** 1 »

Poudret, perruquier, en est resté aux monuments surannés du temps de Boileau, puis de monsieur de Voltaire, qu'il a coiffé. Alcibiade, son élève, a laissé l'ancienne manière pour les formes nouvelles. Le maître retrouve un jour son ancien apprenti, devenu son rival, chez M. Desroches, dont la sœur, vieille fille romanesque, rêve d'épouser Alcibiade, qui ne voit en elle que ses soixante mille francs de dot. Par ailleurs, le coiffeur-arriviste avait promis d'épouser la nièce de Desroches, Justine, qu'il aime. Alcibiade renonce finalement à ses projets malhonnêtes, et réussit à obtenir du même coup son pardon et la main de Justine.

Cette comédie, d'un tour et d'un mouvement très agréables, fait revivre le curieux répertoire des coiffeurs du bon vieux temps. Elle peut, en somme, être jouée devant tout auditoire.

*** Colonel** (le), comédie-vaudeville en un acte, par SCRIBE et G. DELAVIGNE. (*Décor :* une auberge à Joigny. *Epoque :* 1821.) — **H.** 4 **F.** 2 **Prix** 1 »

Au relais de Joigny, Mᵐᵉ de Gondreville et sa sœur Elise sont retenues par l'ab-

	H.	F.	Prix

sence de chevaux de poste. Pour venir à bout des aubergistes, la jeune fille revêt l'uniforme de colonel de hussards, et se présente comme le mari de sa sœur, M. de Gondreville, récemment promu colonel du 12ᵉ régiment. Le stratagème divertit d'abord les femmes, mais, quand Elise se voit obligée de tenir tête, à table, aux officiers — dont l'un, Adolphe de Luceval, est justement celui qu'elle aime — quand elle s'entend provoquer en duel par Gondreville, furieux de voir usurper sa place, alors il faut se déclarer. *Le colonel*, naturellement, pardonne, et Luceval se trouve le plus heureux des hommes.

Cette délicieuse petite pièce pourrait être jouée devant des jeunes filles en supprimant quelques passages badins.

Compagnons du Devoir (les), vaudeville en un acte, par LAFONTAINE, E. VANDERBURCH et ÉTIENNE. (*Décor* : entrée de hameau. *Epoque* : 1825.) *Figuration*. — 4 | 2 | 2 »

Concert (le) **de la rue Feydeau**, comédie en un acte, par R. PÉRIN et CARMAILLE. (*Décor* : un cabinet de toilette. *Epoque* : 1795.) — 4 | 2 | 2 »

Confident par hasard (le), comédie en un acte *en vers*, par FAUR. (*Décor* : une campagne près d'un port de mer. *Epoque* : 1800 ou de nos jours.) — 4 | 2 | 2 »

Contrebasse (la), vaudeville en un acte, par BIÉVILLE. (*Décor* : un salon élégant. *Epoque* : de nos jours.) *Deux figurants*. — 4 | 2 | 1 ,

Coquette sans le savoir (la), opéra-comique en un acte, par FAVART et ROUSSEAU. (*Décor* : un village. *Epoque* : 1740.) *Un figurant*. — 3 | 3 | 2 »

Courtisan dans l'embarras (le), comédie en un acte, par A. DARTOIS et H. DUPIN. (*Décor* : un jardin de château en Angleterre. *Epoque* : celle d'Edouard.) *Figuration*. — 4 | 2 | 2 »

Cousin du ministre (le), comédie en un acte, par VARNER. (*Décor* : un petit salon d'attente. *Epoque* : de nos jours.) — 4 | 2 | 1 50

Coutume écossaise (la), comédie en un acte, par LEBLANC et CHARLES. (*Décor* : une chambre d'auberge en Ecosse. *Epoque* : 1818 ou de nos jours.) *Deux figurants*. — 4 | 2 | 2 »

Dans une armoire, comédie en un acte, par P. BOYER. (*Décor* : un

salon sur jardin, à la campagne. *Epoque* : de nos jours.) — 4 | 2 | 1 »

Quiproquos et méprises piquantes autour d'un mariage qui finit par être décidé, mais non sans que les fiancés aient passé par des transes qui, sûrement, leur rendent plus agréable encore l'heureuse issue de leurs angoisses.

Danseur éternel (le) **ou la tarentule**, vaudeville en un acte, par CLÉMENT. (*Décor* : la place d'un hameau près de Naples. *Epoque* : 1800.) *Un figurant*. — 3 | 3 | 2 »

Delphine ou La Faute du mari, comédie en deux actes, par LÉON GUILLARD. (*Décor unique* : un salon. *Epoque* : 1843.) *Figurants*. (La pièce peut être jouée à la mode actuelle.) — 4 | 2 | 1 »

Dervilliers, pauvre et végétant en province, a réussi, par son mariage avec la riche et charmante Delphine, et grâce au dévouement de son ami Duplessis, à se créer à Paris une situation enviable. Il s'empresse alors d'oublier ce qu'il doit aux autres, et par son ingratitude, son indifférence, révolte et rebute tout le monde. Le dénouement de cette pièce très psychologique laisse prévoir que Dervilliers recevra le juste châtiment de son égoïsme : il a perdu l'affection de sa femme.

Demande en mariage (la), comédie en un acte, par E. MONNAIS et EMMANUEL. (*Décor* : un salon d'été sur jardin, à Boulogne-sur-Mer. *Epoque* : 1830 ou de nos jours.) *Figuration*. — 4 | 2 | 2 »

* **Demoiselle à marier** (la) **ou La Première entrevue**, comédie-vaudeville en un acte, par SCRIBE et MÉLESVILLE. (*Décor* : un salon de campagne. *Epoque* : 1826.) — 4 | 2 | 1 »

Alphonse de Luceval est un jeune homme riche, mais c'est avant tout un homme de goût. Quand on lui présente Mˡˡᵉ Camille Dumesnil, sa première impression est fâcheuse, attendu que M. et Mᵐᵉ Dumesnil, de très braves gens d'ailleurs, ont cru devoir, à cette occasion, modifier leur tenue habituelle et se ridiculiser avec des vêtements et des manières de cérémonie. Alphonse se dédit franchement, et aussitôt tout change; M. Dumesnil redevient l'excellent homme simple et affable, et Camille la jeune fille délicieuse, qu'ils étaient. Alphonse l'aime, soudain. Mais trop tard ! M. Dumesnil a envoyé son consentement à un jeune homme qui avait demandé sa fille en mariage, et M. Dumesnil n'a que sa parole. C'est Baptiste, le domestique, qui sauve la situation : il a oublié de porter la lettre fatale !

La demoiselle à marier est une comédie charmante, et que tout le monde peut entendre.

	H.	F.	Prix

Dernière fredaine (la), vaudeville en un acte, par Hippolyte Raymond et Émile Clerc. (*Décor* : un salon. *Epoque : de nos jours.*) — 3 | 3 | 1 50

Pour satisfaire une *vendetta*, Horace est venu louer une chambre dans la maison de son ennemi, qui n'est au demeurant qu'un bon bourgeois. A la suite de plusieurs méprises, l'aventure devient critique, mais grâce à la bonne étoile d'Horace, elle se terminera pour lui par... un mariage.

Désirée ou **La Paix du village**, allégorie en un acte, par Gaugiran-Nanteuil, Moras et Etienne. (*Décor* : village de *Terre-Neuve*. *Epoque* : 1797.) *Figuration*. — 5 | 1 | 2 »

Destouches ou **Le Philosophe marié**, comédie à un acte par P. Ledoux et X***. (*Décor* : le cabinet d'un homme de lettres. *Epoque* : 1748.) — 3 | 3 | 2 »

Deuil (le), comédie en un acte, par Voannaz. (*Décor* : la cour d'une ferme à vingt-cinq lieues de Paris. *Epoque* : 1820 ou de nos jours.) — 5 | 1 | 2 »

Deux alcades (les), opérette en un acte, par M. G. Chauvin, musique de M. G. Douay. (*Décor* : une rue en Espagne. *Epoque* : de nos jours.) — 3 | 3 | 1 50

Le jeune étudiant Léandro, amoureux de Paquita, joue au vieil alcade Don Christoval, des tours pendables. Il est vrai que l'alcade convoite, lui aussi, la main de la jeune fille. L'étudiant l'emporte sur le barbon.
Nota. — Il y a cinq rôles supplémentaires de gardes. La pièce peut être raccourcie *ad libitum*.

Deux bigames (les), comédie en un acte, par MM. L. de Ricaudy et E. Tarbé. (*Décor* : une salle d'attente aux bains. *Epoque* : de nos jours.) — 3 | 3 | 1 »

Cette amusante pièce a pour thème un point de droit, soulevé par une affaire de bigamie. Le dénouement, qui n'a rien de légal — et pour cela aussi probablement — rend les quatre personnages à leur situation première ; mais ce n'a pas été sans peine.

Deux chambres (les), comédie en un acte, par MM. Ordonneau et P. Charpentier. (*Décor* : un salon. *Epoque* : de nos jours.) — 3 | 3 | 1 50

Madame Briolé est une mère au cœur trop sensible, et par suite une belle-mère intolérable. Elle marie Lucile, sa quatrième fille, et il faut qu'elle obtienne de son gendre Edmond, ce qu'elle a, paraît-il, obtenu des précédents, à savoir ceci : elle partira (la scène se passe le soir du mariage) à cinq heures du matin pour Versailles, mais il faut que d'ici là, Edmond soit un frère pour Lucile. Le jeune homme la trouve mauvaise, la belle-mère n'en veut pas démordre et agit de ruse. Tel est le point de départ des scènes extrêmement amusantes, et mouvementées, composant cette pièce, que nous recommandons particulièrement, sauf toutefois pour les jeunes filles.

Deux Gaspards (les), comédie en un acte, par M***, Gabriel et Capelle. (*Décor* : un hameau près de Moulins. *Epoque* : 1817 ou de nos jours.) *Figuration*. — 4 | 2 | 2 »

Deux héritages (les), comédie en un acte, par Désaugiers et Simonnin. (*Décor* : une place publique en Normandie. *Epoque* : 1820 ou de nos jours.) *Figuration*. — 4 | 2 | 2 »

Deux manières (les), comédie en deux actes, par Bayard et Mathon. (*Décors* : 1° salon à Caudebec ; 2° appartement d'hôtel. *Epoque* : 1830 ou de nos jours.) — 4 | 2 | 2 »

Deux Maris (les) ou **Monsieur Rigaud**, comédie en un acte, par Scribe et Varner. (*Décor* : un salon élégant. *Epoque* : 1819.) — 3 | 3 | 1 »

Elise ne connaît pas son mari, M. de Sénange. L'union a été contractée en l'extrême jeunesse des deux époux, éloignés l'un de l'autre aussitôt après. Ces sortes de mariages se faisaient au début du siècle dernier. Au bout de huit ans, Sénange vient retrouver sa femme : il trouve un monsieur (Rigaud) qui s'est fait passer pour le mari d'Elise et, fort heureusement, n'a précédé Sénange en ce logis que de quelques minutes. D'ailleurs, ce M. Rigaud est lui même marié. C'est un « homme à bonnes fortunes ». Sa femme s'est mise à sa poursuite. Elle rencontre Senange en chemin, dans un accident de diligence. Elle et le vrai mari d'Elise prennent une spirituelle revanche de Rigaud en se donnant pour mari et femme. Rigaud se sent devenir fou. On devine que tout s'arrange au denouement.

La pièce, des plus amusantes, se jouera de préférence devant un public d'hommes et de dames.

Deux Mères (les), comédie en un acte, par Etienne et Gaugiran-Nanteuil. (*Décor* : un salon. *Epoque* : 1800 ou de nos jours.) *Un figurant*. — 3 | 3 | 2 »

Deux Mousquetaires (les), opéra-comique en un acte, par J. Vial et J. Gensoul. (*Décor* : un hôtel

	H.	F.	Prix

garni. *Epoque : 1820 ou de nos jours.) Figuration.* — 5 | 1 | 2 »

Deux nourrices (les), vaudeville en un acte, par BAYARD et A. DE-COMBEROUSSE. (*Décor :* une arrière-boutique de bonnetier. *Epoque :* 1835 ou de nos jours.) — 3 | 3 | 2 »

Deux papas très bien ou La Grammaire de Chicard, comédie-vaudeville en un acte, par LABICHE et LEFRANC. (*Décor :* un salon à Châtellerault. *Epoque :* 1844.) — 5 | 1 | 1 »

Poupardin, dans sa jeunesse, rencontra à Châtellerault, la nuit, une jeune dame qui, le prenant pour son mari, l'appela doucement par un prénom autre que le sien. Il répondit et entra dans la maison de l'inconnue, d'où il ne tarda pas, du reste, à sortir. Vingt cinq ans après, Poupardin, ayant presque oublié cet incident, est sur le point de marier sa fille au fils d'un vieux rentier de Châtellerault, M. Tourterot. M. Gélinotte est le rival du fils (César) de Tourterot. C'est alors que Poupardin se rappelle son aventure de jadis, et croit reconnaître son fils illégitime dans la personne de César, puis dans celle de Gélinotte. Des preuves irrécusables le tirent d'anxiété, et il peut accorder sa fille à César Tourterot.

Cette pièce absolument désopilante ne sera pas jouée, il va sans dire, devant de jeunes filles.

Deux petits Savoyards (les), comédie en un acte, par MARSOLLIER. (*Décor :* une cour de château près Lyon. *Epoque :* Louis XVI.) *Figuration.* — 4 | 2 | 2 »

Deux sœurs de charité, comédie en deux actes par P. DUPORT et ROMAIN. (*Décor :* un salon. *Epoque :* 1830 ou de nos jours.) — 3 | 3 | 2 »

Deux valets, comédie en un acte, par GUILBERT-PIXÉRÉCOURT. (*Décor :* intérieur d'une petite ville d'Allemagne. *Epoque :* 1800 ou de nos jours.) *Un figurant.* — 4 | 2 | »

Difficile à marier, pièce en un acte, par AUBLET. (*Décor :* un salon-bureau. *Epoque :* de nos jours.) — 4 | 2 | 1 »

Quand le mariage est mêlé aux affaires, il devient lui-même une *affaire.* Tel est le sens de cette pièce amusante et assez philosophique où l'auteur a su ménager et dépeindre des situations délicates et vraies aussi.

Dix francs de Jeannette (les), vaudeville en un acte, par JOUSLIN DE LA SALLE. (*Décor :* un carrefour avec une boutique de frui-

tière. *Epoque :* 1828 ou de nos jours.) — 4 | 2 | 2 »

Docteur du défunt (le), comédie en un acte, par LAFONTAINE et LÉON. (*Décor :* un joli salon à la campagne. *Epoque :* 1825 ou de nos jours.) — 4 | 2 | 2 »

Dot (la), comédie en un acte, par M. E. DUESBERG. (*Décor :* un petit salon en province. *Epoque :* de nos jours.) — 4 | 2 | 1 50

Pièce piquante et facile à jouer en société. C'est l'aventure, plutôt humiliante, de deux gentilshommes décavés (le père et le fils), dont la vénalité et le peu de désintéressement reçoivent un sort mérité.

Dot (la) **et la Fille,** comédie en un acte, par L. MONTIGNY et W. LAFONTAINE. (*Décor :* une antichambre avec un bureau grillé. *Epoque :* 1825 ou de nos jours.) — 3 | 3 | 2 »

Droit à la vie (le), pièce en deux actes, par M. AUGUSTE FOUGERAY. (*Décors :* 1° un intérieur d'ouvriers; 2° une geôle. *Epoque :* de nos jours au premier acte; le second acte se passe vers 1920.) — 5 | 1 | 1 50

Au premier acte, nous voyons Sylvain, ouvrier forgeron, demander à M. Blondel son oncle et son patron, la main de sa fille Denise, qui l'aime. Sylvain, enfant naturel, abandonné, eut une jeunesse orageuse, une condamnation pour vol, Pourtant, il est foncièrement bon. Il s'est racheté par le travail, ce qui n'empêche par M. Blondel de lui dire que le mariage est impossible, à cause de l'opinion publique. Sylvain, ne voulant pas être cause de la ruine d'un brave homme, part.

Au second acte, Sylvain en prison, attend qu'on le conduise au bourreau. Il a tué. Il est condamné à mort, Il a la douleur et la joie de revoir Denise. Le procureur de la République vient lui annoncer l'abolition de la peine de mort. Il vivra, il pourra se relever encore. Son crime n'étant pas de ceux qui ne se peuvent pardonner.

Pièce assez dramatique, généreuse de tendances, contre la peine de mort. Spectacle pour gens très sérieux, universités populaires, fêtes syndicales ou mutualistes, etc...

Duel par la croisée (le), comédie en un acte, par DIEULAFOY et GERSIN. (*Décor :* une salle à grande fenêtre, à Milan. *Epoque :* 1818.) *Figuration.* — 4 | 2 | 2 »

Dupuis et Desronais, comédie en trois actes, *en vers,* par COLLÉ. (*Décor unique :* un salon. *Epoque :* 1760.) *Un laquais.* — 5 | 1 | 2 »

	H.	F.	Prix

Éclipse totale, comédie en un acte, *en vers*, par DE LA CHABEAUSSIÈRE. (*Décor :* un jardin enclos et fermé par une grille. *Epoque :* 1780 ou de nos jours.) *Figuration.* — **4 | 2 | 2 »**

Ecole des Belles-mères (l'), comédie en un acte, par M. BRIEUX. (*Décor :* un salon. *Epoque :* de nos jours.) — **4 | 2 | 1 50**

Cette pièce, qui demande de la part des interprètes, beaucoup d'intelligence scénique et de vivacité, est inspirée des ennuis et des querelles qui surgissent lorsque deux époux sont sous le même toit que les beaux-parents. Une discorde générale éclate, et peu s'en faut qu'elle ne soit irréparable. En somme, comédie fort intéressante, pleine d'observation, et digne de son auteur.

Ecole des Vieillards (l'), comédie en cinq actes, *en vers*, par CASIMIR DELAVIGNE. (*Décor unique :* un salon. *Epoque :* 1823.) *Un laquais.* — **4 | 2 | 1 »**

A soixante ans épouser une femme de vingt-cinq : tel vient d'être le cas de Danville, ancien armateur au Havre. Hortense, sa femme, tout en respectant la foi conjugale — car elle est aussi honnête que belle — suit instinctivement l'impulsion de sa jeunesse. Elle est à Paris, et ce ne sont, que bals, soirées, soupers. Le vieux mari est sur les dents. Hortense est courtisée des très près par un homme jeune, brillant et riche, le duc d'Elmar. Danville surprend ce dernier chez lui, presque au moment où Hortense venait d'entendre une déclaration en règle. Danville n'est pas un grotesque. Se croyant atteint dans son honneur, il provoque son jeune rival. Ils se battent. Danville est désarmé par son adversaire, d'ailleurs chevaleresque. Peu après Hortense se justifie d'une façon éclatante auprès de son mari. Tous deux vont retourner au Havre, sur le désir même de la jeune femme.

Il y a de bons passages, des vers bien frappés et des scènes très dramatiques dans cette comédie qui pourrait à la grande rigueur être modernisée, mais à laquelle il conviendra mieux de garder sa physionomie du début du siècle dernier. — Le rôle d'Hortense a été créé par Mlle Mars, à la Comédie-Française.

*** Edouard et Clémentine**, comédie en trois actes, par LAURENCIN, imitée du drame de KOTZEBUE. (*Décor unique :* un salon, près Pontarlier. *Epoque :* 1842 ou de nos jours.) — **4 | 2 | 1 »**

Il y a peu de drames aussi émouvants, aussi poignants que celui-là. Sans qu'il y ait de sang versé, de lutte mélodramatique, l'intérêt naît et grandit, de la seule puissance des situations et de la vérité psychologique de tous les sentiments dont les personnages sont animés, soit qu'ils sommeillent ou grondent, soit qu'ils atteignent à leur paroxysme.

Edouard de Rethel avait décidé de ne jamais pardonner à Clémentine, sa femme, l'égarement qui lui fit un jour oublier, du moins aux yeux du monde, ses devoirs d'épouse. Après plusieurs années de séparation au cours desquelles il a fait élever la fillette que sa femme lui avait donnée, il retrouve celle-ci, fortuitement, il s'attendrit et la reprend. Ce très sec résumé ne peut donner qu'une idée très éloignée d'une pièce très scénique et très intéressante. Elle ne sera d'ailleurs comprise que d'un public d'expérience. Les représentations en seront facilitées par ceci, que le décor est le même pour les trois actes.

*** Election Pouparel** (l'), comédie en un acte, par MM. MARC SONAL et VICTOR GRÉHON. (*Décor :* un cabinet de travail. *Epoque :* de nos jours.) — **4 | 2 | 1 50**

Cette pièce, très gaie et un peu échevelée, se passe dans le cabinet d'un sous-préfet, la veille d'une élection, et le met aux prises avec les embarras les plus drôles et les plus imprévus. Convient à n'importe quel auditoire.

Emprunteur (l'), comédie en un acte, *en vers*, par X***. (*Décor :* un salon. *Epoque :* 1810 ou de nos jours.) — **4 | 2 | 2 »**

Ennui (l') ou **le Comte d'Erfort**, comédie en deux actes, par E. SCRIBE, DUPIN et MELESVILLE. (*Décor unique :* une salle élégante de château. *Epoque :* 1820 ou de nos jours.) — **5 | 1 | 2 »**

Epigraphe (l'), comédie en un acte, par M. F. ALBINET. (*Décor :* salon sur jardin. *Epoque :* de nos jours.) — **3 | 3 | 1 50**

Entrevue (l'), comédie en un acte, par VIGÉE. (*Décor :* un salon. *Epoque :* 1780 ou de nos jours.) — **4 | 2 | 2 »**

*** Épreuve** (l'), comédie en un acte, par MARIVAUX. Edition conforme aux représentations de la Comédie-Française. (*Décor :* une salle. *Epoque :* vers le milieu du XVIIIe siècle.) — **3 | 3 | 1 »**

Lucidor est certain de l'amour d'Angélique ; il veut pourtant l'éprouver, et dans ce but, il présente à cette personne d'une douceur et d'une sensibilité exquises, un soi-disant prétendu, lequel n'est autre que Frontin, le madré valet de Lucidor. La ruse ne réussit que trop bien, car Angélique défaille de douleur, elle qui croyait que le prétendu annoncé par Lucidor serait Lucidor lui-même. A la fin, celui-ci se déclare et le mariage est décidé.

L'Epreuve est une pièce délicieuse, au style plein de nuances, d'esprit, de finesse qui, d'ailleurs, est classique. Notons le personnage fort piquant de maître Blaise.

	H.	F.	Prix

Épreuve réciproque (l'), comédie en un acte, par ALAIN. (*Décor : un appartement. Epoque : Louis XVI.*) — 3 | 3 | 2 | »

Ermites (les), comédie en un acte, par DE ROUGEMONT, EDMOND et DESPREZ. (*Décor : un ermitage et une grotte. Epoque : 1820.*) *Figuration.* — 3 | 3 | 2 | »

Erreur d'un moment (l'), comédie en un acte, par MONVEL. (*Décor : une chaumière. Epoque : 1770.*) — 3 | 3 | 2 | »

Esprit de contradiction (l'), comédie en un acte, par R. DE FRESNY. (*Décor : une maison de campagne. Epoque : 1700.*) *Deux figurants.* — 4 | 2 | 2 | »

Esprits des Batignolles (les), folie-vaudeville en un acte, par WILLIAM BUSNACH. (*Décor : un intérieur modeste. Epoque : de nos jours.*) — 4 | 2 | 1 | »

Amusante bouffonnerie, dans laquelle un vieux bourgeois superstitieux est mystifié par un pompier amoureux, et par un pianiste — son locataire évincé par lui et amoureux de sa nièce. La pièce se termine par un double mariage. C'est un petit acte très mouvementé, très endiablé. Pas à jouer devant des jeunes filles.

Est-ce une fille ? Est-ce un garçon ? à-propos en un acte, par E. COTTENET et MARTIN. (*Décor : une place à Compiègne. Epoque : 1817.*) *Figuration.* — 4 | 2 | 2 | »

Étudiant (l') **et la Grande Dame**, comédie en deux actes, par SCRIBE et MÉLESVILLE. (*Décors : 1° une chambre d'étudiant; 2° un boudoir. Epoque : 1837.*) *Figuration.* — 4 | 2 | 1 50

Ferdinand, étudiant pauvre et travailleur, est surpris des prévenances extraordinaires que lui témoigne une belle dame, Lady Wilton. Sa surprise devient contrariété quand il voit sa fiancée, Louise, tourmentée par une jalousie assez compréhensible, en apparence. Lady Wilton n'est autre, en effet, que la mère de Ferdinand. Telle est, en très peu de mots, l'intrigue de cette comédie fort attachante, sentimentale, et écrite avec un talent si parfait que tout ce qu'elle a de romanesque en devient séduisant.
Cette pièce ne sera bien comprise que d'un public d'expérience.

Famille (la) **de l'Apothicaire ou La Petite Prude**, vaudeville en un acte, par DUVERT, DESVERGERS et VARIN. (*Décor : une arrière-boutique. Epoque : 1830.*) *Figuration.* — 4 | 2 | 1 | »

Barnabé est marié avec Henriette, et père d'un bébé. Il a laissé ignorer cela à son oncle le pharmacien Benoît qui persiste à vouloir lui donner sa fille Héloïse et son fonds. L'arrivée d'Henriette révolutionne le calme relatif où vivait Barnabé dans l'arrière-boutique de son oncle. Il se trouve obligé d'avouer sa situation, après des scènes aussi orageuses que comiques. L'oncle pardonne et tout finit pour le mieux.
Ce petit acte très gai conviendra de préférence à un public d'hommes et de dames.
Nota. — Henriette, rôle travesti.

Famille des Jobards (la), vaudeville en un acte, par FRÉDÉRIC et BOIRIE. (*Décor : une maison et un pavillon à Nogent-sur-Seine. Epoque : 1800.*) *Figuration.* — 4 | 2 | 2 | »

Famille des Malins (la), vaudeville en un acte, par BRAZIER et FRÉDÉRIC. (*Décor : un jardin. Epoque : 1800 ou de nos jours.*) *Un figurant.* — 4 | 2 | 2 | »

Famille improvisée (la), scènes épisodiques, par DUPEUTY, DUVERT et BRAZIER. (*Décor : un salon sur un jardin. Epoque : 1831.*) — 3 | 3 | 1 | »

Le rôle principal de cette pièce, très hilarante, est un rôle à tiroirs. Il fut créé par Henry Monnier, qui joua cinq personnages successifs. Son rôle était celui du jeune peintre Albert, qui se transforme dans le cours des différentes scènes, en M. Coquerel, M. Prudhomme, la Mère Pitou, etc. Il exige, cela va sans dire, une grande verve humoristique et une physionomie originale. Le sujet de *La famille improvisée* est en lui-même très drôle et assez libre. Il ne convient donc pas à tous les publics.

Famille Riquebourg (la) **ou Le Mariage mal assorti**, vaudeville en un acte, par SCRIBE. (*Décor : un salon. Epoque : 1831.*) — 4 | 2 | 1 | »

Riquebourg a amassé, dans sa vie de travail, une très grosse fortune, et, plus que quadragénaire, il a pris femme. Hortense est la plus vertueuse des épouses, mais, malgré elle, le langage trivial de son mari, qui possède d'ailleurs les qualités les plus rares, ne peut lui convenir. Elle voudrait l'aimer, mais à sa grande terreur, elle sent qu'elle aime Georges, le neveu de Riquebourg, pour qui celui-ci a, de son côté, une vive amitié. Georges a le courage de s'exiler.
C'est une très belle comédie, c'est même, peut-on dire, un drame intime, douloureux et empoignant. Il plaira surtout à un public d'esprit mûr.

Farces de Toto (les), vaudeville en un acte, par EMILE DURAFOUR. (*Décor : un salon bourgeois. Epoque : de nos jours.*) — 4 | 2 | 1 | »

Le rôle de Toto, jeune collégien, a été créé par une jeune femme. — Toto vient en vacances chez son oncle Bonardin, et le séjour de ce diable à quatre, de ce boute-en-train, révolutionne une maison ordinairement silencieuse. On ne pourrait énumérer les farces désopilantes que ce potache très dégourdi tire de son sac. C'est, en somme, une piécette toute de mouvement et de verve, qui conviendra très bien pour des fêtes locales, par exemple. Ce n'est pas scabreux, c'est parfois seulement un peu libre.

Faute (une), drame en deux actes, par EUGÈNE SCRIBE. (*Décor unique :* un salon sur un jardin. *Epoque :* 1830.) | 3 | 3 | 1 »

Léonie de Villevallier a commis une faute irréparable : elle a, pendant une longue absence de son mari, trahi ses serments d'épouse. Elle a été surprise une nuit de Noël et, depuis, le séducteur n'est jamais revenu. Ernest, son mari, apprend ce malheur, de la bouche même de sa femme, dans une scène déchirante. Il décide de la quitter, et il l'abandonne en effet pour jamais.

Cette tragédie conjugale, corsée par d'intéressants épisodes, où éclate, en toute sa force dramatique, le talent de Scribe, ne sera bien comprise que d'un public d'expérience.

Faux maris (les) ou le **Danger des épreuves**, comédie en un acte, par J. ERNEST. (*Décor :* un salon. *Epoque :* 810 ou de nos jours.) | 4 | 2 | 2 »

Fée aux Miettes (la), roman imaginaire, par GABRIEL de LANGLÉ. (*Décor :* cour d'un ancien collège. *Epoque :* 1830 ou de nos jours.) *Figuration.* | 5 | 1 | 2 »

Féerie des Arts, vaudeville en un acte, par GABRIEL et ARMAND. (*Décor :* l'intérieur d'un pavillon persan, à Cachemire. *Epoque :* 1800.) *Figuration.* | 4 | 2 | 2 »

Femme au salon (la), et le **Mari à l'atelier**, vaudeville en deux actes, par MALLIAN et CORMON. (*Décors :* 1° un salon; 2° un atelier. *Epoque :* 1830 ou de nos jours.) *Un figurant.* | 4 | 2 | 1 »

Femme du voisin (la), comédie en un acte, par CH. DESNOYERS. (*Décor :* une chambre d'artiste. *Epoque :* 1830 ou de nos jours.) | 3 | 3 | 2 »

Femme laide (une), comédie en deux actes, par J. DE PRÉMARAY. (*Décors :* 1° un jardin et entrée de maison; 2° un salon, en Angleterre. *Epoque :* le règne de Georges II.) | 4 | 2 | 1 »

Fiancée de l'Apothicaire (la), comédie en un acte, par DUPUIS et SAUVAGE. (*Décor :* un salon. *Epoque :* de nos jours.) | 4 | 2 | 1 »

Fielding, comédie en un acte, *en vers*, par MENNECHET. (*Décor :* un salon d'hôtel à Londres. *Epoque :* 1736.) | 4 | 2 | 2 »

Fille d'un militaire (la), comédie en deux actes, par LAURENCIN et H. MEYER. (*Décor unique :* une pièce modeste. *Epoque :* de nos jours.) *Figuration.* | 3 | 3 | 1 50

Fille mal gardée (la), comédie en un acte, par FRANCIS, BRAZIER et DUMERSAN. (*Décor :* la cour d'une ferme. *Epoque :* 1820 ou de nos jours.) *Figuration.* | 4 | 2 | 2 »

Fils adoptif (le), vaudeville en un acte, par DE ROUGEMONT, BRAZIER et VANDERBURCH. (*Décor :* une place de village. *Epoque :* 1834.) | 4 | 2 | 1 »

Pendant la campagne d'Italie, Simon a sauvé de mort violente un petit enfant dont le père — un soldat autrichien — venait d'être tué. Il le porta chez un maître d'école, et depuis ne cessa de subvenir, de loin, à l'existence et à l'éducation du jeune garçon. Quinze ans après, Simon, retraité à quarante ans, réclame son enfant d'adoption. L'instituteur le lui amène. Stupeur de Simon : le jeune garçon qu'il avait sauvé était une jeune fille. Après plusieurs scènes tour à tour amusantes et attendrissantes, le mariage de Louise et de Simon termine ce charmant épisode.

Fils de l'Invalide (le), pièce en un acte, par COUPART et VAREZ. (*Décor :* le boulevard conduisant de l'Ecole militaire aux Invalides. *Epoque :* 1826.) *Figuration.* | 3 | 3 | 2 »

Fils du Colonel (le), drame en un acte, par DUVERT et HENRY. (*Décor :* un salon au rez-de-chaussée sur jardin. *Epoque :* 1830.) | 4 | 2 | 2 »

Fils du Savetier (le), vaudeville en un acte, par ACHILLE et CHABOT DE BOUIN. (*Décor :* une boutique de savetier. *Epoque :* 1830.) *Figuration.* | 3 | 3 | 2 »

Flamme de Claude (la), parodie en un acte, par M. HENRI BUGUET. (*Décor :* un atelier d'armurier. *Epoque :* de nos jours.) | 4 | 2 | 1 »

Extravagante bouffonnerie, qui peut être très amusante, à condition qu'on la joue avec beaucoup d'entrain. En somme une parodie, un peu grosse, de *La Femme de Claude,* de Dumas fils, avec des mots drôles, et souvent très lestes.

Des accessoires, tels que canon, fusil pouvant se changer en seringue, etc., sont nécessaires.

	H.	F.	Prix

Fleurs d'avril, comédie en un acte, *en vers*, par Gabriel Vicaire et M. Jules Truffier, musique de M. Ch. L. Hess. (*Décor* : une auberge de campagne. *Epoque* : le dix-huitième siècle.) — 4 | 2 | 1 50

Le chevalier d'Oisy, dans sa jeunesse, rencontra une petite paysanne fraîche et séduisante, qui ne fut pas insensible à ses avances. Puis il partit, vers d'autres aventures. Longtemps après, revenu dans le pays, il apprend qu'il est devenu grand-père. Sa petite fille, Yvette, est amoureuse de Pierre Ardact, fils d'un gros campagnard assez riche et très intéressé, qui ne veut pas entendre parler d'un pareil mariage. Le chevalier d'Oisy, rachetant son... insouciance d'autrefois, donne sa fortune aux deux enfants, les marie et assure leur bonheur.

Tel est en peu de mots le sujet de cette idylle charmante, dont les auteurs ont fait une délicieuse œuvre d'art que la Comédie-Française vient d'inscrire à son répertoire. Ce n'est pas seulement, en effet, une comédie, c'est de la poésie, et d'exquise poésie.

Florian, comédie en un acte, par J.-N. Bouilly et J. Pain. (*Décor* : un site attenant au parc de Sceaux. *Epoque* : vers 1760.) *Figuration*. — 5 | 1 | 2 »

Floridor le Choriste, comédie en deux actes, par de Leuven et Brunswick. (*Décors* : 1° une chambre; 2° une cour de couvent. *Epoque* : 1770.) *Figuration*. — 3 | 3 | 1 »

Vigneron, dit Floridor, est chef des chœurs à l'Opéra, et le meilleur des hommes. Il adore son filleul, Monsigny, et quand celui-ci enlève Amélie, pensionnaire du couvent de Sainte-Marie, il ne peut s'empêcher de favoriser le bonheur de ces enfants. Par malheur, un mystère entoure la naissance de la jeune fille. Le commandeur la fait revenir au couvent, où elle va prendre le voile. Monsigny est près de se tuer, quand Floridor déclare au commandeur qu'Amélie est sa propre fille. Rien ne s'oppose plus au mariage de Monsigny. Cette comédie est très scénique, très empoignante et spirituelle.

Fondé de pouvoirs (le), comédie en un acte, par G. Carmouche. (*Décor* : un salon à Yvetot. *Epoque* : 1820 ou de nos jours.) — 4 | 2 | 2 »

France et Savoie, comédie en deux actes, par Théaulon et Dartois. (*Décors* : 1° un salon élégant; 2° en Savoie, l'entrée d'un village. *Epoque* : 1830 ou de nos jours.) *Figuration*. — 4 | 2 | 2 »

***Francine**, comédie en un acte, par

Courballée. (*Décor* : une villa près de Genève. *Epoque* : 1870.) — 5 | 1 | 1 50

Cette pièce, écrite peu de temps après l'année terrible, fut reçue au Théâtre-Cluny, mais interdite par la censure. C'est une comédie, presque un petit drame patriotique. Le général Francœur, retraité, est rappelé au service. Oubliant sa goutte et son asthme, il se prépare à partir. Sa joie communicative gagne son ami Montfleuron qui jusqu'alors ne voulait pas entendre parler de guerre. Celui-ci dont le fils est fiancé à Francine, la fille du général, sera brancardier.

Tout le monde peut entendre cette pièce.

Françoise et Francesca, comédie en deux actes, par Varner. (*Décors* : 1° un petit logement; 2° un salon élégant. *Epoque* : 1830 ou de nos jours.) *Une figurante*. — 3 | 3 | 1 »

Frère de Piron (le), comédie en un acte, par Arnould et Lockroy. (*Décor* : une arrière-boutique à Dijon. *Epoque* : Louis XV.) *Figuration*. — 4 | 2 | 1 50

Gamine de Paris (la), vaudeville en trois actes, par Dumersan. (*Décors* : 1° un jardin de guinguette; 2° une chambre; 3° un carré d'étage. *Epoque* : 1830 ou de nos jours.) *Figuration*. — 4 | 2 | 2 »

***Garden-Party Élyséenne**, pièce en un acte, *en vers*, par Mme Amélie Mesureur. (*Décor* : un coin du parc de l'Elysée. *Epoque* : de nos jours.) — 3 | 3 | 1 »

Cette petite pièce, très agréablement tournée, nous montre, dans une garden-party à l'Elysée, deux jeunes orphelines, élèves de la légion d'Honneur à Saint-Denis, Colette et Lucienne. Celle-ci éprouve quelque tristesse à comparer sa situation, son costume, avec ceux des personnes invitées à d'autres titres, privé ou mondain. Elles se font leurs confidences, et bien des obstacles se dressent contre leur bonheur, les empêchent d'épouser, Lucienne le frère de Colette (Paul), Colette le jeune officier Jean Renaud. Enfin l'on apprend que Lucienne a gagné un des gros lots de la loterie de la Presse. Et tout s'aplanit; rien ne s'oppose plus aux unions projetées.

Cette pièce convient tout à fait pour être jouée en société.

Geneviève la Blonde, comédie en deux actes, par Bayard et Biéville. (*Décors* : 1° un atelier de peintre; 2° une cour de ferme. *Epoque* : 1830 ou de nos jours.) — 4 | 2 | 1 »

Gentilhomme (le), vaudeville en un acte, par Dupeuty et de Courcy.

	H.	F.	Prix

(*Décor* : une chambre d'hôtel garni. *Epoque* : 1708.) *Figuration.* — 4 | 2 | 2 »

Georgine ou **La Servante du Pasteur**, comédie en un acte, par DE FORGES et ROCHE. (*Décor* : une chambre à Strasbourg. *Epoque* : 1796.) — 4 | 2 | 1 50

Gilles réformateur, vaudeville en un acte, par ALEX. D**. (*Décor* : l'appartement de Cassandre. Costumes de la Comédie-Italienne.) *Figuration.* — 5 | 1 | 2 »

Grain de beauté (le), comédie en un acte, par M. P. DECOURCELLE. (*Décor* : plage et Casino. *Epoque* : de nos jours.) — 3 | 3 | 1 50

Petite comédie très piquante, et très agréablement dialoguée. Convient à un public d'hommes et de dames.

Grand Galéoto (le), pièce en trois actes et un prologue, par ECHEGARRAY; adaptation de MM. J. SCHURMANN et J. LEMAÎRE. (*Epoque* : à Madrid, de nos jours. *Décors* : un élégant cabinet de travail; un salon; une petite chambre pauvre; - puis le salon du premier acte.) *Cinq figurants.* — 4 | 2 | 2 »

Grande aventure (la), comédie en un acte, par SCRIBE et VARNER. (*Décor* : une salle d'auberge aux îles d'Hyères. *Epoque* : 1830 ou de nos jours.) — 4 | 2 | 2 »

Grande dame de la Halle (une), vaudeville en un acte, par H. LEFEBVRE et J. DESCHAMPS, musique de E. DÉJAZET. (*Décor* : un salon. *Epoque* : 1863.) — 3 | 3 | 1 »

Mme veuve Floquet, riche et brave femme entichée de grandeur, est une ancienne marchande de marée. C'est une grande dame.. de la Halle. Elle semble être une proie tout indiquée pour un certain Chevasson, individu taré, qui, sous le nom de marquis de Boisflutté, parvient à se faire agréer d'elle comme futur mari. Un ami véritable, Frédéric Bernard, qui à la fin de l'affaire épousera Caroline Floquet, démasque le fourbe, lequel est chassé honteusement,

Une grande dame de la Halle n'est pas une pièce pour pensionnaires.

Grégoire à Tunis, vaudeville en un acte, par LEBLANC et ***. (*Décor* : les jardins du palais du Bey. *Epoque* : 1810.) *Figuration.* — 5 | 1 | 2 »

Grille du Parc (la), opéra-comique en un acte, par DUPORT. (*Décor* : partie d'un parc à Nice. *Epoque* : 1820.) *Figuration.* — 5 | 1 | 2 »

Grisette romantique (la), vaudeville en un acte, par CARMOUCHE et VANDERBURCH. (*Décor* : une terrasse au cinquième étage. *Epoque* : 1840 ou de nos jours.) — 3 | 3 | 1 50

Gymnastique en chambre (la), vaudeville en un acte, par M. ALEXANDRE BISSON. (*Décor* : un salon. *Epoque* : de nos jours.) — 4 | 2 | 1 50

Josaphat, qui a des enfants malingres, s'est avisé de faire, et d'imposer à Juliette, sa femme, de la gymnastique en chambre. Il s'est enquis, à cet effet, d'un professeur. M. Agénor Dairain entre, et Josaphat de le prendre pour un gymnaste, alors qu'il est le prétendu d'Isménie, belle-sœur de Josaphat. Le quiproquo prend des proportions extraordinairement comiques et ne se dénoue qu'après d'amusantes difficultés.

Cette pièce spirituelle et très gaie aura beaucoup de succès, et l'on jugera s'il convient de la jouer devant des jeunes filles.

Habit d'un grand seigneur (l'), vaudeville en deux actes, par DUPIN et CARMOUCHE. (*Décors* : 1° une cour d'hôtel; 2° un salon. *Epoque* : 1856.) — 4 | 2 | 1 »

Vaudeville très amusant, plein de mouvement et de verve. Stratagèmes et ruses auxquels recourt un jeune intrigant pour mettre à exécution ses desseins inavouables, en trompant une honnête fille. La perfidie du personnage n'est funeste qu'à lui-même.

Bien joué, ce vaudeville plaira beaucoup. Ne conviendrait pas à un auditoire jeune.

Halle aux Blés (la), tableau grivois en un acte, par FRANCIS, DARTOIS et SAINT-LAURENT. (*Décor* : la halle au blé. *Epoque* : 1827.) *Figuration.* — 5 | 1 | 2 »

Heur et Malheur, vaudeville en un acte, par DUVERT, A. BASSET et LAUZANNE. (*Décor* : un salon de campagne. *Epoque* : 1831.) *Figuration.* — 4 | 2 | 1 »

Montivon n'a pour lui qu'une certaine aisance. A part quoi, tout lui est défavorable. La malechance le poursuit. Notamment, chaque fois qu'il a cherché un emploi, il se l'est vu souffler, au moment de l'obtenir, par un certain Jules Fombert. Il va se marier avec Mlle Amélie Clémençot; il croit que la chance va tourner, et vlan!... c'est Fombert qui lui chipe sa fiancée. Et le pire est qu'elle aime ce Fombert.

La pièce est très divertissante, très

	H.	F.	Prix

agréable à suivre. Les couplets — ou les *vaudevilles* — de la fin contiennent des allusions aux événements intérieurs et extérieurs qui passionnaient la France vers 1830.

On appréciera s'il convient ou non de jouer *Heur et Malheur* devant des jeunes filles.

Heureuse moisson (l'), comédie en un acte, par MERLE, CARMOUCHE et FRÉDÉRIC. (*Décor* : l'entrée d'une ferme dans la Beauce. *Epoque* : 1817.) *Figuration.* — 5 — 1 — 2 — »

* **Homme fort s. v. p.** (un), vaudeville en un acte, par M. RICHARD O'MONROY. (*Décor* : un salon d'auberge. *Epoque* : de nos jours.) — 5 — 1 — 1 50

L'auberge est le théâtre des rencontres fortuites et des quiproquos fâcheux, par conséquent de toutes les situations embrouillées. A cet égard la pièce ci-dessus est des plus réussies et des plus mouvementées — au propre comme au figuré.

Homme qui a bu (l'), vaudeville en un acte, par E. ROCHE et H. AVOCAT. (*Décor* : une cour avec loge de concierge. *Epoque* : de nos jours.) — 4 — 2 — 2 — »

Homme qui se range (l'), vaudeville en un acte, par D'ENNÉRY et CORMON. (*Décor* : un salon de campagne. *Epoque* : de nos jours.) — 4 — 2 — 2 — »

Hôtel des Haricots (l'), vaudeville en un acte, par DE LEUVEN, DUMANOIR et D'ENNERY. (*Décor* : salle principale de l'hôtel Bazancourt. *Epoque* : 1837.) *Figuration.* — 4 — 2 — 1 — »

Huissier qui cascade (un), comédie en trois actes, par M. G. PELIN. (*Décors* : 1º un vestibule; 2º une place publique; 3º une entrée de restaurant. *Epoque* : de nos jours.) *Figuration.* — 3 — 3 — 1 — »

Ida ou que deviendra-t-elle ? comédie anecdotique en deux actes, par J.-B. RADET. (*Décors* : 1º un café; 2º un salon, à Berlin. *Epoque* : 1800.) *Un figurant.* — 3 — 3 — 2 — »

Incognito (l') ou **Le Souper d'Auberge**, comédie en un acte, par MÉLESVILLE. (*Décor* : un village. *Epoque* : 1816.) *Figuration.* — 5 — 1 — 2 — »

Inséparables (les), vaudeville en un acte, par SCRIBE et DUPIN. (*Décor* : un appartement. *Epoque* : 1820 ou de nos jours.) *Figuration.* — 4 — 2 — 1 — »

Inséparables (les), comédie en trois actes, par M. GEORGES ANCEY. (*Décor unique* : une pièce riche, à la campagne. *Epoque* : de nos jours.) *Un domestique.* — 4 — 2 — 2 — »

Gaston, fiancé de Cécile Leroy-Granger, a pour secrétaire et « ami » Paul Ducourtiaux, un arriviste redoutable, éhontée canaille, pour parler net. Nulle perfidie ne le rebute : il enlève à Gaston — homme timide, plus que timide — sa fiancée, et la compromet gravement pour forcer la main aux parents, lorsqu'ils apprendront, ce qui ne tarde guère, la vérité. Mais Leroy-Granger informe son futur gendre qu'il le mariera sous le régime dotal. Ducourtiaux se dérobe alors, mais, toujours ingénieux, fait revenir Gaston, le jette dans les bras de Cécile, en laissant comprendre à cette jeune fille (jolie mais de très vilaine âme) que ce mariage *leur* donnera, à eux, toute liberté.

Pièce d'une vérité impitoyable, d'une analyse incisive, et très instructive aussi.

Interprète (l'), comédie-vaudeville en un acte, par ARNOULD et N. FOURNIER. (*Décor* : une place de village en Champagne. *Epoque* : 1830.) *Figuration.* — 4 — 2 — 2 — »

Intrigue hussarde (l'), comédie en un acte, par DUMERSAN. (*Décor* : promenade d'une ville de province. *Epoque* : 1810.) — 5 — 1 — 2 — »

Intrigue sur les toits (l'), comédie en un acte, par DUMERSAN. (*Décor* : terrasse au niveau des toits. *Epoque* : 1800.) *Un figurant.* — 5 — 1 — 2 — »

Ivan le Moujik, comédie en deux actes, par COGNIARD frères. (*Décors* : 1º cabane et maison; 2º riche salon, en Russie. *Epoque* : de nos jours.) *Figuration.* — 4 — 2 — 2 — »

Jacques Bouchard, pièce en un acte, par M. PIERRE WOLFF. (*Décor* : chez un marchand de vins. *Epoque* : de nos jours.) — 5 — 1 — 1 50

Jacques Bouchard, un travailleur, un ouvrier, a vécu pendant trois ans avec Berthe, une jeune couturière. Peu à peu Berthe s'est détachée de lui, et l'a quitté, pour se vendre, pour mener « la grande vie. » Jacques ne peut se résigner à cet abandon. Il demande à sa maîtresse une dernière entrevue, en fin de quoi, après avoir bien éprouvé la déchéance absolue de celle qu'il aime, il la laisse et la repousse à son tour, avec les paroles les plus violentes.

Inutile d'ajouter que cette pièce, très vraie et très cruelle, ne peut être entendue de tout le monde.

Jadis et aujourd'hui, opéra en un acte, par SEWRIN, musique de

	H.	F.	Prix

KREUTZER. (*Décor : un salon meublé dans le genre ancien. Epoque : 1808*). — 3 — 3 — 2 »

Janot ou **Les Battus paient l'amende**, comédie-proverbe en un acte, par DORVIGNY. (*Décor : un carrefour. Epoque : 1780.*) *Figuration.* — 4 — 2 — 2 »

Jarretières (les) **de la mariée**, comédie-vaudeville en un acte, par SCRIBE et DUPIN. (*Décor : un village en Allemagne. Epoque : 1816.*) *Deux figurants.* — 4 — 2 — 2 »

Jean et Geneviève, opéra-comique en un acte, par DE FAVIÈRES. (*Décor : une salle d'auberge à Moulins. Epoque : 1792 ou de nos jours.*) — 2 — 4 — 2 »

Jean qui pleure et Jean qui rit, comédie en un acte, par SEWRIN et BRAZIER. (*Décor : deux maisons d'un village. Epoque : 1815.*) — 3 — 3 — 2 »

Jeannette ou **Les Battus ne paient pas toujours l'amende**, comédie-parade en un acte, par DORVIGNY. (*Décor : une rue. Epoque : 1788.*) *Un figurant.* — 3 — 3 — 2 »

* **Je renie ma femme**, comédie en un acte, par M. EUGÈNE DAMIEN. (*Décor : un salon. Epoque : de nos jours.*) — 3 — 3 — 1 50

Le sujet de cette pièce, qui peut convenir à n'importe quel auditoire, consiste en un pari fait par deux amis : celui de ne se marier ni l'un ni l'autre. L'enjeu était fort, et, tous deux, dans le temps compris entre l'époque du pari et le jour où ils se retrouvent, ont, bien entendu, pris femme et veulent se le cacher mutuellement. Il s'ensuit des scènes d'une cocasserie charmante, impossibles à résumer.

Jockeys improvisés (les), vaudeville en un acte, par J. DORNAY, E. DE FÈRE et BEAUFILS. (*Décor : une grande salle d'hôtel. Epoque : de nos jours.*) *Figuration.* — 4 — 2 — 1 50

Jumelles béarnaises (les), comédie en un acte, par J. VERNET et E. COTTENET. (*Décor : intérieur de cour de ferme. Epoque : 1816.*) *Figuration.* — 4 — 2 — 2 »

Lagrange-Chancel ou **Le Valet dans l'embarras**, comédie en un acte, par SEWRIN. (*Décor : un salon sous Louis XIV.*) *Figuration.* — 4 — 2 — 2 »

Langely, comédie en un acte, par ROZIER. (*Décor : une salle d'hôtel…*

lerie aux Pyrénées. *Epoque : 1718. Un figurant.* — 3 — 3 — 1 50

Lettre de change (la), opéra-comique en un acte, par DE PLANARD, musique de BOCHSA. (*Décor : jardin et pavillon. Epoque : 1815.*) *Figuration.* — 3 — 3 — 2 »

** **Lettres pressées**, comédie en un acte, par M. PRABONNEAUD. (*Décor : une route près d'un bois. — Un banc de gazon ou un banc rustique. Epoque : de nos jours.*) — » — 6 — 1 »

Cette petite pièce morale, et que tout le monde peut entendre, ne comporte aucun rôle d'homme. Le personnage de la petite Lili (huit ans) peut être tenu par une fillette un peu plus âgée. Lili, étant tout enfant, donnait des inquiétudes telles qu'on la mit à la campagne. Sa santé revenue, et pouvant s'instruire à présent, elle ne montre aucun goût pour l'étude. Elle est bien punie, d'abord en voyant les bévues que commet Micheline — laquelle ne sait pas plus lire que Lili elle-même — puis, en se voyant incapable d'écrire un mot à son père, un officier de marine éloigné par une croisière, et qui écrit à sa femme, confiant dans les progrès de sa fille.

Leur Bonheur ! comédie-vaudeville, par MM. EUGÈNE HÉROS et GEORGES MATHIEU. (*Décor : un salon. Epoque : de nos jours.*) — 4 — 2 — 1 50

Deux jeunes mariés reçoivent à la campagne, où ils commençaient à jouir paisiblement de leur bonheur, la visite — avec menace de séjour — d'un couple de braves gens, mais très importuns, qui, ayant favorisé leur mariage, se croient permis de venir les troubler.

Les gêneurs sont évincés, grâce à une série de ruses extrêmement comiques.

Lionel ou **Mon avenir**, comédie-vaudeville en deux actes, par F. DE VILLENEUVE et CH. DE LIVRY. (*Décors : 1° une mansarde ; 2° une salle de comptoir d'armateur. Epoque : de nos jours.*) *Figuration.* — 4 — 2 — 1 50

Lit pour trois (un), vaudeville en un acte, par J. RENARD. (*Décor : une chambre à coucher. Epoque : de nos jours.*) — 4 — 2 — 1 50

Vaudeville très pittoresque, très endiable, dont il serait impossible de résumer les péripéties dans leur rapide succession. Pour le bien jouer, il faut, comme on dit au théâtre, « brûler les planches ». Dans ce but, il est nécessaire que la mise en scène soit parfaitement étudiée et réglée d'avance jusqu'en ses moindres détails. *Un lit pour trois* n'est pas une pièce scabreuse, mais simplement un peu leste.

	H.	F.	Prix

Lorgnette (la), comédie-vaudeville en un acte, par JULES RENARD. (*Décor :* un salon. *Epoque :* 1857.) — 4 | 2 | 1 »

Moutonnet et Couronneau sont une paire d'amis, qui n'ont pas tout à fait les mêmes idées sur la manière de gouverner les femmes. Moutonnet incline vers un libéralisme de bon aloi, Couronneau vers le despotisme marital. Advient que chacun d'eux se croit trompé; et ceci grâce à l'arrivée insolite d'un touriste nommé Balthazar, grand coureur de cotillons. L'intrigue se corse, tourne au vinaigre; heureusement, l'adresse et le dévouement d'Eulalie Moutonnet arrangent toute l'affaire, et aucun de ces messieurs n'est encore « trompé ». Rien ne dit, au reste, qu'ils ne le seront pas à bref délai.

Louise ou la Réparation, comédie-vaudeville en deux actes, par SCRIBE, MÉLESVILLE et BAYARD. (*Décors :* 1° un salon à Bade; 2° une chambre à coucher. *Epoque :* 1829.) *Figuration.* — 4 | 2 | 1 »

Très jolie pièce, d'intrigue vive et fort attachante. Le jeune baron de Malzen avait séduit Louise Barneck, nièce d'une riche veuve. Celle-ci intente un procès — pour donner un nom à l'enfant de Louise — au séducteur, qui est condamné au mariage. Le mariage se fait, mais avec ceci d'étonnant que les époux vont se séparer aussitôt. Or, de Malzen, ayant aperçu sa femme et embrassé son fils, ne veut plus entendre parler de divorce, et il réussit à se faire pardonner.
Inutile d'ajouter que c'est là une pièce pour grandes personnes.

Lune de Miel (la), comédie-vaudeville en deux actes, par SCRIBE, MÉLESVILLE et CARMOUCHE. (*Décors :* 1° habitation en Pologne russe ; 2° un salon très riche. *Epoque :* 1826.) *Figuration.* — 3 | 3 | 1 »

Gustave de Fersteim a épousé une jeune fille autrichienne de grande beauté, mais d'un caractère impérieux et difficile. Il imagine, pour la corriger, une épreuve délicate, audacieuse : il la quitte pour quelques jours, s'embauche comme ouvrier sabotier, et dès qu'il la revoit, lui déclare avoir usurpé sa particule, lui Alexis, simple vassal, pour épouser celle qu'il aimait. Cette ruse manque de réussir trop bien, mais comme au fond Poleska est bonne et amoureuse de Gustave, tout finit à souhait.
Ce vaudeville très alerte, très vivement conduit, est un des meilleurs du répertoire.

Luthier de Lisbonne (le), comédie-vaudeville en deux actes, par SCRIBE et BAYARD. (*Décors :* 1° une boutique de luthier à Lisbonne; 2° une chambre. *Epoque :* 1830 ou de nos jours.) — 4 | 2 | 2 »

Madame Duchâtelet, comédie en un acte, par ANCELOT et GUSTAVE.

(*Décor :* un salon sur un parc. *Epoque :* 1735.). — 4 | 2 | 1 »

Très spirituelle et mordante comédie, dont les personnages principaux sont la marquise du Châtelet, Voltaire, Saint-Lambert, le marquis. De ces quatre personnages, le plus heureux est en fin de compte Saint-Lambert. Le dénouement, dans lequel la marquise donne à Saint-Lambert sa bague — prémisse d'un don ou plutôt d'un abandon encore plus précieux — a été traité par les auteurs avec habileté.
Mais ce n'est pas là, faut-il le dire, une comédie pour pensionnaires.

Madame Peterhof, vaudeville en un acte, par CH. DE LIVRY, ANTONIN, D*** et ROCHE. (*Décor :* une salle d'auberge campagnarde, en Russie. *Epoque :* le règne de Pierre Ier.) *Figuration.* — 4 | 2 | 2 »

Madame veuve Boudenois, comédie-vaudeville en deux actes, par N. FOURNIER. (*Décor unique :* une chambre modeste. *Epoque :* 1840 ou de nos jours.) — 4 | 2 | 1 50

Mademoiselle Desgarcins ou **La troisième représentation d'Othello**, comédie-vaudeville en un acte, par VANDERBURCH et MARIE AYCARD. (*Décor :* un salon. *Epoque :* 1792.) — 4 | 2 | 1 »

Cette pièce est belle de mouvement, d'intérêt et de passion. La brillante comédienne Desgarcins est demandée en mariage par un riche vicomte, M. de Germancey, et par un peintre pauvre et plein de talent, Ernest. Pour arracher Desgarcins au théâtre, Germancey ne recule pas devant une vilenie : il fait, pour de l'argent, siffler la pauvre comédienne qui, dans sa douleur, est sur le point de le suivre. Seulement, elle paraît dans la dernière scène et y triomphe. Le vicomte n'a plus qu'à déguerpir, « honteux comme un rénard qu'une poule aurait pris ».

Maison des Avocates (la), comédie en un acte, par MM. ALBERT NOUVEAU et ETIENNE SEURETTE. (*Décor :* une pièce avec dossiers, bibliothèque, *grande psyché*, etc. *Epoque :* de nos jours.) — 4 | 2 | 1 »

Pièce à tendances quelque peu anti-féministes. Mme Monrabat porte la culotte, dans son ménage, et la robe dans sa profession. Il faut dire que ce n'est pas une robe tailleur, mais une robe d'avocate. L'intrigue est très drôle, très amusante, et se termine plutôt à la confusion de la dame, car après avoir fait acquitter son client du chef de vol d'une montre, ce gredin de client la lui rapporte, et se démontre ainsi absolument coupable.

*** Maison en loterie** (la), comédie en un acte, par PICARD et RADET.

	H.	F.	Prix

(*Décor* : une place publique, avec, au fond, maison et jardin. *Epoque* : 1817.) — 4 2 1 50

Cette aimable bluette, dont les couplets sont très réussis, a pour sujet la mise en loterie d'une maison, qui est gagnée par la petite Toinette, l'humble servante du vilain notaire Jacquillard. Le malheur est que Toinette, pour acquitter la facture de Mlle Verneuil, modiste « prude et intéressée », lui a donné son billet. La Verneuil à son tour l'a cédé, mais par pure cupidité, à Charles, valet de chambre, amoureux de Toinette. Ces derniers vont s'épouser et vivre heureux dans leur maison, au grand dam de Jacquillard et aussi de la marchande.

La maison en loterie est une comédie en tous points charmante.

* **Maison tranquille**, comédie-vaudeville en un acte, par M. Jacques Baschet. (*Décor* : un salon. *Epoque* : de nos jours.) — 5 1 1 50

Cette maison n'est certes, pas celle où le brave Balourdin est venu se réfugier : ses voisins d'au-dessus, les Leguichard, font un tapage infernal, la femme à son piano, le mari à ses plaidoiries. Il monte réclamer, oh ! bien doucement, et c'est à partir d'ici que, d'imbroglio en imbroglio, la police vient, sous les espèces d'un inspecteur, et que Balourdin est accusé d'assassinat. La preuve de son innocence termine, il va sans dire, cette pièce amusante d'entrain et comique par les situations.

Maître André et Poinsinet, comédie en un acte, par Dumersan et Brazier. (*Décor* : un salon. *Epoque* : 1755.) — 5 1 2 »

Maître Job ou **Ma femme et mon télescope**, vaudeville en un acte, par Ferré-Saint-Firmin. (*Décor* : une boutique d'opticien à Rudelfort. *Epoque* : 1830 ou de nos jours.) *Figuration.* — 3 3 2 »

Major Cravachon (le), comédie en un acte, par Labiche, Lefranc et Jessé. (*Décor* : un salon à Saumur. *Epoque* : 1813.) — 4 2 1 50

Le redoutable major Cravachon ne veut marier Olympe, sa fille — personne fort douce — qu'à un homme capable de la protéger. Aussi ce guerrier a-t-il déjà refusé quantité de gendres. Dervières, duelliste et mauvaise tête (mais bon cœur), croit cacher au major son passé orageux : il est aussitôt évincé. Même Cravachon accorde la main d'Olympe à une amie de celle-ci, Mme Loffin, qui s'est présentée sous l'uniforme de hussard afin de pouvoir pénétrer dans la geôle où son mari est prisonnier d'état et dont Cravachon est le commandant. Cette situation malheureuse s'arrange, à la fin, pour le mieux.

Cette comédie, très gaie et bien conduite, conviendra à un public d'hommes et de dames.

* **Malade au second** (un), comédie-bouffe en un acte, par MM. Marc Sonal et Victor Gréhon. (*Décor* : un palier d'escalier. *Epoque* : de nos jours.) — 4 2 1 50

Pièce à quiproquos, où des gens ayant des rendez-vous galants et se prenant mutuellement pour les maris de leurs maîtresses, se font tour à tour passer pour un malade habitant sur le même palier ou pour le médecin qui doit venir le voir. Farce un peu grosse, mais qui peut être jouée devant tous les publics.

Malvina ou **Un mariage d'inclination**, comédie-vaudeville en deux actes, par Scribe. (*Décors* : 1° un grand salon ; 2° une chambre à coucher élégante. *Epoque* : 1815.) — 3 3 1 50

Cette célèbre pièce, dramatique et poignante, ne pourrait être résumée de façon suffisante dans le cadre d'une brève notice. Le pivot de l'intrigue est un mariage secret, contracté en Angleterre par Mlle Malvina Dubreuil et M. de Barentin (en réalité Duhamel). Ce mariage détruit toutes les espérances de M. Dubreuil père, et ce n'est que grâce à l'intervention généreuse et intelligente d'Arved Dubreuil, son neveu, que la situation ne se dénoue pas par des malheurs irréparables.

Malvina ne sera comprise — il est à peine besoin de l'ajouter — que par un auditoire expérimenté.

Mam'zelle Ad'laïde, comédie en un acte, par Léo Trézenik. (*Décor* : une salle à manger. *Epoque* : de nos jours.) — 3 3 1 »

Veuve depuis six mois, Mme Galtier a pour dame de compagnie une femme de tête, Mlle Adélaïde, qui gère très bien ses affaires et l'empêche de se laisser voler indignement par ses fermiers et fournisseurs. L'un de ceux-ci, par vengeance, raconte à la dame que Galtier avait Adélaïde pour maîtresse. Mme Galtier la chasse. Presque aussitôt après, elle est dupée par un des gredins en question. Un autre demande en mariage Adélaïde, qui a un magot de 8.000 francs. Elle accorde, puis refuse ; sa maîtresse la reprend : elle restera mam'zelle Ad'laïde.

Petite comédie de mœurs, d'une observation très profonde.

Manon ou **Un épisode de la Fronde**, comédie-vaudeville en deux actes, par J. De Prémaray. (*Décors* : 1° arrière-boutique à Harfleur ; 2° un salon à Paris, chez la duchesse de Longueville. *Epoque* : 1650.) *Figuration nombreuse.* — 4 2 1 »

Le prestige de la duchesse de Longueville avait entraîné Henri Delaunay, poète et avocat de grand avenir, dans les conspirations et dans les orages de la Fronde. Henri ne tarde pas à sentir que sa place est ailleurs qu'à l'hôtel de Longueville, et retourne auprès de sa fiancée,

	H.	F.	Prix

mais non sans avoir donné les preuves du courage et de la loyauté les plus rares.

Il va sans dire que ces quelques lignes ne peuvent donner idée des scènes mouvementées, pathétiques et des caractères si magistralement tracés de la pièce de Prémaray, qui, d'ailleurs, ne serait pas à la portée d'un auditoire jeune.

Manon la ravaudeuse, comédie en un acte, par Servière, Désaugiers et Henrion. (*Décor :* une rue ; tonneau de ravaudeuse. *Epoque :* 1800.) — 4 | 2 | 2 | »

Mansarde des artistes (la), comédie-vaudeville en un acte, par Scribe, Dupin et Varner. (*Décor :* une mansarde. *Epoque :* 1824.) — 5 | 1 | 1 | »

Trois jeunes gens, un médecin (Scipion), un peintre (Victor), un musicien (Auguste), ont adopté une petite fille abandonnée, qui fait leur ménage et tient en ordre leur pauvre logement. Grande, elle est aimée de tous trois, et le jour où elle déclare qui des trois elle aime, c'est ce même jour que la fortune leur sourit.

Manuels à la Mode (les), comédie-vaudeville en un acte, par Brazier, Carmouche et de Courcy. (*Décor :* un petit salon. *Epoque :* 1820.) *Figuration.* — 4 | 2 | 2 | »

Manu-Militari ! comédie en un acte, par M. Paul Gavault. (*Décor :* un salon de province. *Epoque :* de nos jours.) — 3 | 3 | 1 50

Querelles violentes, réalistes et fort amusantes entre un gendre qui veut avoir la paix chez lui et une belle-mère qui ne veut pas la lui donner.

L'intervention de la force armée, au lieu de terminer l'affaire, la complique, et ce n'est que grâce à un geste hasardeux — de la belle-mère gifant la gendarmerie — qu'un traité de paix durable est conclu.

Cette pièce pourra divertir de jeunes ménages, mais ne conviendrait pas à des jeunes filles.

Mariage de Ch. Collé (le) ou La Tête à perruque, vaudeville en un acte, par Gouffé, Brazier et Simonnin. (*Décor :* un salon chez Collé. *Epoque :* le xviiie siècle.) — 4 | 2 | 2 | »

Mariage de M. Beaufils (le) ou Les Réputations d'emprunt, comédie en un acte, par de Jouy. (*Décor :* un salon. *Epoque :* 1807.) *Un figurant.* — 4 | 2 | 2 | »

Mariage de Nina Vernon (le) ou la Suite de la Petite Ville, comédie en un acte, par Diellafoy,

---

Dubois et Chazet. (*Décor :* la place du village de Ligny. *Epoque :* 1800.) *Figuration.* — 4 | 2 | 2 | »

Mariage de raison (le), comédie-vaudeville en deux actes, par Scribe et Varner. (*Décors :* 1° une salle de château ; 2° un pavillon élégant. *Epoque :* 1826.) *Figuration.* — 4 | 2 | 1 | »

Edouard de Brémont veut épouser Suzette et menace de se tuer si son père, le général, n'accède pas à son désir. M. de Brémont ne veut rien entendre, et marie la jeune fille à Bertrand, un brave soldat, tout de dévouement et d'abnégation. Edouard finit par entendre raison et par se souvenir que plusieurs fois déjà ses enfantillages avaient failli compromettre le bonheur des autres.

Cette pièce ne serait pas comprise d'un public jeune.

Mariage en capuchon (le), comédie-vaudeville en deux actes, par Lagrange et Cormon. (*Décors :* 1° un jardin orné de statues ; 2° une chambre nuptiale. En Espagne. *Epoque :* de nos jours.) *Figuration.* — 3 | 3 | 1 | »

Mariage impossible (le), comédie-vaudeville en deux actes, par Mélesville et Carmouche. (*Décors :* 1° paysage avec château au fond ; 2° une salle basse de ferme, dans le duché de Brunswick. *Epoque :* 1826.) — 3 | 3 | 1 | »

Cette délicieuse comédie, dont plus d'une scène est restée célèbre, a pour point de départ l'idylle d'Augusta Polinsky et de Ferdinand de Louisbourg. Celui-ci, après avoir séduit Augusta, l'avait abandonnée. La jeune fille, quittant son pays, s'abandonne à son désespoir, puis se met à la recherche de son amant. Elle a pris le costume masculin. Elle arrive dans une contrée qui est précisément la propriété de Ferdinand et de la baronne, sa tante. Là se trouve Catherine, une douce et naïve paysanne que le jeune homme voulait enlever. On la marie avec Augusta (qui avait pris le nom de Georges). Ferdinand assiste à la cérémonie nuptiale, reconnaît celle dont il a causé le malheur et déclare sur-le-champ la prendre pour femme.

Cette pièce charmante de tous points ne peut être jouée devant un auditoire trop jeune.

Mari de circonstance (le), opéra-comique en un acte, par Planard ; musique de Plantade. (*Décor :* un grand jardin. *Epoque :* de nos jours.) *Un figurant.* — 5 | 1 | 2 | »

Mari (le), **la Femme et le Voleur**, vaudeville en un acte, imité de la

	H.	F.	Prix

fable de La Fontaine, par DE LEUVEN, ROCHE et JULES. (*Décor :* une partie d'un jardin. *Epoque :* 1834.) — 3 | 3 | 1 | »

C'est, parodiée et modernisée, l'anecdote qui tenta jadis le génie de La Fontaine.

Le quinquagénaire Robinard vient d'épouser Céleste, une fillette de seize ans, très amoureuse de son cousin Félix Céleste ne peut pas souffrir son mari, et ce dernier cherche avec Picotel le moyen de se faire aimer de sa femme. Ils croient devoir s'inspirer de la fable : *Le mari, la femme et le voleur*, mais leur stratagème, surpris par l'adroit Félix, tourne tout à fait à la honte du mari, sans d'ailleurs que celui-ci s'en doute, et au gré des désirs de nos amoureux. Ce vaudeville assez piquant, et d'où il serait vain de vouloir tirer quelque moralité, ne peut être joué que devant un public d'hommes et de dames.

Nota. — Le rôle de Félix est tenu par une jeune femme.

Mari sans l'être (un), comédie en un acte, par BEAUVALLON. (*Décor :* un salon d'hôtel au Havre. *Epoque :* de nos jours.) | 4 | 2 | 1 50

Fantaisie très gaie et très libre, avec des quiproquos, du mouvement et beaucoup de verve. Jouée avec entrain, cette pièce obtiendra un grand succès de rire. Il faut que la mise en scène en soit réglée avec un soin minutieux.

Mari tombé des nues (un), vaudeville en un acte, par A. DE JALLAIS et H. AUDEVAL. (*Décor :* une chambre d'ouvrier. *Epoque :* de nos jours.) *Un figurant.* | 4 | 2 | 1 50

Marquis de Pomenars (le), comédie en un acte, par Mᵐᵉ SOPHIE GAY. (*Décor :* un salon à Laval. *Epoque :* Louis XIV.) *Deux figurants.* | 4 | 2 | 2 | »

Mars en Carême ou **L'Olympe au Rocher de Cancale**, folie en un acte, par FRANCIS et DÉSAUGIERS. (*Décor :* salle du Rocher de Cancale. *Epoque :* 1806.) *Figuration.* | 4 | 2 | 2 | »

Ma Tante Aurore, opéra-bouffe en un acte, par LONGCHAMPS. (*Décor :* une portion de parc avec bois à gauche. *Epoque :* 1830 ou de nos jours.) *Deux enfants.* | 3 | 3 | 2 | »

Matelot (un), comédie en un acte, par T. SAUVAGE et G. DE LURIEU. (*Décor :* une chambre de campagne près du Havre. *Epoque :* de nos jours.) *Figuration.* | 3 | 3 | 2 | »

Mathias Corvin, opéra-comique en un acte, par MM. MILLIET et J.

LEVALLOIS ; musique de M. A. de Bertha. (*Décor :* un jardin. *Epoque :* le moyen âge.) *Figuration.* | 4 | 2 | 1 | »

Mathias Corvin, roi de Hongrie, jadis prisonnier, fut sauvé et put s'évader grâce à un message que lui porta un corbeau apprivoisé par son ami Jean Emmerick. Le fils de celui-ci, Ridolfo, avait perdu le secret de sa naissance et vivait misérable. Le roi le retrouve chez Zacchi, maître de musique, où Ridolfo, artiste de naissance, commence à se rendre célèbre. Mathias Corvin unit le jeune homme à Ilona, fille de Zacchi, et exile son magnat Amadé, dont il a surpris les projets criminels.

Cette pièce se jouera devant un public d'hommes et de dames, de préférence.

Ménage de garçon (un), comédie-vaudeville en un acte, par SCRIBE et DUPIN. (*Décor :* une chambre. *Epoque :* 1820 ou de nos jours.) *Figuration.* | 4 | 2 | 2 | »

Ménage d'ouvriers (un), comédie-vaudeville en un acte, par BAYARD et VARNER. (*Décor :* une mansarde à Bordeaux. *Epoque :* 1830.) | 4 | 2 | 2 | »

Ménage Parisien (un), drame en deux actes, par LAURENCIN et E. MONNAIS. (*Décor unique :* un petit salon. *Epoque :* 1839.) *Une figurante.* | 3 | 3 | 1 | »

Dervilly a rendu sa femme malheureuse ; il l'a trompée, battue, ruinée ; il a dissipé la dot de sa nièce Cécile. Il revient sans argent, et décidé d'emmener ces siens, pour aller tenter avec eux la fortune en Amérique. Il brise ainsi les projets de mariage entre Cécile et M. Jules Frémont. D'autre part, Mᵐᵉ Dervilly ne peut se défendre d'aimer Olivier Delaunay, dont l'affection dévouée et généreuse lui a évité, et avec la plus haute délicatesse, de terribles ennuis.

Dervilly devine les sentiments de sa femme et d'Olivier ; une provocation a lieu, un duel est décidé ; mais Olivier comprend que cette rencontre ne peut avoir lieu ; or, Jules Frémont, malgré la douceur de son caractère, furieux des procédés de Dervilly, le force à se battre ; il est blessé, mais son adversaire est mortellement atteint.

Ce drame, admirablement conduit, est très poignant. Il ne sera bien compris que d'un public expérimenté.

Mensonge excusable, comédie en un acte, par GUILLEMAIN. (*Décor :* un salon. *Epoque :* 1780.) | 4 | 2 | 2 | »

Menuet de la Reine (le), comédie-vaudeville en deux actes, par N. FOURNIER. (*Décors :* 1° un petit salon Louis XV ; 2° grand salon riche. *Epoque :* sous Louis XV.) *Figuration.* | 3 | 3 | 1 50

Mère Confidente (la), comédie en trois actes, par MARIVAUX. Notice de M. JULES TRUFFIER. (*Décor :* un parc. *Epoque :* le xviiie siècle).

H.	F.	Prix
3	3	1 50

Cette pièce est une des plus belles et des plus *sérieuses* que Marivaux ait produites. Il y a examiné un problème, « la direction d'une jeune fille au moment où son cœur s'éveille aux passions ». Et il a mis en scène une mère amie et confidente de sa fille, une mère-sœur pour ainsi dire. En joignant à cette idée directrice le charme et l'esprit du dialogue chez Marivaux, on comprendra que la *mère confidente* soit un spectacle de premier ordre, un sûr garant de succès auprès d'un public choisi.

Mère de Famille (la), comédie-vaudeville en un acte, par D'ENNERY et GUSTAVE LEMOINE. (*Décor :* une chambre d'artiste. *Epoque :* 1846.)

H.	F.	Prix
3	3	1 50

Thérèse, Louise, Isidore et Benjamin sont orphelins. Courageuse, Thérèse a réussi à sauver de la misère ceux qui lui avaient été confiés par sa mère à son lit de mort. Mais Isidore ne se conduit pas toujours très bien. Il boit, il joue. Heureusement il s'arrête sur la mauvaise pente, et au dénouement, Louise épousera Alfred de Varennes, et Thérèse son dévoué compagnon, le digne Etienne.

*****Michel Perrin**, comédie-vaudeville en deux actes, par MÉLESVILLE et CH. DUVEYRIER. (*Décors :* 1° une chambre très simple ; 2° un cabinet de travail. *Epoque :* celle de Bonaparte.) *Figuration.*

H.	F.	Prix
5	1	1 »

Michel Perrin est un excellent homme, un cœur d'or, fin, mais naïf. Ami de Fouché, le terrible ministre du Premier Consul, il fait appel à leur vieille affection, et Fouché de lui donner un emploi. Les fonctions dévolues à Perrin — et le pauvre ne s'en doute pas — sont celles d'un policier. D'ailleurs Fouché n'y avait point mis de malice, lui non plus. Bref, Michel Perrin découvre — oh ! bien malgré lui et sans même s'en apercevoir — une conspiration contre Bonaparte. Que fait-il ? Il semonce vertueusement les conspirateurs et... et les délivre ! Le voici dans un effroyable pétrin. Mais la bonté a des grâces d'état, et la chance veut que Perrin n'ait rien fait que de bien.

Nous recommandons spécialement cette bonne comédie, en laissant aux intéressés le soin d'apprécier le public devant lequel ils devront la jouer. En somme, elle convient à tous.

Misères d'un timbalier (les), vaudeville en un acte, par LUBIZE et G. ALBITTE. (*Décor :* un café. *Epoque :* de nos jours.) *Un figurant.*

H.	F.	Prix
4	2	1 50

Mission délicate (une), comédie en un acte, *en vers*, par M. EUG. ADENIS. (*Décor :* un salon. *Epoque :* de nos jours.)

H.	F.	Prix
3	3	1 50

Lucienne Mérigot devait épouser François Bernage, son compagnon d'enfance, mais celui-ci est *presque* marié et père de deux enfants. Il ne veut pas abandonner son amie et confie à son camarade Paul Gérard le soin d'aller informer la famille Mérigot de sa décision. Gérard est pris par celle-ci pour François et comme on ne le laisse pas parler, il ne parvient point à dissiper l'erreur générale. Pourtant, il plaît à Lucienne, il arrive à se faire entendre et sa demande en mariage est acceptée.

C'est une très jolie comédie, où l'auteur a manié le vers libre avec une facilité merveilleuse.

Modes à l'entresol, comédie-bouffe en un acte, par MM. MARC SONAL et VICTOR GRÉHON. (*Décor :* un salon de modes. *Epoque :* de nos jours.)

F.	H.	Prix
3	3	1 50

C'est la plus follement amusante des bouffonneries. En quelques scènes, se succèdent les plus comiques rencontres entre des gens qui seraient sans doute enchantés de se trouver ensemble, mais partout ailleurs que dans le salon de modes où le hasard malin les met en présence.

Folie-vaudeville d'un burlesque énorme, avec chant, parodie de déclamations dramatiques et séance d'hypnotisme comique.

Molière au dix-neuvième siècle, comédie en un acte, *en vers*, par DE LABOULLAYE. (*Décor :* un salon. *Epoque :* de nos jours.) *Un figurant.*

F.	H.	Prix
5	1	2 »

Mon Coquin de neveu, comédie-vaudeville en un acte, par ROCHEFORT et DESVERGERS. (*Décor :* un salon d'attente. *Epoque :* 1837.)

F.	H.	Prix
4	2	1 »

Très amusante pièce, où un oncle de vingt-deux ans, pourvu d'un neveu de vingt-trois ans, épouse la jeune fille destinée à ce dernier. Il faut dire que le neveu, de svelte qu'il était en sa prime jeunesse, est devenu obèse.

Cette comédie, qui, étant bien étudiée, sera très divertissante, ne sera pas jouée devant un public jeune.

Monnaie de singe (la), comédie-vaudeville en un acte, par P. D*** et J. M***. *Décor :* un salon élégant. *Epoque :* 1830)

F.	H.	Prix
3	3	2 »

Monsieur Bute, pièce en trois actes, par M. BIOLLAY. (*Deux décors :* 1° une pièce ; 2° une chambre sur jardin. *Epoque :* de nos jours.) *Figuration.*

F.	H.	Prix
4	2	2 »

Monsieur Cagnard ou **Les Conspirateurs**, folie en un acte, par DUMERSAN et BRAZIER. (*Décor :* un petit salon. *Epoque :* 1831.) *Un figurant.*

F.	H.	Prix
3	3	2 »

	H.	F.	Prix

Monsieur Croquemitaine ou Le Don Quichotte de Noisy-le-Sec, folie-vaudeville en un acte, par Désaugiers, Brazier et Merle. (*Décor : une place de village. Epoque : 1810.*) Prologue. *Figuration.* — 5 · 1 · 2 · »

Monsieur Daube, comédie en un acte par G. Duval et C.-H. de G***. (*Décor : cabinet d'étude. Epoque : de nos jours.*) — 5 · 1 · 1 50

Monsieur de la Hure ou le Troyen à Paris, comédie en un acte par Théodore et Desprez. (*Décor : un appartement. Epoque : 1810.*) *Deux figurants.* — 4 · 2 · 2 · »

Monsieur, Madame et... les autres, pièce en un acte, par M. André de Lorde. (*Décor : un cabinet de travail. Epoque : de nos jours.*) — 3 · 3 · 1 · »

Monsieur Sans-Gêne ou L'Ami de Collége, vaudeville en un acte, par Désaugiers et Gentil. (*Décor : une antichambre. Epoque : 1816.*) — 4 · 2 · 1 · »

Cette comédie, qui, étant bien étudiée, sera très divertissante, n'est pas à jouer devant un public trop jeune.

Ce sont les comiques escapades d'un monsieur Sans-Gêne qui, ayant été vaguement le camarade de collége de M. Dumont, vient s'installer chez lui, mange, boit, met la maison sens dessus dessous, et va jusqu'à vouloir épouser la fille de son amphitryon. Le maître, de retour, prend d'abord patience, mais voyant qu'à la fin la plaisanterie devient outrée, il met à la porte le peu discret personnage et ceux qu'il avait amenés avec lui.

Monsieur Sans-Souci, comédie en un acte, par P. Ledoux et Belle aîné. (*Décor : galerie d'une maison de détention. Epoque : 1820.*) *Figuration.* — 4 · 2 · 2 · »

Moralistes (les), comédie-vaudeville en un acte, par Scribe et Varner. (*Décor : une grande salle. Epoque : 1828 ou de nos jours.*) *Figuration.* — 5 · 1 · 2 · »

Moulin de Bayard (le), vaudeville historique en un acte, par Revel et X***. (*Décor : une petite ville sur les frontières. Epoque : 1810.*) *Figuration.* — 5 · 1 · 2 · »

Mûrier (le), vaudeville en un acte, par J. Vernet et X***. (*Décor : péristyle d'un château, demeure du jardinier, maison. Epoque : 1819.*) — 5 · 1 · 2 · »

Niais de Sologne (le) ou Il n'est pas si bête qu'il en a l'air, comédie en un acte, par Dorvigny. (*Décor : un salon. Epoque : 1800.*) — 4 · 2 · 2 · »

Nuit interrompue (la) ou Le Comédien en voyage, comédie en un acte par Merle et Brazier. (*Décor : une place publique de hameau. Epoque : 1810.*) *Figuration.* — 4 · 2 · 2 · »

***Nouveau seigneur de village** (le), opéra-comique en un acte par Creuzé de Lesser et Favières. Musique de Boïeldieu. (*Décor : une salle de verdure ; on aperçoit le château. Epoque : 1813, en Allemagne.*) *Figuration.* — 5 · 1 · 1 · »

Voici le thème de ce ravissant ouvrage, célèbre à juste titre.

Les habitants du village, leur bailli en téte, s'apprêtent à recevoir dignement leur nouveau seigneur, le marquis de Formann. Celui-ci, qui s'est arrêté en route pour une visite, envoie en avant son valet Frontin, qu'aussitôt ce niais de Blaise prend pour le seigneur. Frontin ne résiste pas à la tentation et ne détrompe pas les villageois ; il accepte tous les hommages et offre un grand dîner. Même il déclare donner sa ferme à ce nigaud de Blaise, empêchant ainsi l'aimable Babet d'épouser Colin. Mais, patatras ! arrive le marquis, le vrai ! Il ne dit rien d'abord, puis confond l'imposteur. Il lui pardonne cependant, parce que Frontin vient de recevoir l'argent que lui apportait le bailli, croyant le remettre au seigneur, et qu'il n'a pas songé un instant à se l'approprier.

Cette pièce abonde en situations piquantes, elle est pétillante d'esprit et la partition est une des meilleures de Boïeldieu.

Nouvelle Clary (la) ou Louise et Georgette, comédie-vaudeville en un acte, par Scribe et Dupin. (*Décor : un pavillon dans un jardin, en Allemagne. Epoque : 1820.*) *Figuration.* — 3 · 3 · 2 · »

Nouvelle Clary (la) ou le Retour au village, vaudeville en deux actes, par Léonce et Petit. (*Décors : 1° le devant d'une ferme ; 2° une chambre de ferme. Epoque : 1830.*) *Figuration.* — 3 · 3 · 2 · »

Nouvelles d'Espagne, comédie en un acte, par Gustave Vaëz. (*Décor : un petit salon. Epoque : 1847.*) Parmi les quatre rôles d'hommes, un domestique. — 4 · 2 · 1 · »

M. Perrier est fort riche, retiré des affaires, mais il néglige sa toute charmante moitié, Antoinette, pour se lancer dans des spéculations ruineuses. Advient, on le devine, qu'Antoinette, lasse d'être

	H.	F.	Prix

délaissée, est sur le point de tromper son mari. L'intrigue s'arrête à temps, et Perrier, qui s'est décidé, bien difficilement, à ouvrir les yeux, est guéri de sa manie.

Nuit au château (une), opéra-comique en un acte, par PAUL DE KOCK ; musique de MENGAL. (*Décor : une salle de château en Touraine. Epoque : 1818.) Figuration.* — 4 | 2 | 2 »

**** Ohé Pommadin !** comédie en un acte, par M. GASTINEAU. (*Décor : un salon. Epoque : de nos jours.*) — 6 | » | 1 »

Comment M. Bordillon, riche fabricant de chandelles, retrouve après vingt-cinq ans un de ses anciens employés, voleur, qui, revenu d'Amérique, allait se glisser dans sa maison à la faveur... d'un mariage.

Pièce morale.

Omelette (l') **à la Follembuche,** opéra-bouffe en un acte, par E. LABICHE et MARC MICHEL. Musique de Léo Delibes. (*Décor : une cuisine de château. Epoque : Louis XV.) Figuration.* — 5 | 1 | 1 50

Bouffonnerie très alerte, très gaie, amusante jusqu'aux larmes, et sur les couplets de laquelle Delibes a écrit la délicieuse musique qu'on peut attendre d'un tel compositeur. Le sujet, très drôle en lui-même, importe peu ; l'important, ce sont les heureuses trouvailles dont la pièce fourmille. L'*Omelette à la Follembuche* n'est pas une opérette croustillante, mais bien qu'il y soit question de couvent, elle ne pourrait peut-être pas être jouée devant des pensionnaires.

Oncle en tutelle (l'), comédie-vaudeville par E. VANDERBURCH et ETIENNE. (*Décor : un salon élégant. Epoque : 1828 ou de nos jours.*) — 4 | 2 | 2 »

Orphelines du Faubourg (les), vaudeville en trois actes, par E. THIRION et H. BEDEAU. (*Décors : 1o une mansarde ; 2o une chambre modeste ; 3o un bal champêtre. Epoque : 1834.) Une figurante.* — 4 | 2 | 1 »

Cydalise a épousé Loriquet, et le mène littéralement par le bout du nez. Rosette et Julie, deux gentilles orphelines, travailleuses et dévouées, ont accepté l'amour d'Adolphe et de Cyprien. En attendant le mariage, les quatre jeunes gens font « la popote », en tout bien tout honneur. Mais comme Cyprien et Auguste se dérangent et gaspillent les fonds de la communauté, les deux jeunes filles finissent par se fâcher, et leurs fiancés de se jeter à leurs genoux. Quant à Cydalise, son mari lui a fait sentir, par un « retour de bâton », qu'il ne fallait pas abuser de sa bonne volonté.

C'est un vaudeville d'un genre un peu vieilli, mais touchant et souvent fort drôle

Paméla ou la Fille du portier, vaudeville en un acte, par GABRIEL. *Décor : intérieur de loge. Epoque : 1826.) Deux figurants.* — 3 | 3 | 2 »

Pantoufle de Voltaire (la), vaudeville en deux actes, par J.-B. SIMONNIN. (*Décors : 1o une boutique de cordonnier ; 2o une salle de séances. Epoque : 1840.) Figuration.* — 4 | 2 | 2 »

Paquet (le), comédie en un acte, par M. LOUIS LEGENDRE. (*Décor : un cabinet d'affaires. Epoque : de nos jours.*) — 4 | 2 | 1 »

Mazurier n'a vécu que pour les affaires. Il en « rate » une, et le coup est si fort que le malheureux tombe malade. On désespère de son état. Un prêtre vient pour l'administrer. Et l'on assiste à cette entrevue, dont le résultat est que Mazurier a fait de sa mauvaise affaire une affaire excellente et que la santé lui est revenue. Pièce très ironique, convenant à un public d'esprit mûri.

Paradis de Mahomet (le), comédie en trois actes, par SCRIBE et MÉLESVILLE. (*Décors : 1o un appartement ; 2o les jardins du Palais. En Perse. Epoque : de nos jours.) Figuration.* — 3 | 3 | 2 »

Partie carrée, opéra-comique en un acte, par M. L. AUGÉ DE LASSUS. Musique de M. ROD. LAVELLO. (*Décor : un jardin commun à deux maisons, à Tolède. Epoque : le XVIIIe siècle.*) — 3 | 3 | 1 »

Calabazas et Belalcindor songent à se « tromper » mutuellement. Chacun d'eux courtise la femme du voisin. Le moment arrive bien vite où les señoras Estrella et Teodora se le disent, et, par un subterfuge bien féminin, font se rencontrer leurs époux au même endroit, à la même heure, entre chien et loup. Calabazas et Belalcindor, après une sérénade fantastique, se battent avec rage. Le premier est rossé, et ne doit peut-être la vie qu'à l'intervention du peintre Diégo, à qui Belalcindor ne peut plus, maintenant, refuser la main de la belle Carmen, sa nièce.

*** Partie de baccara** (la), comédie-vaudeville en un acte, par M. EUG. HÉROS. (*Décor : un salon de famille. Epoque : de nos jours.*) — 4 | 1 | 1 50

M. Robiquet a horreur du jeu ; il n'a jamais touché une carte ; les circonstances le mettent en présence d'un joueur ; il le défie pour le guérir, et M. Robiquet de perdre et de ponter avec rage. Il perd cent cinquante mille francs. Cette partie de baccara se termine, d'ailleurs, de la manière la plus inattendue, par un mariage entre la fille de Robiquet et le partenaire de celui-ci.

	H.	F.	Prix

Cette pièce, des plus amusantes, demande à être étudiée avec soin, à être jouée sans coup férir.

Passe-partout (le), comédie-vaudeville en un acte, par Montperlier et Coupart. (*Décor : un joli jardin clos de murs. Epoque : 1819 ou de nos jours.*) — H. 5, F. 1, Prix 2 »

Passion secrète (la), comédie en trois actes, par Eug. Scribe. (*Décor unique : un boudoir élégant. Epoque : 1830 ou de nos jours.*) *Figuration.* — H. 4, F. 2, Prix 1 »

Peintre français à Londres (le), comédie en un acte, par Barré, Radet, Desfontaines et Bourgueil. (*Décor : un atelier. Epoque : 1800.*) *Un figurant.* — H. 3, F. 3, Prix 2 »

Pension de retraite (la) ou **le Précepteur dans l'embarras**, comédie-vaudeville en un acte, par Carmouche et de Courcy. (*Décor : une cour de maison de campagne, à Munich. Epoque : 1820 ou de nos jours.*) *Figuration.* — H. 3, F. 3, Prix 2 »

Père de l'Enfant (le), comédie-vaudeville en un acte, par Varin et Desvergers. (*Décor : une place de village en Bourgogne. Epoque : de nos jours.*) *Figuration.* — H. 3, F. 3, Prix 1 50

Perruque blonde (la), comédie en un acte, par Picard. (*Décor : un salon. Epoque : 1800 ou de nos jours.*) — H. 5, F. 1, Prix 2 »

Perruque de mon oncle (la), comédie-vaudeville en un acte, par Ch. Nuitter. (*Décor : un salon. Epoque : de nos jours.*) — H. 4, F. 2, Prix 1 50

Perruque enlevée (la), vaudeville en un acte, par Merle et Carmouche. (*Décor : une salle de verdure à l'entrée du château, à Saint-Germain. Epoque : Louis XIV.*) *Figuration.* — H. 3, F. 3, Prix 2 »

Petit Candide (le), comédie en un acte, par Sewrin. (*Décor : une pièce servant de boudoir. Epoque : 1800.*) — H. 3, F. 3, Prix 2 »

Petit Canuchon (le), vaudeville en un acte, par MM. H. Monréal et G. Grisier. (*Décor : une salle à manger. Epoque : de nos jours.*) — H. 4, F. 2, Prix 1 50

Les tribulations d'un marmot, jointes aux transes d'un brave rentier relative-
ment au chantage dont le menace une *fredaine* récalcitrante, donnent lieu à d'ébouriffants quiproquos et à des scènes fort joyeuses.

La pièce ne serait pas comprise de jeunes filles.

Petit homme gris (le), comédie-vaudeville en un acte, par Bayard et Simonnin. (*Décor : une chambre modeste. Epoque : 1845.*) — H. 4, F. 2, Prix 1 »

Bayard et Simonnin ont tracé la curieuse figure de Guillery, avec une ampleur et une acuité qui donnent à cette comédie un caractère frappant. Guillery, très philosophe, très nerveux, a toujours le rire aux lèvres, et les revers de fortune ne semblent pas l'atteindre. N'empêche qu'à l'occasion, il se fâche, ou bien que le rire, chez lui, n'est pas loin d'exprimer la douleur qui, chez le commun des mortels, se traduit par des pleurs. Son rire est parfois crispé. Cette pièce a un dénouement fort original, et qui ne saurait être clairement résumé. Elle ne conviendra qu'à un public de gens expérimentés.

Petit page (le) ou **La Prison d'Etat**, comédie en un acte, par Guilbert de Pixérécourt. (*Décor : jardin de château-fort à Spandau. Epoque : 1800.*) — H. 3, F. 3, Prix 2 »

Petits Auvergnats (les), comédie en un acte, par Guilbert de Pixérécourt. (*Décor : lieu sauvage et champêtre. Epoque : 1800.*) — H. 3, F. 3, Prix 2 »

Petite Folle (la), drame en un acte, par Scribe et Mélesville. (*Décor : appartement gothique d'un château-fort. Epoque : 1820.*) *Un figurant.* — H. 3, F. 3, Prix 2 »

Philippe, comédie-vaudeville en un acte, par Sonide, Mélesville et Bayard. (*Décor : un bel appartement. Epoque : 1830 ou de nos jours.*) *Figuration.* — H. 2, F. 4, Prix 2 »

Plan de campagne (le), comédie en un acte, par Scribe, Dupin et Mélesville. (*Décor : petite salle attenant à un magasin. Epoque : de nos jours.*) *Figuration.* — H. 5, F. 1, Prix 2 »

Point d'honneur (le), comédie en un acte, par Coffin Rony. (*Décor : jardin avec bâtiment et pavillon. Epoque : 1803.*) — H. 4, F. 2, Prix 2 »

Poltron (le), comédie-vaudeville en un acte, par Bayard, Alphonse et Regnault. (*Décor : un salon de campagne. Epoque : 1835.*) — H. 4, F. 2, Prix 1 »

Adélaïde Mélinet (au masculin) est professeur de chant, mais poltron. Il aime son élève, M¹¹ᵉ Amanda Belton, et il en est aimé, seulement Belton père ne veut pas donner sa fille à un capon. Les circonstances forcent Adélaïde à sortir de son caractère, et à se battre comme un enragé avec un certain Laurentin. Cette attitude guerrière — dans laquelle deux ou trois petits verres étaient bien pour quelque chose — remplit d'admiration le père Beltois, et il ouvre ses bras à son gendre.

Cette pièce très gaie, pleine de mouvement, est d'un comique achevé. Quelques passages un peu lestes.

Portefeuille (le), comédie en deux actes, par DARTOIS, ADOLPHE et DESFORGES. (*Décors :* 1° une chambre mansardée; 2° un salon. *Epoque :* 1825.) *Figuration.* — 4 | 2 | 2 »

Porteur des Halles (le), tableau populaire en un acte, par BRAZIER, DE COURCY et DUMERSAN. (*Décor :* sur le quai, place du Châtelet. *Epoque :* 1835.) *Un figurant.* — 4 | 2 | 1 »

Anatole, fils de Mᵐᵉ Godard, riche, fière, mais pas méchante, aime Joséphine, une charmante jeune fille, dont le père est homme de peine, et d'une franchise, comme on dit, à tout casser. De lui viennent toutes les difficultés, et ce n'est pas sans bien des accrocs qu'à la fin elles s'aplanissent.

**** Pour une dot**, comédie en un acte, par M. PRABONNEAUD. (*Décor :* un petit salon. *Epoque :* de nos jours.) — » | 6 | 1 »

M¹¹ᵉ de Saint-Val (40 ans), avait, dans un moment de colère, chassé Madeleine, sa fille d'adoption. Apprenant que celle-ci est malheureuse, elle la fait revenir pres d'elle; puis, dans sa bonté, elle dote — bien qu'elles ne l'aient pas tout à fait mérité, — ses cousines pauvres. Elle récompense encore, et magnifiquement, une brave ouvrière qui est un peu sa parente.

Cette pièce sera jouée par six jeunes filles. C'est une charmante comédie, qui ne comporte aucun accessoire ni décor particuliers, et qui, bien apprise et interprétée avec verve, aura du succès devant de jeunes spectatrices.

Pourquoi ? comédie-vaudeville en un acte, par LOCKROY et ANICET BOURGEOIS. (*Décor :* un petit salon élégant. *Epoque :* 1833.) *Une figurante.* — 3 | 3 | 1 »

Bien qu'il soit l'époux d'une femme charmante (Louise), Giraudeau n'est pas content, et croit n'être pas assez le maître dans le ménage. Ce n'est pas comme son ami Carpentier. Celui-là parle haut, et quand il a dit : « Je veux », sa femme (Hortense) obéit docilement. Et il explique à Giraudeau son secret : être ferme et ne jamais céder. Tel est, apparemment du moins, le *pourquoi* du bonheur de Carpen-

tier. Cependant le hasard malencontreux révèle, à un moment donné, que l'exemplaire soumission d'Hortense pourrait bien avoir des causes insoupçonnées de son mari, mais Carpentier ne s'en doute pas !

Précepteur à vingt ans ! comédie en deux actes, par HIPPOLYTE AUGER. (*Décors :* 1° un jardin avec tables et chaises; 2° un salon. *Epoque :* 1838.) *Deux figurants.* — 2 | 4 | 1 »

Mᵐᵉ de Tourny et sa fille, Mᵐᵉ veuve Blanche de Moray, sont des femmes excellentes et confiantes. Blanche, belle et jeune encore, a deux enfants dont l'éducation est confiée à Charles Mérard. Celui-ci, par ses manières charmantes et ses brillantes qualités, se fait aimer de Blanche, et ensuite de la fille de celle-ci, Hélène. Une catastrophe est imminente, mais elle est conjurée par l'intervention énergique de Roger d'Auneuil.

Cette pièce, très sérieuse et presque tragique, par l'intensité des sentiments et le ferme dessin des caractères, ne peut convenir qu'à un auditoire d'hommes et de dames.

Première Salve (la), drame en un acte, par M. AMÉDÉE ROUQUÈS. (*Décor :* à la frontière de l'Est, un bois. *Epoque :* de nos jours.) *Figuration.* — » | 6 | 1 »

En temps de guerre, Jean Maria, sentinelle française, rencontre Fritz, sentinelle allemande. Les deux soldats viennent à lier conversation, au lieu de tirer l'un sur l'autre, et ils se demandent en vertu de quel droit ils seraient obligés de se tuer mutuellement. Mais une petite troupe de soldats français conduite par un lieutenant, surprend les deux hommes, et Jean Maria est fusillé.

Cette pièce est à tendances sociales et d'une grande puissance dramatique.

En outre des six rôles principaux, il y a des rôles supplémentaires de soldats.

Présent (le) ou **l'Heureux quiproquo**, comédie en un acte, par PATRAT. *Décor :* un salon. *Epoque :* 1800.) *Un figurant.* — 4 | 2 | 2 »

Préville et Taconnet, vaudeville en un acte, par MERLE et BRAZIER. (*Décor :* le boulevard du Temple. *Epoque :* 1817.) — 5 | 1 | 2 »

Quand on n'a rien à faire, comédie-vaudeville en deux actes, par LOCKROY et ARSÈNE DE CEY. (*Décors :* 1° un laboratoire de confiseur; 2° un salon. *Epoque :* 1842. A la rigueur, de nos jours, en remplaçant, dans le dialogue, la berline par le chemin de fer.) *Un domestique.* — 4 | 2 | 1 50

M. Rigaud, honnête et riche commerçant, quitte le commerce pour venir à Paris. Il n'a, dès lors, rien à faire. Sa femme s'ennuie — et gare aux femmes qui s'ennuient ! M. Rigaud se décide enfin à rester à la campagne, où sa maison lui donnera de grandes occupations. Sur ce thème fort simple, les auteurs ont brodé une intrigue fort intéressante, sans préjudice des caractères, dont le relief est parfait.

Qui trompe-t-on ici ? vaudeville en un acte, par M. JACQUES BLANCHARD. (*Décor :* un cabinet de travail. *Epoque :* de nos jours.) — 3 | 3 | 1 50

Ferronnier, de l'Académie des Sciences de Menton, travaille depuis longtemps à un ouvrage consacré aux ménages parisiens où l'on donne des coups de canif dans le contrat. Pour vérifier par lui-même les données de sa statistique, il s'engage comme domestique chez des gens mariés. Pour le quart d'heure, il est aux gages de M. Malinois, mari de Germaine et — mais il va sans dire que Ferronnier ignore ce... détail — et amant de Mathilde, femme de Ferronnier. La situation, que vient encore compliquer l'amour violent de Sidonie, la cameriste, pour Ferronnier, s'embrouille à souhait, jusqu'au moment où la véritable identité du domestique se découvre peu après l'arrivée de Mathilde, venue en catimini pour voir Malinois. Somme toute, Ferronnier ni Germaine ne savent encore rien : ce sera le *statu quo*. Ferronnier n'a découvert aucun adultère... et pour cause : il aurait manqué à une tradition infaillible.

Il va sans dire que ce vaudeville très animé, très gai, mais fort libre, ne peut être joué devant tous les auditoires.

Recette pour marier sa fille, comédie-vaudeville en un acte, par MÉLESVILLE et RAOUL. (*Décor :* un salon très simple. *Epoque :* de nos jours.) *Un figurant.* — 4 | 2 | 2 »

Réconciliation (la) ou **La Veillée de la Saint-Louis,** tableau en un acte, par CARMOUCHE, DE COURCY et FERDINAND. (*Décor :* un village. *Epoque :* 1800.) *Figuration.* — 5 | 1 | 2 »

Reine de seize ans (la), comédie en deux actes, par BAYARD. (*Décors :* 1° salle gothique des appartements de la reine à Swartzio ; 2° palais à Stockholm. *Epoque :* Louis XIII. *Figuration.* — 4 | 2 | 1 50

La jeune reine de Suède, Christine, s'est éprise de Frédéric de Bury, et l'a comblé de ses bienfaits. Le jeune homme éprouve la plus vive reconnaissance pour sa bienfaitrice, mais il ne soupçonne pas ses sentiments intimes, et le jour où il épouse Emma, nièce du comte de Rantzoff, qu'il aimait, il ne comprend pas l'irritation et la douleur concentrée de la reine. Cependant, ce mariage a été fait par le comte, qui avait deviné l'amour de Christine pour Frédéric, et qui voulait la voir unie au prince Ulric de Danemark. Cette

alliance eût, en effet, affirmé la paix avec cette nation. Mais Christine, tout en acceptant la fin des hostilités, repousse ce mariage.

La Reine de Seize ans est une pièce exquise, et qui plaira à un public d'intelligence mûrie.

Résignée ou **Les Deux Ménages,** comédie en deux actes, par BAYARD. (*Décors :* 1° un salon de verdure à la campagne ; 2° un salon. *Epoque :* 1830 ou de nos jours.) — 4 | 2 | 2 »

** **Retour** (le), comédie en un acte, par M. GEORGES BERNÈS. (*Décor :* un bureau élégant. *Epoque :* de nos jours.) — 4 | 2 | 1 50

L'humaine faiblesse est si grande qu'il ne fait pas bon de confier certaines missions par trop de confiance, à son meilleur ami, même quand on ne peut pas faire autrement. Telle est l'idée qui inspire *le Retour*, comédie très bien conduite, très intéressante, et convenable pour n'importe quel auditoire.

** **Revanche de Raoul** (la), comédie en un acte, par P. DE MARGALIERS. (*Décor :* un salon de campagne. *Epoque :* De nos jours.) — 3 | 3 | 1 50

Raoul de Senilhac aime la vicomtesse Louise de Pontalais, qui ne le croit pas sincère. Le fiancé de sa sœur Cécile, Albert de Verlanges, lui offre d'éprouver l'amour de Raoul, en lui présentant Louise comme sa propre fiancée. Raoul d'abord tombe dans le piège, au point de provoquer son ami, mais ensuite, apercevant la supercherie, il prend une revanche spirituelle en feignant de regarder Cécile comme libre de tout engagement. La pièce finit à souhait.

Peut être entendue de tout le monde.

Revenante (la), pièce en un acte, par M. JEAN D'AGUZAN. (*Décor :* un intérieur mi-manoir, mi-ferme. *Epoque :* de nos jours.) — 4 | 2 | 1 »

Bernard est devenu fou depuis la mort de sa femme. Chaque fois que revient l'anniversaire du triste accident auquel elle a succombé, il croit qu'elle va arriver, et ses amis, saintement et charitablement, lui laissent et encouragent cette illusion. Au dénouement de cette pièce angoissante, le pauvre homme, croyant retrouver la disparue qu'il adorait, meurt de bonheur.

Revue et corrigée, comédie-vaudeville en un acte, par V. DE SAINT-HILAIRE. (*Décor :* un salon d'été. *Epoque :* 1839.) — 4 | 2 | 1 »

Le colonel Hébert, vieux et manchot, voudrait épouser sa jolie pupille, Eugénie. Celle-ci aime Jules, un brillant lieutenant de hussards. Au lieu d'avouer leur amour au colonel, qui s'en est aperçu, ils essayent d'intriguer. L'excellent homme, après les avoir un peu tourmentés, les marie en dotant richement sa pupille.

	H.	F.	Prix

Richelieu à quatre-vingts ans, comédie en un acte, par ANCELOT et LURINE. (*Décor* : un salon près Libourne. *Epoque* : 1782.) — 4 2 2 »

Roi de Prusse (le) **et le Comédien,** comédie-vaudeville en un acte, par BRUNSWICK. (*Décor* : pavillon donnant sur un jardin, à Polsen. *Epoque* : Frédéric II.) *Figuration.* — 4 2 2 »

Rose Jaune (la), comédie en un acte, par LÉON HALÉVY ; imitée d'une nouvelle de CHARLES DE BERNARD. (*Décor* : un petit salon. *Epoque* : 1839.) — 4 2 1 »

Teissier est le fiancé de **Francine**, qui ne l'aime guère, et qui l'aime encore moins quand le hasard la met en présence de Randeuil, ami de Teissier. Et Randeuil et Francine ressentent, à se voir, le coup de foudre. Le jeune homme réussit, sans trahir ses devoirs d'ami, à épouser la jeune fille.

Cette très spirituelle comédie peut être jouée dans le goût moderne.

Rossini à Paris, comédie en un acte, par SCRIBE et MAZÈRES. (*Décor* : une salle d'auberge. *Epoque* : 1820.) — 5 1 2 »

Rouge-gorge (le), vaudeville en un acte, par E. LABICHE et AD. CHOLER. (*Décor* : un salon. *Epoque* : 1859.) — 5 1 1 50

Cette petite pièce, d'un mouvement amusant, très animé, ne peut se résumer brièvement. Jouvence, ancien coiffeur, courtise, sous le nom de Saint-Azor, Mᶫᶫᵉ Emma Bodin. L'indignité de ce prétendu, au reste pas mal flétri, se trouve découverte par M. Jules, qui porte un intérêt tout particulier à la jeune fille, parce que, du vivant de Mᵐᵉ Bodin, celle-ci n'avait pas été insensible — loin de là — à l'ardeur de M. Jules alors en pleine jeunesse. Emma épouse, en fin de compte, un architecte. L'intrigue du *Rouge-Gorge* est fort piquante. La pièce ne serait pas comprise des jeunes filles.

Rue de la Lune (la), vaudeville en un acte, par VARIN et BOYER. (*Décor* : un salon bourgeois. *Epoque* : 1843.) — 3 3 1 »

La scène se passe à l'époque des travaux qui ont abaissé le niveau du boulevard Bonne-Nouvelle, à Paris, et ont par conséquent fait du rez-de-chaussée le premier étage, et ainsi de suite. Il en résulta que Chevillard, le chanteur, revenant trouver sa femme, Zénobie, après une longue absence, monte à l'étage où il avait accoutumé d'aller et, tombant dans un appartement assez cossu, y accomplit mille extravagances. La situation ne tarde pas à dégénérer en une confusion indescrip-

tible, d'où M. Chandoreille, rentier et polisson, ne sort que tout juste à son honneur.

Cette pièce est des plus divertissantes. Elle conviendra à un auditoire pas trop jeune.

* **Sabre de mon oncle** (le), comédie en un acte, par M. E. ABRAHAM. (*Décor* : un appartement. *Epoque* : de nos jours.) — 5 1 1 50

Oléagineux fait la cour, pour le mauvais motif, à l'innocente Ida, nièce du tailleur Badouillard, et réussit, avec de mauvais vers, à tourner la tête à la pauvre fille. La conduite du jeune homme est d'autant plus vilaine qu'il est fiancé à Angélique Blancastel. Le hasard, favorable à Ida, met en présence, dans la boutique du tailleur, Blancastel et son futur gendre. Les choses tournent très mal pour Oléagineux, qui perd du même coup sa fiancée et la charmante Ida : celle-ci en effet, consent à épouser l'honnête Théodule, commis de son oncle.

Cette petite comédie n'a rien que de très moral, on appréciera devant quel auditoire il convient de la jouer. Elle est de tous points très réussie.

Saint-Casimir (la), vaudeville en un acte, par M. PAUL MEYAN. (*Décor* : un salon. *Epoque* : de nos jours.) — 4 2 1 50

* **Secrétaire et le Cuisinier** (le), comédie-vaudeville en un acte, par SCRIBE et MÉLESVILLE. (*Décor* : une salle d'appartement. *Epoque* : 1821.) *Figuration.* — 5 1 1 »

Toutes les péripéties de cette charmante pièce proviennent d'un quiproquo fâcheux, mais comique : M. de Saint-Phar attend un secrétaire et un cuisinier. Ils se présentent tous deux, mais successivement. Le premier est Alphonse de Sauvecourt, le second est Soufflé. Un intendant mal inspiré se trompe, prend le secrétaire pour le cuisinier et inversement. Cette erreur donne lieu à des scènes fort divertissantes, rehaussées par une gracieuse intrigue, qui se termine le mieux du monde.

Le Secrétaire et le Cuisinier est une pièce très convenable.

Séparation (la), comédie en trois actes, par MÉLESVILLE et CARMOUCHE. (*Décor* : un cabinet élégant. *Epoque* : 1830.) *Figuration.* — 4 2 2 »

Silvain, comédie en un acte, par MARMONTEL. (*Décor* : maison de paysan devant un petit bois. *Epoque* : 1760.) *Un figurant.* — 3 3 2 »

* **Simone,** pièce en un acte, par M. J. DININ. (*Décor* : le salon d'une maison de campagne. *Epoque* : de nos jours.) — 2 4 1 50

Simone, devenue orpheline, a été recueillie et élevée par sa marraine avec la propre fille de celle-ci, Hélène. Les deux jeunes filles sont en âge d'être mariées, or, il arrive que le jeune homme, que Mme Bernier réservait à Hélène, devient amoureux de Simone qui le paie de retour, alors qu'Hélène n'éprouve aucun penchant pour lui. Après une courte résistance de Mme Bernier, celle-ci se décide à unir les deux jeunes gens.

Délicieuse petite pièce, très sentimentale et très spirituelle. Convient parfaitement à un public de jeunes filles.

Sir Hugues de Guilfort, comédie-vaudeville en deux actes, par Scribe et Bayard. (*Décors : 1º un salon ; 2º une pièce. A Londres. Epoque : 1820.*) *Figuration.* — H. 4 | F. 2 | Prix 1 50

Soirée (une) **à la Bastille,** comédie en un acte, *en vers*, par A. de Courcelles. (*Décor : plate-forme de la Bastille, en 1720.*) *Un figurant.* — 4 | 2 | 1 50

Soirée (une) **de deux prisonniers,** ou **Voltaire et Richelieu,** comédie en un acte, par DD***. (*Décor : à la Bastille. Epoque : 1720.*) *Deux figurants.* — 5 | 1 | 2 »

Soirée orageuse (la), comédie en un acte, par Radet. (*Décor : un salon à Madrid. Epoque : 1788 ou de nos jours.*) *Figuration.* — 3 | 3 | 2 »

* **Soldat de la Loire** (le), *épisode de 1821,* drame-vaudeville en un acte, par Aug. Jouhaud. et Gobert. (*Décor : place de village, près Nantes. Epoque : 1821.*) *Figuration.* — 5 | 1 | 1 »

Maurice, ancien militaire, a fait toutes les campagnes de Napoléon. La mort de l'empereur a atteint sa raison, et il délire continuellement. Sa fille Charlotte et le dévoué médecin, Gustave Jorly, désespèrent de le voir guérir. La visite de l'acteur Rambert inspire au docteur une idée : l'artiste, habitué à jouer le rôle de Napoléon, apparaît à Maurice sous le costume de l'empereur, lui parle comme l'empereur et lui remet — réellement — le brevet de la croix gagnée sur le champ de bataille. Ce subterfuge audacieux cause au vieux soldat une grande commotion, mais le sauve. Il revient à la raison et unit sa fille au jeune médecin.

La pièce est habilement conduite et n'a rien qui puisse choquer les convenances.

Somnambule (la), comédie en deux actes, par Eugène Scribe et G. Delavigne. (*Décors : 1º un salon élégant ; 2º l'intérieur d'un pavillon. Epoque : 1819.*) *Un figurant.* — 4 | 2 | 1 »

Cette remarquable pièce, qui ne sera comprise que d'un public d'expérience, est pathétique au plus haut point.

Cécile Dormeuil va se marier avec Frédéric de Luzy, homme de grand cœur mais aussi de grande insouciance. Cécile aime en secret Gustave de Mauléon, dont elle fut séparée, peu auparavant, par un dépit. Ce mariage la brise, pourtant elle signe le contrat. Mais la nuit même, dans une crise de somnambulisme, la jeune fille se rend au pavillon retiré où souvent elle va ainsi, dans l'obscurité, machinalement. Gustave, qui fut des témoins de Frédéric, loge en ce pavillon. On juge de sa surprise et de sa douleur, car Cécile, endormie et parlant, révèle tout son amour pour lui. L'intrigue alors atteint au tragique ; nous passons sur les péripéties amenant le dénouement, où c'est Frédéric lui-même qui met la main de Cécile dans celle de son ami Mauléon.

Sonnette d'alarme. (la), comédie en un acte, par MM. Ferdinand Bloch et Adrien de Jassaud. (*Décor : le bureau d'un chef de gare. Epoque : de nos jours.*) — 5 | 1 | 1 50

Amusante petite pièce, assez libre, très gaie. Deux jeunes mariés sont en voyage de noces. Dans leur compartiment, la jeune femme (Marcelle) tire la sonnette d'alarme. Les conséquences de ce délit occupent la plus grande place dans la pièce et donnent lieu à de divertissantes méprises.

Soucoupe (la), comédie en un acte, par William Busnach. (*Décor : un salon élégant aux environs de Nevers. Epoque : de nos jours.*) — 3 | 3 | 1 50

De Bonnières, le mari de Cyprienne, est un charmant homme. Malgré cela, ou, peut-être, à cause de cela, elle songe *presque* à le tromper. Elle a écouté les fallacieuses paroles de M. de Marcy, et lui a donné son portrait dans un écrin, ce qui est déjà fort grave. De Bonnières, en cherchant aux environs de leur villa une soucoupe rare et précieuse, qui manque à sa collection, découvre le portrait, égaré par de Marcy, et ne peut venir à bout du tiroir à secret. Il l'apporte à sa femme qui, à cette vue, se sent mourir. Une amie de Cyprienne, Valentine Bertin, sauve la situation, et, de lui-même, Bonnières jette au feu l'écrin sans l'avoir violé. Peu après les deux jeunes femmes s'aperçoivent que de Marcy, ce traître, leur avait fait la cour l'une après l'autre. Elles reviennent chacune à l'amour de leurs maris. D'ailleurs, par un hasard merveilleux, de Bonnières trouve la soucoupe tant cherchée. Il est tout indiqué que cette pièce ne peut être jouée devant un public jeune.

Spartacus, vaudeville en un acte, par Ch. Nuitter. (*Décor : un salon. Epoque : de nos jours.*) — 3 | 3 | 1 50

Spectacle à la Cour (le), comédie-vaudeville en deux actes, par Théaulon, Lubize et G. Albitte. (*Décors : 1º une salle basse ; 2º un riche salon. Epoque : Louis XV.*) *Figuration.* — 5 | 1 | 1 50

	H.	F.	Prix

L'illustre compositeur Grétry joue dans cette pièce un rôle charmant. Il a découvert, dans la campagne où il réside, une jeune fille (Colombe) dont la voix délicieuse et l'innocence lui conviennent à ravir. Il surmonte mille obstacles pour qu'elle joue à Versailles, au théâtre de la Cour, la *Bergère Trompée*. Nous n'essaierons pas de raconter par le menu les incidents d'une intrigue conduite de la façon la plus heureuse. Chaque personnage, en cette pièce, a un caractère bien marqué, et très amusant, tels ceux de l'Epervier, sergent et racoleur des gardes françaises, de M. Lampard, sergent de la paroisse de Vélisi, du paysan Jean-Pierre.

Ce n'est pas une comédie légère, mais on appréciera, à la lecture, devant quel auditoire il convient de la jouer.

Stagiaire (le), ou **L'Avocat sans cause**, vaudeville en un acte, par JULES LEMOIS. (*Décor :* un riche salon. *Epoque :* 1849.) *Un figurant.* — 5 | 1 | 1 50

Ernest Rogerville n'a aucun penchant pour la carrière d'avocat, il n'a plaidé que rarement, et avec malechance. En revanche, c'est un écrivain habile, un auteur d'avenir et, de ce côté, du moins, le succès lui sourit. Par malheur, son père, un vieux magistrat, vient le trouver à Paris, alors qu'avec son confrère Lory, autre avocat dramaturge, et l'aimable actrice Zéphora, il s'occupe d'une pièce en répétition. Il s'agit de donner le change à M. Rogerville, et la supercherie ne saurait durer longtemps. Ce dernier, par bonheur, est un homme de bon sens et d'esprit. Il pardonne à son fils et le laisse suivre sa nature.

Cette agréable piécette sera jouée avec réussite devant un auditoire d'hommes et de dames.

*** Succès** (le), comédie en deux actes, par HAREL. *Décors :* 1° un cabinet d'avocat ; 2° autre cabinet, luxeux. *Epoque :* 1832.) *Un figurant.* — 5 | 1 | 1 50

C'est une pièce à thèse. Delicourt est avocat, Laroche, homme de lettres ; tous deux pauvres. Ni l'un ni l'autre ne sacrifient au vulgaire ; le premier choisit ses causes avant de les accepter et refuse à la mauvaise foi le secours de sa parole ; le second répugne aux ouvrages faciles, au faux théâtre et à la fausse littérature qui corrompent l'esprit public. On le voit, ils cherchent la gloire plutôt que le succès. Bien faire d'abord !... Accablés de déboires, écœurés, les deux jeunes gens se découragent et, abandonnant tout scrupule, ne tardent pas à se faire chacun de son côté une place enviable au soleil. Pourtant, le succès a bien des amertumes, et, par la force des choses, voici Delicourt et Laroche prêts aux dernières concessions. Ils sont rendus à leurs convictions premières, au dénouement de cette pièce très bien composée, très intéressante, et dont il se dégage une haute moralité, permettant de la jouer devant tout auditoire.

Suisse de Marly (le), comédie-vaudeville en un acte, par DE LEUVEN et BRUNSWICK. (*Décor :* intérieur de pavillon à Marly. *Epoque :* 1754.) *Figuration.* — 4 | 2 | 1 »

Très scénique, croustillante avec esprit, cette pièce — d'ailleurs célèbre — est un modèle en son genre. Salbach, le suisse de Marly, est d'une cocasserie et souvent d'une vérité intraduisibles. Sur la foi de racontars malpropres, il croit être le sixième mari de Mme veuve Fishtermann. Celle-ci est victime d'une ressemblance, et M. Salbach ne tarde pas à revenir de son erreur.

L'agrément de cette comédie s'augmente d'une gracieuse et attachante intrigue d'amour.

Nous recommandons la pièce, mais pour un public sans jeunes filles.

Suites (les) **d'un mariage de raison**, drame en un acte, par DARTOIS, BRUNSWICK et LHÉRIE. (*Décor :* salle basse d'une maison rustique. *Epoque :* 1820.) *Un figurant.* — 4 | 2 | 2 »

Suites (les) **d'un coup d'épée**, comédie en un acte, par J. ADER et E. BROUSSE. *Décor :* un salon. *Epoque :* 1820.) — 4 | 2 | 2 »

Surprises du Kodak (les), comédie en un acte, par MM. EUG. GUGENHEIM et L. CRESSONNOIS. (*Décor :* un intérieur bourgeois, cossu. *Epoque :* de nos jours.) — 3 | 3 | 1 50

Cette spirituelle comédie sera jouée avec succès devant un public mondain.

Bouilloncourt, sentant sa femme se détacher de lui, moralement du moins, a l'idée de lui adresser, sous le couvert d'un quasi-anonymat, des épîtres enflammées. Leglantier, l'ami fidèle et combien soumis du mari inquiet, est le messager de cette correspondance perfide ; et le jour où Aline Builloncourt fait photographier à la poste son mystérieux adorateur, qui est pris ? C'est Léglantier ! Et comme Mme Léglantier, épouse autoritaire et, d'ailleurs, volage, se trouve à juste à point pour voir la photographie en question, on juge de l'effet produit par cette scène. Tout s'arrange pour le mieux au dénouement de cette pièce qui, cela va sans dire, n'est pas faite pour des pensionnaires.

Taconnet chez Ramponneau ou **Le Réveillon de la Courtille**, comédie en un acte, par FRANCIS, DÉSAUGIERS et MOREAU. (*Décor :* une place et la maison de Ramponneau. *Epoque :* 1800.) *Figuration.* — 5 | 1 | 2 »

Tardif (le), comédie en un acte, en vers, par J. GENSOUL. (*Décor :* un

	H.	F.	Prix

salon de château. *Epoque :* 1820.)
Un figurant. — 4 | 2 | 2 »

Tête de càrton (une), comédie en un acte, par MM. GARAPIN et D. WILLIAM. (*Décor :* un appartement. *Epoque :* de nos jours.) — 5 | 1 | 1 »

Charles, amoureux d'Hélène, se déguise... en tête de caiton (pour modiste), afin de n'être pas dérangé dans ses tendres entretiens avec celle qu'il considère comme sa fiancée. Ce stratagème, pour produire son effet à la représentation, nécessite — soit dit en passant — des accessoires bien aménagés, et une mise en scène parfaitement étudiee. Durantin, l'oncle d'Hélène, donnerait plutôt sa nièce à l'antipathique Narcisse Godillard, mais ce mariage-là ne se fera pas, et la jeune fille épousera Charles.

Les auteurs ont tiré grand parti de l'idée dont il est parlé ci-dessus, et leur pièce fourmille d'amusantes espièglerics. Elle n'a rien dont la bienséance puisse être offusquée, et nous laissons à celui qui entreprendrait de la monter, le soin de juger devant quel public elle sera jouée.

Théodore ou **Heureux quand même**, vaudeville en un acte, par BAYARD et DESLANDES. (*Décor :* un appartement très simple. *Epoque :* de nos jours.) — 3 | 3 | 1 »

Thibaut l'Ebéniste, comédie-vaudeville en un acte, par B. LOPEZ et LELARGE. (*Décor :* une arrière-boutique d'ébéniste. *Epoque :* 1854.) — 3 | 3 | 2 »

Thibaut, l'honnête ébéniste, se trouve placé, par la jalousie enragée de sa femme Henriette, dans une situation aussi embarrassante pour lui qu'émouvante pour les spectateurs. Il s'en tire tout à son honneur, après des scènes où l'amusant se mêle au pathétique, et qui tiendraient trop de place en une notice. Bornons-nous à ajouter que cette pièce, fort remarquable à tous égards, ne sera comprise que d'un public ayant l'expérience de la vie.

Thomas l'Egyptien, vaudeville en un acte, par COGNIARD frères. (*Décor :* une place publique à Milan. *Epoque :* le premier Empire :) *Figuration.* — 4 | 2 | 1 50

Tiers-Etat, comédie en un acte, par M. LUCIEN DESCAVES. (*Décor :* une pièce quelconque, bourgeoise. *Epoque :* de nos jours.) Un rôle d'enfant (dix ans.) — 3 | 3 | 1 50

L'auteur de cette très bonne comédie a su, dans le cadre restreint d'une pièce en un acte, évoquer tout un milieu, grouper des personnages de caractère et nous intéresser à un de ces drames de famille qui, sans qu'il y ait de sang versé,

de scènes violentes, n'en sont que plus poignants et douloureux. Jeannine et Georges d'Ambroville ont divorcé après cinq ans de mariage. Georges, panier percé, homme de rien sous des dehors assez séduisants, condamnait sa femme à une existence misérable. Il se remarie. Elle, de son côté, répond à l'amour d'un brave homme (Brocharo), et sans qu'elle l'épouse, il assure son bonheur et l'éducation de Colette, l'enfant que Jeannine a eu de Georges. Celui-ci vient un beau jour, pour la seconde fois, demander de l'argent à son ex-femme. Elle le lui refuse. Il se fait alors menaçant et, sachant la toucher au bon endroit, parle de reprendre Colette, sous prétexte que sa mère lui donne, pour plus tard, un mauvais exemple. Jeannine, révoltée, se calme ensuite, et prouve péremptoirement à Georges qu'entre sa mère qui l'aime et son père qui ne s'est jamais inquiété d'elle, l'enfant n'hésitera pas.

Tissu d'horreurs (un), vaudeville en un acte, par LÉON et LHÉRIC. (*Décor :* un salon. *Epoque :* 1830 ou de nos jours.) — 3 | 3 | 2 »

** **Tondeur** (le), comédie en un acte, par GASTINEAU. (*Décor :* un salon. *Epoque :* de nos jours.) — 6 | » | 1 50

Comment M. de Saint-Jean retient à déjeuner un tondeur qu'il croyait être le baron de Versen dont il voudrait épouser la fille. Déceptions successives du jeune homme.

Tour de faveur (le), comédie en un acte, *en vers*, par LATOUCHE. (*Décor :* un salon de campagne. *Epoque :* 1810.) *Deux figurants.* — 4 | 2 | 2 »

Tours Notre-Dame (les), anecdote en un acte, par B. et A. DECOMBEROUSSE. (*Décor :* les tours de Notre-Dame. *Epoque :* Charles VII.) *Figuration.* — 4 | 2 | 2 »

** **Tout se paye**, comédie en un acte, par M. MAURICE MANQUAT. (*Décor :* une antichambre. *Epoque :* de nos jours.) *Figurants ad libitum.* — 6 | » | 1 »

L'antichambre de M. Birbe, sénateur et membre de l'Institut, est remplie de solliciteurs impatients, ou, pour mieux dire, impatientés par une longue attente. M. Birbe a conscience de son importance, mais ne réussit pas à déjouer la ruse d'un de ses visiteurs. Celui-ci, nommé Trucide, a ligotté le domestique, s'est emparé des clefs, et voici M. Birbe prisonnier chez lui. Trucide le menace tout simplement de le faire sauter, s'il ne leur accorde pas, à lu et à ses compagnons, ce qu'ils demandent Et le sénateur s'exécute ; pourtant, il y a quelque chose qu'il ne peut accorder à Léon Harpignon ; c'est la main de sa fille Gabrielle, attendu que M. Birbe n'a pas de fille, mais un garçon.

Cette amusante et spirituelle comédie ne comporte aucun rôle de femme. Elle peut se jouer devant tout auditoire.

Trafalgar, vaudeville en un acte, par A. ROBERT et A. PERROUX. (*Décor :* une rue de village en Alsace. *Epoque :* 1813.) *Figuration.*) — H. 4, F. 2, Prix 1 »

Trafalgar, sergent dans les marins de la garde impériale, a sauvé d'une mort affreuse, pendant la campagne de Russie, la fille de son général, Mlle Gabrielle de Néris, qui, sous le costume militaire, avait suivi son père tué à l'ennemi. Revenu au pays natal, Trafalgar — Raimbaut de son vrai nom — retrouve Louise Morin, sa promise ; celle-ci, en rougissant, lui confesse son amour pour Victorin, le garçon de ferme, et Trafalgar les unit. Dans le même temps, Mlle de Néris recouvre sa fortune perdue, et met sa main dans la main du brave Raimbaut qui s'apprêtait à continuer sa vie aventureuse sans autre satisfaction que celle du devoir accompli.

Ce beau vaudeville conviendra à un auditoire d'esprit mûr.

Traité nul (le), comédie en un acte, par MARSOLLIER. (*Décor :* un village. *Epoque :* 1800.) — H. 3, F. 3, Prix 2 »

Trente et quarante ans (le) ou **Le Portrait**, comédie en un acte, par A. DUVAL. (*Décor :* une chambre d'auberge. *Epoque :* 1800.) — H. 3, F. 3, Prix 2 »

Trilby ou **Le Lutin du Foyer**, comédie-vaudeville en un acte, par THÉAULON, LAFONTAINE et JOUSLIN DE LA SALLE. (*Décors :* une cabane rustique en Ecosse. *Epoque :* 1800.) *Figuration.* — H. 4, F. 2, Prix 2 »

Trois Jeannette (les), vaudeville en un acte, par A. LAGRANGE et E. CORMON. (*Décor :* une salle d'auberge. *Epoque :* de nos jours.) — H. 4, F. 2, Prix 2 »

Trois Maîtresses (les), vaudeville en deux actes, par SCRIBE et BAYARD. (*Décor :* 1° un salon ; 2° le palais du grand-duc. Dans une petite principauté allemande. *Epoque :* 1830.) *Figuration.* — H. 3, F. 3, Prix 2 »

Trois-mille-trois-cent-trente-troisième recette (la), pièce en un acte, par M. E. POURCELLE. (*Décor :* un salon à Londres. *Epoque :* de nos jours.) — H. 5, F. 1, Prix 1 50

Isidore et Constantin se trouvent à Londres, en triste situation : sans un sou ; et l'amour ne les favorise pas plus que la fortune ! Isidore, garçon entreprenant, parvient, grâce à un déguisement hardi,

à épouser, — à la place d'un autre — la fille d'un lord richissime.

Ne peut guère se jouer devant des jeunes filles.

Une pour l'autre (l'), opéra-comique en un acte, par ETIENNE. Musique de NICOLO. (*Décor :* une maison ; verdure. *Epoque :* 1816.) *Figurants.* — H. 4, F. 2, Prix 2 »

M. Richard a accepté, pour fiancé de sa fille Hélène, M. Gourville. La jeune fille aime Saint-Albin, mais ne peut le déclarer. Richard surprend les amoureux : Cécile, amie d'Hélène, se substitue bravement à celle-ci. La supercherie ne dure pas longtemps, car Saint-Albin parvient, très adroitement, à supplanter Gourville, et Cécile épouse le spirituel Jenneval.

Vampire (le) **de la rue Charlot**, vaudeville en un acte, par M*** et A. MASQUELIER. (*Décor :* salle à manger modeste. *Epoque :* de nos jours.) — H. 3, F. 3, Prix 1 »

Vendanges de Bagnolet (les), vaudeville en un acte, par MARÉCHALLE et AMÉDÉE. (*Décor :* le hameau de Bagnolet. *Epoque :* 1810.) *Figuration.* — H. 4, F. 2, Prix 2 »

*****Verso** (le), comédie en un acte, par Mlle JEANNE-PAUL FERRIER. (*Décor :* un salon. *Epoque :* de nos jours.) — H. 3, F. 3, Prix 1 »

M. et Mme Sacoche ont appelé pour leur fille Berthe leur vieil ami le docteur. Celui-ci, à son arrivée, la trouve évanouie, et, à ses genoux, M. Léon Duboce, commis de M. Sacoche, et qu'une erreur providentielle avait amené. Le docteur comprend de quoi languissait Berthe ; il n'a plus qu'à repartir, et le mariage est décidé de suite.

Cette charmante comédie peut être représentée devant des jeunes filles.

Veuve Durozel, comédie en un acte, par MM. ALEXANDRE BISSON et A. MARS. (*Décor :* un salon. *Epoque :* de nos jours.) — H. 3, F. 3, Prix 1 50

La jolie Mme Durozel est menacée de saisie pour avoir, à la légère, signé des billets à sa couturière. Elle a signé : veuve Durozel, à l'insu de son mari, bien entendu. Elle n'a pas d'argent, et sa meilleure amie, à qui elle s'adresse, ne lui trouve point prêteur. Voici la pauvre jeune femme en butte aux offres outrageantes d'un vieux beau, aux menaces de l'huissier. Mais il faut bien que Durozel finisse par tout apprendre : bon prince, il solde la note.

Cette pièce, très amusante, ne conviendrait pas à des pensionnaires.

Vie muette (la), drame en quatre actes, par M. MAURICE BEAUBOURG. (*Décors :* une salle d'un château ; un parc ; un autre coin du parc ; même décor qu'au premier acte. *Epoque :* de nos jours.) *Deux travestis.*

	H.	F.	Prix
	4	2	2 »

Vieillard (le) et **La Jeune fille**, vaudeville en un acte, par Brazier, Mélesville et Carmouche. (*Décor :* une salle commune d'auberge à Nevers. *Epoque :* 1820.) *Un figurant.*

	H.	F.	Prix
	3	3	2 »

Vieille de seize ans (la), comédie-vaudeville en un acte, par Mélesville et Carmouche. (*Décor :* une campagne agréable en Sologne. *Epoque .* 1820.) *Figuration.*

	H.	F.	Prix
	4	2	2 »

Werther ou **Les Egarements d'un cœur sensible**, drame en un acte, par G. Duval et Rochefort. (*Décor :* une place de village près Munich.)

	H.	F.	Prix
	5	1	1 »

La parodie consacre le succès, dit-on.

La pièce ci-dessus est une parodie, folichonne et assez extravagante, du *Werther* de Gœthe. Dans cette pièce, Charlotte est plus souvent appelée Lolotte, et quand, une fois mariée, Werther la contemple en train de donner des tartines à ses nombreux marmots de frères et sœurs, il donne aux bambins d'abord des pistaches et des « diablotins », puis des coups de pied au derrière. Charlotte est une matrone, Albert paraît aussi bénêt que possible, et si Werther boit à perdre haleine, il ne se tue pas. Cette amusante parodie, un peu grosse, conviendra pour des fêtes de sociétés, mais pas à un public de pensionnat.

Zoé ou **L'Amant prêté**, vaudeville en un acte, par Scribe et Mélesville. (*Décor :* jardin à l'anglaise et pavillon. *Epoque :* 1830.) *Figuration.*

	H.	F.	Prix
	4	2	1 »

Ce gracieux petit acte, traité un peu à la manière d'une idylle, d'une plume légère et charmante, a pour point de départ le caprice d'une noble demoiselle, qui prête pour une heure son fiancé à une petite paysanne aussi candide que jolie. *Zoé* peut se jouer avec succès en villégiature, par exemple, devant une salle composée, de préférence, d'hommes et de dames.

SEPT PERSONNAGES

Absonco (l'), vaudeville en un acte, par Picard et Mazères. (*Décor :* une promenade publique. *Epoque :* 820.)

	H.	F.	Prix
	4	3	2 »

Actualités (les), vaudeville en un acte, par Dumersan et Brazier. (*Décor :* jardin et pavillons. *Epoque :* 1830.) *Figuration.*

	H.	F.	Prix
	4	3	2 »

***A deux de jeu**, comédie en un acte, par A. de Corval et Albert Angot, d'après Kotzebue. (*Décor :* la place d'un bourg. *Epoque :* de nos jours.)

	H.	F.	Prix
	6	1	1 »

Cette brillante comédie met aux prises deux amis amoureux de la même personne ; chacun cherchant à écarter l'autre, par tous les moyens, sauf la violence, conformément à la volonté de la jeune fille, qui, les trouvant aussi agréables l'un que l'autre, leur a imposé un tournoi tout à fait particulier. Les deux amis luttent de ruse et de perfidie, et c'est là le côté aigu, philosophique de cette pièce où l'humanité n'est pas épargnée, et qui peut être entendue de tout le monde.

Agathe ou **L'Education et le naturel**, comédie en deux actes, par V. Ducange. (*Décors :* 1º un riche salon sur jardin ; 2º une chambre à coucher. *Epoque :* 1830.) *Figuration.*

	H.	F.	Prix
	4	3	2 »

Alberta Ire, comédie-vaudeville en deux actes, par N. Fournier. (*Décors :* 1º une chaumière ; 2º le grand salon d'un palais ducal, en Bavière. *Epoque :* 1840.) *Un figurant.*

	H.	F.	Prix
	5	2	1 50

Alceste à la campagne ou **Le Misanthrope corrigé**, comédie en trois actes, *en vers*, par C.-A. Dumoustier. (*Décors :* 1º salon de campagne ; 2º paysage ; 3º appartement. *Epoque :* 1790.)

	H.	F.	Prix
	6	1	2 »

Alfred-le-Grand ou **Le Roi troubadour**, vaudeville en un acte, par LEDOUX. (*Décor* : ferme et camp au fond. En Angleterre. *Epoque* : le IXe siècle.) *Figuration*. — 5 | 2 | 2 »

* **Allez vous coucher**, folie en un acte, par GABRIEL et VANDERBURCH. (*Décor* : un appartement modeste. *Epoque* : 1832.) — 4 | 3 | 1 »

Amable et Olympia, neveu et nièce de cet excellent M. Gaudin, — qui souffre, relativement, de rhumatismes — profitent du sommeil de leur oncle pour donner chez lui une petite soirée, ou mieux une nuit dansante. Par malheur, l'oncle redescendu par hasard au salon, flaire la tromperie, se déguise et mystifie ses mystificateurs. Finalement, il leur pardonne, et même promet à Olympia et Amable de favoriser les projets de mariage qu'ils formaient, chacun de son côté, et dont l'oncle Gaudin, pendant le bal, avait appris tous les détails.

Amant bourru (l'), comédie en trois actes, *en vers*, par MONVEL. (*Décor unique* : un salon de campagne. *Epoque* : 1770.) *Figuration*. — 5 | 2 | 1 »

Amant malheureux (l'), comédie-vaudeville en deux actes, par ARNOULD et J. DE WAILLY. (*Décors* : 1° un jardin ; 2° une chambre riche. A Madrid. *Epoque* : de nos jours.) — 5 | 2 | 2 »

Amour (l'), comédie en trois actes, par ROSIER. (*Décors* : 1° un riche salon; 2° une arrière boutique de lingère; 3° un salon sur jardin. *Epoque* : sous la Régence.) *Figuration*. — 4 | 3 | 1 50

Cette comédie, délicieusement spirituelle et excessivement libre, est tout à fait dans la note de ce temps de la Régence, plus souvent frivole que sérieux, mais jamais vulgaire. La pièce de Rosier est pétillante d'esprit. Les caractères y sont tracés d'un crayon magistral, et les saillies dont le dialogue est émaillé sont ou mordantes, ou très profondes. L'intrigue, — que seules les grandes personnes comprendront, — a pour thème l'amour du chevalier de Nangis pour Flora, la lingère, et la réhabilitation du comte de Mézac, injustement accusé de conspirer contre le Régent.

Amour (l') et **Les Champignons**, tragédie burlesque en un acte, *en vers*, par THIBAUT. (*Décor* : un salon gothique. *Epoque* : de nos jours.) *Figuration*. — 5 | 2 | 1 »

Anonyme (l'), comédie-vaudeville en deux actes, par DUPEUTY, DE

VILLENEUVE et JOUSLIN DE LA SALLE. (*Décors* : 1° un riche cabinet de travail ; 2° jardin et pavillon. *Epoque* : 1820 ou de nos jours.) — 5 | 2 | 2 »

* **Après le Divorce**, comédie en un acte, par M. BAUDE DE MAURCELEY. (*Décor* : appartement d'hôtel à Marseille *Epoque* : de nos jours.) — 4 | 3 | 1 50

Après leur divorce, le comte Paul de Vaude et son ex-femme s'aperçoivent qu'ils n'ont jamais cessé de s'aimer. Et ils se reprécipitent dans les bras l'un de l'autre. Il n'y a de navrée que la belle-mère, furieuse de voir s'écrouler toutes ses manigances.

Tout le monde peut assister à cette comédie réellement pleine de finesse avec parfois une tendresse légèrement émue qui la rend charmante.

Nota. — Il y a sur les sept personnages deux rôles de domestique (un homme et une femme) qui sont très secondaires.

Arlequin poli par l'amour, comédie en un acte, par MARIVAUX, publiée conforme à la représentation actuelle, par M. JULES TRUFFIER. (*Décor* : un parc. *Epoque* : le XVIIe siècle.) — 4 | 3 | 1 50

Arlequin poli par l'amour n'est pas sans doute une des grandes œuvres de Marivaux. Mais on y trouve les qualités maîtresses qui font de Marivaux un des princes de l'art théâtral : la subtilité, la grâce et le goût de l'analyse.

Attente (l'), drame en un acte, *en vers*, par Mme M. DENAN. (*Décor* : un joli salon d'été. *Epoque* : 1830.) *Figuration*. — 4 | 3 | 2 »

Aveugle clairvoyant (l'), comédie en un acte, *en vers*, par LEGRAND. (*Décor* : un salon. *Epoque* : 1700.) *Un figurant*. — 4 | 3 | 2 »

* **Belle-mère** (la) et le Gendre, comédie en trois actes, *en vers*, par SAMSON. (*Décor unique* : un salon. *Epoque* : 1826.) *Un figurant*. — 4 | 3 | 2 »

Elise et Darcy vivaient très unis, jusqu'au jour où la belle-mère, Mme Dorfeuil, vient s'installer chez eux. Alors leur intérieur devient un enfer, et c'est à grand'peine qu'on obtient d'elle qu'elle s'en aille exercer autre part son humeur autoritaire et sa manie de soupçonner.

Blouses (les) ou **La Soirée à la mode**, vaudeville en un acte, par GABRIEL et ARMAND DARTOIS. (*Décor* : un salon. *Epoque* : 1820.) *Figuration*. — 5 | 2 | 2 »

Bonne Fortune (une), comédie-vaudeville en un acte, par PAUL DE KOCK et SAINT-ALME. (*Décor* : une

	H.	F.	Prix

cour d'hôtel. *Epoque : de nos jours.*) — 4 | 3 | 2 »

Bourgeois campagnards (les), vaudeville en un acte, par Sewrin et Chazet. (*Décor : salon orné de vieux meubles. Dans un village. Epoque : 1800.*) — 3 | 4 | 2 »

Bourse et la vie (la), comédie en un acte, *en vers*, par F. Mons. (*Décor : un jardin. Epoque : Louis XIII.*) *Un figurant.* — 5 | 2 | 1 50

Enguerrand, croyant sa maîtresse infidèle, décide de se suicider et paie le spadassin Piétro pour le tuer avant la fin du jour. Sur ces entrefaites, il découvre l'innocence de son amie, mais trop tard, puisqu'il s'est lui-même condamné à mort. Après deux ou trois scènes tragi-comiques, l'arrestation de Piétro met fin aux angoisses du chevalier.

Pièce où le mérite littéraire est égal à l'intérêt dramatique.

*** Bruno le Fileur**, comédie-vaudeville en deux actes, par Cogniard frères. (*Décors : 1° un salon de campagne ; 2° un riche salon. Epoque : 1837.*) *Un figurant.* — 6 | 1 | 1 »

Bruno est un brave homme d'ouvrier fileur. Son patron meurt. A la grande stupeur des héritiers, Bruno est légataire universel. Le voilà à la tête d'une immense fortune. Les compétiteurs, d'abord atterrés, se ressaisissent et ne songent plus qu'à rattraper leur part du gâteau qui leur a glissé entre les mains. Et Bruno le fileur, mal à son aise dans sa richesse comme dans sa redingote neuve, est bien moins heureux qu'au temps de sa médiocrité. Sa femme est courtisée par un dandy. Bruno se bat. A la fin, il décide de se retirer loin de ce monde où il souffre une douloureuse contrainte. Il reconquiert le cœur de sa femme et l'amène avec lui.

Cette pièce est trop connue pour qu'il soit besoin d'en faire l'éloge. Elle est parfaitement morale, mais ne sera bien comprise que des grandes personnes.

Bureau de Loterie (le), vaudeville en un acte, par Mazères et Romieu. (*Décor : une rue de Paris. Epoque : 1820.*) *Figuration.* — 4 | 3 | 2 »

*** Bureau de placement** (le), comédie-vaudeville en deux actes, par A. Jouhaud et Royer. (*Décors : 1° l'intérieur d'un bureau ; 2° un salon riche. Epoque : 1840.*) *Figuration.* — 4 | 3 | 1 50

M. et Mme Vernon voulaient voir leur fils se marier avec une héritière de leur choix. Mais Jules, n'écoutant que son cœur, a épousé, à leur insu, la jeune fille pauvre, vertueuse et belle qu'il aimait. Comment se faire pardonner un acte aussi audacieux ? Comment osera-t-il se montrer à ses parents, et leur présenter sa femme ? En envoyant celle-ci auprès de Mme Vernon, incognito, comme demoiselle de compagnie. Cette ruse hardie, qui manque échouer, par un hasard fort amusant, a finalement le résultat le plus heureux.

Le bureau de placement est une comédie que tout le monde peut entendre.

Cabriolet jaune (le), opéra en un acte, par J.-A. Ségur cadet. Musique de Tarchi (*Décor : un salon. Epoque : 1800.*) — 5 | 2 | 2 »

Café des Variétés (le), vaudeville en un acte, par Scribe et Dupin. (*Décor : l'intérieur d'un café. Epoque : 1817.*) *Figuration.* — 5 | 2 | 2 »

*** Camarades** (les) **du ministre**, comédie en un acte, *en vers*, par E. Vanderburch. (*Décor : petit salon d'une maison de campagne. Epoque : 1839.*) *Figuration.* — 6 | 1 | 1 »

Cette amusante pièce, qui est à peu de chose près une comédie de mœurs, met en scène un jeune ministre, hier encore inconnu. Ses nouvelles fonctions lui valent surtout de grandes fatigues, et, pis encore, la visite prolongée d'amis importuns et tout à fait intéressés.

*** Cambrioleurs !** vaudeville en un acte, par M. Georges Thurner. (*Décor : un salon. Epoque : de nos jours.*) — 5 | 2 | 1 50

Ribadin courtise, pour le bon motif, la sœur de Robichon, Marguerite, dont les dispositions à l'égard du jeune homme sont d'ailleurs excellentes. Lalouette poursuit vainement de ses assiduités Denise Robichon, épouse aussi fidèle que pleine d'attraits. Les deux jeunes gens se rencontrent chez Robichon, mais dans la position critique de cambrioleurs pincés : en effet, ils sont entrés par la fenêtre, et les domestiques, obéissant à leur consigne, les ont ficelés et gardés à vue.

L'arrivée de Denise et de Marguerite met fin à une scène des plus comiques et amène la délivrance des deux soupirants.

Campagne de M. Péchefort (une) ou **La Dévote**, comédie-drame en cinq actes, *en vers*, par J.-B. Trutey. (*Décors : 1° un salon ; 2° une chambre ; 3° une sacristie. Epoque : de nos jours.*) *Une figurante.* — 4 | 3 | 1 50

Capitaine Charlotte (le), comédie-vaudeville en deux actes, par Bayard et Dumanoir. (*Décors : 1° un petit salon élégant ; 2° le salon des appartements de la reine. A Lisbonne. Epoque : 1785.*) — 4 | 3 | 1 »

Le Capitaine Charlotte est une pièce délicieuse, d'une trame charmante, d'un dia-

	H.	F.	Prix

logue spirituel et vif, avec des caractères tracés d'un coup de plume magistral et d'une plaisante variété. Résumons-en très brièvement le scénario riche en situations heureuses.

La jeune reine de Portugal, Marie-Françoise, a conclu un mariage secret avec un jeune officier français, Léon, qui est à son service; seule, la comtesse de Bellaflor est dans la confidence. L'arrivée à la Cour d'une jolie modiste de Paris, Charlotte Clapier, ancienne amie de Léon, jette le trouble dans l'intrigue de ces deux époux que les circonstances obligent à observer l'attitude de deux amants, et sans doute leur tendresse et leur passion trouvent une saveur de plus à cette vie intime, douce comme le fruit défendu. Après une suite de scènes piquantes et mouvementées, Charlotte épouse le riche Tancrède, de Monaco, et le bonheur de la reine demeure intact.

Ce seul exposé, si bref soit-il, suffit à indiquer le genre de la pièce, et, par suite, le genre d'auditoire qui lui convient.

*** Carlo Beati**, comédie-vaudeville en trois actes, par MÉLESVILLE. (*Décors : 1° une terrasse à l'italienne; 2° un parc très touffu ; 3° un riche salon. Epoque : 1799.) Figuration.*   4   3   1   »

La scène se passe à l'époque de la prise de Naples par les Français sous la conduite du général Championnet. Un de ses officiers, Léonard, est aimé de Juliette, fille d'un notable de la ville, qui ne veut pas entendre parler de cette union. Léonard et Juliette décident alors de faire, la nuit, un mariage secret. Ce projet est surpris par Carlo Beati, intrigant rusé et intéressé, qui éloigne perfidement Léonard et se substitue à lui dans la cérémonie clandestine, puis s'éclipse. On devine la fureur de l'officier français, en se voyant joué. Par bonheur, Séverine, la tante dévouée de Juliette, découvre adroitement le secret de Carlo Béati, lui fait croire qu'elle s'est substituée, elle vieille fille, à Juliette, si bien qu'il envoie lui-même l'ordre de rompre son mariage à la vicairerie. Carlo Béati découvre au dernier moment la duperie dont, à son tour, il est victime. Trop tard ! Son union est rompue, et Léonard et Juliette seront heureux.

Caroline, comédie-vaudeville en un acte, par SCRIBE et MÉNISSIER. (*Décor : un salon élégant donnant sur un parc. Epoque : 1819.)*   5   2   1 50

Cette délicieuse comédie, qui ne sera bien comprise que d'un public d'expérience, a pour personnage principal une jeune fille de grand caractère et d'esprit vif (Caroline), qui, traitée en pensionnaire « bébête » par de jeunes étourdis, sait remettre à leur place les impertinents et conquérir le cœur du jeune homme qu'on lui destinait en mariage.

Cartouche et Mandrin, vaudeville en un acte, par DARTOIS et DU-

PIN. (*Décor : au salon. Epoque : Louis XIV.) Figuration.*   5   2   2   »

Cassette à Jeanneton (la), comédie-vaudeville en deux actes, par PAUL BOISSELOT. (*Décors : 1° une cour d'entrée ; 2° un salon. A Balheram et près Paris. Epoque : 1725.) Figuration.*   5   2   1   »

Le comte de Sauvray, à la campagne, eut un accident et fut blessé. Une belle et vertueuse paysanne, Jeanneton, le soigne chez elle, sans souci de la calomnie, et ne tarde pas à éprouver à son égard de la sympathie, puis de l'amour, partagé d'ailleurs. Sauvray, qui conspire — malgré lui — contre M. de Fleury, décide Jeanneton à le suivre, en lui promettant qu'elle sera sa femme. Puis, cédant aux instances de ses amis, il fait une comédie de mariage, indigne de lui, mais dont la jeune fille est dupe. Quand elle l'apprend, elle veut fuir. Le comte heureusement la retient et s'engage, cette fois, envers elle, de telle sorte que leur union est chose accomplie, et que Jeanneton pardonne, non sans avoir sauvé son mari, que les exempts venaient arrêter.

Cette pièce est très sentimentale et très dramatique. Inutile de dire qu'elle ne conviendra guère à un public de pensionnaires.

C'est encore du bonheur ou **Le Prédestiné**, comédie-vaudeville en trois actes, par ARNOULD et LOCKROY. (*Décors : 1° une salle d'auberge; 2° le foyer de l'Opéra; 3° un salon. Epoque : 1833.)*   3   4   1   »

Cette pièce comporte, outre ses trois actes, un épilogue ayant pour décor une chambre à coucher.

C'est le récit, très mouvementé et quelque peu fantastique, des équipées de deux jeunes gens, Jules Roger et Anatole de Kerbec, poursuivant chacun de son côté son idéal, représenté, bien entendu, par le sexe dit faible. Tous deux se rencontrent et se heurtent continuellement dans leurs projets. Une jeune femme nommée Gabrielle de Kaflestru, d'une rare beauté et d'un caractère fort original, les affole complètement. La fin de l'intrigue nous conduit au mariage de Jules Roger, lequel reconnaît, à des preuves irrécusables, que son union avec Cécile était un fait fixé d'avance par l'obscur destin, une prédestination.

Pièce convenant à un public mondain.

Chacun de son côté, comédie en trois actes, par MAZÈRES. (*Décors : 1° un salon ; 2° un jardin; 3° un salon. Epoque : 1828.)*   4   3   1   »

Depuis trois ans, la baronne de Vallière est séparée de son mari, qui l'a indignement trompée. Elle est malheureuse, malgré sa richesse, et elle essaye de s'étourdir dans une vie mondaine factice, où elle risque de perdre sinon son honneur, du moins sa réputation.

Le baron, ruiné par de belles entreprises, apparaît un jour. Sa présence donne lieu à de dramatiques incidents, qui lui permettent de prouver à sa femme la sincérité de son amour. Les époux réconciliés s'abandonnent à la joie d'une reprise ardemment désirée.

Le style de cette pièce fort bien faite — et dont le rôle principal, soit dit en passant, fut créé par Mlle Mars, — nous paraît aujourd'hui un peu emphatique, encore que très spirituel et amusant par maint endroit. Mais c'est une comédie attachante et convenant bien à un public sérieux.

Chasse aux maris (la), vaudeville en trois actes, par DE LEUVEN et BRUNSWICK. (*Décors :* 1° le parc de Saint-Germain ; 2° une salle d'auberge ; 3° une salle ouverte sur une galerie. *Epoque : 1664.*) *Figuration.* — H. 3 | F. 4 | Prix 1 50

Cette pièce charmante, où il y a de la tendresse, de l'esprit, et une pointe de libertinage jamais vulgaire, est d'une trame trop délicate et trop compliquée pour pouvoir se résumer clairement. Ce sont d'ingénieuses intrigues dont les péripéties sont très attachantes, non seulement par elles-mêmes, mais par le style très alerte et très fin dont elles sont enveloppées.

Château de ma nièce (le), comédie-vaudeville en un acte, par Mme ANCELOT. (*Décor :* un salon. *Epoque : 1745.*) *Une figurante.* — H. 5 | F. 2 | Prix 1 50

Claude Bélissan, tableau-vaudeville en un acte, par THÉAULON et CHOQUART. (*Décor :* une île de la mer du Sud. *Epoque : 1835.*) *Figuration.* — H. 5 | F. 2 | Prix 1 »

Amusante bouffonnerie, dans le genre comico-macabre. Il s'agit des aventures qui surviennent à des Européens — parmi lesquels une jeune fille — jetés par une tempête dans une île d'anthropophages. Après de terrifiantes aventures, ils sont sauvés par des marins français.

Cette pièce, d'une grosse drôlerie, ne sera pas jouée devant des jeunes filles.

Colonel d'autrefois (un), comédie-vaudeville en un acte, par MÉLESVILLE, GABRIEL, DUVEYRIER et ANGEL. (*Décor :* le vestibule d'un quartier d'infanterie. A Lille. *Epoque : 1769.*) *Figuration.* — H. 5 | F. 2 | Prix 2 »

* **Comité de bienfaisance** (le), comédie en un acte, par CH. DUVEYRIER et J. DE WAILLY. (*Décor :* un salon. *Epoque : 1835.*) — H. 4 | F. 3 | Prix 1 »

Cette pièce, assez plaisante, est une satire de ces comités de bienfaisance qui étaient de mode vers 1835, et où, parmi des personnes de bonne foi, du moins, il se trouvait des ambitieux pour qui la philanthropie n'était qu'un moyen de bien faire leurs propres affaires. Une femme d'esprit, Mme veuve Emma Renaud, riche

et jolie, a été enrôlée un peu malgré elle dans le comité. Puis c'est le tour d'Albert Bonnefonds, un jeune homme qui adore Emma. Celle-ci, tout d'abord sceptique, finit par apercevoir les qualités de cœur d'Albert, et lui accorde sa main.

Commissaire extraordinaire (le), comédie-vaudeville en un acte, par DUVERT et LAUZANNE. (*Décor :* salon sur un jardin. *Epoque : 1832.*) — H. 4 | F. 3 | Prix 1 50

Concert (le) **aux Champs-Elysées**, vaudeville en un acte, par LAFORTELLE, VIEILLARD et CHAZET. (*Décor :* un café aux Champs-Elysées. *Epoque : 1800.*) *Figuration* — H. 5 | F. 2 | Prix 2 »

** **Coup de Foudre** (un), comédie en un acte, par M. PRABONNEAUD. (*Décor :* un salon. *Epoque :* de nos jours.) — H. » | F. 7 | Prix 1 50

Sur la convocation de leur tante, quatre jeunes filles sont venues trouver celle-ci au fond de sa province. Là, elles apprennent que cette tante ne les a fait venir que pour les présenter à un jeune prétendant orné d'une fortune de deux millions. A cette révélation, elles rivalisent de coquetterie afin de plaire au jeune homme. Leur attente est déçue, car, au lieu de choisir l'une d'elles, c'est à une pauvre jeune fille, petite cousine de la tante en question, et recueillie par celle-ci, qu'il décerne la palme. Les deux jeunes gens n'ont fait que s'entrevoir et cela a suffi : ils ont ressenti le coup de foudre. De l'entrain, de l'esprit et une parfaite tenue, telles sont les qualités de cette pièce dans laquelle il n'y a que des rôles pour jeunes filles, car le jeune homme en cause ne paraît pas sur la scène.

Coup de tête !... (un), comédie en trois actes, par MM. ALEXANDRE BISSON et ANDRÉ SYLVANE. (*Décor unique :* un petit salon. *Epoque :* de nos jours.) — H. 4 | F. 3 | Prix 2 »

Cette comédie dont le sujet est très particulier, très grivois, met en scène un mari honnête et fidèle (Montbizot) et une femme (Florestine) décidée à rendre, le cas échéant, trahison pour trahison. Par une suite de hasards aussi malencontreux que comiques, Florestine est convaincue de la fourberie de son époux. De douleur, de rage, elle s'évanouit dans les bras du premier clerc (Mésange) qui, depuis longtemps la courtise. Or, revenue à elle, la jeune femme se persuade que Mésange a abusé de la situation (il n'en est rien d'ailleurs) et, apprenant en même temps que Montbizot est innocent, elle tombe en un violent désespoir. Pour calmer sa conscience, il faudrait que son mari, à son tour, la trompât. Mais aucune ruse ne vient à bout de cet homme vertueux. Il faut qu'enfin Mésange, mettant les points sur les i, prouve à Florestine qu'il s'était conduit en galant homme.

La pièce est très piquante, très amusante.

	H.	F.	Prix

***Couvée** (la), comédie en trois actes, par M. Brieux. (*Décors : 1° un salon riche ; 2° et 3° : un salon un peu différent. En province. Epoque : de nos jours.*) — H. 3, F. 4, Prix 2 »

Comédie de mœurs bourgeoises, très vraie, très mordante. André Meillet a épousé Mlle « Fifine » Graindor, fille de braves gens et fort riches. Ce serait un charmant petit ménage, si, malgré elle, cette bonne Mme Graindor, sur qui pèse la fatalité des belles-mères, n'y mettait la désunion. Elle a une discussion avec son gendre, elle monte la tête à sa fille ; celle-ci se révolte contre son mari, puis contre Mme Meillet. Tout le monde s'en mêle : dispute générale, charivari. André s'en va. Deux jours se passent. Grande tristesse chez les Graindor. Au fond, il n'y a pas grand'chose là-dessous. On se réconcilie, mais à l'avenir on vivra chacun chez soi.

Cette pièce, dont la conclusion est facile à dégager, comporte d'utiles enseignements. Dialogue piquant et bien mené. Ferait une délicieuse comédie de salon.

Cri-Cri ou Le Mitron de la rue de Lourcine, comédie en un acte, par A. Gouffé et G. Duval. (*Décor : la rue de l'Oursine. Epoque : 1800.) Figuration.* — 4, 3, 2 »

**** Crime de la Place Pigalle ou les Deux Bègues et le Sourd** (le), folie-vaudeville en un acte, par M. René Dubreuil. (*Décor : un bureau de commissaire de police. Epoque : de nos jours.*) Deux rôles peuvent se supprimer. — 7, », 1 »

Scènes drôlatiques dans le bureau d'un commissaire sourd, qui prend pour des assassins deux passants — deux bègues — qui se sont collés.

Cuisinier de Buffon (le), vaudeville en un acte, par de Rougemont, Merle et Simonnin. (*Décor : un salon sur jardin, à Montbard. Epoque : 1780.) Figuration.* — 5, 2, 2 »

De cinq à sept, vaudeville en un acte, par M. Eug. Jolly. (*Déçor : un salon. Epoque : de nos jours.*) — 5, 2, 1 »

Pièce très amusante, un peu libre, avec quelque bouffonnerie. C'est une scène de la jeunesse d'un étudiant, qui s'amuse, donne des rendez-vous galants à la même heure, et subit les aventures les plus imprévues et les plus comiques.

Dédicace (la), comédie en un acte, par G. Petit et H. Raymond. (*Décor : un salon à Trouville. Epoque : de nos jours.*) Un figurant. — 5, 2, 1, 50

Cette petite comédie, très mouvementée, très amusante, se déroule à Trouville. Elle nous fait assister aux aventures galantes de plusieurs messieurs, dont l'un

manque pour la quatorzième fois son mariage, et l'autre s'attire, par une fatuité excessive, la plus désagréable des mésaventures.

Délire (le) ou **Les Suites d'une erreur**, comédie en un acte, par Beveroni Saint-Cyr. (*Décor : un parc de château. Epoque : 1800.) Figuration.* — 4, 3, 2 »

Demande en grâce (la), comédie en un acte, par de Rougemont, Gabriel et Eugène. (*Décor : un salon gothique, près de Londres. Epoque : 1780.*) — 4, 3, 2 »

Dernier madrigal (le), comédie en un acte, *en vers*, par M. Louis Marsolleau. (*Décor : la loge d'Armande Béjart au théâtre de Molière. Epoque : le xviie siècle.*) — 6, 1, 1 »

Cette pièce, d'une inspiration heureuse, a été jouée pour la première fois au Théâtre-Français. La forme est à la hauteur de l'idée. Les principaux personnages sont : la coquette Armande Béjart, Corneille et Poquelin. L'auteur de *Tartufe* se venge, comme le pourrait faire Molière, du madrigal adressé par l'auteur du *Cid* à la Béjart.

Deux dames au violon, pochade en un acte, par Dupeuty et Cormon. (*Décor : l'intérieur d'un violon. Epoque : 1841) (Gavarni.).* — 5, 2, 1 »

Joyeuse folie, très libre et d'un style décolleté. Donne l'impression assez juste de ces escapades carnavalesques, qui se passaient dans les bals où les lorettes se déguisaient en débardeurs. On trouvera dans les dessins de Gavarni des indications parfaites pour les costumes de Lolotte et Artémise, qui jouent en travesti.

Deux jaloux (les), comédie en un acte, par M***, imitée de Dufresny. (*Décor : un parc de château, près Rouen. Epoque : le xviiie siècle.*) — 4, 3, 1 »

M. le président est jaloux, même de son ombre, bien qu'il ait une femme charmante et fidèle. Il croit que les billets enflammés de Damis s'adressent à elle, alors qu'ils sont destinés à Lucie, sa nièce. Il a besoin d'une leçon, — le président, — et son épouse la lui inflige, avec un rare à-propos. Il finit par agréer le mariage de Damis et de Lucie. En même temps, Fanchette est promise à Frontin, au grand dam de Thibaut, jardinier hideusement jaloux, lui aussi.

Cette pièce, entremêlée de délicieuses ariettes, est spirituelle, très habilement conduite et du style le plus piquant.

***Diamant** (le), comédie-vaudeville en deux actes, par Théaulon.

	H.	F.	Prix

(*Décors :* 1° un salon ; 2° un pavillon. *Epoque :* 1839.) — 5 | 2 | 1 »

Gustave Breslaw a rapporté de l'Inde, aux prix des fatigues et des dangers les plus terribles, un diamant énorme auquel il espère devoir sa fortune. Deux joailliers de mérite examinent le diamant et le déclarent faux. Gustave s'évanouit. Il tombe gravement malade. Pourtant le diamant était vrai, et les deux lapidaires le savaient, mais chacun d'eux avait des raisons spéciales et différentes de ne pas le dire. Gustave rentre finalement en possession du diamant, dont il avait voulu se déposséder, le croyant faux.

Telle est, très largement esquissée, la trame de cette comédie dont les péripéties sont très empoignantes, et les caractères vigoureusement tracés. C'est une des meilleures que Théaulon ait écrites.

Diderot ou **Le Voyage à Versailles**, comédie en un acte, par AUDE. (*Décor :* un hôtel à Versailles. *Epoque :* 1780.) — 5 | 2 | 2 »

Distraction (une), comédie-vaudeville en un acte, par M. ALBERT GUIMBOURG. (*Décor :* un salon. *Epoque :* de nos jours.) — 4 | 3 | 1 50

La scène capitale de cette comédie, fort divertissante, se passe dans l'obscurité. Les situations deviennent alors particulièrement comiques, grâce aux méprises dont les personnages sont les inconscientes victimes.

Don Juan ou **Un orphelin**, vaudeville en deux actes, par BAYARD. (*Décors :* 1° grande salle de château, près Valladolid ; 2° un riche cabinet. *Epoque :* Philippe II d'Espagne.) *Figuration.* — 5 | 2 | 2 »

Duel (le) **par procuration**, comédie en un acte, par DE COURCY et ROUSSEAU. (*Décor :* un salon de province. *Epoque :* 1820.) — 5 | 2 | 2 »

Duguay-Trouin prisonnier à Plymouth, comédie en deux actes, par BARRÉ, RADET, DESFONTAINES et SAINT-FÉLIX. (*Décors :* 1° une plate-forme de citadelle à Plymouth ; 2° une antichambre. *Epoque :* 1700.) *Figuration.* — 5 | 2 | 2 »

Dupe de soi-même (la), comédie en trois actes, *en vers*, par F. ROGER. (*Décor unique :* un salon, à Messine. *Epoque :* 1780.) — 5 | 2 | 2 »

* **Ecarté** (l') ou **Un coin de salon**, tableau-vaudeville en un acte, par SCRIBE, MÉLESVILLE et DE SAINT-GEORGES. (*Décor :* un salon riche. *Epoque :* 1822.) *Un figurant.* — 5 | 2 | 2 »

Cette pièce, qui répond bien, par son genre et son style particulier, à son titre de tableau-vaudeville, reflète la physionomie d'une soirée dansante et « jouante », sous Louis XVIII, une de ces soirées où, au moment de la grande vogue de l'écarté, les jeunes gens abandonnaient leurs danseuses pour le tapis vert. Dans la pièce de Scribe, un de ces jeunes gens, Léon, marque, grâce au jeu, de perdre l'honneur et l'amour d'une charmante femme.

Elève de Saumur (l'), vaudeville en un acte, par E. VANDERBURCH. (*Décor :* jardin et pavillon, entre Chinon et Tours. *Epoque :* 1839.) — 4 | 3 | 1 »

La vieille M⁽ᵐᵉ⁾ de Ferrières, toute aux anciennes idées, voudrait voir les jeunes gens doux comme des fillettes, et c'est à peine s'il est permis à son petit-fils Henry (quinze ans) de jouer au cerceau. L'arrivée de son neveu Charles (dix sept ans), révolutionne la bonne dame, et voici la maison sens dessus dessous. Charles fume, crève à demi la vieille jument du vénérable M. Grosmiron, montre à Henry comme il faut s'y prendre pour lutiner la servante, et va jusqu'à aider au mariage de sa cousine Eulalie avec M. Gustave, un avocat de talent, qu'elle aime.

C'est une agréable et gaie petite pièce. A noter que les rôles de Charles et Henry sont des rôles travestis.

Emmeline ou **La Porte secrète**, comédie en deux actes, par MÉLESVILLE et P. DUPORT. (*Décors :* 1° le salon du palais ducal ; 2° maison d'un village. *Epoque :* 1800.) *Figuration.* — 3 | 4 | 2 »

Enfants (les), drame en trois actes, par GEORGE RICHARD. (*Décor unique :* un salon au rez-de-chaussée. *Epoque :* de nos jours.) — 4 | 3 | 2 »

Ce drame de haute moralité ne saurait être compris que de grandes personnes. Il est admirablement scénique, et cela précisément nous empêche, dans notre cadre restreint, d'en rendre compte de manière suffisante.

Le pivot de l'intrigue, le voici : Pellegrin va épouser celle qui, depuis longtemps, est pour lui la compagne idéale, la femme vertueuse et dévouée. L'aîné de leurs enfants, Maurice, n'est pas l'enfant de Pellegrin, mais il est son fils spirituel. La situation prend un intérêt dramatique intense au moment où le vrai père de Maurice, Boislaurier, entre en scène. Pellegrin trouve sa récompense dans l'affection inébranlable de Maurice, et Boislaurier s'éclipse sagement.

Entrevue (l') **des Deux Impératrices**, vaudeville en un acte, par DE VILLENEUVE, MASSON et ERNEST. (*Décor :* partie du parc de la Malmaison. *Epoque :* 1811.) *Figuration.* — 2 | 5 | 2 »

Envers d'une sainte (l'), pièce en trois actes, par M. FRANÇOIS DE CU-

REL. (*Décor :* un intérieur bourgeois. *Epoque :* de nos jours.) — H. 1 | F. 6 | Prix 2 »

L'Envers d'une Sainte est une œuvre superbe et de grande portée philosophique, en même temps qu'un drame poignant, magistralement conçu, et, aussi, une étude de caractères d'un puissant accent.

Julie Renaudin est une sainte. Elle quitte le couvent pour revenir au milieu des siens. Mais le cloître a modifié à jamais tout son être. Ce n'est plus une femme. Sa présence jette le désarroi parmi des êtres qui pourtant lui sont chers. Il s'en faut de peu qu'elle ne brise le bonheur de deux fiancés, Christine Laval et Georges Pierrard. Celui-ci représente pour Julie Renaudin le sacrilège et la dépravation; en réalité, c'est un homme serieux et de bon sens, un savant. Le dénouement nous montre Julie impuissante à vaincre l'amour et les forces honnêtes de la nature. Elle cède la place et retourne au couvent.

Famille (la) du porteur d'eau, vaudeville en un acte, par FRANCIS, DARTOIS et GABRIEL. (*Décor :* une grande chambre rustique. *Epoque :* 1820.) *Figuration.* — H. 5 | F. 2 | Prix 2 »

Faux ami (le), comédie en un acte, *en vers*, par CUVELIER et MARTIN. (*Décor :* un salon. *Epoque :* Louis XV.) *Figuration.* — H. 6 | F. 1 | Prix 2 »

Faux talisman (le), comédie en un acte, par GUILLEMAIN. (*Décor :* un carrefour de village. *Epoque :* 1780.) — H. 5 | F. 2 | Prix 2 »

Femme à vendre (la), folie en un acte, par GENTILHOMME et BELLE aîné. (*Décor :* une place publique à Dumbar. *Epoque :* 1760.) *Figuration.* — H. 5 | F. 2 | Prix 2 »

Femme de ménage (la), vaudeville en un acte, par BRAZIER et DUMERSAN. (*Décor :* une jolie chambre. *Epoque :* 1820.) — H. 4 | F. 3 | Prix 2 »

Femme et Maîtresse, comédie en un acte, par LÉON GUILLARD. (*Décor :* un salon. *Epoque :* 1837.) *Une figurante.* — H. 4 | F. 3 | Prix 1 50

Il y a, dans cette bonne comédie, deux caractères féminins bien tranchés : Agathe, réservée, fine, rassemblant toutes les qualités d'une jeune fille; Joséphine, évaporée, frivole, coquette, point vicieuse, mais remplie de défauts. C'est pourtant celle-ci que Léon désire épouser. Et il souffre de la voir aussi peu sérieuse. A la fin, après une scène presque douloureuse, Léon comprend où se trouve le bonheur, et il épouse Agathe. Joséphine — qui pourtant s'était mise à l'aimer — retournera au bal.

Fête de ma femme (la), vaudeville en un acte, par XAVIER et ERNEST.

(*Décor :* un salon. *Epoque :* 1831.) *Figuration.* — H. 4 | F. 3 | Prix 1 »

Vaudeville assez gai, un peu libre, convenant à un public enclin au gros rire.

** **Fiancé à l'heure** (un), comédie-vaudeville en un acte, par V. BERNARD et W. BUSNACH. (*Décor :* un petit salon. *Epoque :* de nos jours.) — H. 4 | F. 3 | Prix 1 »

Henriette a deux oncles, Mondouillard et Vaubrequin. Le premier a promis soixante mille francs de dot pour la jeune fille, si le futur lui plaît, et Vaubrequin, homme intéressé, tient d'autant plus à presser ce mariage, que Mondouillard est près de partir. Le futur n'arrive pas, et c'est à ce moment que surviennent de fort amusantes complications, où les affaires de Vaubrequin semblent prendre mauvaise tournure. Enfin, sur le vu d'une photographie, Mondouillard se déclare satisfait et donne la dot promise.

Cette pièce est très gaie, très bien conduite et ne peut manquer d'obtenir grand succès.

Fille de Cromwell (la), drame en un acte, par DE ROUGEMONT. (*Décor :* une salle basse. A Londres. *Epoque :* le temps de Cromwell.) *Figuration.* — H. 5 | F. 2 | Prix 1 50

Ce drame, très connu d'ailleurs, puise son grand intérêt tragique dans la situation faite à Cromwell. Celui-ci faisait élever secrètement une jeune fille (miss Francis), à qui, pour diverses raisons, il avait laissé ignorer qu'il fût son père. Miss Francis aime un jeune homme (Georges Claypole), qui se trouve être mêlé à une conspiration contre Cromwell. Celui-ci découvre le complot; il va faire périr Georges et le père de ce dernier. Devant la douleur de Miss Francis, le cœur de Cromwell s'attendrit. C'est lui qui donne sa fille à Georges.

Cette pièce n'a rien qui puisse choquer, mais elle ne sera bien comprise que d'un public d'expérience.

Fille du Cocher (la), vaudeville en deux actes, par DE ROUGEMONT. (*Décors :* 1° un salon; 2° un parc de château. *Epoque :* 1810.) — H. 5 | F. 2 | Prix 2 »

Fils de l'Empereur (le), comédie historique en deux actes, par DUPEUTY, FONTAN et TH. COGNIARD. (*Décors :* 1° jardin à Schönbrünn; 2° une chambre. *Epoque :* 1820.) *Figuration.* — H. 5 | F. 2 | Prix 2 »

Flossie, comédie en deux actes, par M. MARCEL GERBIDON. (*Décor unique :* une salle à manger. *Epoque :* de nos jours, à Genève.) — H. 3 | F. 4 | Prix 1 50

Comédie très désopilante, et aussi très risquée. Le Révérend Goodbye est venu de Cuttingham à Genève chez le pasteur Curroz, à qui il confie sa fille Flossie.

Curroz, de son côté, confie sa fille Edwige à Goodbye. Le pasteur a un fils : Gédédiah. Le Révérend a un fils : William. On devine ce qui se passe, et qu'elles sortes de leçons d'anglais se donnent les jeunes gens. On devine aussi la colère du père Curroz (il est riche) qui, n'apprenant d'abord que la faute de Flossie, refuse le mariage, mais, mis au courant de celle d'Edwige, est bien obligé d'y consentir. Ainsi, par une double union, se termine cette pièce plus que drôle, pouffante.

Folies Amoureuses (les), opéra-comique en trois actes, d'après Regnard, par MM. A. Lénéka et E. Matrat. Musique de H. Pessard. (*Deux décors : 1° une campagne avec une grille sur jardin ; 2° une place de village.*) *Figuration.* — H. 5, F. 2, Prix 1 »

Fou de Péronne (le), vaudeville en un acte, par Scribe et Dupin. (*Décor : une auberge à Péronne. Epoque : 1819.*) *Figuration.* — H. 5, F. 2, Prix 2 »

Un négociant, un peu chevalier d'industrie, est sur le point d'épouser une jeune fille avec grosse dot, et uniquement pour la dot. Ses projets sont déjoués, après de très amusantes scènes.

On jugera s'il convient de jouer cette pièce devant tout auditoire.

Français à Londres (les), comédie en un acte, par de Boissy. (*Décor : un hôtel garni à Londres. Epoque : 1720.*) — H. 5, F. 2, Prix 2 »

Français (les) **en cantonnement,** vaudeville en un acte, par L. Montigny. (*Décor : un village d'Allemagne. Epoque : 1800.*) *Figuration.* — H. 6, F. 1, Prix 2 »

France pittoresque (la) ou **La Reine des Vendanges** (*coutume provençale*), tableau-vaudeville en un acte, par Théaulon et V. Desmares. (*Décor : un joli paysage en Provence. Epoque : 1834.*) *Figuration.* — H. 3, F. 4, Prix 1 »

Selon un antique usage, on nomme chaque année une jeune fille, comme reine de la vendange, ou « vierge aux pampres verts ». Qui sera désignée, de Mlle Batistine ou de Mlle Cécile ? Elles le seront toutes les deux, en vertu d'une heureuse et subtile décision dont tout l'honneur revient au dessinateur Valentin. Son esprit d'à-propos et de justice lui vaut, d'ailleurs, de pouvoir assurer son propre avenir.

C'est une pièce qui ne manque pas de couleur locale, et où l'on goûtera de piquantes situations. Une pointe de malice grivoise.

* **François Villon,** comédie en un acte, *en vers,* par Mlle Jehanne d'Orliac. (*Décor : la place devant le parterre du Châtelet. Epoque : 1456.*) — H. 6, F. 1, Prix 1 50

Cette petite comédie agréablement versifiée met en scène le fameux poète Villon, ce bohème incorrigible. Nous le voyons, au début de la pièce, sortir de la prison du Châtelet, animé des plus sages intentions, pour éviter de s'y faire enfermer de nouveau ; mais la rencontre de ses camarades de débauche ne tarde pas à faire fondre ses belles résolutions comme neige au soleil.

Cette petite fantaisie historique convient très bien pour être jouée en société.

Gentilhomme (le) **de la Chambre,** vaudeville en un acte, par T. Sauvage et Georges. (*Décor : un salon. Epoque : 1830.*) *Figuration.* — H. 6, F. 1, Prix 2 »

Girouette de village (la), comédie en un acte, par Poujol. (*Décor : un village. Epoque : 1810.*) — H. 6, F. 1, Prix 2 »

Gouverneur (le) ou **Une nouvelle éducation,** vaudeville en un acte, par Monperlier. (*Décor : un salon. Epoque : 1800.*) *Figuration.* — H. 5, F. 2, Prix 2 »

Guérillas (le), épisode des dernières révolutions d'Espagne, en un acte, par A. de Leuven et de Forges. (*Décor : un salon en Catalogne. Epoque : 1808.*) *Figuration.* — H. 3, F. 4, Prix 2 »

Hedda Gabler, drame en quatre actes, par H. Ibsen, traduit par M. le Cte Prozor. (*Décor unique : un salon. Epoque : de nos jours, en Norvège.*) — H. 4, F. 3, Prix 3 50

Henri Hamelin, drame en trois actes, par Emile Souvestre. (*Deux décors : 1° un salon ; 2° un pavillon d'été. Epoque : 1838.*) — H. 5, F. 2, Prix 1 »

Malgré son courage et sa haute intelligence, Henri Hamelin, gros industriel des environs de Rouen, se trouve acculé à la ruine. Tous ses créanciers payés, il ne lui restera qu'une vingtaine de mille francs. Il consacrera cette somme à la construction d'une machine par lui inventée, et qui permettra de produire à moins de frais. Ce dernier espoir même lui est enlevé. La traite, qui représentait cette somme, est impayée et protestée. En même temps, et pour comble de malheur, Hamelin découvre que sa femme, sans l'avoir encore trahi, a cédé à des impulsions romanesques, et prête l'oreille aux paroles langoureuses d'un artiste oisif qui, d'ailleurs, est l'hôte et l'obligé du mari. Mais il y a auprès d'Hamelin un fidèle ami, Cantal. Grâce à lui, et après une succession de scènes pathétiques et touchantes, Hamelin reconquiert du même coup et sa femme et sa situation.

Pièce excellente, et qui, ainsi qu'on en a pu juger ci-dessus, conviendra à un public d'expérience.

	H.	F.	Prix

Histoire d'un Châle, vaudeville en un acte, par Eug. Hugot et Armand Chaulieu. (*Décors : 1° la forêt de Bondy ; 2° une chambre modeste. Epoque : 1855.*) *Une figurante.* — 4 | 3 | 1 | »

Ajax souffre de l'abandon d'Agathe, qui, elle-même, se console à peine d'avoir été quittée par Anatole, lequel, de son côté, a délaissé Cécile. Entre tous ces personnages, il s'établit une intrigue tragi-comique, dans laquelle un certain châle — un châle de prix — joue un rôle très important. Le dénouement consiste dans le mariage d'Agathe et d'Anatole d'une part, de Cécile et d'Ajax de l'autre.

Inutile d'ajouter que ce n'est pas une pièce pour des pensionnaires.

* **Homme de paille** (l'), comédie-vaudeville en un acte, par E. Labiche et A. Lefranc. (*Décor : un salon élégant. Epoque : 1843.*) — 5 | 2 | 1 | »

La ruse la mieux ourdie
Peut nuire à son inventeur,
Et souvent la perfidie
Retombe sur son auteur.

Ces vers de l'illustre fabuliste peuvent servir de moralité à la charmante pièce qu'est l'*Homme de Paille*.

Chamviller est sur le point d'épouser une jolie et riche veuve, Mᵐᵉ de Lanjoie. Ce serait pour lui, viveur et endetté, une affaire excellente à tous égards. Chamvillers, né malin, a eu l'idée, pour justifier ou ses fredaines ou ses négligences, de s'en décharger sur le dos d'un personnage imaginaire appelé de Cambiac. Par malheur, le vrai de Cambiac se révèle, au grand détriment de Chamvillers, auquel il ne reste plus, devant le triomphe légitime de son rival, qu'à prendre, en philosophe un peu contraint, son parti de sa mésaventure.

Pièce convenant parfaitement à un public mondain.

Homme de paille (l'), vaudeville en un acte, par Francis, Armand et Dartois. (*Décor : intérieur d'un cabinet de notaire. Epoque : 1820.*) *Figuration.* — 5 | 2 | 2 | »

Hôtel des Invalides (l'), vaudeville en un acte, par Dubois. (*Décor : une chambre gothique. Epoque : 1820.*) *Figuration.* — 5 | 2 | 2 | »

* **Humoriste** (l'), vaudeville en un acte, par Dupeuty et Henri. (*Décor : un cabinet de travail. Epoque : 1829.*) *Figuration.* — 4 | 3 | 2 | »

Courval est un excellent homme au fond, mais d'un caractère fantasque, et porté à opposer au calme et au tranquille langage des siens la brutale décision de celui qui parle en maître. Par une supercherie spirituelle, et qu'à moins de sem-

bler un sot, Courval accepte sans éclat, sa femme, avec la complicité de ses amies, le corrige de ses défauts parfois désagréables à son entourage.

Cette pièce peut être entendue de tout auditoire.

Ile des Noirs (l'), vaudeville en un acte, par Dartois et Saintine. (*Décor : un site pittoresque. Epoque : 1800.*) *Figuration.* — 3 | 4 | 2 | »

Imprimeur (l') **sans caractères**, vaudeville en un acte, par Francis, Dartois et Gabriel. (*Décor : l'intérieur d'une imprimerie. Epoque : 1820.*) *Figuration.* — 5 | 2 | 2 | »

** **L'Innocent criminel**, comédie en un acte, par MM. René Dubreuil et Louis Latourrette. (*Décor et époque ad libitum.*) — 7 | » | 1 | 50

C'est une satire des mœurs judiciaires, piquante dans les détails, et, dans le fond, plus sérieuse qu'elle ne paraît. L'extravagante scène de l'*Innocent*, aux prises avec toutes les forces policières, a une signification facile à percer.

Invasion de grisettes (une), vaudeville en deux actes, par Varin et E. Arago. (*Décors : 1° un site champêtre ; 2° un salon. Epoque : 1843.*) *Figurants.* — 3 | 4 | 1 | »

Vaudeville assez mouvementé, et qui, précisément parce qu'il donne la note assez juste de l'époque où il a été créé, serait presque impossible à adapter aux modes et à la scène actuelles.

Jean-Bart à Versailles, par Marschall et X**. (*Décor : une salle à Versailles. Epoque : 1690.*) — 5 | 2 | 2 | »

* **Jean le Pingre et Pierre le Large**, drame-vaudeville en un acte, par Clairville. (*Décor : un jardin de guinguette. Epoque : 1840.*) *Figuration.* — 5 | 2 | 1 | 50

C'est une pièce à moralité. Jean le maçon est surnommé Le Pingre, parce qu'il ne boit pas et qu'il économise son argent. Pierre Lelarge passe au contraire pour un bon vivant, mais l'entraînement au vin et au jeu lui fait oublier son devoir ; il détourne l'argent de la paye des compagnons, il vole le pécule de Jean. Or, ce ladre de Jean se révèle comme un cœur vraiment généreux et grand, car, non content de ne pas ébruiter la mauvaise action de son camarade, il le sauve du déshonneur, du suicide.

Ce drame-vaudeville peut convenir à tout le monde, mais n'intéressera pas un public mondain.

Jeu du cœur (le), comédie en trois actes, par Paulin-Deslandes.

(*Décors* : 1° un atelier; 2° un salon; 3° un jardin. *Epoque* : de nos jours.) *Deux figurants.* | H. 4 | F. 3 | Prix 1 »

Jeune homme à marier (un), comédie-vaudeville en un acte, par DELESTRE, DESVERGERS et VARIN. (*Décor* : un jardin. *Epoque* : 1830.) | 3 | 4 | 2 »

Jeune Mari (le), comédie en trois actes, par MAZÈRES. (*Décor unique* : un riche salon. *Epoque* : 1826.) | 4 | 3 | 1 »

Le chevalier Oscar de Beaufort a épousé, pour payer ses dettes et vivre luxueusement, Mme veuve Duperrier. Celle-ci, qui est au déclin même de la maturité, adore son jeune mari, dont le caractère impétueux supporte fort mal la surveillance inquiète de l'épouse. Ils sont tous deux, en somme, très malheureux. Oscar comprend qu'il eût mieux fait de rester pauvre et endetté que de s'unir à une femme beaucoup plus âgée que lui. L'étude de cette situation délicate forme le fond de la pièce, et l'auteur l'a traitée avec une telle virtuosité dramatique, que le ménage mal assorti ne donne jamais l'impression du grotesque, mais d'une réelle tristesse. Des épisodes gracieux, des intrigues d'amour et de mariage, faisant corps avec l'intrigue principale, corsent agréablement l'intérêt de cette comédie fort remarquable, et qui, on en a pu juger, ne sera comprise que par un public d'expérience.

Jeunesse de Henri V (la), comédie en trois actes, par ALEXANDRE DUVAL. (*Deux décors* : 1° un palais ; 2° un cabaret. *Epoque* : le XVIIe siècle.) | 5 | 2 | 1 »

Le prince Henri, héritier de la couronne d'Angleterre, mène une vie de débauche, indigne de son nom et du haut rang qu'il est appelé à occuper. Son entourage s'évertue à le corriger, notamment son favori Rochester, lequel n'obtiendra la main de lady Clara, qu'il aime, que si le prince revient à de meilleurs... agissements. Il en advient ainsi, après une série d'événements, de quiproquos très ingénieux, et très spirituellement amenés. Le rôle de Rochester, rôle très sympathique, fera grand effet s'il est bien joué.

Jocrisse changé de condition, vaudeville en deux actes, par DORVIGNY. (*Décor unique* : une salle. *Epoque* : 1780.) *Figuration.* | 5 | 2 | 2 »

Jodelle ou **Le Berceau du Théâtre**, comédie en un acte, par DÉCOUR, CH. HUBERT et ROCHEFORT. (*Décor* : jardin et pavillon. *Epoque* : 1556.) | 5 | 2 | 2 »

Lectrice (la) ou **Une Folie de Jeune homme,** comédie-vaudeville en deux actes, par BAYARD. (*Décors* : 1° un salon en Ecosse;

2° une chambre à coucher. *Epoque* : 1834.) *Figuration.* | 5 | 2 | 1 »

Cette comédie est d'une belle intrigue, d'une action émouvante et pathétique ; le cadre restreint de cette notice nous empêche d'en décrire les péripéties. Le milieu étranger, où la scène se passe, donne à la pièce une note assez originale. Elle ne sera comprise que d'un public d'expérience.

Lionne (la), vaudeville en deux actes, par ANCELOT et LÉON. (*Décors* : 1° un joli salon de campagne; 2° un salon élégant. *Epoque* : 1840.) | 4 | 3 | 1 50

*** Mademoiselle Rose,** comédie en trois actes, par ALPHONSE ROYER et GUSTAVE VAËZ. (*Décor unique* : un salon. *Epoque* : 1843.) Peut être jouée dans le goût moderne. *Un rôle muet.* | 3 | 4 | 1 »

Mlle Rose est une vieille fille de cinquante ans et plus, aussi fine qu'elle est bonne, mais dont le défaut, commun à bien des demoiselles mûres, est d'être sentimentale, et d'avoir gardé dans le cœur une jeunesse, une ardeur de sentiments qui sont loin d'être, hélas ! en rapport avec le physique. Rien d'étonnant, dès lors, à ce que Mlle Rose, apprenant de la bouche de l'aimable Donatien, que celui-ci veut se marier, n'éprouve le plus doux émoi, et ne prenne la déclaration pour elle. On devine combien le jeune homme, qui ambitionne uniquement la main de la charmante Eugénie Dutillet, a de mal et dépense d'adresse et d'habileté pour détromper cette excellente mais inflammable Mlle Rose. Tout s'achève au mieux ; Rose, revenue de ses erreurs — erreurs touchantes et naturelles — dote Eugénie et refuse sa propre main à ce vieil intrigant de Martial, l'ex-notaire.

Cette pièce, d'une rare perfection, est des plus heureusement inspirées.

Ma femme et sa chambre, comédie-vaudeville en un acte, par EDME CHAUFFER. (*Décor* : un appartement bourgeois. *Epoque* : 1830.) | 4 | 3 | 2 »

Estelle Gervais a le même prénom que sa marraine, Mme Bonnow. De là vient, somme toute, tout le mal, et l'affreuse illusion dont ce brave Bonnow, convaincu pour un moment de la trahison de son épouse, a bien de la peine à revenir. Sans insister sur l'intrigue de ce gai vaudeville, nous le recommandons tout spécialement; les caractères y sont d'une vérité et d'un pittoresque remarquables. Notamment, le personnage du portier Lacour est absolument impayable.

*** Magasin de la graine de lin** (le), vaudeville en un acte, par BAYARD et REGNAULT. (*Décor* : un magasin, avec accessoires, tels que : une hotte solide, un large judas praticable, un escalier, etc. *Epo-*

que : 1842. A la rigueur, de nos jours.) — 4 | 3 | 1 | »

Pascal est le jeune apprenti (23 ans) du grainetier Landry. Il a l'air niais, mais ce n'est pas un sot, loin de là ; à preuve : il réussit à se faire aimer de la délicieuse Hermance, nièce de ce bourru, de ce vilain, de cet ours de Landry. Si Pascal était « ros », il entrerait facilement dans les bonnes grâces de la charmante Mme Landry ; mais c'est à la main d'Hermance qu'il aspire. Il y parvient, mais au prix de quelles difficultés !

Rien ne saurait donner idée du pittoresque, de la drôlerie et de l'esprit qui animent cette charmante pièce. On peut la jouer avec un succès absolument certain.

Note importante : le judas n'est pas indispensable ; on peut y suppléer en chargeant le sac, où s'est caché Pascal, sur l'épaule d'un garçon de boutique qui le portera au grenier. Le rôle de Pascal est très amusant.

Manie des places (la), vaudeville en un acte, par Scribe et Bayard. (*Décor :* une grande salle d'hôtel. *Epoque :* 1825.) *Deux figurants.* — 5 | 2 | 2 | »

Marchesa (la) ou **La Courtisane de Rome**, drame en trois actes, par Ad. d'Ennery et Alfred. (*Décors :* 1° une galerie richement ordonnée ; 2° une chambre d'artiste ; 3° un boudoir. A Rome. *Epoque :* 1821.) *Figuration.* — 4 | 3 | 1 | »

La Marchesa est victime de la violence de ses passions, victime d'elle-même. A seize ans, elle eut, de sa liaison avec le comte Bernetti, une fille (Stella) dont elle se sépara peu de temps après sa naissance, et qu'elle ne reprit qu'à un âge où elle ne pouvait la reconnaître. Sans que la voix du sang parlât, la Marchesa a élevé Stella vertueusement. Mais un jour, un peintre français, Victor, qui a été son amant, aperçoit Stella. Un amour réciproque naît dans le cœur de l'artiste et de la jeune fille, et la Marchesa jure de les perdre tous deux, en profitant d'une conspiration dans laquelle Victor est compromis. A ce moment, l'intensité dramatique atteint à son apogée, et l'intrigue se dénoue par la mort de la Marchesa, qui, après avoir empoisonné Stella et s'être empoisonnée elle-même, sauve sa fille par un antidote qu'elle lui fait boire, et dont elle ne garde pas une goutte pour elle-même.

Mariage par ordre (le), drame-vaudeville en deux actes, par Ch. Denoyers et Alboize. (*Décors :* 1° un salon ; 2° un salon élégant. *Epoque :* 1800.) *Un figurant.* — 5 | 2 | 2 | »

Marie Touchet, drame en un acte, en vers, par M. Gustave Rivet. (*Décor :* une salle basse. *Epoque :* fin du XVIe siècle.) — 6 | 1 | 1 50

La scène se passe la nuit, pendant le massacre de la Saint-Barthélemy. Marie Touchet, maîtresse de Charles IX (qu'elle ignore être le roi), donne asile à son ami d'enfance, Saint-Bris, jeune huguenot poursuivi par les meurtriers. Le roi entre, puis les soldats. Il laisse tuer Saint-Bris.

Pièce très dramatique et émouvante, écrite en de beaux vers.

Marion Carmélite, vaudeville en un acte, par Bayard et Dumanoir. (*Décor :* un salon. *Epoque :* de nos jours.) *Figuration.* — 5 | 2 | 2 | »

Matinée (une) **des Deux Corneille**, vaudeville en un acte, par A. Grétry, neveu. (*Décor :* un jardin à Andilly. *Epoque :* 1650.) — 6 | 1 | 2 | »

* **Ménage en liberté** (un), vaudeville en un acte, par MM. Marc Sonal et Victor Gréhon. (*Décor :* un cabinet de travail. *Epoque :* de nos jours.) — 5 | 2 | 1 50

Cette pièce, très mouvementée, présente, sous un aspect comique, le tableau des quiproquos et des complications que peut amener dans un jeune ménage un beau-frère soupçonneux.

Peut se jouer devant tous les publics.

Mentor faubourien (le), vaudeville en un acte, par Jaime. (*Décor :* une boutique. *Epoque :* 1830.) *Figuration.* — 3 | 4 | 2 | »

Mère au bal (la) et **La Fille à la maison**, comédie-vaudeville en deux actes, par Théaulon. (*Décors :* 1° un riche salon ; 2° une riche galerie. *Epoque :* 1826.) *Figuration.* — 4 | 3 | 1 | »

Malgré la réprobation de son frère, le contre-amiral de Norlis, la comtesse de Mirval, que sa grande beauté n'oblige pas encore à renoncer aux joies de ce monde, prend part aux divertissements mondains, et laisse sa fille chez elle, pour aller au bal. Peut-être, sans s'en rendre compte, craint-elle de se voir éclipser par Ernestine sa fille, qui est, elle, dans tout l'éclat de sa jeunesse. Mme de Mirval est courtisée par un jeune élégant, Soligny, lequel, en rusé don Juan, ne manque point de combler la fille des mêmes attentions qui lui ont conquis l'affection de la mère. Et le fait est que la comtesse est terriblement éprise de Soligny. Ainsi peut-on se figurer la douleur de la pauvre femme, quand elle surprend l'intrigant aux pieds d'Ernestine. L'intervention du baron de Norlis met fin à une situation pénible : Soligny s'éclipse, et la comtesse, assagie, accorde la main de sa fille au protégé de son frère, M. Amédée de Saint-Almon.

Mina ou **La Fille du Bourgmestre**, vaudeville en deux actes, par Duvert et Lauzanne. (*Décors :* 1° un plateau de montagne en Suisse ; 2° un salon. *Epoque :* 1840.) *Figuration.* — 5 | 2 | 1 50

	H.	F.	Prix

** **Mode à Paris** (la), comédie en un acte, pour sept jeunes filles, par M. Prabonneaud. (*Décor : un petit salon. Epoque : de nos jours.*) — » | 7 | 1 | »

Petite comédie morale et doucement satirique : le côté extravagant que présentent quelquefois les modes parisiennes y est quelque peu critiqué. La baronne de Boisjoli, veuve et sans enfant, recherche vainement une parente infortunée, Adrienne de la Motte, pour lui remettre l'héritage de son oncle Anselme. Le hasard fait que, dans l'hôtel même où est la baronne, l'héritière et sa mère sont en train d'agoniser presque de faim. La baronne les secourt d'abord sans les connaître, puis elle apprend qui elles sont, et Adrienne se jette dans les bras de l'excellente femme. Mais pour le coup, la baronne renonce aux robes et aux chapeaux de chez les bons faiseurs.

Cette piécette convient parfaitement à un public de jeunes filles, pour lequel, d'ailleurs, elle a été faite.

Mon gigot et mon gendre, vaudeville en deux actes, par B. Antier et Marchal. (*Décors : 1° une loge de portière ; 2° un atelier. Epoque : de nos jours.*) *Figuration.* — 4 | 3 | 1 50

Monsieur Graine-de-lin ou **Le jour de noces**, vaudeville en deux actes, par Ch. Paul de Kock. (*Décor : une cour d'auberge. Epoque : 1820*) *Figuration.* — 5 | 2 | 2 »

Monsieur l'adjoint, comédie-bouffe en un acte, par M. Paul Gavault. (*Décor : la salle des mariages dans une mairie. Epoque : de nos jours*) — 5 | 2 | 1 50

Petite piécette très vive, très échevelée, très « pimentée ». Laure (vingt ans), femme divorcée de Flavigny, va épouser Groseiller (quarante-neuf ans). Or, il advient que l'officier d'état-civil qui les doit unir n'est autre que Flavigny. Celui-ci, qui n'a jamais cessé d'aimer sa femme, la reconquiert définitivement, tandis que Groseiller, s'étant aperçu que Mme Sézanne, la maman de Laure, porte magnifiquement sa quarantaine, l'épouse sans plus tarder.

Monsieur Toussaint ou **Les Couplets de fête**, vaudeville en un acte, par Brazier et X***. (*Décor : un jardin à Auteuil. Epoque : 1810.*) *Figuration.* — 4 | 3 | 2 »

Mouche du mari (la), vaudeville en un acte, par Dumanoir et Chabot de Bouin. (*Décor : une partie de parc à Asnières. Epoque : 1830.*) *Figuration.* — 4 | 3 | 2 »

Naissance et mariage, vaudeville en un acte, par. Laffitte et

E. Cormon. (*Décor : une mairie de campagne. Epoque : 1830.*) — 4 | 3 | 2 »

Noë ou **Le Monde repeuplé**, comédie en un acte, par Martainville. (*Décor : une vigne, site agreste. Epoque : après le déluge.*) — 4 | 3 | 2 »

Nos guérisseurs, comédie en un acte, par MM. Albert Nouveau et Louis Brémond. (*Décor : un salon. Epoque : de nos jours.*) — 5 | 2 | 1 »

Petite pièce qui cache une très mordante satire sous les dehors d'un comique extravagant. Des docteurs et doctoresses, membres d'une ligue anti-tuberculeuse, élaborent un projet de loi réglementant la santé publique, en réalité supprimant toute liberté et oubliant complètement la principale cause de maladie : la misère. Or, un pauvre frotteur est amené céans. Il est tuberculeux, à jeun depuis deux jours. Les ligueurs lui rédigent une ordonnance merveilleuse, cependant que le domestique apitoyé lui apporte un bol de bouillon. On emmène le frotteur, il meurt peu après, ce qui n'empêche point le Dr Calvaire d'être nommé grand-officier de la Légion d'honneur.

Notaire (le), vaudeville en un acte, par Mazères. (*Décor : un salon à Nogent. Epoque : 1820.*) *Figuration.* — 5 | 2 | 2 »

Noviciat diplomatique (un), vaudeville en un acte, par Jacques Arago. (*Décor : salon du Louvre. Epoque : de nos jours.*) — 6 | 1 | 1 »

Ogresse (l') ou **Un Mois au Pérou**, comédie-vaudeville en deux actes, par Paul Vermond. (*Décors : 1° une terrasse rustique ; 2° un petit pavillon. Epoque : 1843.*) *Figurants.* — 4 | 3 | 1 »

Dans un accès de colère, une jeune et jolie péruvienne, Catalina, manque de tuer Gaston Derville, que pourtant elle aime sans presque encore s'en douter. Elle le croit mort, et lui, la sachant un peu superstitieuse, lui apparaît comme ferait un fantôme. La pièce se termine par le mariage des deux jeunes gens.

L'Ogresse est un très joli vaudeville, où la note drôle vient colorer très agréablement l'intrigue sentimentale.

Ogresse (l') ou **La Belle au bois dormant**, folie-parade en un acte, par Désaugiers et Gentil. (*Décor : une salle du palais avec un lit de parade. Epoque : celle des contes de fées.*) *Figuration.* — 6 | 1 | 2 »

Oubliée (l'), drame en quatre actes, par A. Touroude. *Décors : 1° une petite maison avec jardin et rue ; 2° un boudoir élégant ;*

	H.	F.	Prix

3° une chambre modeste. *Epoque : de nos jours.*) — 4 | 3 | 2 »

Ce drame, un des plus forts et des plus poignants que l'on connaisse, met en opposition, — dans un conflit terrible où l'honneur et la vie d'une pure jeune fille (Suzanne) sont en jeu — l'homme à bonnes fortunes, riche, égoïste, ne voyant que sa passion à assouvir (Valney), et l'honnête homme tout court (Jacques) qui vient offrir loyalement son nom et sa vie à celle qu'il aime. Suzanne accepte simplement l'offre loyale de Jacques, et repousse Valney. Devant les obstacles, celui-ci perd toute mesure ; par d'infâmes agissements, où l'aide une femme (La Priotte) qui est (sans le savoir avant le dénouement) la mère de Suzanne, Valney parvient à presque détruire l'amour des deux jeunes gens. Mais, dans cette crise atroce, la jeune fille est sur le point de succomber. Valney lui-même se jette aux genoux de Jacques, mais ce n'était qu'une crise : Suzanne est sauvée et appelle son mari.

Cette pièce — qui, bien entendu, ne sera comprise que d'un public d'expérience — joint à une puissance tragique incomparable l'intérêt d'une étude de caractère et de vices sociaux qui la grandissent encore.

*Ours (l') et Le Pacha, folie-vaudeville en un acte, par SCRIBE et XAVIER. (*Décor :* une cour de sérail. *Epoque :* de nos jours.) *Figuration.* — 5 | 2 | 1 »

Bouffonnerie très amusante, libre sans grivoiserie, et gaie d'un bout à l'autre. L'affaire roule sur les mésaventures de deux pauvres sires échoués en pays turc, et qui seraient montreurs de bêtes savantes s'ils avaient le moindre animal en leur possession. Schahabaham, pacha crédule autant que féroce, sera la dupe de nos deux *managers* sans troupe, jusqu'au moment où, la supercherie devenant par trop forte, la comédie est bien près de mal finir. Le dénouement tombe, il va sans dire, à la satisfaction générale.

Cette pièce exige un certain déploiement de mise en scène et d'accessoires.

Parlez au portier, vaudeville en un acte, par D'ENNERY et LA JARIETTE. (*Décor :* une cour. *Epoque :* 1845.) — 4 | 3 | 1 50

Scènes amusantes, un peu grosses, sur un thème relativement risqué. L'idée est drôle, et les situations se compliquent de manière agréable.

Paul et Jean, comédie-vaudeville en un acte, par BAYARD. (*Décor :* une arrière-boutique à Gênes. *Epoque :* 1830.) *Figuration.* — 4 | 3 | 2 »

Péchantré ou Une scène de tragédie, vaudeville en un acte, par SEWRIN. (*Décor :* un pavillon à Suresnes. *Epoque :* 1800.) *Figuration.* — 6 | 1 | 2 »

Pension bourgeoise (la), vaudeville en un acte, par SCRIBE, Du-PIN et DUMERSAN. (*Décor :* un salon bourgeois. *Epoque :* 1820.) — 3 | 4 | 2 »

Père et fils, vaudeville en un acte, par MÉLESVILLE et P. DUPORT. (*Décor :* le jardin de l'hôtel des eaux. *Epoque :* de nos jours.) — 5 | 2 | 2 »

Père et parrain, vaudeville en deux actes, par ANCELOT et ANICET BOURGEOIS. (*Décors :* 1° une arrière-boutique ; 2° un salon. *Epoque :* 1830.) — 4 | 3 | 1 50

Père malgré lui (le), comédie-vaudeville en un acte, par SERVIÈRE et PHILIDOR. (*Décor :* un salon. *Epoque :* 1800.) — 4 | 3 | 2 »

Perkins Warbec, vaudeville en deux actes, par THÉAULON, BRAZIER et CARMOUCHE. (*Décors :* 1° un magasin de draps à Tournay ; 2° un vestibule de palais. *Epoque :* 1820.) *Figuration.* — 4 | 3 | 2 »

Perroquets de la Mère Philippe (les), vaudeville en un acte, par DARTOIS, A. DARTOIS et X***. (*Décor :* endroit retiré dans un parc. *Epoque :* 1804.) — 5 | 2 | 2 »

Petit dragon (le), comédie-vaudeville en deux actes, par E. SCRIBE, DELESTRE POIRSON et MÉLESVILLE. (*Décors :* 1° une esplanade d'arbres ; 2° la salle commune d'une prison. *Epoque :* 1810.) — 5 | 2 | 2 »

Petit fifre (le), comédie-vaudeville en un acte, par MERLE et BRAZIER. (*Décor :* un hameau flamand. *Epoque :* 1800.) *Figuration.* — 4 | 3 | 2 »

Petite école des pères (la), comédie en un acte, par C.-G. ETIENNE et GAUGIRAN-NANTEUIL. (*Décor :* un salon. *Epoque :* 1800.) *Figuration.* — 5 | 2 | 2 »

Philibert marié, comédie-vaudeville en un acte, par MOREAU et SCRIBE. (*Décor :* un salon. *Epoque :* de nos jours.) — 3 | 4 | 2 »

Philippe et Georgette, comédie-vaudeville en un acte, par MONVEL. (*Décor :* une chambre mal meublée. *Epoque :* 1793.) *Figuration.* — 5 | 2 | 2 »

*Plus beau jour de la vie (le), comédie-vaudeville en deux actes, par Scribe et Varner. (*Décor : un salon. Epoque : 1825.*) — H. 3 | F. 4 | Prix 1 »

Dans ce vaudeville, que tout le monde peut entendre, « le plus beau jour de la vie » est le jour du mariage, ainsi désigné ironiquement. Le mariage dont il s'agit est celui de M. Bonnemain, receveur général, avec Mlle Antonine de Saint-André. Le marié, dans les instants qui précédent la cérémonie, est accablé d'une foule d'avanies énervantes et désagréables. L'union conclue, ne voilà-t-il pas qu'un billet malencontreux excite dès à présent sa jalousie ? La lettre, ainsi qu'il se découvre à la fin, était destinée à la sœur d'Antonine, Mlle Estelle ; cela va faire, même, un second mariage. Et, d'ailleurs, il n'est pas douteux qu'un bonheur sans nuage attende les deux couples ; — les auteurs de cette aimable pièce n'ayant cherché qu'à nous montrer, sous une forme intéressante, les petites misères que le hasard vient semer dans la vie.

Poètes sans souci (les), par Sewrin et Le Franc. (*Décor : un salon de traiteur. Epoque : 1800.*) *Figuration.* — H. 5 | F. 2 | Prix 2 »

Premier jour de bonheur (le), opéra-comique en trois actes, par d'Ennery et Cormon. Musique de Auber. (*Décors : 1° une lisière de forêt dans l'Inde ; 2° le palais du gouverneur à Madras ; 3° un kiosque en bambous. Epoque : ad libitum.*) — H. 5 | F. 2 | Prix 1 »

Prenez l'ascenseur, scènes de la vie privée en un acte, par P. Royer. (*Décor : un salon de photographe. Epoque : de nos jours.*) — H. 4 | F. 3 | Prix 1 »

Ce sont bien, en effet, des scènes de la vie privée, qui se déroulent dans le salon du photographe. En même temps qu'il s'y fait un mariage, un... faux mariage s'y défait. Les intrigues sentimentales y sont en quelque sorte assaisonnées de détails amusants et drôles. Il va sans dire que la pièce ne convient pas à un auditoire jeune.

Prise de voile (la), comédie en deux actes, par T. Sauvage, G. de Lurieu et Raoul. (*Décors : 1° une salle d'hôpital ; 2° un oratoire. A Boulogne. Epoque : 1805.*) *Figuration.* — H. 4 | F. 3 | Prix 2 »

Protecteur (le), comédie-vaudeville en un acte, par Théaulon, Francis et Dartois. (*Décor : un cabinet. Epoque : 1820.*) — H. 5 | F. 2 | Prix 2 »

Puisque les rois épousaient des bergères... pièce en trois actes, par Auger de Beaulieu et G. de Charnal. (*Décors : 1° une ferme ;*

2° un salon Louis XV ; 3° un riche salon. *Epoque : Louis XV.*) *Figuration.* — H. 5 | F. 2 | Prix 1 50

Quinze ans d'absence, comédie-vaudeville en un acte, par Merle et Brazier. (*Décor : parc et berceau. Epoque : 1750.*) *Figuration.* — H. 4 | F. 3 | Prix 2 »

Rabot (le) **et le cor de chasse**, comédie en un acte, par Anicet et d'Estagel. (*Décor : un atelier de menuisier. Epoque : 1825.*) — H. 5 | F. 2 | Prix 2 »

Rapin, scènes d'atelier, en un acte, par Cogniard frères et Saint-Aguet. (*Décor : un atelier de peinture. Epoque : 1836.*) *Figuration.* — H. 6 | F. 1 | Prix 2 »

Réveil de l'Instinct (le), pièce en trois actes, par M. H.-R. Lenormand. (*Décors : 1° un salon modeste, à Rotterdam ; 2° une pièce dans une habitation européenne, à Java. Epoque : de nos jours.*) — H. 4 | F. 3 | Prix 1 50

Berend Jansen est officier, et quoiqu'il lui en coûte de laisser dans la misère Mineke, sa compagne dévouée et adorée, la mère de sa petite Annette, il part à Java, où ses chefs l'envoient. Le temps passe. La souffrance a tué Mineke. A force d'énergie, Berend s'enrichit aux colonies. Annette, à dix-huit ans, est devenue le vivant portrait de sa mère. Mais quel amour vient à naître dans l'âme du père et de la fille ?... Berend, malgré les exhortations indignées du pasteur, semble décidé à consommer une union répréhensible, abusant de ce qu'Annette ignore le secret de sa naissance. Le pasteur le dévoile à la jeune fille, qui se noie.

A coup sûr, ce n'est pas là une pièce pour un jeune auditoire. Mais, malgré ce qu'il y a d'osé dans les sentiments qui y sont dépeints, il est visible que l'auteur a simplement traité dans son drame — avec beaucoup de force et de talent, d'ailleurs — un cas passionnel particulier.

Nota. — Les rôles d'Annette et de Mineke devront être tenus par la même artiste.

Rigoletti ou **Le dernier des fous**, vaudeville en un acte, par Alboize et Jaime. (*Décor : une salle de palais. Epoque : vers le XVI.e siècle.*) *Figurants.* — H. 6 | F. 1 | Prix 1 »

Rigoletti, bouffon du duc de Bade, a réussi à introduire à la cour Alphonse, son fils, qu'il eut vingt-cinq ans auparavant de la sœur du duc. Alphonse aime Laura, pupille du souverain, qui, de son côté, l'aime aussi. Apprenant l'amour d'Alphonse, il veut le chasser. C'est alors que Rigoletti lui apprenant le secret de la naissance d'Alphonse, il consent au mariage.

C'est une pièce fort pathétique et d'une très belle facture scénique.

H. | F. | Prix

Rouffignac, comédie en un acte, en vers, par MAURIN. (*Décor :* une grande place. *Epoque :* 1800.) — 5 | 2 | 2 »

Saute, Marquis ! opéra-comique en un acte, par M. JULES TRUFFIER. Musique de JULES CRESSONNOIS. (*Décor :* un hangar de vigneron. *Epoque :* le XVIIIe siècle.) — 4 | 3 | 1 »

Fendrèze est un peu comme tous les comédiens... d'opérette : l'habitude d'incarner une foule de personnages prestigieux l'a conduit à se croire irrésistible. Aussi fait-il la cour à toutes les femmes, au mépris de ses engagements envers une belle cantatrice, Lydia, à qui il a promis le mariage. Par une supercherie aussi adroite que légitime, Lydia fait signer par Fendrèze le contrat qui l'unit avec elle, et cela sans que le chanteur s'en doute, et sans qu'il puisse élever une seule protestation.

Pièce charmante à tous égards. On appréciera devant quel auditoire il convient de la jouer.

Secret d'Etat (un), comédie-vaudeville en un acte, par LEMOINE, MONTIGNY et LEFORT. (*Décor :* un salon d'hôtel. *Epoque :* 1806.) *Figuration.* — 5 | 2 | 2 »

Secret de mon oncle (le), vaudeville en un acte, par VARIN. (*Décor :* un salon de campagne. *Epoque :* de nos jours.) — 4 | 3 | 1 50

Serment de collège (le), comédie en un acte, par A. DE COMBEROUSSE. (*Décor :* un jardin de maison de campagne en Allemagne. *Epoque :* 1838.) *Figuration.* — 5 | 2 | 1 »

Melbert, ministre du prince, et l'acteur Friedlin, avaient signé jadis, au collège, l'engagement réciproque de se partager l'un à l'autre les honneurs et les chances de fortune qui pourraient respectivement leur advenir. L'occasion se présente, après de longues années, à Melbert de tenir le serment fait envers son vieil ami Friedlin, qui est dans une situation pire que précaire. Mais le hasard, dans son ironie, en décide autrement, et c'est le vieux comédien, habile homme, — servi d'ailleurs par des circonstances fort curieuses, — qui tirera d'affaire son camarade en passe d'être disgracié, procurera au prince un papier politique fort important, facilitera le mariage, très compromis, de Malbert, et enfin trouvera pour lui-même une bonne situation.

Comédie d'un vif intérêt dramatique, et qui ne serait pas comprise d'un auditoire par trop jeune.

Soirée à la mode (une), comédie-vaudeville en un acte, par VARNER, BAYARD et HIPPOLYTE. (*Décor :* un salon. *Epoque :* 1825.) *Figuration.* — 4 | 3 | 2 »

H. | F. | Prix

Solliciteur (le) ou **L'Intrigue dans les bureaux**, comédie en un acte, par EUGÈNE SCRIBE et MÉLESVILLE. (*Décor :* le vestibule d'un ministère. *Epoque :* 1810 ou de nos jours.) *Une figurante.* — 5 | 2 | 2 »

Solness le constructeur, drame en trois actes, par H. IBSEN, traduit par M. le COMTE PROZOR. (*Décor :* 1° un cabinet de travail ; 2° un salon ; 3° une véranda. *Epoque :* de nos jours en Norvège.) *Figuration* — 4 | 3 | 3 50

Son Altesse, comédie en trois actes et quatre tableaux, par EDOUARD CADOL. (*Décors :* 1° la terrasse d'un palais ; 2° un salon-boudoir ; 3° un cabinet de travail. *Epoque :* de nos jours.) *Figuration.* — 5 | 2 | 3 50

Cette pièce évoque la situation délicate d'un prince, homme de cœur avant tout (Paul Théghika), qui, épousant la reine régnante d'une principauté danubienne, s'aperçoit bientôt que, grâce aux usages, à l'étiquette, au protocole, il n'est, somme toute, que le Prince Consort, le mari de la reine, destiné à assurer la perpétuation de la lignée royale. Rôle humiliant par certains côtés. Mais Paul sait obtenir la place à laquelle il a droit. La reine Olga, sa femme, finit par se jeter dans ses bras, et proclame les prérogatives que chacun devra reconnaître à son mari, à commencer par ces messieurs de la Cour.

Son Altesse est une pièce très jolie, fort intéressante, spirituelle et d'un sentiment très juste.

* **Le Sourd** ou **L'Auberge pleine**, comédie-folie de DESFORGES, réduite en un acte et arrangée pour l'état actuel du théâtre, par M***. (*Décor :* une salle à manger d'auberge. *Epoque :* 1824.) *Un figurant.* — 3 | 4 | 1 »

Le sujet de cette pièce est bien connu. M. d'Oliban est près de donner sa fille à un niais assez riche et très désagréable, M. d'Anières. Dans l'auberge où se passe la scène, est arrivé un voyageur sourd, qui contrarie d'Anières et finalement le supplante, non dans le cœur de Joséphine, mais dans les projets de son père. C'est, en effet, un sourd qui entend fort bien, M. d'Orbe, que la jeune fille préférait, certes, à d'Anières. Il y a dans cette comédie fort drôle des scènes dont on peut tirer grand parti, celle du *lit*, celle du repas, par exemple. Elle n'a rien qui puisse blesser les convenances.

Stanislas ou **La Sœur de Michel et Christine**, vaudeville en un acte, par THÉAULON et EUGÈNE. (*Décor :* une cour d'auberge. *Epoque :* 1820 ou de nos jours.) *Figuration.* — 5 | 2 | 2 »

	H.	F.	Prix

Suicide de Falaise (le), comédie en un acte, par MARTAINVILLE. (*Décor : une salle d'auberge. Epoque : 1820.*) — 6 | 1 | 2 »

Surprise de l'amour (la), comédie en trois actes, par MARIVAUX. Edition conforme à la nouvelle représentation, et annotée par M. JULES TRUFFIER, de la Comédie-Française. (*Décor unique : un jardin, pavillon et berceau. Epoque : le XVIIIe siècle.*) — 5 | 2 | 1 »

La marquise, qui est jeune et charmante, a perdu son mari et abhorre l'existence. Le chevalier a vu celle qu'il aimait, Angélique, entrer pour jamais au couvent. Il n'est plus, pour ces deux cœurs meurtris, par l'amour, d'autre joie que dans l'amitié, et la marquise conclut avec le chevalier un traité de pure amitié. Le petit Dieu moqueur ne tarde pas à briser ce projet chimérique, et c'est par un mariage que prend fin cette pièce délicieuse, au point de vue du dialogue, du style, comme à celui de l'esprit, de cet esprit si fin, si élégant, qui caractérise le théâtre du temps de Marivaux.

La *Surprise de l'amour* conviendra très bien à un public mondain.

Susceptible (le), comédie en un acte, par L.-B. PICARD. (*Décor : un cabinet de travail. Epoque : 1800.*) *Un figurant.* — 5 | 2 | 2 »

Suzanne, comédie-vaudeville en deux actes, par MÉLESVILLE et E. GUINOT. (*Décors : 1° un salon de campagne ; 2° un pavillon à la chinoise. Epoque : 1837.*) — 4 | 3 | 1 50

L'intrigue de cette pièce roule sur l'infirmité d'une jeune orpheline (Suzanne), qui est muette. Il est reconnu qu'une émotion violente peut seule lui rendre la parole. Et il en arrive ainsi ; mais comme on s'est trompé sur la nature de l'émotion dont l'effet fut si favorable, il s'ensuit plusieurs scènes d'un très grand intérêt dramatique. Le dénouement est très heureux. *Suzanne* est une comédie excellente, très intéressante. Convient seulement à un auditoire d'expérience.

Suzanne de Croissy, comédie-vaudeville en un acte, par PH. DE MARVILLE. (*Décor : un appartement d'hôtellerie. Epoque : 1762.*) Il y a, en plus des sept personnages indiqués, un rôle de servante (ou de domestique), personnage muet. — 6 | 1 | 1 »

De Croissy a été marié avec Suzanne, alors que celle-ci n'avait encore que quatorze ans. Le délai de rigueur écoulé, le jeune homme réunit ses amis, Chamaillac et quelques autres, dans une dernière orgie, et cela la veille même du jour où sa femme doit le venir rejoindre. Dans l'ivresse, Croissy, épris de la Guimard, et Chamaillac, amoureux en secret de Suzanne, signent un traité monstrueux, aux termes duquel le chevalier s'engage à laisser son ami courtiser son épouse. On devine que l'exécution du contrat devient horriblement pénible pour Croissy, surtout lorsqu'ayant vu sa jeune femme, il se sent en proie à la passion la plus vive. Il veut éloigner Chamaillac, l'attendrir... peine perdue ! Pour comble de malheur, le texte du traité tombe entre les mains de Suzanne de Croissy. Sa bonté lui dicte la plus noble décision : elle déchire l'infâme papier, sans l'avoir ouvert.

Le sujet de cette charmante comédie suffit à indiquer le genre de public auquel elle peut convenir.

Suzette, comédie-vaudeville en deux actes, par BAYARD, DUMANOIR et D'ENNERY. (*Décors : 1° un jardin ; 2° une chambre d'auberge. Epoque : 1837.*) *Un figurant.* — 5 | 2 | 1 »

Le sujet de cette amusante comédie est en quelque sorte un cas pathologique. Suzette épouse, sans amour, Pastolin deux fois veuf et presque vieux. Le jour même de son mariage, une émotion violente la rend muette, et la science enseigne à l'entourage navré que seule une autre émotion pourrait rendre la parole à la jeune femme. Et l'on part, pour ainsi dire, à la recherche de cette émotion, et voilà que, la nuit, Suzette rencontre dans sa chambre, Edouard, un jeune homme qui l'aime et qu'elle n'est pas loin d'aimer. La surprise, la peur, une foule de sentiments complexes, lui arrachent un cri : elle parle, elle est sauvée. Pastolin pense en mourir de joie, tandis qu'Edouard s'éclipse, auteur involontaire de ce bienfait.

Tabarin, comédie en trois actes, par MM. DUMANOIR et DESLANDES. (*Décors : 1° un intérieur de boutique, 2° un salon, 3° une place. Epoque : 1620.*) *Figuration.* — 6 | 1 | 1 50

Tante Léontine (la), comédie en trois actes, par MM. MAURICE BONIFACE et E. BODIN. (*Décor unique : un salon bourgeois à Valenciennes. Epoque : de nos jours.*) — 3 | 4 | 2 »

C'est une comédie de mœurs, mordante, réaliste avec beaucoup d'art et de talent, atrocement vraie. Nous n'en pouvons donner qu'un bref aperçu. M. Dumont, honnête homme, mais d'esprit balourd, est sur le point de marier sa fille (Eugénie) à un abject petit arriviste (Paul), lequel s'esquive en apprenant que la dot n'est pas aussi grosse qu'il l'espérait. Le malheur est qu'Eugénie aime ce jeune homme jusqu'à la mort. Comment sortir de là ? La tante Léontine vient à point ; c'est la sœur de Dumont ; elle a « mal tourné » dans le temps, et son nom, dans la famille, est synonyme d'opprobre. Seulement, quand on apprend que Léontine est devenue très riche, Mme Dumont — admirable type de bourgeoise féroce — la proclame l'ange gardien de la famille, et Dumont, bien qu'ayant stupidement injurié sa sœur, accepte son argent pour doter Eugénie. Léontine, très bonne pâte, pardonne et paie.

Ce n'est pas là, il va sans dire, une pièce pour pensionnaires.

	H.	F.	Prix

Tour de faction (le), drame-vaudeville en un acte, par d'Ennery et E. Grangé. (*Décor :* une plateforme de forteresse. *Epoque :* de nos jours.) *Figuration.* — 5 | 2 | 1 50

Tour de garnison (le), comédievaudeville en un acte, par Merle, Carmouche et de Courcy. (*Décor :* une plate-forme de citadelle. *Epoque :* 1820.) *Figuration.* — 6 | 1 | 2 »

***Tout ce qui brille...** comédie en un acte, *en vers*, par M. Monnier de la Motte. (*Décor :* un salon. *Epoque :* le xviiie siècle.) — 5 | 2 | 1 »

Ce te comédie est d'un tour littéraire fort heureux, et ainsi que l'explique l'auteur en son avertissement, reproduit exactement le ton et le langage de la comédie en vers au dix-huitième siècle.

Le marquis de Versac, intrigant vulgaire et taré, a réussi en l'absence du comte Damis, amant (selon le vieux style) de la marquise Dorimène, à se faire passer aux yeux de celle-ci pour un homme dont la vie offre une extraordinaire succession d'exploits merveilleux. Au fond, il n'en veut qu'à la fortune de cette belle personne, qui ne serait pas loin de lui accorder sa main, si Damis, très opportunément, ne venait démasquer et exécuter le fourbe.

Traquenard (le), comédie en un acte, par E. Erny. (*Décor :* un jardin à Asnières. *Epoque :* de nos jours.) De plus il y a un rôle de domestique, personnage muet. — 4 | 3 | 1 50

Le *Traquenard* est une des meilleures comédies en un acte qui se puissent rencontrer. Les caractères y sont tracés d'un crayon spirituel, et offrent chacun leurs traits particuliers; les situations y sont comiques et piquantes.

En l'espèce, le traquenard est celui que trois hommes — dont un misanthrope doublé d'une misogyne — ont tendu à deux femmes. Celles-ci, mises par un heureux hasard au courant du complot, font en sorte que ces messieurs sont pris à leur propre piège, et d'une façon qui leur ôtera toute envie de recommencer.

La rapidité des situations nous empêche de donner une idée plus complète de l'intrigue de cette jolie pièce, qui convient parfaitement à un public mondain.

Treize à table ou **Le Danger d'écouter aux portes**, comédie en un acte, par Tournemine et Gérau. (*Décor :* une salle à manger. *Epoque :* 1830.) *Figuration.* — 5 | 2 | 2 »

Trois Pierrots, vaudeville en un acte, par M. Paul Meyan. (*Décor :* une chambre élégante. *Epoque :* de nos jours.) — 5 | 2 | 1 50

La scène se passe un soir de carnaval. Les personnages : Juliette Mongrapin et

son mari, commissaire de police ; Clodomir, jeune fêtard, et Stella, sa maîtresse ; Alexis, neveu du commissaire, fiancé de Mlle Mongrapin. Les trois hommes, poussés chacun de son côté par le désir de faire des folies, ont chacun revêtu un costume de Pierrot. Des circonstances déplorables, mais burlesques, les mettent, dans l'appartement de Clodomir, en présence qui de son épouse, qui de son amie. Il s'en faut de peu que l'affaire ne tourne assez mal ; comme bien on pense, il n'en est rien.

Vaudeville très gai, un peu libre, bien fait pour un public de jeunes gens.

Tronquette la Somnambule, vaudeville en un acte, par Cogniard frères. (*Décor :* jardin et pavillon. *Epoque :* de nos jours.) *Figuration.* — 6 | 1 | 1 50

Trop de finesse nuit, comédie provinciale en un acte, par M. Roger du Tranois. (*Décor :* un salon sur jardin. *Epoque :* de nos jours.) — 4 | 3 | 1 »

Trop de finesse nuit : Mathilde Darnay éprouve la rigueur de ce proverbe. Aussi coquette que jolie, elle a affolé l'esprit et le cœur d'un jeune homme qu'elle fait congédier par son mari et qui part, non sans emmener avec lui la soubrette de Mathilde. Celle-ci, dans le même temps, n'était pas sans « aguicher » Raynal, ancien commandant de hussards, homme d'expérience. C'est lui qui va infliger une cruelle leçon à la jeune femme imprudente : il épouse sa meilleure amie, Mme Marville. Il reste à Mathilde son vieux mari, et aussi Jean, domestique bizarre, prétentieux et malin, et qui nourrit à l'égard de sa maîtresse d'inavouables ambitions.

Turenne ou **Un trait de modestie**, vaudeville en un acte, par A. d'Artois, de Bournonville et Fulgence. (*Décor :* une petite maison et un camp. *Epoque :* 1670.) *Figuration.* — 6 | 1 | 2 »

Turlurette, vaudeville en un acte, par Laurencin et Bernard Lopez. (*Décor :* un appartement. *Epoque :* 1844.) — 5 | 2 | 1 »

Dans cette agréable bluette, un brave homme de provincial — fort riche d'ailleurs, — se trouve un peu fourvoyé dans un intérieur d'étudiants ; et comme il est assez inflammable de nature, il se trouve amené à doter son neveu Isidore, amoureux de la jolie et espiègle Turlurette.

Vadeboncœur, vaudeville en un acte, par Désaugiers et Gentil. (*Décor :* un paysage. *Epoque :* 1800.) — 4 | 3 | 2 »

Veuve du marin (la), comédie-vaudeville en un acte, par Bernard.

	H.	F.	Prix
(*Décor : un jardin au bord de la mer. Epoque : 1830.*)	4	3	2 »
Vieux Mari (le), vaudeville en deux actes, par Scribe et Mélesville. (*Décors : 1° un salon; 2° un salon de campagne. Epoque : 1825.*)	5	2	1 50
Villageoise somnambule (la), vaudeville en un acte, par Dartois et Dupin. (*Décor : l'entrée d'un village. Epoque : 1820.*)	4	3	2 »
Visite à ma Tante (une), vaudeville en un acte, par J. Vernet et ***. (*Décor : un jardin. Epoque : 1818.*)	5	2	2 »
* **Yelva** ou **L'orheline russe**, comédie-vaudeville en deux actes, par Scribe, de Villeneuve et Desvergers. (*Décors : 1° un apparte-*ment simple. 2° une grande salle de château. *Epoque : 1828.*) *Figuration.*	3	4	1 »

L'intrigue très passionnante et dramatique de cette belle pièce peut se résumer en ceci : Yelva est une jeune orpheline, élevée par le comte et la comtesse de Cézanne, aimée d'Alfred de Cézanne, et acceptant de fuir celui qu'elle adore, pour éviter la ruine à ses bienfaiteurs en mettant le jeune homme à même d'épouser la riche Féodora. Mais une nuit, à Vilna, comme le mariage d'Alfred et de Féodora va se célébrer, une pauvre fille affamée, mourant de froid, sonne à la porte. C'est Yelva. On l'introduit dans le château du puissant seigneur Tchérikoff, où la vue d'un portrait lui rappelle de terribles souvenirs, mais en même temps lui révèle le secret de sa naissance illustre : elle est la sœur de Tchérikoff. Yelva épousera Alfred, et Tchérikoff s'unira avec Féodora.

Yelva peut être jouée devant tout auditoire.

HUIT PERSONNAGES

	H.	F.	Prix
Alcôve (l'), comédie-vaudeville en un acte, par de Forges, A. de Leuven et Roche. (*Décor : une chambre rustique. Epoque : 1830.*) *Figuration.*	6	2	2 »
Aline Patin, comédie-vaudeville en trois actes, par E. Pierron. (*Décors : 1° un salon riche, 2° un boudoir; 3° un cabinet de travail. Epoque : 1847.*)	5	3	1 »
Amant intrigué (l'), ou **Le Coup de pistolet**, comédie en un acte, par Léon Rabbe. (*Décor : un salon d'hôtel garni. Epoque : 1820.*)	6	2	2 »
Ami Bontemps (l') ou **La Maison de mon Oncle**, vaudeville en un acte, par Théaulon et Mélesville. (*Décor : intérieur de jardin. Epoque : 1820.*) *Figuration.*	6	2	2 »
Amours de Montmartre (les), comédie en un acte *en vers*, par Fonpré de Fracansalle. (*Décor : une boutique de pâtissier. Epoque : 1775.*) *Figuration.*	6	2	2 »

	H.	F.	Prix
Annonce matrimoniale, vaudeville en un acte, par M. Ludovic Marcoux. (*Décor : salon bourgeois. Epoque : de nos jours.*)	2	6	1 50

M. Céleri, vieux garçon de cinquante ans, vit avec sa bonne Catherine, vieille femme de soixante-dix ans, jalouse de son autorité dans la maison. Son maître, pris du désir subit de se marier, met une annonce dans les journaux. Colère de Catherine qui lui reproche les dérèglements de sa vie et principalement l'abandon de sa fille naturelle. On assiste au défilé des candidats qui donne lieu à des scènes assez drôles causées par l'intervention de Catherine qui cherche à les éloigner toutes. Elle y réussit. Finalement, la fille naturelle de Céleri, Germaine, arrive et se fait connaître à son père. Joie générale. Le père renonce à ses projets de mariage et Catherine, rassurée, promet de soigner la jeune fille comme la sienne propre.

Pièce très gaie, spirituelle et facile à jouer.

	H.	F.	Prix
Avalanche de Domestiques (Une), folie-vaudeville en un acte, par Emile Durafour. (*Décor : une salle à manger. Epoque : de nos jours.*)	5	3	1 »

Le vieux beau Belphégor, à qui l'âge

	H.	F.	Prix

n'a pas enlevé le goût des aventures galantes, a besoin d'une leçon. De joyeux drilles la lui donnent, et en musique, avec l'aide volontaire de jeunes femmes charmantes, et l'appoint inconscient de deux concierges, personnages grotesques. Ce sont des scènes à pouffer de rire, et dont l'interprétation exige beaucoup d'entrain et de vivacité.

Nota. — A part un rôle d'homme et un rôle de femme, tous les autres sont des rôles à tiroirs. Les acteurs comptés ici jouent deux rôles ; ils pourraient en jouer plus et la quantité d'acteurs nécessaires serait moindre.

Aventure de Garrick (une), comédie en un acte, *en vers*, par MM. FA-BRICE LABROUSSE et PIERRE FERNAY. (*Décor* : une salle d'auberge près Paris. *Epoque* : le XVIIIe siècle.) — 6 | 2 | 1 50

Garrick, le grand comédien anglais, avait critiqué le jeu de ses illustres camarades d'outre-Manche ; c'est pourquoi certains de ceux-ci, au nombre desquels Préville, Dugazon, Clairon et Dangeville résolurent de s'amuser à ses dépens. Le hasard voulut que, dès le début de la mystification, Garrick pénétra la ruse, s'y prêta, mais, de telle sorte, que ce fut lui qui donna une leçon à ses confrères, leçon spirituelle et spirituellement acceptée par eux.

A vingt et un ans ou **L'agonie de Schœnbrunn**, drame en un acte, par MERVILLE et FRANCIS. (*Décor* : un salon sur jardins à Schœnbrunn. *Epoque* : 1832.) *Figuration.* — 7 | 1 | 2 | »

Baptême du petit Gibou (le), pièce en deux actes, par DUMERSAN et JAIME. (*Décor unique* : une salle au rez-de-chaussée. *Epoque* : 1830.) *Figuration.* — 5 | 3 | 2 | »

Bateau à vapeur (le), comédie en un acte, par H. SIMON. (*Décor* : un café, quai Voltaire. *Epoque* : 1816.) *Figuration.* — 6 | 2 | 2 | »

Beau-père (le), vaudeville en un acte, par CORMON et CHABOT DE BOUIN. (*Décor* : un salon. *Epoque* : 1841.) — 5 | 3 | 1 | »

Il y a quatre jours que Charles Rouvray est marié, et déjà les affaires mal finies de sa vie de garçon, révolutionnent la maison de son beau-père, le débonnaire Michonet. C'est l'huissier, c'est un ami maladroit qui l'invite à une « orgie », c'est une ancienne liaison récalcitrante... et Charles passait pour un *bon petit jeune homme !* Michonet paie, subit des avanies, et arrange tout.

Bel Armand (le), comédie en trois actes, par M. VICTOR JANNET. (*Deux décors* : 1o un petit salon ; 2o un salon d'un genre différent. *Epoque* : de nos jours.) — 6 | 2 | 2 | »

Cette comédie vaut un bon drame. Au théâtre, les situations les plus terribles ne sont pas toujours celles où il y a du sang versé. La pièce de M. Victor Jannet le prouve.

Evrard (cinquante ans) fut jadis au mieux avec Mᵐᵉ Laroche, morte depuis. Laroche n'a jamais rien su. Les deux hommes, unis d'amitié, ont vieilli, séparés l'un de l'autre par la vie. Chacun d'eux a un fils. Fabrice, celui d'Evrard, est un fêtard émérite, apte à gaspiller l'argent plus qu'à le gagner. André, fils de Laroche, est ingénieur. Sérieux, actif, il est mis à la tête d'une importante entreprise par M. Evrard, qui le traite comme son fils, non sans raison peut-être... Bref, André devient le préféré de tous. Il est aimé de Jeanne, nièce des Evrard, et il va l'épouser, lorsque Fabrice, outré de se voir, par sa propre faute, méprisé des siens, insulte André, le pousse à bout. André le frappe au visage : ils vont se battre. M. et Mᵐᵉ Evrard s'emploient à empêcher ce duel. Evrard révèle à Fabrice le secret de la naissance d'André : Fabrice s'incline. Par malheur, André a tout entendu. Il apparaît, défait, tragique... il maudit Evrard, mais M. Laroche survenant, il faut bien que chacun se taise et dissimule. André consent enfin à ne pas fuir ; il épousera Jeanne. Fabrice, rendu sérieux par ce coup du destin, consolera son père.

Tel est, sèchement résumé, ce drame poignant. Il ne peut être compris que d'un public composé de gens expérimentés. Il n'exige aucun accessoire spécial : tout est dans l'action, dans la situation des personnages les uns à l'égard des autres.

Berceau (le), comédie en trois actes, par BRIEUX. (*Décor unique* : un salon. *Epoque* : de nos jours.) — 4 | 4 | 2 | »

Le Berceau est ce qu'on appelle une pièce à thèse. Laurence a divorcé d'avec M. Chantrel qui la trompait, elle a la garde de leur enfant, que le père aura le droit de voir un jour par semaine. Laurence se remarie ensuite avec M. de Girieu (cinquante ans), qui l'adore et qui souffre de n'occuper point dans l'affection de sa femme autant de place que l'enfant. Celui-ci tombe gravement malade. Cédant aux instances désespérées de Chantrel, Girieu lui permet de venir soigner son fils. Après des jours et des nuits d'anxiété mortelle, on sauve l'enfant, mais Chantrel et Laurence ont senti, auprès du berceau de leur fils, revenir leur amour. Ils sont bien près de s'y abandonner, mais Laurence, cœur droit et honnête, se ressaisit. Malgré tout, plus de bonheur possible pour elle. Après une scène profondément poignante entre les deux hommes, entre le premier et le second mari, Laurence les renvoie tous les deux : Chantrel, parce que sa nature franche l'empêche de devenir sa maîtresse, et Girieu, parce que, ne l'aimant pas, elle ne veut point rester sa femme, de fait. Elle demeurera avec son enfant chez ses parents.

Cette belle comédie, jouée à la Comédie-Française, est d'une haute puissance dramatique.

	H.	F.	Prix

***Berceau des quarante** (le), comédie en un acte, *en vers*, par F. Mons. (*Décor :* un salon. *Epoque :* 1635.) *Figuration.* — 7 | 1 | 1 50

Ce bel à-propos nous place à l'époque de la fondation de l'Académie française, des débuts de Corneille au théâtre. Il nous montre Richelieu, ce grand homme d'Etat entiché de littérature, et Chapelain, et Rotrou, Saint-Amand, Mⁿᵉ de Scudéry. C'est une charmante œuvre d'art, qui figurera parfaitement, soit comme lever de rideau, soit comme prologue à une représentation de pièces classiques, comme il s'en fait souvent dans les grandes villes.

Le Berceau des quarante peut être entendu de tout le monde, à moins que l'on ne trouve pernicieux les rêves d'amour chimériques et les dépits rentrés de Mⁿᵉ de Scudéry.

Bêtes noires du capitaine (les), comédie en quatre actes, par F. Cellières. (*Décors :* 1º une chambre ; 2º un salon ; 3º un salon sur jardin. *Epoque :* de nos jours.) — 5 | 3 | 2 »

Berthe de Laubriac et sa sœur Césarine, nièces du capitaine Copernette, vivent chez leur oncle. Berthe est, depuis près de deux ans, abandonnée de son mari, et nul ne sait ce qu'il est devenu. On apprend enfin qu'il est mort, et Berthe peut alors épouser le peintre Robert Morin, qu'elle aimait, et dont, fidèle à la parole une fois donnée, elle voulait se séparer à jamais.

Ce n'est là qu'un très succinct résumé, c'est le fond de cette pièce dont l'intrigue est réellement intéressante, où le dialogue est spirituel, vivant, avec des caractères fortement dessinés — ceux de Copernette et de Césarine, par exemple. Elle ne sera comprise que des grandes personnes.

Boucles d'oreilles (les), comédie-vaudeville en un acte, par Rochefort. (*Décor :* un cabinet de travail. *Epoque :* 1830.) — 5 | 3 | 2 »

***Bourgmestre de Saardam** (le) ou **Le Prince Charpentier**, vaudeville en deux actes, par Mélesville, Merle et Boirie. (*Décors :* 1º des chantiers ; 2º une taverne. *Epoque :* Pierre Iᵉʳ, 1698.) *Figuration.* — 7 | 1 | 1 »

Le czar Pierre Iᵉʳ (selon une anecdote connue) réside incognito à Saardam, comme garçon charpentier. Les puissances européennes découvrent enfin sa retraite, et c'est à qui, de la France et de l'Angleterre, cherche à se l'attacher par des traités d'alliance. Mais il n'est pas facile, au milieu du grand nombre de compagnons répondant au nom de Pierre, de trouver celui qu'on désire. Lord Simpley, ambassadeur anglais, est notamment le jouet d'une méprise — qui, d'ailleurs, est presque le pivot de cette délicieuse pièce — grâce à la bêtise incomparable du

sieur Van-Bett, le bourgmestre de Saardam. Quand Pierre Iᵉʳ se révèle enfin ce qu'il est, Van-Bett demeure stupide, ce qui ne le change point.

Nous recommandons *le Bourgmestre de Saardam* comme un vaudeville des plus réussis du répertoire. Il n'a qu'un rôle de femme important et n'est nullement libertin.

Bourru bienfaisant (le), comédie en trois actes, par Goldoni. (*Décor unique :* un salon. *Epoque :* 1770 ou de nos jours.) — 5 | 3 | 2 »

Brelan de Gascons, comédie en un acte, *en vers*, par Van der Burch. (*Décor :* un salon. *Epoque :* 1810.) — 5 | 3 | 2 »

Cabinets particuliers (les), folie-vaudeville en un acte, par Xavier et Duvert. (*Décor :* un salon de restaurateur. *Epoque :* 1832.) *Figuration.* — 6 | 2 | 1 50

Cette pièce, justement intitulée folie-vaudeville, se joue partie sur la scène, partie dans la salle. L'action commence dans un cabinet particulier, par une intrigue dont il est superflu de narrer les détails. Mais voici qu'un monsieur (Jacquard) se levant du milieu des spectateurs, reconnaît sa femme en la personne d'une des actrices. Il prend la parole, pérore et agace le public. Il finit par aller prendre sa place parmi les acteurs, et ne tarde pas à se fatiguer d'un rôle qui lui rapporte plus de horions que de bravos.

La pièce est très amusante, très gaie, mais ne convient guère à un auditoire trop jeune.

Cadet de famille (le), comédie-vaudeville en un acte, par E. Lemaitre. (*Décor :* un salon, près Chambéry. *Epoque :* de nos jours.) *Deux figurants.* — 5 | 3 | 2 »

Cadet-Roussel barbier ou **La Fontaine des innocents**, folie en un acte, par Aude. (*Décor :* le marché des Innocents. *Epoque :* 1820.) *Figuration.* — 4 | 4 | 2 »

Café du Printemps (le), comédie en un acte, par Picard. (*Décor :* un café. *Epoque :* 1810.) *Figuration.* — 6 | 2 | 2 »

Camilla ou **La Sœur et le Frère**, comédie-vaudeville en un acte, par Scribe et Bayard. (*Décor :* un grand salon. *Epoque :* 1830 ou de nos jours.) — 4 | 4 | 2 »

Cancans, comédie en un acte, par G. Duval, Carmouche et Jouslin de la Salle. (*Décor :* une petite place. *Epoque :* 1820.) — 4 | 4 | 2 »

	H.	F.	Prix

Carlin de la marquise (le), vaudeville en deux actes, par VARIN, JAIME et CLAIRVILLE. (*Décors* : 1° une étude de procureur ; 2° un salon. *Epoque* : la fin du XVIIIe siècle.) *Figuration.* — 4 | 4 | 1 50

La trame de ce charmant vaudeville est légère : d'une part, les amours d'un clerc de procureur avec la fille de son patron, amours toutes platoniques, couronnées au dénouement par une promesse certaine de mariage ; d'autre part, les humeurs capricieuses de la belle marquise de Langeac, pour qui tout l'univers se résume en la personne — si l'on peut dire — de son carlin. Ce qui fait le plus grand intérêt de cette pièce, c'est l'habileté avec laquelle les auteurs ont su conduire leur intrigue, c'est aussi la diversité des caractères, dont chacun a son originalité.

Ce n'est pas un vaudeville pour jeunes filles.

Carmagnole ou **Les Français sont des farceurs**, vaudeville en un acte, par THÉAULON, DE FORGES et JAIME. (*Décor* : une auberge sur une place de village. *Epoque* : l'an VIII de la République.) *Figuration.* — 6 | 2 | 2 »

Charlotte Brown, comédie en un acte, par Mme DE BAWR. (*Décor* : un salon à Rasberg. *Epoque* : 1830.) — 6 | 2 | 2 »

Chaste Suzanne (la), vaudeville en deux actes, par M. P.-L. FLERS. (*Décors* : 1° un petit salon ; 2° le cabinet d'un directeur de théâtre.) *Epoque* : de nos jours.) — 5 | 3 | 2 »

Comment Plantin, amant de Suzanne Rubis, parvient à faire verser par sa femme (qui tient la fortune) la forte commandite entre les mains de Lagardette ; comment, une fois le théâtre fondé, Odile Plantin devient la maîtresse de Lagardette, ainsi, d'ailleurs, que Suzanne ; comment celle-ci cède aux prières du jeune premier Florival ; comment enfin la situation, devenue impossible, se corse terriblement pour tourner cependant à la satisfaction de tous, c'est-à-dire à la dérision de Plantin, deux fois dupe, et comme amant et comme mari, mais toujours content : c'est ce qu'il serait impossible d'expliquer en détail. La *Chaste Suzanne* est un vaudeville habilement conduit, gai, pimenté, mais drôle dans sa grivoiserie.

Chevreuil (le) ou **Le Fermier anglais**, comédie-vaudeville en trois actes, par LÉON HALÉVY et JAIME. (*Décors* : 1° un site champêtre ; 2° un salon ; 3° un jardin avec pavillon. *Epoque* : 1830.) La scène se passe en Angleterre. *Figuration.* — 4 | 4 | 1 50

En cette pièce charmante, une des plus réussies qui se puissent trouver, les auteurs ont excellé à placer leurs héros dans des situations très épineuses, d'où l'on croirait qu'ils ne pourront point se dépêtrer, alors qu'ils en sortent le plus naturellement du monde, et c'est là du bon vaudeville. Donnons, en quelques mots, une idée de l'intrigue.

Sir Edwart est chez son beau-frère, le marquis de Seymour : il est obligé de vivre incognito pendant quelque temps et passe pour un secrétaire. On le destine en mariage à la baronne Mathilde (qu'il ne connaît pas), nièce de Seymour. Celle-ci, revenant de voyage, et voulant étudier sir Edwart, arrive dans le pays en costume masculin, et pénètre chez Seymour sous les habits d'une paysanne (Marguerite) qui veut faire pardonner à son mari un délit de braconnage ; de sorte que Mathilde est regardée comme femme par les uns, comme garçon par les autres ; ce qui va entraîner des complications effrayantes et comiques. Tout se termine, au reste, le mieux du monde.

Ci-devant jeune homme (le), comédie en un acte, par MERLE et BRAZIER. (*Décor* : un salon élégant. *Epoque* : 1812.) — 7 | 1 | 1 »

M. de Boissec, fêtard sexagénaire, passe ses matinées à réparer tant bien que mal — et plutôt mal — les dégâts causés à son physique par les nuits blanches qu'il s'obstine à passer, lui, vieux jeune homme, en compagnie de vrais jeunes gens. Il se croit aimé de la belle Mme Blanville, veuve, qui n'a de regards que pour Florville, neveu de Boissec. Par malheur, Florville est harcelé par des créanciers, et serait l'objet d'une prise de corps, si, par un artifice dont tout l'honneur revient à l'ingénieux Labranche, et aussi par le sot amour-propre de Boissec, celui-ci n'en arrivait à payer les dettes de son neveu et à permettre ainsi son mariage avec la jolie veuve.

Clara Wendel ou **La demoiselle Brigand**, comédie-vaudeville en deux actes, par THÉAULON, DARTOIS et FRANCIS. (*Deux décors* : 1° une salle d'auberge ; 2° la façade d'un château sur un jardin. *Epoque* : 1820.) *Figuration.* — 5 | 3 | 2 »

Client sérieux (un), comédie en un acte, par M. GEORGES COURTELINE. (*Décor* : un tribunal. *Epoque* : de nos jours.) — 8 | » | 1 50

Nous croyons inutile d'analyser cette désopilante satire judiciaire, où Courteline a mis toute sa verve, où le dialogue déborde d'entrain, de folle gaieté et de fine observation. Le *Client sérieux* est à coup sûr une des plus hilarantes comédies que l'on connaisse.

Cette pièce contient des termes un peu gros, mais qui n'ont rien d'immoral. Elle est avant tout amusante et gaie.

Compensations (les), comédie en trois actes, par M. PAUL FERRIER.

	H.	F.	Prix

Deux décors : 1° un petit salon; 2° un grand salon. *Epoque : de nos jours.) Figuration.* | 4 | 4 | 2 » |

Contre-lettre (la) ou **Le Jésuite**, drame en deux actes, par P. Duport et Edouard. (*Décor : un salon à Brest. Epoque : 1830.) Figuration.* | 5 | 3 | 1 » |

* **Courte-paille** (la), drame-vaudeville en trois actes, par Cogniard frères. (*Décors :* 1° une ferme ; 2° une auberge ; 3° la même ferme, plus une chaumière. *Epoque : 1833.) Figuration.* | 5 | 3 | 1 » |

Julien, garçon de ferme de Pierre-Jean, est épris de Marguerite, la nièce de son patron, et son amour est partagé. Lefuté, aubergiste, les devine, et comme il convoite la main de Marguerite, que, d'autre part, son filleul Criquet va partir au régiment, et qu'il dépend de lui que Véronique, mère de Julien, tombe dans la misère (elle lui doit de l'argent), Lefuté donne quittance à la pauvre vieille à condition que son fils parte à la place de Criquet comme remplaçant. Et Julien, bon fils, part. Il revient un an plus tard, au moment où Marguerite va épouser Lefuté. Julien est décoré, et tout n'est peut-être pas perdu ; mais voici que Robert, son compagnon d'armes, le provoque assez méchamment et le gifle. Cette offense terrible sera lavée dans le sang, mais comme un duel est impossible au village, Robert et Julien tirent à la courte paille à qui des deux se tuera, et le sort désigne Julien. Or, Robert, qui pourtant aime Marguerite, se repent de sa mauvaise action, se jette aux genoux de son ami, et le force à prendre la main de la jeune fille.

C'est une de ces pièces admirablement charpentées, et conçue dans une note attendrissante, un peu passée de mode, mais qui, peut-être, n'en a que plus de charme.

Cousin de tout le monde (le), comédie en un acte, par L.-B. Picard. (*Décor : une promenade publique. Epoque : 1790) Figuration.* | 5 | 3 | 2 » |

Cousin du roi (le), comédie en deux actes, par Laurencin et Michel Delaporte. (*Décors:* 1° une boutique de barbier ; 2° une salle du palais à Versailles. *Epoque : Louis XV.) Figuration.* | 6 | 2 | 1 » |

Il serait difficile de narrer le sujet de cette comédie, où l'on voit le barbier Christophe, reconnu comme étant le cousin du roi, divertir les seigneurs de la cour par ses manières joviales et ses bévues délicieuses. Des intrigues sentimentales corsent cette pièce, d'une belle allure en somme, et qui exige autant de soin dans la mise en scène, dans le rendu de la *couleur locale,* que dans le jeu et l'entrain des interprètes.

Couturières (les) ou **Le Cinquième au-dessus de l'entresol**, vaudeville en un acte, par Désaugiers, Saint-Laurent et Xavier. (*Décor : un atelier de couturières. Epoque : 1820 ou de nos jours.)* | 2 | 6 | 1 50 |

Crise (la), comédie en trois actes, par Maurice Boniface. (*Décor unique : un salon. Epoque : de nos jours.) Quelques figurants.* | 6 | 2 | 2 » |

Bernier et son ami Larizelle, députés, les « Inséparables » de la Chambre, vont être ministres, incessamment. Le père Thibourdiaux, beau-père de Bernier, exulte. Angèle, sa femme, rayonne, et Geneviève, sœur de celle-ci, va pouvoir épouser Pierron, secrétaire de Bernier. Tout est pour le mieux... Mais, crac ! le député découvre dans le secrétaire de sa femme des lettres terribles, des lettres d'amour, celles que Larizelle a envoyées à Angèle et qu'elle a eu l'imprudence de garder.

Ces lettres sont conçues de telle manière qu'il ne peut rester aucun doute sur la nature des relations entre leur auteur et la destinataire.

Bernier écume de rage, oubliant un peu trop qu'il n'a épousé sa femme que pour se faire une situation et que lui-même la trompe continuellement. Enfin, après plusieurs scènes où tous les personnages de la pièce se jettent à la figure un tas de choses désagréables, Bernier renonce à divorcer, c'est-à-dire qu'il accepte le ministère qu'on lui offre. C'est le *statù quo* dans le ménage Bernier...

Cette comédie, où l'auteur ne fait, somme toute, qu'accentuer dans le sens comique des situations qui se rencontrent assez souvent dans le monde politique ou dans le monde tout court, est pleine d'observation et très divertissante, avec une pointe d'amertume.

Dame de la mer (la), pièce en cinq actes, par H. Ibsen, traduite par MM. Ad. Chennevière et C. Johansen. (*Décors :* 1° un jardin ; 2° un belvédère ; 3° un jardin ; 4° un salon ; 5° un jardin. *Epoque : de nos jours en Norvège.) Figuration.* | 5 | 3 | 3 50 |

Délit politique (le), comédie en un acte, par Dupin. (*Décor : un salon à Morlaix. Epoque : 1830.) Figuration.* | 6 | 2 | 2 » |

Deux Edmond (les), comédie en deux actes, par Barré, Radet et Desfontaines. (*Décor unique : une place de village. Epoque : 1810.)* | 5 | 3 | 2 » |

Deux ménages (les), comédie en trois actes, par Picard, Wafflard et Fulgence. (*Décor unique : un salon. Epoque : 1820.)* | 4 | 4 | 1 50 |

M. Dorsai a fait à Mme Stéphanie Montalan une déclaration enflammée, et

H. | F. | Prix

vaine. Il se trouve que cette dame est une amie de pension de Mme Dorsai. L'associé de Dorsai, Bourdeuil, est un homme sérieux, peu occupé des choses de l'amour ; les agissements de son ami lui sont imputés, et cela par suite d'une foule de circonstances dont le récit serait très long. Quand l'intrigue arrive à son point culminant, Dorsai est en très fâcheuse posture, puisque, de son fait, Mme Fourdeuil et Mme Dorsai sont tourmentées par une jalousie très légitime, et que Mme Montalan, qui est une personne aussi vertueuse que belle, est compromise et soupçonnée par ses amis. Elle pardonne cependant à Dorsai, et la situation se dénoue d'une manière à peu près satisfaisante.

Cette comédie est fort connue ; elle conviendra très bien à un auditoire mondain.

Nota. — Parmi les personnages hommes, il y a un commis et un valet dont les rôles sont insignifiants. Il y a également un rôle peu important sur les quatre rôles de femmes.

Deux sœurs (les), comédie-vaudeville en un acte, par DE ROUGEMONT. (*Décor :* un salon sur jardin. *Epoque :* 1820.) *Figuration.* — 5 | 3 | 2 »

Diable à quatre (le), vaudeville en trois actes, par DE LEUVEN, BRUNSWICK et SIRAUDIN. (*Décors :* 1º un pavillon ; 2º un riche appartement ; 3º une échoppe. *Epoque :* première représentation en 1845.) *Figuration.* — 5 | 3 | 1 »

Le débonnaire et lourdaud marquis de Groslichard a épousé une femme terrible, emportée, tyrannique, encline à persécuter les faibles aussi bien que les forts. Jacquot le savetier est, au contraire, un esprit fort, un homme « à poigne », recourant sans le moindre scrupule à l'emploi d'une lourde trique pour reprimer toute velléité de révolte de la part de Margot, sa femme, une bonne personne pourtant. Un jour, l'enchanteur Prelinpinpin, usant de son pouvoir magique, intervertit les rôles, fait de la marquise l'épouse du savetier, et de Margot, la femme du marquis. On comprend que la marquise donne à Jacquot « du fil à retordre », alors que Groslichard est tout surpris de la gentillesse de sa moitié. Et aussitôt que, par la volonté de Prelinpinpin, les personnages sont redevenus eux-mêmes, la marquise se trouve corrigée de son... mauvais caractère, et Jacquot renonce pour jamais à son gourdin.

Ce charmant vaudeville ne conviendrait pas à un auditoire par trop jeune.

Dilettante d'Avignon (le), opéra-comique en un acte, par HOFFMANN et LÉON HALÉVY. Musique de F. HALÉVY. (*Décor :* un foyer de théâtre. A Avignon. *Epoque :* 1825.) *Figuration.* — 6 | 2 | 2 »

Don Juan moderne, vaudeville en un acte, par M. EUGÈNE HÉROS.

(*Décor :* une chambre à coucher. *Epoque :* de nos jours.) — 5 | 3 | 1 50

Cette pièce, on ne peut plus comique, renferme des scènes réellement désopilantes destinées à un infaillible succès de fou rire. Ce sont les péripéties extravagantes d'un soi-disant Don Juan qui, accueilli par Mariette, une jeune femme auprès de laquelle il soupire depuis longtemps déjà, se voit forcé de battre en retraite par suite de l'arrivée inattendue de l'amant en titre de cette Mariette. Réfugié dans la chambre d'une compagne de celle-ci, avec laquelle elle partage son appartement, il s'en voit bientôt délogé par la venue de l'amant de Margot, l'hospitalière camarade de Mariette. Il s'enfuit alors dans la chambre de Julie, la bonne, dont il est finalement expulsé par un irascible pompier dont elle est la bonne amie.

De l'esprit et une verve endiablée atténuent un peu la grande liberté de ce vaudeville.

Doyen de Killerine (le), comédie-vaudeville en deux actes, par AR. OVERNAY et AD. PAYN. (*Décors :* 1º une pièce ; 2º un riche salon. *Epoque :* 1820.) *Figuration.* — 6 | 2 | 2 »

Duchesse et Poissarde, comédie-vaudeville en deux actes, par J. AUGIER et SALVAT. (*Décors :* 1º le carreau des Halles ; 2º un salon élégant. *Epoque :* 1680.) *Figuration.* — 5 | 3 | 1 50

Cette pièce charmante et gaie popularise une époque de duels, d'intrigues galantes, de combinaisons politiques. Il serait impossible d'en résumer clairement la trame en quelques lignes. Sans exiger autre chose que le respect de la couleur locale, des décors et des costumes de l'époque, elle demande toutefois une interpretation serrée, et une mise à la scène parfaitement réglée.

Eaux du Mont-Dore (les), vaudeville en un acte, par SCRIBE, DE COURCY et SAINTINE. (*Décor :* le salon de l'établissement des eaux. *Epoque :* 1820.) *Figuration.* — 5 | 3 | 2 »

Electre, tragédie en trois épisodes, un prologue et un épilogue, traduite D'EURIPIDE, par M. A. FERDINAND-HÉROLD. (*Décor unique :* la campagne mycénienne. *Epoque :* l'antiquité.) *Figuration.* — 6 | 2 | 1 50

Eligible (l'), comédie-vaudeville en un acte, par T. SAUVAGE et MAZÈRES. (*Décor :* une place publique. *Epoque :* 1820.) *Figuration.* — 6 | 2 | 2 »

Enfant trouvé (l'), comédie en trois actes, par PICARD et MAZÈRES. (*Décor unique :* un cabinet

	H.	F.	Prix

d'homme d'affaires. *Epoque :* 1820.) — 4 | 4 | 1 »

Enquête (l'), drame en trois actes, par EDOUARD CADOL. (*Décor unique :* un grand appartement. *Epoque :* de nos jours.) — 4 | 4 | 2 »

Erreurs du mariage (les), comédie en trois actes, par M. A. BISSON. (*Décors :* 1° un salon ; 2° un autre salon ; 3° un troisième salon. *Epoque :* de nos jours.) — 4 | 4 | 2 »

Est-ce un rêve? comédie-vaudeville en deux actes, par DE ROUGEMONT. (*Décors :* 1° une place de village ; 2° une chambre rustique. *Epoque :* 1833.) *Figuration.* — 5 | 3 | 1 »

Dans un village, près d'Abbeville, un officier blessé (Edouard Sauval) fut soigné chez une famille de paysans, et séduisit la fille de la maison (Louise Bela). Il partit. Six ans s'écoulèrent. Un enfant est né (Julien). Louise, qui avait quitté son pays natal, y revient, riche d'une fortune honnêtement acquise. Sauval est revenu également, et, avant toute entrevue, le hasard fait qu'il sauve d'une noyade certaine le petit Julien. Alors la reconnaissance se fait entre le père et la mère, mais Sauval s'est blessé dans le sauvetage, et reste de longs jours entre la vie et la mort. Louise le soigne, le sauve, et ils s'épousent.

C'est là le très sec résumé d'une pièce hautement morale, dramatique et d'une grande tenue littéraire. Elle ne serait pas comprise d'un public trop jeune.

Nota. — Nous indiquons trois personnages féminins ; il y a parmi eux un rôle d'enfant (Julien).

Esther Brandès, pièce en trois actes, par M. LÉON HENNIQUE. (*Décor unique :* un salon. *Epoque :* de nos jours.) — 6 | 2 | 2 »

Femme de chambre (la), comédie en trois actes, par M. PAUL FERRIER. (*Deux décors :* 1° une salle avec portes latérales ; 2° une salle à manger. *Epoque :* de nos jours.) — 4 | 4 | 2 »

Fête au village voisin (la), opéra-comique en trois actes, par CH. SEWRIN. Musique de BOÏELDIEU. (*Deux décors :* 1° un salon ; 2° un site champêtre. *Epoque :* 1800 ou de nos jours.) *Figuration :* — 4 | 4 | 1 50

Fiancée de Corinthe (la), légende dramatique en trois actes, par EPHRAÏM MIKHAËL et BERNARD LAZARE. (*Deux décors :* 1° une cour ; 2° un autel. *Epoque :* grecque.) — 3 | 5 | 2 »

Ghetto, pièce en trois actes, par HERMAN HEIJERMANS. Adaptation française de MM. JACQUES LEMAIRE et J. SCHURMANN. (*Décor unique :* une boutique de fripier. *Epoque :* de nos jours, à Amsterdam.) — 5 | 3 | 2 »

Pièce tendant, selon l'expression de M. Jacques Lemaire dans sa préface, « à l'apaisement des haines religieuses, des haines de races, perpétuées par les torts réciproques des persécuteurs et des persécutés. »

Le vieux juif Sachel a un fils Raphaël, qui le désespère : il ne s'occupe pas de commerce, et il déclare n'être ni juif, ni chrétien. Sachel est aveugle et, sans être un méchant homme, fait souffrir son entourage. La servante Rose, non-juive, s'est éprise de Raphaël, qui l'a payée de retour. Ils partent ensemble. Raphaël refuse d'épouser Rebecca, fille du marchand Aaron.

Cette pièce — bien connue d'ailleurs — est d'un très beau mouvement dramatique. Les caractères sont vigoureusement dessinés, notamment celui de Sachel. La mise à la scène est facile. Il n'y a qu'un décor pour les trois actes.

Ce n'est pas un spectacle pour pensionnaires.

Il est ignoble avec Bouchard ! vaudeville en un acte, par M. EUGÈNE HÉROS. (*Décor :* un salon. *Epoque :* de nos jours.) — 6 | 2 | 1 50

Julien Bouchard est sur le point de se marier. Dans le but de couper court à sa liaison avec une certaine Buguetti, dont il partage les faveurs avec un nommé Ordonnel, il prie un de ses amis, André Porthale, de faire la cour à la jeune femme. Après bien des hésitations, celui-ci accepte et exécute à la lettre les prescriptions de Bouchard. Le plan réussit, hélas ! trop bien, car, à la suite d'une inénarrable série de quiproquos plus comiques les uns que les autres, l'ami complaisant est pris en flagrant délit par sa femme ; enfin, après avoir reçu une magistrale correction d'Ordonnel et une sévère admonestation du commissaire, il finit par obtenir le pardon de sa femme. Il est vrai que celle-ci se venge avec Bouchard, et que l'opinion générale persiste à penser qu'il est ignoble avec Bouchard.

Cet amusant vaudeville est très facile à jouer en société ; néanmoins, son allure assez libre ne saurait s'accommoder de tous les publics.

* **Ingrats** (les), comédie en un acte, par M. HENRI MALIN. (*Décor :* un salon modeste. *Epoque :* de nos jours.) Il y a, en plus des huit rôles ci-contre, deux rôles d'enfants. — 4 | 4 | 1 50

Comédie d'humour et d'observation, très piquante. Dubray est un de ces égoïstes, sans gêne, sans vergogne, qui demandent service à leurs amis en échange de services imaginaires. C'est ainsi qu'il abuse continuellement de la bonté de son col-

	H.	F.	Prix

lègue Robert Cabany. Il lui emprunte son argent, il lui impose ses cousins Deruysse ; enfin, quand Robert lui refuse la main de sa fille Gabrielle, il se fâche, claque les portes en criant à l'ingratitude humaine. Bon voyage, pensent les autres. Et la pièce se termine par un mariage entre Gabrielle et Ferdinand Deruysse.

Innocente (une), comédie en un acte, par Chéri-Montigny. (*Décor : un salon élégant. Epoque : 1878.*) — 5 | 3 | 1 50

Le marquis de Morieux a épousé Christine sans amour. Il méconnaissait sa jeune femme. Celle-ci, en des circonstances dont l'exposé nous entraînerait trop loin, se révèle comme une innocente, mais non comme une sotte, c'est-à-dire que, devant cette ingénuité, cette délicatesse de sentiments, Morieux se jette aux genoux de la marquise.

Pièce à jouer devant un public mondain, et dont le côté comique est très soigné.

***Isabelle de Montréal**, drame en deux actes, mêlé de chant, par Paul Foucher et Cordelier Delanoue. (*Décors : 1º une chambre modeste ; 2º un salon. Epoque : la grande Révolution.*) — 6 | 2 | 1 »

Ce drame, tragique et passionnant mais d'heureux dénouement, peut être joué devant tout auditoire. Il ne comporte que deux rôles féminins. Il met en scène, à l'époque de la Terreur, deux amants de classes différentes, et que de terribles circonstances empêchent de réaliser leur bonheur. Mais le hasard favorable l'emporte sur l'adversité, et tout se répare.

Jeanne d'Arc à Rouen, tragédie en cinq actes, par M. C.-J. L. d'Avrigni. (*Décor unique : une galerie. Epoque : Charles VII.*) *Figuration.* — 6 | 2 | 1 »

Joies du foyer (les), comédie en trois actes, par M. Maurice Hennequin. (*Décors : 1º un salon ; 2º un fumoir ; 3º même décor qu'au premier acte. Epoque : de nos jours.*) — 6 | 2 | 1 »

Mademoiselle Guérin, pièce en quatre actes, par M. d'Alvy. (*Décors : 1º un salon ; 2º un boudoir ; 3º un salon d'étude. Epoque : de nos jours.*) La scène est à Nice. — 4 | 4 | 2 »

Ce drame extrêmement pathétique, abondant en situations poignantes, peut-être un peu forcées par endroits, comporte un rôle très lourd et délicat, celui de Mlle Hélène Guérin, institutrice. Celle-ci a épousé, très jeune, un certain Robert Wartines qui l'abandonna au bout de peu de temps en lui volant sa dot, pour aller faire fortune en France, dans la politique, en usurpant un nom nobiliaire. Le plus grave, c'est que Robert contracte un se-

cond mariage et devient père de famille. Le hasard devait fatalement amener la découverte des crimes de Robert ; c'est, en effet, ce qui arrive, et, après une série de scènes très dramatiques, le coupable se fait justice à lui-même.

Il va sans dire que cette pièce ne peut convenir qu'à un auditoire d'expérience.

Maison de Poupée (une), drame en trois actes, par Henrik Ibsen. Traduction nouvelle par M. Alb. Savine. (*Décor unique : une pièce meublée sans luxe. Epoque : de nos jours.*) *Figuration.* — 4 | 4 | 2 »

Mais quelqu'un troubla la fête, un acte, *en vers* (interdit par la censure), par M. Louis Marsolleau. (*Décor : un hall vitré, serre et jardin d'hiver. Epoque : moderne.*) — 6 | 2 | 1 »

Pièce à tendances avancées, sous une forme très littéraire. Les personnages représentent les classes et les forces sociales, à l'exception d'un seul, qui symbolise la pauvreté et la misère, la lutte du faible contre le fort.

Cette très forte et belle pièce ne peut se jouer que devant un public d'hommes ou de dames.

****Maître Corbeau**, comédie en deux actes, par MM. Hippolyte Raymond et Maurice Ordonneau. (*Décor unique : un salon. Epoque : de nos jours.*) — 5 | 3 | 1 50

Spirituel et fin, Robert Martinel a voulu aussi être franc, et il lui en a cuit. Il se décide alors à *flatter pour réussir*. Mais c'est tomber d'un excès dans un autre, car si au début tout lui sourit : situation, perspective d'un heureux mariage, dans la suite tout paraît lui échapper. Il a mis « trop de sucre » ; et, revenu à une juste notion de la réalité, il sait regagner le bonheur perdu, sans nuire à celui des autres, qui pourtant semblait incompatible avec le sien.

Telle est, non pas l'analyse (pour laquelle la place nous fait défaut), mais l'idée générale de cette très jolie pièce, que tout le monde peut entendre, et que nous croyons parfaite à tous les points de vue.

Malheurs d'un amant heureux (les), comédie-vaudeville en deux actes, par Scribe. (*Décors : 1º un salon ; 2º un riche salon. Epoque : 1833.*) — 5 | 3 | 1 »

Cette comédie, d'ailleurs connue, est une des plus exquises qui soient sorties de la plume de Scribe. Le charme du style, la vérité des caractères, l'intérêt de l'action suffisent à lui assurer le succès. Il serait difficile d'en expliquer la trame en détail. M. de Thémine représente l'homme à bonnes fortunes, qui est aussi un homme d'honneur. Sous l'impérieuse poussée de son tempérament, plus fort que sa raison, il se trouve enserré dans les mailles de plusieurs intrigues. Enfin de compte, il épouse Henriette Bonneval, une jeune fille qu'il a séduite, alors qu'il aime Mme de Simiane, une femme charmante, une femme de cœur et d'esprit, et fort belle, avec qui il devait se marier. Celle-ci, on le devine à la lecture, échoira à Edouard Bonneval, ami de Thémine.

Nota. — La pièce peut, avec quelques minimes changements, être représentée dans le décor et la mode modernes.

**** Millionnaire !** comédie en un acte, par M. Prabonneaud. (*Décor : un petit salon de travail. Epoque :* de nos jours.) — H. » F. 8 Prix 1 »

Gagner le gros lot est évidemment le rêve de quiconque est possesseur d'un billet de loterie et la réalisation de ce vœu peut certes avoir une influence néfaste sur le cerveau d'une jeune fille de la campagne. C'est le cas de Julie, une jeune femme de chambre, qui, croyant être la titulaire de l'heureux billet gagnant le fameux million, perd la tête et annonce à ses maîtresses qu'elle les quitte sur le champ. Mais, hélas ! il y a erreur de série, et, revenue de la triste réalité, Julie est bien aise que sa maîtresse consente à la reprendre et à lui pardonner. Cette petite pièce est amusante, facile à jouer et très correcte.

M. Bannelet, comédie-vaudeville en un acte, par Gaston de Montheau et Charles Nuitter. (*Décor :* un salon. *Epoque :* Louis XV.) — H. 6 F. 2 Prix 1 »

Nouvelle idole (la), pièce en trois actes, par M. F. de Curel. (*Décors :* 1° un petit salon ; 2° salle servant de cabinet de travail, de bibliothèque et de laboratoire; 3° décor du premier acte. *Epoque :* de nos jours.) — H. 4 F. 4 Prix 2 »

Nuit à Séville (une), opéra-comique en un acte, par MM. Ch. Nuitter et Beaumont. Musique de M. Frédéric Barbier. (*Décor :* un salon. *Epoque :* de nos jours.) *Figuration.* — H. 6 F. 2 Prix 1 50

Nuit de noces (une), folie-vaudeville en un acte, par MM. Monréal et P. Meyan. (*Décor :* une chambre d'hôtel. *Epoque :* de nos jours.) — H. 5 F. 3 Prix 1 »

Vaudeville très gai, très alerte, et dont le côté difficile (au point de vue de l'interprétation) réside moins dans le dialogue en lui-même que dans l'entrain, la verve et le mouvement indispensables aux acteurs qui voudront le jouer. Quelques mots sur l'intrigue : Saturnin de Saint-Amadou et sa femme Antoinette viennent d'arriver dans un hôtel où ils vont passer leur nuit de noces. Antoinette a été mariée contre son gré, car celui qu'elle voulait épouser, l'élu de son cœur, c'est Ludovic. Celui-ci,

qui n'a pas perdu tout espoir, a suivi Saturnin, et avec l'aide des autres personnages de la pièce, il persécute Saint-Amadou, jusqu'au moment où l'indignité de ce dernier est révélée et prouvée, et où l'annulation du mariage va permettre à Ludovic et Antoinette de réaliser leurs désirs.

La *Nuit de noces* n'est pas un vaudeville pour pensionnaires.

*** Oncle Baptiste** (l'), comédie en deux actes, mêlée de couplets, par Emile Souvestre. (*Décors :* 1° un salon modeste; 2° un riche salon. *Epoque :* 1842.) *Un figurant.* — H. 6 F. 2 Prix 1 »

Baptiste et Paul Dupont sont tendrement unis. Baptiste est le meilleur des hommes, mais ses manières vulgaires aux yeux du monde font que son frère se sépare de lui pour ne pas empêcher le mariage d'Emma (fille de Paul) avec le neveu du riche baron de Verneux. Advient que Paul, inventeur de génie, mais mauvais financier, se trouve à deux doigts de la mise en faillite. C'est son frère qui le sauve en lui donnant tout ce qu'il possède. C'est encore Baptiste qui refait le mariage manqué — un peu par sa faute — de Mlle Emma. Le baron, outré dans ses préjugés aristocratiques par la tenue de Baptiste, ne voulait plus entendre parler de rien : l'oncle Baptiste, en l'examinant, reconnaît en lui un lieutenant qui, à Lutzen en 1813, passa à l'ennemi, et dont la félonie fit l'objet d'un ordre du jour que Baptiste, alors sergent-major, a en sa possession. En rafraîchissant la mémoire du baron, Baptiste l'amène à des sentiments plus libéraux.

Cette pièce, qui respire la bonté et la bonne humeur, a des scènes d'un comique très naturel, très heureux, et qui porte. Pour les oreilles délicates, il sera facile de supprimer quelques rares passages, sinon scabreux, du moins un tant soit peu libres.

Pâquerette, pièce en un acte, par MM. Eug. Héros et Léon Abric. (*Décor :* un salon banal. *Epoque :* de nos jours.) — H. 4 F. 4 Prix 1 50

Pâquerette a reçu, dans sa chambre d'hôtel meublé, un ami de rencontre qui laisse sur la cheminée un billet de cinq cents francs. Ça tombe bien. Elle va pouvoir payer le propriétaire, ou si l'on veut, la tenancière de l'hôtel, la modiste et la teinturière, trois harpies, trois furies. Mais voilà que devant le billet de banque, les trois femmes reculent : on ne la leur fait pas. Cet argent ne peut provenir que d'un entôlage. Elles le repoussent et s'en vont... quérir la police. Jusqu'à Ugene, le garçon, un assez bon diable pourtant, qui lâche Pâquerette et ne veut pas faire la monnaie. M. l'agent arrive. Il annonce à la malheureuse qu'il va l'arrêter, mais l'accent de sincérité de Pâquerette le désarme : il a sur lui ses économies, il donne à la jeune femme la monnaie de son billet, et ce dénouement n'est pas si invraisemblable qu'il le paraît.

Inutile d'ajouter que la pièce est d'un genre spécial, plus que réaliste.

	H.	F.	Prix

*** Paria** (le), tragédie en cinq actes, *en vers*, par CASIMIR DELAVIGNE. (*Décor unique* : un bois sacré près de Bénarès.) *Figurants.* — 5 | 3 | 1 »

Cette sombre tragédie a été inspirée par la coutume barbare qui sévissait chez les fanatiques de l'Inde, et qui voulait que les Parias fussent massacrés. Néala, fille du grand-prêtre Akébar, aime Idamore, paria et fils du paria Zarès. Ils se marient. Mais Akébar, apprenant de quelle race est l'époux de sa fille, le livre à la foule, qui le met en pièces. Folle de douleur, Néala s'enfuit, abandonne son père pour soutenir la démarche incertaine du vieux Zarès.

Partie pour Saumur, comédie en un acte, par DELACOUR et ERNY. (*Décor* : un appartement élégant. *Epoque* : 1875.) — 5 | 3 | 1 50

Comédie très amusante, et dans le genre leste, sans être grivoise. Ce sont les fredaines d'un certain Pascarel, mari infidèle, et grugé comme il le mérite par une demi-mondaine dénuée de scrupules. Les fredaines de Pascarel sont funestes au pauvre homme. Les mésaventures, les malechances pleuvent littéralement sur lui. Il finit par s'en tirer, mais ridiculisé complètement.

Bien jouée, cette petite pièce plaira beaucoup, grâce à l'imprévu des situations, et au dessin heureux des caractères, notamment celui de Mme d'Artagnan, type réussi de concierge rapace, pillarde, quasi-proxénète, et prête à empocher les crevettes du dîner aussi bien que les pièces de cent sous.

*** Placet au roi**, comédie en un acte, *en vers*, par FRANÇOIS FABIÉ. (*Décor* : intérieur d'auberge, près Lille. *Epoque* : 1667.) *Figuration.* — 6 | 2 | 1 50

Lagrange et La Thorillière, les fameux comédiens, sont descendus à une auberge tenue par un brave homme d'ancien soldat (Guitant) peu expert aux choses de l'argent. La grande affaire du moment est l'interdiction qui frappe l'immortel *Tartufe* de Molière. Lagrange et son ami, appuyés par la duchesse d'Orléans, veulent obtenir du roi l'autorisation de jouer. Henriette d'Angleterre parvient à l'obtenir et cette heureuse nouvelle remplit de joie les deux acteurs. Mais ce sont de braves gens que le bonheur ne rend point égoïstes. Ils ont vu les larmes de Colette, que son père (Guitant) veut marier à un vieil usurier hypocrite (Laurent) qui est son créancier et qui va le faire vendre. La Thorillière et Lagrange payent Laurent et Colette va pouvoir épouser Jacques, son amoureux.

Cette comédie est très intéressante, et écrite en fort beaux vers, très émus, très poétiques au sens large du terme.

Pont d'Avignon (le), comédie-vaudeville en un acte, par MM. EUG. HÉROS et NOEL VILLIERS. (*Décor* : un salon. *Epoque* : de nos jours.) — 6 | 2 | 1 50

Sous ce titre assez heureux, les auteurs de cette pièce on ne peut plus folichonne

ont raconté en quelques scènes l'aventure de Mlle Yaya, des Folies-Electriques. Mlle Yaya va être mère. Tous les messieurs pour qui elle a eu des bontés viennent attendre, anxieux, la venue de celui que chacun d'entre eux croit être son fils. Même, les protecteurs attitrés de la dame, M. le comte Tudieu et M. l'industriel Bobœuf, se disputent la paternité ; l'événement les met d'accord : ce sont deux jumeaux qui voient le jour.

Pièce grivoise, mais gaie et drôle, faite pour un public indulgent à la grivoiserie, même risquée.

Premier amour (un), comédie-vaudeville en trois actes, par BAYARD et E. VANDERBURCH. (*Décors* : 1° un salon de campagne ; 2° un salon ; 3° un petit salon. *Epoque* : 1834.) *Figuration.* — 6 | 2 | 1 »

Cette comédie pourrait être intitulée drame. C'en est un, en effet, et des plus poignants, des plus pathétiques. Elise d'Offely, coquette et légère sans mauvaises intentions, a perdu son mari, mort des suites d'une blessure reçue en un duel avec M. de Ramière, qui avait obtenu le premier la parole d'Elise et n'avait pu se résigner à sa trahison. De Ramière a un fils, Edmond. Il rencontre Elise, qui fut son amie d'enfance, et, ignorant le drame qu'elle a eu dans sa vie, il l'aime. A sa grande joie, elle répond à son amour. M. de Ramière, pour qui son fils est tout, veut le détacher à tout prix de cet amour qu'il considère comme funeste, mais ni lui ni Elise ne parviennent à empêcher Edmond de se battre avec Alfred de Luzzi, son rival. Alfred est blessé grièvement, et le jeune de Ramière le dépouille d'une correspondance très compromettante dont il (Alfred) avait menacé Elise d'Offely. Edmond apporte ces lettres à la malheureuse jeune femme et la quitte pour jamais.

Ajoutons que le côté humoristique ne fait pas défaut à cette remarquable pièce.

Premier avril, comédie en un acte, par QUATRELLES. (*Décor* : une chambre à coucher. *Epoque* : de nos jours.) — 6 | 2 | 1 50

Petite comédie très dramatique — et aussi très littéraire — dont l'action se déroule près de la frontière espagnole. Un jeune homme (Etienne) veut éprouver le courage de sa cousine (Antoinette) et fait avec elle un pari dont la main de la jeune fille est l'enjeu ; avant la fin du jour elle aura appelé, elle aura eu peur. On est au 1er avril, et Antoinette s'attend à une simple mystification. Aussi n'est-elle pas du tout étonnée de voir entrer dans sa chambre deux effrayants bandits. Elle ne commence à s'inquiéter qu'en se sentant bâillonner par eux. Le hasard a voulu qu'en effet Panticosa et Zaraguela fussent d'authentiques gredins. Antoinette est délivrée par son fiancé, qui sera bientôt son mari.

Premier avril n'est pas une pièce pour pensionnaires.

	H.	F.	Prix

Racine à Chevreuse, comédie en un acte, *en vers*, par M. Georges Bois. (*Décor* : un coin du parc du château de Chevreuse. *Epoque* : au XVIIe siècle, en 1661.) — 6 | 2 | 1 »

Cette délicieuse comédie, plus forte que bien des pièces en cinq actes, nous montre Racine au moment où son génie se révélait. L'auteur met en scène également Molière, le fol abbé de cour Le Vasseur, et le bon vivant Chapelle, ainsi qu'Armandine Béjart et Agnès.

Rendez-vous bourgeois (les), opéra-bouffon en un acte et en prose, mêlé d'ariettes. Paroles de Hoffmann. Musique de Nicolo. (*Décor* : un salon. *Epoque* : le Premier Empire.) — 5 | 3 | 1 »

La scène se passe dans une petite maison, à l'orée de la forêt de Bondy, — du temps qu'elle existait. Reine et Louise, la fille et la nièce de M. Dugravier, rêvent, en son absence, de recevoir leurs amoureux, M. Charles et M. Cesar. Mais patatras, comme les soupirants attendent, cachés, que l'on serve le souper, le maître revient à l'improviste : il a eu peur des voleurs. Et les jeunes gens, profitant de sa pusillanimité, se sauvent par la fenêtre en le bousculant quelque peu. Ils reviennent ensuite, déclarant avoir pourchassé les voleurs, et un double mariage termine cette pièce célèbre et qui doit être jouée avec beaucoup d'entrain.

Retour des Indes, vaudeville en un acte, par E. Brault. (*Décor* : un cabinet de notaire de village. *Epoque* : de nos jours.) *Figuration*. — 6 | 2 | 1 50

Très amusante petite pièce, un peu grosse, et où l'on voit évoluer les personnages, dans un milieu vulgaire, mais d'une manière qui ne l'est pas du tout. La Germaine a perdu son mari, disparu aux Indes ; du moins elle le croit, et elle va convoler en justes noces avec Beaucadet, personnage intéressé, peu sympathique au fond. Germaine ne l'aime pas ; au moment de signer le contrat, on voit soudain Germain revenir. Il reprend sa femme, et Beaucadet se voit Grosjean comme devant. Capoulard, le bon marin, épouse Rose Landry.

Souliers (les), scène judiciaire en un acte, par MM. Lucien Descaves et René Vergught. (*Décor* : le tribunal correctionnel de Bar-sur-Marne. *Epoque* : de nos jours.) *Figuration*. — 8 | » | 1 »

Cette pièce est dédiée au président Magnaud, le *Bon juge*. Ce sont les débats d'une audience correctionnelle, où comparaît un malheureux — mais conscient de son droit à la vie — prévenu d'avoir pris une paire de souliers à l'étalage d'un cordonnier infiniment plus voleur que lui.

La scène est très émouvante, et, en plus, offre ce mérite, nullement inattendu d'ailleurs, d'une rare tenue littéraire.

Suites (les) **d'un premier mai**, vaudeville en un acte, par MM. P.-L. Flers et Eug. Héros. (*Décor* : une salle à manger avec deux armoires praticables. *Epoque* : de nos jours.) — 4 | 4 | 1 »

Riboulot et Falempin, affolés par la perspective du Premier mai, ont fait des provisions comme pour un siège qui ne finirait pas. Bien mieux, pris d'une frousse intense, ils se sont cachés. Rose et Victoire profitent de leur absence et mettent leurs charmes, en même temps que les provisions accumulés par leurs patrons, à la très libre disposition du cavalier Latrufe et du fantassin Bidouillard. La fête bat son plein, quand les maîtres rentrent à l'improviste, et la pièce se termine par des facéties très grasses, très lâchées, mais extrêmement drôles et pouffantes.

Trois Corneille (les), comédie en un acte, par Aug. Jouhaud. (*Décor* : une salle à manger de campagne. *Epoque* : 1644.) — 6 | 2 | 1 »

* **Vêpres siciliennes** (les), tragédie en cinq actes, par Casimir Delavigne. (*Décor unique* : le palais de Procida, à Palerme. *Epoque* : le XIIe siècle.) *Figurants* : cinq conjurés, personnages muets. — 6 | 2 | 1 »

Fanatisés par Jean de Procida, les Palermitains décident de chasser les Français de leur ville et de leur palais, où Roger de Montfort, gouverneur de la Sicile, s'est installé avec ses chevaliers, dont les exactions, les crimes et les rapines ont poussé à bout les populations. Montfort, bien qu'homme de cœur, a le tort de fermer les yeux. Il est l'ami de Lorédan, fils de Procida. Leur commun amour pour Amélie de Souabe les désunit, mais leur amitié subsistera jusqu'au bout, même après que Lorédan, obligé de prendre rang parmi les conjures qui massacrent les chevaliers français, aura poignardé Montfort au moment où celui-ci allait exterminer Procida. Lorédan se tue sur le cadavre de son ami.

Telles sont les lignes essentielles de cette tragédie historique, qui est bien menée et d'un mouvement dramatique puissant. La fiction et la vérité y sont adroitement confondues. Parmi les personnages, celui de Procida, le fougueux et farouche Sicilien, vengeur de ses frères de race, est d'un grand relief et d'une allure très marquée.

La pièce peut se jouer devant tout le monde, en supprimant, si l'on veut, quelques passages.

Veuve (la), pièce en un acte, par MM. Eugène Héros et Léon Abric. (*Décor* : un cachot dans lequel est dressée une guillotine. *Epoque* : de nos jours.) — 6 | 2 | 1 50

	H.	F.	Prix

Cette fantaisie abracadabrante se passe dans un musée où l'on exhibitionne une guillotine, laquelle obtient un succès particulier auprès des Anglais. Dans une suite de scènes burlesques, d'un effet comique irrésistible, on assiste à la curieuse mésaventure d'un visiteur qui, sur les sollicitations pressantes de sa maîtresse, avide de sensations violentes, consent à se placer sur la bascule fatale ; le cou pris dans la sinistre lunette il ne peut plus s'en dégager. Un ouvrier, réquisitionné pour le sortir de cette angoissante situation, se trouve être l'époux légitime de sa maîtresse. Il en résulte une scène véritablement épique.

Cette pièce très gaie est un peu libre d'allure et ne saurait être représentée devant des jeunes filles.

* **Volière** (la), comédie en trois actes, par MM. Marc Sonal et Gabriel Annel. (*Décor unique :* un salon de ville. *Epoque :* de nos jours.) 6 2 2 »

Deux jeunes ménages sont venus s'installer, en même temps qu'une jeune veuve, dans une élégante villa du Vésinet, pour y passer l'été et y vivre en commun. Un aimable célibataire ne tarde pas à venir « faire volière » avec eux, et à demander la main de la jeune veuve, qui finit par la lui accorder, car elle l'aimait en secret. Mais elle s'aperçoit, peu de temps après, que le jeune homme a pour maîtresse une des deux amies avec qui elle vit depuis un mois... Celle-ci, cruellement humiliée de son abandon, cherche à se venger en faisant rompre le mariage projeté. Dans sa fureur jalouse, elle va jusqu'à prévenir son mari, par lettre, de sa liaison avec le jeune homme. Mais la lettre n'arrive pas à son adresse ; elle est interceptée par un oncle de la jeune veuve — personnage des plus sympathiques et particulièrement bien venu — qui sauve la situation et rétablit le calme et la tranquillité dans cette « volière » en effervescence. Un couple grotesque d'anciens teinturiers jette la note vaudevillesque dans ce très intéressant conflit amoureux.

Cette charmante comédie, très facile à jouer et à monter (un seul décor), peut être vue par tous les publics.

NEUF PERSONNAGES ET AU DELA

	H.	F.	Prix

Affaire de Viroflay (l'), comédie en trois actes, par MM. G. H irsch et E. Mendel. (*Décors :* 1° un jardin ; 2° un salon ; 3° un cabinet de travail. *Epoque :* de nos jours.) *Figuration.* 7 5 2 »

Affaire Fauconnier (l'), drame en quatre actes, par G. Petit. (*Décors :* 1° un petit jardin à Viroflay ; 2° un salon ; 3° un bureau ; 4° une salle au rez-de-chaussée. *Epoque :* de nos jours.) *Figuration.* 8 3 2 »

Affaire scandaleuse (une), vaudeville en quatre actes, par MM. Paul Gavault et Maurice Ordonneau. (*Deux décors :* 1° un salon ; 2° cabinet d'instruction. *Epoque :* de nos jours.) 13 8 2 »

Ambra, drame en cinq actes, *en vers*, par M. Grangeneuve. (*Décors :* 1° un intérieur gaulois ; 2° une vaste clairière ; 3° une salle ; 4° le plateau des Alpes. *Epoque :* le IIe siècle avant l'ère chrétienne.) *Figuration.* 10 4 4 »

Alkestis, drame, *en vers*, en quatre actes, d'Euripide, par M. Georges Rivollet. (*Décor unique :* devant le palais d'Admétos. *Epoque :* la Grèce antique.) *Figuration.* 6 4 2 »

Ami Fritz-Poulet (l'), parodie en deux services et trois entremets, par MM. Monréal et Blondeau. (*Décors :* 1° un intérieur rustique ; 2° dans la salle ; 3° un site champêtre. *Epoque :* de nos jours.) 8 10 1 50

Amour, drame en trois actes, par M. Léon Hennique. (*Décors :* 1° la prise de Brescia ; 2° une grande pièce ; 3° une chambre à coucher. *Epoque :* 1522.) *Figuration.* 6 3 2 »

Amour médecin (l'), opéra-comique en trois actes, par Charles Monselet. Musique de F. Poise. (*Décors :* 1° une place publique ; 2° une salle chez Sganarelle. *Epoque :* Louis XIV.) *Figuration.* 10 2 1 »

	H.	F.	Prix

Amourette (l'), pièce en trois actes, par M. Pierre Veber. (*Décors :* 1° une terrasse ; 2° un café ; 3° un salon. *Epoque :* de nos jours.) — 6 | 5 | 2 »

Après l'Opéra, drame en deux actes et trois tableaux, par M. Georges Docquois, d'après une nouvelle de M. Jean Reibrach. (*Décors :* 1° la chambre d'une dame ; 2° un carrefour plein de neige. *Epoque :* de nos jours.) — 8 | 2 | 1 50

Deux fois, M. de Chéville a sauvé Georges Rouve du déshonneur. Et Georges Rouve est l'amant de Mme de Chéville. La nuit, les deux amants sont ensemble. Georges, honteux de sa conduite, veut rompre. Elle, se cramponne à lui. Soudain, une alerte. C'est le mari qui rentre ! Georges saute par la fenêtre. Deux agents l'interrogent, et de Chéville survient : il a manqué son train. On monte, et l'on trouve Louise de Chéville étranglée par un bandit qui réussit à se sauver. De Chéville, comprenant tout, se venge atrocement : il désigne Georges comme l'auteur du meurtre, et l'amant se fait sauter la cervelle.

Drame extrêmement poignant et d'un très grand effet.

Argent d'autrui (l'), comédie en cinq actes, par M. Léon Hennique. (*Décors :* 1° une salle à manger ; 2° un jardinet ; 3° le bureau d'un banquier ; 4° l'escalier de la bourse ; 5° un salon. *Epoque :* de nos jours.) *Figuration.* — 25 | 4 | 2 »

Armature (l'), pièce en cinq actes, par M. Brieux (tirée du roman de M. Paul Hervieu). (*Deux décors :* 1° une avant-scène salon ; 2° un salon. *Epoque :* de nos jours.) — 15 | 6 | 3 50

Article VII (l'), pièce en trois actes, par L. Bataille et H. Feugère. (*Décors :* 1° un salon bourgeois ; 2° un salon de jeux ; 3° une clairière. *Epoque ;* de nos jours.) — 8 | 4 | 1 »

Auberge des Adrets (l'), drame en trois actes, par Benjamin, Saint-Amand et Paulyanthe. (*Décors :* 1° une cour d'auberge ; 2° une grande salle; 3° une cour. *Epoque :* le début du xixe siècle.) *Figuration.* — 7 | 2 | 1 »

Il n'y a personne qui n'ait au moins ouï parler de ce drame où Frédérick Lemaître triomphait dans le rôle de Robert Macaire-Rémond. Voici en deux mots le résumé : M. Dumont va marier Charles, son fils adoptif (un enfant trouvé), avec Clémentine Germeuil. Germeuil père est venu avec la dot (12.000 francs). Robert Macaire et son acolyte Bertrand, la nuit venue, assassinent Germeuil. On accuse une pauvre femme, Marie, que les circonstances semblent condamner. Mais on apprend que Marie est la mère de Charles et la femme de Macaire. Pour éviter la honte, on fait évader ce dernier. Trop tard ! Bertrand, se voyant sacrifier, blessé mortellement son complice, lequel, avant de mourir, accuse Bertrand du meurtre de Germeuil et innocente Marie.

Cette pièce, très comique par certains côtés, peut se jouer en deux ou trois actes. Dans le premier cas, elle se termine par une scène burlesque. Dans le second, elle prend fin sur la dernière scène indiquée par notre résumé.

Au-dessus des Frontières, pièce en trois actes, par M. de Noussanne. (*Décors :* 1° une terrasse devant la mer ; 2° un salon ; 3° un salon-atelier. *Epoque :* de nos jours.) — 6 | 5 | 2 »

Antagonisme de races ou de religions ne sont que préjugés et que vestiges de barbarie. L'amour, ce sentiment qui ne reconnaît pas de lois, ne saurait faire état des sectes ni des nationalités : il doit être *Au-dessus des Frontières*. Telle est la thèse qui se trouve fort joliment exposée dans les trois actes de cette pièce réellement émouvante.

Un jeune officier appartenant à une famille de protestants, autrefois Français, réfugiée en Allemagne à la suite de la Révocation de l'Edit de Nantes, devient amoureux d'une jeune fille française et catholique qui partage son sentiment. Le père du jeune homme, général dans l'armée du kaiser, s'oppose de toutes ses forces à leur union. Après des scènes extrêmement violentes entre le général, son fils et la mère de celui-ci, qui, bien qu'âgée et malade, s'efforce de faire triompher la cause de son enfant, la pauvre femme succombe en unissant les mains des jeunes gens, et le général, accablé, s'avoue vaincu.

Fort belle pièce et d'une tenue irréprochable.

Augereau, pièce militaire en 10 tableaux, par M. Gaston Marot. *Décors :* 1° une boutique de fruitier ; 2° une rue à Paris ; 3° le plateau de Valmy ; 4° une masure ; 5° la campagne ; 6° la tente d'Augereau ; 7° le pont d'Arcole; 8° une chambre; 9° une cabane; 10° le champ de bataille. *Epoque :* 1791.) *Figuration.* — 12 | 5 | 2 »

Aux Filles de Gambrinus, vaudeville en trois actes, par MM. G. Marot et A. Poullion. (*Décors :* 1° une salle de brasserie ; 2° un jardin de restaurant; 3° une chambre à coucher. *Epoque :* de nos jours.) *Figuration.* — 7 | 9 | 2 »

Avalanche de domestiques (une), folie-vaudeville en un acte, par

	H.	F.	Prix

Emile Durafour. (*Décor : une salle à manger. Epoque : de nos jours.*) — **8 5 1 »**

Des jeunes filles et des jeunes gens, tous gais compagnons, mystifient un vieux beau (Belphégor) qui a séduit la sœur (Hortense) de l'un d'eux (Marius). Celui-ci se déguise en « Brésilien féroce », et le crédule Belphégor, intimidé par les gros yeux et la voix formidable de son interlocuteur, cède et se décide à épouser Hortense.

Ce vaudeville est amusant, d'un comique un peu gros, mais gai.

Il y a huit rôles d'hommes et cinq rôles de femmes, mais comme tous ces rôles, à part ceux de Belphégor et des concierges, sont *à tiroirs*, le nombre des acteurs est en réalité de cinq hommes et trois femmes ; aussi, ce vaudeville figure déjà dans nos pièces à huit personnages.

Avenir (l'), comédie en trois actes, par M. G. Ancey. (*Décors : 1o un salon ; 2o un autre salon ; 3o même décor que le précédent. Epoque : de nos jours.*) — **4 8 2 »**

* **Aventures (les) du Capitaine Corcoran**, pièce en cinq actes et dix-sept tableaux, par MM. Paul Gavault, Georges Berr et A. Vély. *Adaptation du roman d'Assolant.* (*Décors : 1o un salon chez le gouverneur des Indes ; 2o une place à Calcutta ; 3o les jardins à Calcutta ; 4o une cour au Palais ; 5o le camp de Barclay ; 6o la tente de Barclay ; 7o une clairière ; 8o intérieur d'une pagode ; 9o le pont de la Nerbuddah ; 10o les terrasses du palais ; 11o le temple de Bouddha ; 12o la poterne ; 13o le palais d'Holkar (ballet) ; 14o la lisière d'une forêt ; 15o la Roche du Diable ; 16o le pont de l'*Albatros* ; 17o entrée triomphale à Baghavapour. Epoque : la guerre des Indes.*) Rôles secondaires : soldats anglais, ouvriers, un paysan, etc. *Figuration.* — **18 4 2 »**

Le célèbre roman d'Assolant est trop présent à toutes les mémoires pour que nous ayons à donner le résumé de la pièce jouée au Châtelet avec tant de succès. Elle se compose de scènes pour la plupart très mouvementées, dont les décors et accessoires peuvent être simplifiés suivant les circonstances, mais qui toujours doivent être réglées avec le plus grand soin.

Le héros du drame, le capitaine Corcoran, commande l'*Albatros*, un navire qui porte le professeur Tapon-Vermouillet, chargé d'une mission ayant pour but la découverte d'un manuscrit précieux. A ce moment, les troupes anglaises, commandées par le colonel Barclay, sont en guerre avec le maharajah Holkar. Corcoran, obéissant à sa nature combative, prend fait et cause pour les Indiens, favorise leur soulèvement et occasionne de grosses pertes aux Anglais. Au dénouement, après de merveilleuses aventures, le capitaine est fiancé avec la belle Sita, fille d'Holkar.

Cette pièce, où le côté humoristique n'a pas été négligé, comporte, bien entendu, une intrigue sentimentale, mais très anodine, et qui ne peut déplaire à personne.

Aveu (l'), comédie en trois actes, par M. Lucien Gleize. (*Décors : 1o salon ; 2o une plage avec cabines ; 3o un salon. Epoque : de nos jours.*) — **8 3 2 »**

* **Avocat Pathelin** (l'), comédie en trois actes, par Brueys. (*Décor unique : un village, près Paris. Epoque : le xviiie siècle.*) *Deux figurants.* — **8 3 1 50**

C'est l'ancienne et la célèbre farce qui, rajeunie par Brueys, fut représentée pour la première fois à Paris, au Théâtre-Français, en 1706. La scène peut se passer aussi bien au moyen âge qu'au dix-huitième siècle, mais non pas après cette époque.

Patelin, avocat retors et homme de ressource, mais pauvre et mal vêtu, se décide à remplacer l'argent par l'astuce, et avec une adresse merveilleuse, il extorque à son voisin Guillaume le drap dont il fera l'habit qui lui manque. Et il berne Guillaume de manière encore plus belle quand il vient plaider, à son nez, pour Agnelet, berger dudit Guillaume, coquin achevé et fin matois s'il en fut, puisque Patelin lui-même est « roulé » par ce faux nigaud. Au milieu des tribulations de l'avocat et du drapier, se poursuit l'intrigue amoureuse de Colette, fille du premier, et de Valère, fils du second. Il va de soi que Guillaume ne veut pas entendre parler de leur mariage. Et ici intervient encore la ruse audacieuse de Patelin qui, aidé par Agnelet dans une mystification admirable, comble les vœux des deux amants, et les siens.

L'Avocat Patelin joint à la grâce du style l'attrait des situations comiques et le dessin bien marqué des caractères. C'est une farce délicieuse, et qui peut être jouée devant n'importe quel public.

** **Bailli de Roubaix** (le), pièce en cinq actes et six tableaux, par Charles Buet. (*Décors : 1o une place à Roubaix ; 2o une salle du manoir de Roubaix ; 3o la Ducasse ; 4o décor du 2e tableau ; 5o un sous-bois ; 6o la Ducasse. Epoque : au xvie siècle.*) — **27 » 2 »**

Au moyen âge, les Roubaisiens, affamés par les exactions du Bailli Claude Monnin, se révoltèrent. Leur seigneur, Pierre de Roubaix, après dix ans d'éloignement, revint parmi ses vassaux, et les délivra de Monnin, sans tirer vengeance de ce dernier. Mais le peuple n'ayant pas

	H.	F.	Prix

pardonné, et le bailli fut poignardé sur l'échafaud qu'il destinait à Pierre. Tel est le fond de ce drame, dont l'action très vive est corsée par de beaux épisodes.

De même que *Le Prisonnier de Miolans* (voir plus loin), nous recommandons tout spécialement *Le Bailli de Roubaix* pour être joué dans les cercles, et surtout dans les lycées, collèges et pensionnats. Cette pièce est des plus dramatiques et met en jeu les plus nobles sentiments.

Bâillonnée (la), drame en deux parties et huit tableaux, par MM. P. DECOURCELLE et P. ROUGET. (*Décors :* 1º petit salon ; 2º chambre d'hôtel ; 3º un cabinet de travail ; 4º une mercerie ; 5º un coin des Champs-Elysées ; 6º un coin du pont d'un paquebot ; 7º une pièce d'un très pauvre appartement ; 8º même décor qu'au 3e tableau. *Epoque :* de nos jours.) *Figuration.* — 16 — 14 — 2 »

Bande jaune (la), vaudeville en trois actes, par MM. G. MAROT et OSWALD. (*Décors :* 1º le quai de la Mégisserie ; 2º une salle à manger ; 3º un jardin. *Epoque :* de nos jours.) — 7 — 4 — 2 »

Baptême (le), thèse religieuse en cinq actes, par M. le Dr ROUBY, d'Alger. (*Décors :* 1º un salon-bibliothèque ; 2º une serre ; 3º un laboratoire ; 4º cabinet sacristie ; 5º un salon. *Epoque :* de nos jours.) — 12 — 9 — 2 »

Bas de laine (le), comédie-vaudeville en trois actes, par MM. ALFRED DURU, WILLIAM BUSNACH et OCTAVE GASTINEAU. (*Décors :* 1º un salon ; 2º un boudoir ; 3º un châlet. *Epoque :* de nos jours.) — 6 — 5 — 2 »

Bâtard rouge (le), drame en six actes dont un prologue, par MM. R. BRINGER et G. RENNES. (*Décors :* 1º le terre-plein du Pont-Neuf ; 2º une salle de cabaret ; 3º l'antichambre de la reine ; 4º un carrefour dans un bois ; 5º un salon sévère ; 6º un salon richement meublé. *Epoque :* Louis XIII.) *Figuration.* — 15 — 3 — 2 »

Belle Limonadière (la), drame en cinq actes et huit tableaux, par MM. PAUL MAHALIN et LOUIS PÉRICAUD. (*Décors :* 1º une place ; 2º une chambre ; 3º une chambre ; 4º une salle de restaurant ; 5º une salle de café ; 6º une clairière ;

7º un jardin ; 8º la chambre du deuxième tableau. *Epoque :* 1823.) *Figuration.* — 16 — 6 — 2 »

Belle Marseillaise (la), drame en quatre actes, par M. PIERRE BERTON. (*Décors :* 1º intérieur d'un restaurant ; 2º un grand salon aux Tuileries ; 3º un petit salon aux Tuileries ; 4º une pelouse devant le château de Saint-Cloud. *Epoque :* 1800.) *Figuration.* — 16 — 6 — 2 »

Bête féroce (la), drame en cinq actes et huit tableaux, par MM. J. MARY et E. ROCHARD. (*Décor :* 1º cabinet de greffier ; 2º bord de rivière ; 3º une pièce ; 4º salon sur terrasse ; 5º jardin ; 6º un bureau ; 7º et 8º le même salon. *Epoque :* de nos jours.) *Figuration.* — 10 — 5 — 2 »

Bienfaiteurs (les), pièce en quatre actes, par M. BRIEUX. (*Deux décors :* 1º un salon ; 2º une pièceparloir. *Epoque :* de nos jours.) *Figuration.* — 14 — 13 — 2 »

Blanchette, comédie en trois actes (nouvelle édition), par M. BRIEUX. (*Décor unique :* un petit cabaret de village. *Epoque :* de nos jours.) — 8 — 4 — 2 »

Cette célèbre pièce montre les inconvénients du brevet d'enseignement, de l'instruction en général, pour ceux qui ne peuvent être en situation d'en profiter. Blanchette (Elise), fille du père et de la mère Rousset, deux braves cabaretiers de village, est en possession de son brevet de capacité, mais pour obtenir un poste d'institutrice, il lui faudrait disposer de grosses influences qu'elle n'a pas. Le père Rousset, d'abord très fier du savoir, des talents et des belles manières de sa fille, commence à s'agacer de la voir vivre à ne rien faire que dépenser de l'argent. Le bonhomme, pas commode au fond, se fâche un beau jour. Après une scène violente, Blanchette quitte la maison paternelle. Son père la maudit et lui défend de revenir. Pourtant, un an après, elle frappe à la maison paternelle. D'abord furieux, Rousset, au récit de ses malheurs, finit par s'attendrir. La jeune fille épousera le fils Morillon, un bon travailleur qu'elle avait refusé un an plus tôt.

Blanchette est une comédie de mœurs et aussi de caractères. Il serait regrettable que, selon les conventions du monde, elle soit censée — pour certaines personnes — être de celles que les jeunes filles ne peuvent entendre, car elle aurait pour elles une moralité, une utilité qui font défaut à bien des pièces moins fortes et d'une moindre vérité.

Bluff (le), pièce en trois actes, par M. GEORGES THURNER. (*Décor uni-*

	H.	F.	Prix

que : un cabinet de médecin, avec des changements dans les accessoires. *Epoque :* de nos jours.) — 5 | 5 | 2 | »

Pièce réaliste, et terriblement vraie. Le D' Hardouin, pauvre et scrupuleux, a inventé un sérum anti-tuberculeux qui donne au malade six mois de force et de vie surprenante, pour le laisser ensuite brisé, condamné, perdu. Hardouin ne veut pas, tout d'abord, « bluffer » avec ce sérum. Il respecte la vie de ses semblables. Puis, lui-même se laisser gagner aux raisons de son entourage. Il s'agit du mariage de ses enfants, il s'agit des dettes, de la concurrence, etc. Et voici Hardouin en pleine vogue, à son tour. Ça le grise un peu, jusqu'à ce qu'apprenant certaines infamies qui se commettent, et dont son fils est coupable, il éclate, proclame sa propre indignité, s'accuse d'avoir « bluffé », fait le plus de scandale possible. Cela ne change rien d'ailleurs ; au contraire, l'esclandre de Hardouin passe, de sa part, pour une manœuvre habile. Il est prisonnier, quoi qu'il fasse, de son premier bluff.

Bon Juge (le), comédie en trois actes, par M. ALEXANDRE BISSON. (*Décors :* 1o le cabinet du juge d'instruction ; 2o un riche salon ; 3o terrasse d'un restaurant, au bord de la mer. *Epoque :* de nos jours.) *Figuration.* — 10 | 3 | 2 | »

Leplantois (le bon juge) est un gaffeur de premier ordre. Il ne met pas la main sur le véritable auteur d'un crime, et les innocents qu'il arrête, il les garde indéfiniment sous les verroux. D'autres fois, il lui arrive de ne pas même se rappeler pourquoi il a arrêté un homme, et par conséquent de le maintenir au secret jusqu'à ce que la mémoire lui revienne. Leplantois devait fatalement se faire « fumister. » Un journaliste ingénieux, Duvigneul, se donne comme l'assassin de la « Belle Piémontaise » et se paye supérieurement la tête du bon juge. D'autre part, Leplantois veut faire le Don Juan ; il emmène à la mer — pour la journée — une demi-mondaine très rusée qui, de connivence avec diverses victimes de Leplantois, le mystifie. Celui-ci, à l'hôtel où il se croyait seul en bonne fortune, voit avec stupeur, en folie, apparaître tour à tour sa femme, sa belle-mère assise à la caisse, son greffier, patron momentané de céans. Leplantois sent son crâne éclater, et lorsque ses persécuteurs ont enfin pitié de lui, il jure de donner sa démission, ce sera le prix du pardon de sa femme.

Cette pièce est très humoristique, très comique, et ne nécessite pas, somme toute, un grand déploiement de mise en scène.

Bon moyen !... (le), comédie en trois actes, par M. ALEXANDRE BISSON. (*Deux décors :* 1o un jardin-terrasse au bord de la mer ; 2o un salon. *Epoque :* de nos jours.) — 5 | 4 | 2 | »

Dutacq est effroyablement jaloux, et persécute sa charmante femme jusqu'à la rendre malheureuse. Dans son entourage, on découvre — avec l'aide de diverses circonstances — un moyen excellent de guérir Dutacq de son pitoyable défaut. Il semble bien que le stratagème l'ait corrigé.

Outre que la place nous ferait défaut pour un exposé détaillé de l'intrigue, nous croyons qu'il serait superflu. On connaît l'humour, la verve amusante et les trouvailles comiques où excelle l'auteur.

Le Bon moyen n'est pas une pièce scabreuse, mais une pièce où les sujets scabreux sont effleurés.

Bonheur de Jacqueline (le), comédie en quatre actes, par M. P. GAVAULT. (*Décors :* 1o une terrasse devant un château ; 2o un salon de casino ; 3o un salon ; 4o une chambre. *Epoque :* de nos jours.) *Trois domestiques.* — 8 | 4 | 2 | »

* **Boulinard** (les), comédie-vaudeville en trois actes, par MM. ORDONNEAU, ALBIN VALABRÈGUE et HENRY KÉROUL. (*Décors :* 1o un salon chez Boulinard ; 2o un hôtel de province ; 3o un salon à la sous-préfecture. *Epoque :* de nos jours.) — 11 | 4 | 2 | »

Cette pièce connue est aussi remarquable par l'imprévu et l'énorme drôlerie des situations que par l'allure spirituelle et vive du dialogue, émaillé d'une foule de traits piquants.

Boulinard, fabricant de moutarde enrichi, serait l'homme du monde le plus débonnaire sans la manie des grandeurs qui lui est venue avec la richesse et qui lui fait poser, comme condition au mariage de sa fille, la nomination de M. Paul Bodard au poste de sous-préfet. Bodard et Cécile sont très épris l'un de l'autre, et grande est leur déception à tous deux : il n'est pas nommé. Cécile épousera Bruniquel, qui lui déplaît. Mais voici que M. Boulinard accourt tout joyeux, brandissant un journal où la nomination de Bodard aux Réglisottes est annoncée. Qu'est-ce à dire ? Une faute d'impression, tout simplement, une *coquille.* Ce n'est pas *Bodard* qui est nommé, c'est *Godard.* Mais à quoi bon détromper le bonhomme ? Et tous de partir pour les Réglisottes, où Boulinard qui, d'ailleurs, a pris l'hôtel de la sous-préfecture tenu par M. Emile, pour la sous-préfecture, fait largesse aux habitants, convie la fanfare et les autorités, puis congédie le secrétaire général, etc. On ne sait jusqu'où les choses iraient si la confusion, cause originelle de tout le mal, ne se découvrait enfin. Du reste, Bodard est nommé aux Réglisottes, Godard ayant demandé son changement immédiat. Répétons-le, cette pièce est, d'un bout à l'autre, à pouffer de rire ; et — point important — *Les Boulinard* est une des rares pièces en trois actes pouvant être jouée devant un auditoire quelconque et n'ayant aucune intrigue d'amour.

* **Boussigneul** (les), vaudeville en trois actes, par MM. G. MAROT,

A. Poullion et E. Philippe. (*Décors* : 1° une place de village ; 2° l'antichambre d'un magasin de costumes ; 3° un salon de restaurant. *Epoque* : de nos jours.) *Figuration*. | 8 | 8 | 2 »

Les Boussigneul est une pièce devenue très populaire, d'un bout à l'autre remplie de franche gaîté, non sans finesse, mais dont le defaut de place nous oblige à ne faire qu'une très brève analyse.

Arsène doit épouser, ce jour, Madeleine, fille de Boussigneul, et jeune fille accomplie. Mais le fiancé ne va à la mairie qu'à contre-cœur. Il trouve que sa femme « manque de chic ». Madeleine surprend le propos, et, par une ruse à elle, fait échouer le mariage presque au dernier moment. Et Arsène s'en va à Paris faire la fête avec ses amis. Il ne tarde pas à s'y retrouver avec Boussigneul, venu pour chercher sa femme, Constance (qui l'a quitté il y a vingt ans), afin de refaire le mariage manqué. Alors commence l'inénarrable série des quiproquos. Le dénouement : Boussigneul retrouve Constance, qui lui est restée loyalement fidèle, et Arsène épousera Madeleine.

Bien que très *parisien* par certains côtés, ce vaudeville est, d'autre part, trop moral à notre avis pour ne pas pouvoir être joué devant tous les auditoires.

Cadet-Roussel, Dumollet, Gribouille et Cie, bambochade en trois actes, par Clairville et Jules Cordier. (*Décors* : 1° un cabaret ; 2° le jardin du cabaret ; 3° une chambre chez Cadet-Roussel. *Epoque* : ad libitum.) *Figuration*. | 10 | 8 | 1 »

Folichonnerie spirituelle, endiablée, avec une pointe de grivoiserie. La pièce demande à être jouée avec infiniment d'entrain et de verve. Beaucoup de couplets. Il serait difficile de la résumer ici. Il nous suffira de dire qu'elle est d'une drôlerie et d'une fantaisie achevées.

Caïn, drame biblique en deux actes, par A. Laya. (*Décors* : 1° un paysage nocturne ; 2° un site sauvage. *Epoque* : celle d'Adam et Eve.) *Deux figurantes*. | 6 | 3 | 1 50

Caïn, drame en cinq actes, par M. Jules de Marthold. (*Décors* : 1° une maison d'habitation ; 2° une salle basse de moulin ; 3° une chambre. *Epoque* : de nos jours.) | 6 | 3 | 1 50

Cambrioleurs (les), drame en cinq actes et sept tableaux, d'après un ouvrage de *Moreau*, par MM. Em. Max et Ch. Lancelin. (*Décors* : 1° un salon élégant ; 2° un salon modeste ; 3° un jardin ; 4° intérieur ouvert sur un jardin ; 5° un cabinet de financier ; 6° dans une masure. *Epoque* : de nos jours.) | 14 | 4 | 2 »

Un policier amateur du nom de Faufinet a eu vent des agissements criminels d'une bande de cambrioleurs, où les nommés Beaumignon et Blaireau agissent, sur les instructions d'un homme d'affaires véreux, Maubert, et d'un jeune homme taré, Gaston Delaunay, qui, après avoir dilapidé la dot de sa femme, ne recule pas devant le crime pour se procurer de l'argent. D'ailleurs, si Gaston le voulait, tout scandale pourrait encore être évité, et lui se retrouver riche, grâce à la générosité d'Olivier d'Argelles, à qui Gaston avait volé sa fiancée. Mais il s'obstine à vouloir triompher, et il assassine à demi sa femme (Hélène) qui survit à sa blessure. L'arrestation de toute la bande, le meurtre de Maubert, noyé par Beaumignon, terminent ce drame corsé par de multiples incidents pathétiques. Inutile d'ajouter qu'il comporte une mise en scène assez compliquée.

Canard Sauvage (le), drame en cinq actes, par H. Ibsen, traduction nouvelle d'Albert Savine. (*Décors* : un cabinet de travail et un atelier de photographe. *Epoque* : de nos jours.) | 6 | 3 | 2 »

Carmagnol, drame en cinq actes et un prologue, par MM. Em. Max et Eug. Leclerc. (*Décors* : 1° une salle dans un château ; 2° un salon ; 3° le jardin d'un cabaret ; 4° un pavillon isolé ; 5° un cabaret. *Epoque* : de nos jours.) *Figuration*. | 9 | 6 | 2 »

En l'absence du comte de Montlor, Laboudet, un individu recueilli par le comte, et factotum dans son château, a trouvé le moyen de séduire la comtesse. Un enfant naît, que Laboudet fait disparaître. Arrivant à l'improviste, le comte surprend ce secret terrible. Il s'élance sur le misérable, mais tombe mort, frappé de congestion. Vingt ans plus tard, Laboudet est puni. Il cherchait à mettre la main sur la fortune des Montlor, mais l'enfant adultérin avait été confié par son père à un certain Carmagnol, qui, au lieu de le tuer, l'élève : c'est Jean Casse-Bras. Les crimes et les manœuvres de Laboudet sont découverts, et le traître est assommé par Carmagnol, après avoir été épargné par son fils.

Telle est, très succincte, la donnée de ce mélodrame où les situations tragiques alternent avec les situations drôles.

Carnaval de Boquillon (le), vaudeville en trois actes, par MM. Paul Mahalin et R. Jolly. (*Décors* : 1° une salle à manger ; 2° un boudoir ; 3° un salon de restaurant. *Epoque* : de nos jours.) *Figuration*. | 9 | 7 | 1 50

	H.	F.	Prix

Carnot, drame militaire en huit tableaux, par MM. H. Blondeau et L. Jonathan. (*Décors :* 1° une place de village ; 2° le cabinet de Carnot ; 3° un salon ; 4° un carrefour de Paris ; 5° une forêt ; 6° intérieur de moulin ; 7° le mamelon de Wattignies ; 8° l'entrée de la Convention. *Epoque :* 1785-1793.) *Figuration.* — 29 | 8 | 2 | »

Casque en fer, drame en cinq actes et sept tableaux, par M. Edouard Philippe. (*Décors :* 1° un salon ; 2° une place de village ; 3° une cabane ; 4° le cabinet d'un juge d'instruction ; 5° un salon ; 6° un cabaret ; 7° un salon. *Epoque :* de nos jours.) — 12 | 5 | 2 | »

Casquette au père Bugeaud (la), drame en cinq actes et neuf tableaux, par MM. Gaston Marot et Clairian. (*Décors :* 1° une place ; 2° un campement ; 3° l'intérieur d'une tente ; 4° une plaine ; 5° ruines. *Epoque :* 1837.) *Figuration.* — 25 | 4 | 2 | »

Casse-Museau, drame en sept tableaux, par MM. G. Marot, E. Philippe et A. Marx. (*Décors :* 1° un boudoir ; 2° un jardin ; 3° la Morgue ; 4° la Courtille ; 5° un cabinet de travail ; 6° un bureau de placement ; 7° le cabinet du procureur. *Epoque :* de nos jours.) *Figuration.* — 17 | 8 | 2 | »

Casserole (la), drame en un acte, par M. Oscar Méténier. (*Décor :* chez un marchand de vins. *Epoque :* de nos jours.) *Figuration.* — 8 | 3 | 1 | 50

La scène se passe chez un de ces marchands de vins, où, après minuit, les malfaiteurs se donnent rendez-vous avec certaine catégorie de filles publiques. L'une de celles-ci, La Grande Carcasse, a des accointances avec la police, et à la fin de la pièce elle reçoit un coup de couteau. Le drame est très poignant, effroyable même. Les personnages emploient des mots d'argot et des expressions crues.

Cause célèbre (une), drame en six parties, par A. d'Ennery et Cormon. (*Décors :* 1° une chaumière ; 2° un camp ; 3° un parc ; 4° un salon ; 5° un petit salon. *Epoque :* Louis XV.) *Figuration.* — 10 | 8 | 2 | »

Cercle (le) ou **La Soirée à la mode**, comédie épisodique en un acte, *en prose*, par Poinsinet. (*Décor :* un salon. *Epoque :* xviiie siècle.) — 6 | 5 | 1 | »

C'est le vent ! comédie en trois actes, par M. Maurice Pottecher. (*Décors :* 1° une cour de marchand de vins ; 2° sur une route ; 3° sur une place. *Epoque :* de nos jours.) *Figuration.* — 14 | 5 | 2 | »

Chacun cherche son trésor, histoire de sorciers en trois actes, par M. Maurice Pottecher. (*Décors :* 1° une chambre de ferme ; 2° une place publique ; 3° une clairière. *Epoque :* indéterminée.) *Figuration.* — 8 | 4 | 2 | »

Chambre à part, comédie en trois actes, par M. Pierre Veber. (*Décors :* 1° un petit salon ; 2° un boudoir ; 3° un salon. *Epoque :* de nos jours.) — 4 | 5 | 2 | »

Chambre des baisers (la), pièce en trois actes et quatre tableaux, par M. Marc Sonal. (*Décors :* 1° un bureau chez un notaire ; 2° un jardin et une villa ; 3° un salon. *Epoque :* de nos jours.) — 8 | 5 | 2 | »

La famille Bournache s'attend à hériter d'une vieille cousine riche et « originale ». Erreur ; la défunte ne leur laisse rien, et c'est bien fait : Mme Bournache (Natalie) est une « rosse », une chipie, une mégère « inapprivoisée ». En revanche, l'exquise Francine hérite d'une villa charmante et Octave, jeune homme pauvre, de dix mille francs ; mais Francine a divorcé d'avec M. Papillard son mari, parce qu'il était trop noceur, et s'est mariée avec M. Plantinet, qui lui, ne l'est pas assez. C'est un homme fatigué. Or, la cousine ignorant ce détail, a stipulé que la villa serait occupée par Papillard et sa femme. D'où naît l'imbroglio où se débattent tous les personnages de la pièce, — imbroglio inénarrable et désopilant. Le résultat principal est que Francine, après avoir à son insu trompé son second mari avec son premier, opte décidément pour celui-ci et va redivorcer pour le réépouser. Nous passons sur des côtés secondaires du dénouement.

La chambre des Baisers est une pièce très gaie et amusante, badine à souhait. C'est dire qu'elle convient à un public composé de gens peu enclins à la pudibonderie.

Charmant séjour, vaudeville en trois actes, par MM. Paul Gavault et P.-L. Flers. (*Décors :* 1° un salon ; 2° une salle de mariages dans une mairie ; 3° un hangar. *Epoque :* de nos jours.) Un rôle d'enfant. — 8 | 6 | 2 | »

Val-en-Goujard est une localité tranquille où Jacques Lamouret est venu se reposer des fatigues de Paris. Mauvaise inspiration ; il y rencontre *ses maîtresses* : Hélène, femme de Vaublantier, pharmacien sur le déclin, et Lili Pitchpin, cascadeuse.

Jacques fait contre « mauvaise » fortune bon visage, mais c'est bien inutile : le destin a décidé qu'il n'aurait pas la tranquillité rêvée. Nous n'aurons pas la prétention de retracer ici l'embrouillamini où les personnages de la pièce s'agitent, jusqu'au dénouement, qui se termine à la satisfaction de tous, sauf de ceux qui y laissent quelques plumes.

Vaudeville gai et drôle, fort libre aussi.

Chasse aux mariés (la), comédie-vaudeville en trois actes, par M. A. LÉNÉKA. (*Décors :* 1º un salon sur jardin; 2º une antichambre; 3º un hôtel. *Epoque :* de nos jours.) *Figuration.* — H. 10 F. 4 Prix 2 »

Chaste Suzanne (la), comédie-vaudeville en deux actes, par M. PAUL FERRIER; musique de M. BARILLER. (*Décors :* 1º un parloir de pensionnat; 2º le café de la garde nationale. *Epoque :* 1826.) *Figuration.* — H. 5 F. 7 Prix 1 50

Château historique ! comédie en trois actes, par M. ALEXANDRE BISSON. (*Décor unique :* un grand salon, style Louis XV, très pur. *Epoque :* de nos jours.) *Figuration.* — H. 10 F. 6 Prix 2 »

Colombin habite un château où demeura l'auteur d'*Émile*, et où plus tard, Paul Coudray, le romancier que l'immoralité de ses œuvres et de ses actes ont mis à la mode, a écrit plusieurs de ses livres. La maison semble hantée par le souvenir de Paul Coudray, et Marguerite Baudoin, fille de Colombin, femme de Gaston, ne rêve plus que chimères, collectionne avec un soin maniaque les objets laissés en ce logis par Coudray. Son mari, qui l'adore et souffre de se voir ainsi moralement abandonné, trouve avec son ami Claude Barrois un bon moyen : Barrois, que personne ne connaît céans, se donnera pour Paul Coudray, et pour guérir Marguerite, affectera des manières de goujat. D'où mainte scène piquante, de l'invention et du comique les plus heureux, les mieux trouvés. A la fin, la jeune femme, après s'être vengée spirituellement de cette mystification, embrasse son mari et lui rend l'affection sans laquelle il ne saurait vivre.

Il n'est pas besoin d'insister sur les qualités multiples qui ont valu et qui valent encore à *Château Historique !* un si grand succès à Paris et dans toute la France. Ajoutons seulement que le décor est le même pour les trois actes, ce qui facilite exceptionnellement les représentations de la pièce.

Cherchons papa, vaudeville en trois actes, par MM. V. BERNARD et M. ORDONNEAU. (*Décors :* 1º une salle d'agence; 2º un salon; 3º un salon. *Epoque :* de nos jours.) — H. 10 F. 7 Prix 2 »

Chéri ! comédie-vaudeville en trois actes, par MM. PAUL GAVAULT et

V. DE COTTENS. (*Décors :* 1º un salon empire ; 2º un salon Louis XVI ; 3º comme au premier acte. *Epoque :* de nos jours.) — H. 8 F. 6 Prix 2 »

Mᵐᵉ Lauhergeois (Raymonde) et Léon, son amant, se font pincer continuellement par les bonnes. Elles sont congédiées aussitôt, et l'achat de leur silence coûte cher à Raymond. A Lauhergeois, étonné de cette « hécatombe » de domestiques, les coupables font croire que c'est son beau physique qui tourne la tête aux servantes. Un jour, Lauhergeois lui-même y est pris. Il engage en l'absence de sa femme une rouée (Caroline) et la met dans ses meubles. Celle-ci s'intitule Caroline de Saint-Gaimier. Des scènes à pouffer de rire se déroulent dans la bonbonnière de cette récente demi-mondaine, que Léon courtise assidûment.. jusqu'au jour où Raymonde le découvre, bien plus furieuse d'être trompée par son amant que par son mari. Le dénouement arrive sur une scène très amusante et dont même le résumé ne tiendrait pas dans le cadre de cette notice.

Vaudeville très décolleté, grivois même et n'exigeant pas d'accessoires compliqués.

** **Chez la Brodeuse,** comédie en un acte, par M. PRABONNEAUD. (*Décor :* un atelier de broderie. *Epoque :* de nos jours.) — H. » F. 9 Prix 1 50

Quelques jeunes filles se réunissent chaque jour chez une brodeuse pour apprendre son art. La médisance leur fait soupçonner une de leurs compagnes, qui arrive tous les jours en retard, d'avoir une conduite irrégulière. Leurs faux soupçons se trouvent démentis par la découverte de la vérité : leur jeune amie ne s'attarde que pour porter secours à une pauvre famille logée au sixième étage de la maison qu'occupe la brodeuse. Elles s'excusent alors auprès de leur camarade et s'associent à sa bonne œuvre. Voilà vraiment de la morale en action, présentée sous une forme séduisante et spirituelle.

Charmante piécette pour jeunes filles.

Chez les Zoaques, pièce en trois actes, par M. SACHA GUITRY. (*Décors :* 1º et 2º un bureau ; 3º un salon. *Epoque :* de nos jours.) — H. 6 F. 3 Prix 3 50

Cinq mille quatre ! comédie-bouffe en trois actes, par MM. A. GUINON et A. JANVIER. (*Décors :* 1º un salon d'hôtel ; 2º un jardin ; 3º une gare. *Epoque :* de nos jours.) — H. 9 F. 4 Prix 2 »

* **Citerne d'Albi** (la), drame en trois actes, par D'ENNERY et GUSTAVE LEMOINE. (*Décors :* 1º une place de village ; 2º intérieur d'une cour de ferme, une citerne murée ; 3º une chambre d'auberge. *Epoque :* 1841.) *Figuration.* — H. 6 F. 4 Prix 1 »

Hubert Castagnari a réussi à se faire aimer d'une veuve riche et jolie, Thérèse Leblanc, quoiqu'ayant pris l'engagement

	H.	F.	Prix

écrit d'épouser une jeune fille qui l'adore, Antoinette Delporte. Mise au courant de ce fait, Thérèse engage Hubert à tenir sa promesse. Antoinette, sachant Hubert pauvre, lui dit qu'elle va partir, accepter les offres d'une riche famille anglaise, qui veut la prendre comme demoiselle de compagnie. En trois ans, Antoinette aura amassé 50.000 francs, de quoi vivre !.. Hubert l'accompagne jusqu'à la voiture de poste, mais en chemin il l'assassine et jette le corps dans une vieille citerne murée. Trois mois après, Hubert et Thérèse se marient. Le jour du repas de noces, Antoinette reparaît. Le docteur Jules Durvilliers, ayant, la nuit du crime, entendu des râles, était descendu dans le puits, en avait retiré la jeune fille, puis l'avait sauvée. Hubert est confondu et arrêté.

Ce drame est extrêmement empoignant. Il y a des scènes d'un très grand effet. Il ne contient rien qui puisse offenser les oreilles chastes. Les personnes très rigoristes pourront modifier les rares passages qui pourraient leur sembler douteux.

Clarisse Arbois, comédie en trois actes, par M. Maurice Boniface. (*Décors :* 1° un salon; 2° intérieur élégant; 3° même décor qu'au premier acte. *Epoque :* de nos jours.) *Figuration.* ... 6 | 6 | 3 50

Clef (la), comédie en quatre actes, par M. Sacha Guitry. (*Décors :* 1° un atelier; 2° un salon; 3° un pont de yacht. *Epoque :* de nos jours.) ... 9 | 7 | 3 50

Clé du paradis (la), comédie-vaudeville en trois actes, par Henri Chivot et Alfred Duru. (*Décors :* 1° un salon; 2° une salle à manger; 3° une île. *Epoque :* de nos jours.) ... 7 | 5 | 2 »

Club des Séparées (le), folie-vaudeville en un acte, par William Busnach. (*Décor :* un salon. *Epoque :* de nos jours.) ... 7 | 7 | 1 »

Pièce archi-cocasse, drôle et spirituelle, où la satire, mais la satire « bon enfant », perce à travers des situations désopilantes. La place nous fait défaut pour résumer cette pièce qu'une pointe de grivoiserie empêcherait peut-être de jouer devant des jeunes filles.

Cœurblette, comédie en deux actes, par M. Romain Coolus. (*Décors :* 1° un salon; 2° un salon. *Epoque :* de nos jours.) ... 3 | 6 | 2 »

Cœurs vernis, comédie en quatre actes, par MM. Marcel Luguet et Marcel Lauras. (*Décors :* 1° une chambre; 2° un jardin; 3° une cour d'un cloître; 4° une terrasse au bord de la mer. *Epoque :* de nos jours.) *Figuration.* ... 12 | 8 | 2 »

Colinette, pièce en quatre actes, par MM. G. Lenotre et Gabriel Martin. (*Décors :* 1° un salon; 2° un boudoir; 3° le cabinet du roi. *Epoque :* 1815.) *Figuration.* ... 10 | 4 | 2 »

L'évasion fameuse de M. de Lavalette semble avoir inspiré aux auteurs de *Colinette* le dénouement de cette jolie pièce, qui, — outre le très vif intérêt dramatique dont elle est empreinte — reproduit avec beaucoup de charme et d'exactitude le caractère d'une époque : la Restauration. Le roi Louis XVIII, vieilli de corps, mais alerte d'esprit, répudiait facilement les iniquités commises en son nom plus que par son ordre. Peu après le jour où Lavalette, revêtu des habits de sa femme, quitta la prison d'où il n'aurait dû sortir que pour aller devant le peloton d'exécution, la marquise de Rouvray (Colinette) parvint, au moyen d'un subterfuge identique, à sauver son mari, arrêté pour avoir recueilli Collières, ex-général de Napoléon, traqué par les émigrés redevenus maîtres de la France. Louis XVIII pardonna tout, n'exigeant en retour qu'un baiser de la jolie marquise.

Ce petit drame fort bien écrit, plein d'esprit et d'agrément, abonde en détails heureux, en trouvailles charmantes. Il ne sera bien compris que d'un public d'expérience.

Comédie de l'amour (la), pièce en trois actes d'H. Ibsen, traduite par MM. de Colleville et F. de Zepelin. (*Décor unique :* un jardin. *Epoque :* de nos jours, en Norvège.) *Figuration.* ... 5 | 5 | 3 50

Conseil judiciaire (un), comédie en trois actes, par MM. Jules Moinaux et Alexandre Bisson. (*Décors :* 1° un tribunal; 2° le cabinet de Pagevin; 3° salon dans une villa, à Royat. *Epoque :* de nos jours.) *Figuration.* ... 12 | 5 | 2 »

C'est une des plus célèbres pièces du répertoire contemporain.

Olivier a une femme délicieuse (Pauline) mais terriblement dépensière. Malgré leur amour réciproque, il se résout à lui faire donner un conseil judiciaire. L'audience consacrée à ce procès est absolument désopilante. Olivier l'emporte, mais sa femme retourne chez son père (Courvalois). Lui s'en va alors tâcher d'arrondir sa fortune. Cependant l'avoué Pagevin, — un type d'excellent homme, sans volonté, marié à une personne acariâtre et point séduisante — Pagevin a été désigné comme conseil judiciaire de Pauline. La seule vue de cette petite parisienne exquisement frivole, aimable et touchante d'insouciance, affole le pauvre avoué, jusqu'alors réputé pour un modèle de toutes les vertus domestiques et autres. Voilà Pagevin lancé dans la grande vie, filé à Royat avec des amis boute-en-train, dépensant l'argent sans compter, plus enragé que tout le monde. Hélas ! tout a une fin. L'épouse Pagevin, prise de soupçons, arrive en trombe à Royat et emmène son

	H.	F.	Prix

Infortuné mari, cependant qu'Olivier et Pauline se réconcilient.

Ce n'est pas là, il va sans dire, une pièce pour pensionnaires, encore qu'elle ne soit pas très risquée.

Contrôleur des wagons-lits (le), comédie en trois actes, par M. Alexandre Bisson. (*Deux décors : 1° un petit salon ; 2° une salle à manger bourgeoise. Epoque : de nos jours.*) — 6 — 7 — 2 »

Georges Godefroid rêve de divorcer d'avec sa femme (Lucienne) pourtant aimante et belle. Il veut épouser Mlle Rosine Charbonneaud. Il a trouvé, pour n'être chez lui que la moitié de la semaine, un truc : il y a, aux chemins de fer de Lyon, un contrôleur des wagons-lits du nom de Godefroid. Georges se fait passer pour lui et fait croire aux siens qu'il est nommé. Ça ne réussit pas longtemps, et lorsque le véritable contrôleur, Alfred Godefroid, se présente chez son homonyme, les choses prennent mauvaise tournure pour le faux employé. La place nous ferait défaut pour résumer convenablement les péripéties à pouffer de rire de cette pièce merveilleusement gaie, avec une note sentimentale qui lui ajoute un grand charme.

Comédie pour un public composé de grandes personnes.

Nota — Parmi les accessoires, un phonographe. Il n'est pas nécessaire que l'instrument fonctionne à la représentation.

Coralie et Cie, pièce en trois actes, par MM. A. Valabrègue et M. Hennequin. (*Décors : 1° un petit salon ; 2° chambre de repos ; 3° même décor qu'au 1er acte. Epoque : de nos jours.*) — 11 — 10 — 2 »

Corbeaux (les), pièce en quatre actes, par Henry Becque. (*Décors : 1° un salon ; 2° même décor ; 3° même décor ; 4° une salle à manger. Epoque : de nos jours.*) *Trois figurants muets.* — 9 — 6 — 2 »

Coucou (le), comédie en trois actes, par H. Raymond et Alph. Dumas. (*Décors : 1° un salon ; 2° une serre ; 3° un restaurant. Epoque : de nos jours.*) — 7 — 4 — 2 »

Coup d'aile (le), pièce en trois actes, par M. François de Curel. (*Décor unique : un fumoir-vestibule. Epoque : de nos jours.*) — 5 — 5 — 3 50

Coup de fouet (le), pièce en trois actes, par MM. Hennequin et G. Duval. (*Décor unique : un salon. Epoque : de nos jours.*) — 5 — 5 — 2 »

Coupe enchantée (la), comédie en un acte, par La Fontaine et

Champmeslé. (*Décor : une cour de château. Epoque : Louis XIV.*) — 6 — 3 — 1 »

Couverts d'argent (les), vaudeville en trois actes, par Henri Chivot et Alfred Duru (*Décors : 1° une place publique ; 2° une salle à manger ; 3° un salon de mauvais goût. Epoque : 1862.*) *Figuration.* — 8 — 3 — 1 50

Crispin médecin, comédie en un acte, de Hauteroche et M. J. Truffier. (*Décor : une salle. Epoque : au XVIIIe siècle.*) — 6 — 4 — 1 50

Spirituelle comédie où la farce et l'extravagance ne cessent pas d'être spirituelles. Le sujet serait trop long à raconter ici ; il n'a rien d'immoral, et la pièce est très mouvementée et, d'un bout à l'autre, amusante.

Dame du 23 (la), vaudeville en trois actes, par MM. Paul Gavault et Albert Bourgain. (*Décors : 1° un palier dans un hôtel ; 2° un salon ; 3° même décor qu'au deuxième acte. Epoque : de nos jours.*) — 9 — 5 — 2 »

Daniel Manin, drame en cinq actes et huit tableaux, par F. Dharmenon et G. de Lorbac. (*Décors : 1° un salon ; 2° un cabinet de travail ; 3° une place ; 4° un camp ; 5° un atelier. Epoque : 1848 à 1857.*) *Figuration.* — 19 — 8 — 2 »

David Téniers, comédie en un acte, *en vers*, par MM. E. Noel et L. Paté (*Décor : intérieur d'atelier. Epoque : 1650.*) *Figuration.* — 7 — 2 — 1 50

L'illustre peintre, David Téniers, était, de son vivant, presque méconnu et vivait péniblement. Un subterfuge audacieux dont il usa pour faire une vente fructueuse, et les résultats imprévus de ce stratagème, ont inspiré aux auteurs cette belle pièce, vraiment poétique et de tous points irréprochable.

Député de Bombignac (le), comédie en trois actes, par M. Alexandre Bisson. (*Décor unique : un cabinet de travail riche et artistique. Epoque : de nos jours.*) — 5 — 4 — 2 »

Pour fuir le château où sa belle-mère, la marquise de Cernois, légitimiste et dévote fanatique, a instauré une existence monacale et insupportable, de Chantelaur a imaginé d'aller se présenter à la députation à Bombignac. D'ailleurs, ce n'est pas lui qui se porte, mais Pinteau son secrétaire, républicain, spirituel et débrouillard. Pendant que Pinteau s'occupe des électeurs, Chantelaur fait la

	H.	F.	Prix

fête à Paris. Mais la marquise veille, et sans découvrir précisément le pot aux roses, elle en apprend assez pour « embêter » sérieusement son gendre, sitôt que revenu. Pour comble de malheur, Chantelaur se trouve être élu, et qui pis est, comme député radical. Pinteau, en effet, s'est laissé entraîner, devant les auditoires très « chauds » pour la République, à des discours dont l'effet a été de rassembler toutes les voix sur son nom, c'est-à-dire sur le nom de son patron. Voilà donc Chantelaur dans de très mauvais draps. La situation, heureusement, se dénoue au mieux des intérêts de chacun.

Le Député de Bombignac est une œuvre, très connue, très jolie, une des bonnes comédies du théâtre contemporain. Ce n'est pas une pièce pour pensionnaires.

*** Dernières cartouches** (les), drame en cinq actes et dix tableaux, par MM. J. MARY et EM. ROCHARD. (*Décors* : 1º un hall-vestibule ; 2º une place de village ; 3º une forêt ; 4º un intérieur rustique ; 5º la chambre des « Dernières cartouches » ; 6º même décor ; 7º intérieur rustique ; 8º même décor qu'au premier tableau ; 9º même décor qu'au cinquième tableau ; 10º une salle de cour d'assises. *Epoque :* de nos jours.) Ce drame est essentiellement patriotique. *Figuration.* | 20 | 4 | 2 » |

Déserteuse (la), pièce en quatre actes, par MM. BRIEUX et JEAN SIGAUX. (*Décors :* 1º un salon. 2º un salon ; 3º un bureau ; 4º un salon. *Epoque :* de nos jours.) | 12 | 8 | 3 50 |

Dette (la), comédie dramatique en cinq actes et un prologue, par MM. PAUL GAVAULT et GEORGES BERR (*Quatre décors :* 1º un salon ; 2º un parc ; 3º un salon riche ; 4º un petit salon Louis XV. *Epoque :* de nos jours.) *Un domestique. Un rôle d'enfant.* | 7 | 4 | 2 » |

Villetannelle, associé de M. Bonnières, est parti brusquement, emmenant avec lui Louise, femme de Bonnières. Celui-ci reste avec son fils Paul, et vieux avant l'âge, meurt dix-huit ans plus tard, en faisant jurer à son fils de le venger. Paul retrouve Villetannelle. Mais ce dernier avait une fille, Hélène, dont la naissance datait d'avant sa liaison avec Mme Bonnières. Spontanément, les deux jeunes gens s'éprennent l'un de l'autre. Pourtant Paul insulte et provoque Villetannelle. Ici, la situation atteint l'apogée de son intensité dramatique. Villetannelle, fort de son expérience, de son ascendant d'homme mûri par la lutte et aussi la souffrance, se sacrifie ; il donne sa fille à Paul, lui rend sa mère. Il s'exile.

Ces lignes très sèches ne peuvent don-

ner idée de ce beau drame, où le talent des auteurs a consisté principalement à nous faire envisager comme naturelles et logiques les actions des personnages, a priori paradoxales. Caractères très marqués ; intérêt scénique grandissant d'acte en acte. La pièce ne peut convenir qu'à un public d'expérience.

Deux gosses (les), drame en deux parties et huit tableaux, par M. P. DECOURCELLE. (*Décors :* 1º salle d'auberge ; 2º une salle d'hôpital ; 3º salon Louis XVI ; 4º une place de village ; 5º même décor qu'au troisième tableau ; 6º la scène est coupée en trois : un vestibule avec escalier praticable d'un côté, de l'autre une alcôve, au-dessus une mansarde ; 7º une écluse ; 8º une chambre. *Epoque :* de nos jours.) *Figuration.* | 18 | 8 | 2 » |

Deux orphelines (les), drame en cinq actes et huit tableaux, par D'ENNERY et CORMON. (*Décors :* 1º une rue ; 2º un jardin ; 3º un cabinet ; 4º une place ; 5º une chambre ; 6º une cour ; 7º une chambre ; 8º un salon. *Epoque :* Louis XVI.) | 15 | 8 | 2 » |

Deux Palémon (les), comédie en un acte, par M. JULES TRUFFIER. Musique de M. CH. MOLÉ. (*Décor :* une place dans une ville d'Epire ; deux maisons. *Epoque :* l'antiquité.) | 6 | 3 | 1 50 |

Palémon le Passant et Palémon le Citadin sont deux jumeaux sans le savoir. Leur ressemblance est extraordinaire, et c'est là, soit dit en passant, que sera la difficulté pour les interprètes des deux rôles : se faire la même figure. Or, l'auteur a tiré de cette identité les plus drôlatiques effets, et campé de manière amusante les personnages de Cinthia, de la courtisane Callirhoé, de Simonis et de Lysimaque. Il y a, dans cette pièce, une verve bouffonne et comique, inénarrable.

Deux Patries (les), drame en cinq actes et six tableaux, par MM. EDOUARD DOYEN et JULES GIRAUD. (*Décors :* 1º une salle basse ; 2º salon ; 3º un campement ; 4º salon ; 5º une salle du Palais ; 6º un carrefour. *Epoque :* 1780 en Russie et en Pologne.) *Figuration.* | 20 | 3 | 1 » |

*** Devant l'ennemi !** drame en cinq actes et six tableaux, par PAUL CHARTON. (*Décors :* 1º un salon ; 2º « combat sur une voie ferrée » ; 3º la campagne par la

	H.	F.	Prix

neige ; 4o intérieur chez un garde-chasse ; 5o un salon ; 6o une clairière dans un parc. *Epoque : 1870-1871.*) Pièce d'un grand sentiment patriotique. *Figuration.* — 8 | 4 | 2 »

Diable marchand de goutte (le), pièce populaire en trois actes, par M. MAURICE POTTECHER. (*Décors : 1o un pré ; 2o la lisière d'une forêt ; 3o devant une ferme. Epoque : de nos jours.*) *Figuration.* — 16 | 5 | 2 »

Diana, ou Le Crime du sommeil, drame en sept tableaux, par D'ENNERY et J. BRÉSIL. (*Trois décors : 1o un parc ; 2o un cabinet de travail ; 3o un salon. A Clermont-Ferrand. Epoque : 1787.*) — 11 | 3 | 2 »

Dindon de la Farce (le), comédie en un acte, *en vers*, par GRANGENEUVE. (*Décor : un grand carrefour. Epoque : le XVIIIe siècle.*) *Figuration.* — 7 | 2 | 1 50

Dindons de la farce (les), comédie en trois actes, par CHARLES MONSELET et ALPHONSE LEMONNIER. (*Deux décors : 1o une salle d'hôtel ; 2o un salon. Epoque : de nos jours.*) — 10 | 4 | 2 »

Disparu ! ! ! comédie en trois actes, par MM. ALEXANDRE BISSON et ANDRÉ SYLVANE. (*Décor : un salon-atelier. Même décor pour les trois actes. Epoque : de nos jours.*) — 9 | 4 | 2 »

Le riche Montgirault, dégoûté des faux camarades et des fausses amantes, part subitement pour le Tonkin avec Méviel et la sœur de celui-ci (Lucienne). Au bout de quelques mois, Rabuté son cousin et seul héritier, personnage d'huissier antipathique, le déclare mort, loue son hôtel, s'apprête à toucher la succession, quand Montgirault revient à l'improviste. La déception et la surprise sont presque fatales au parent trop intéressé.

Sur cette trame légère, les auteurs ont construit l'intrigue la plus amusante qui se puisse trouver, avec une pointe de philosophie humoristique.

Les rôles sont très caractérisés. Celui de Mongirault a été un des grands succès de Noblet, et le regretté acteur Dailly a triomphé dans celui de Rabuté.

Dispense (la), comédie en quatre actes, par ERNEST DE CALONNE. (*Deux décors : 1o un salon ; 2o un atelier d'artiste. Epoque : 1879.*) Parmi les rôles de femmes, on peut supprimer celui de la mère Morel. — 5 | 5 | 2 »

Toute l'intrigue, un peu frêle, de cette pièce, repose sur ce que, pour marier ensemble un cousin et une cousine, l'Église exige une dispense. Achille épouse à la mairie, sa cousine Suzanne, mais, par suite d'une distraction de M. Gaillard, le beau-père, la dispense n'est pas encore parvenue. Achille, très épris, parle d'emmener sa femme, ce qui, légalement, lui est permis. Mais la belle-mère jette les hauts cris ! Jamais elle ne croira sa fille mariée tant que l'Eglise n'aura pas béni l'union. Achille se résigne, et le temps passe. Un jour, Suzanne vient voir son mari, chez lui. Il lui offre, innocemment, une coupe de Champagne. La jeune fille, un peu grise, va dans une pièce voisine et s'endort. Achille, par délicatesse, respecte sa femme. A ce moment, entrent les beaux-parents, prévenus par une dame qu'Achille a délaissée pour se marier. Ils croient à toutes sortes de choses, mais les propos innocents de Suzanne démontrent la loyauté d'Achille. Et puis, la dispense est enfin arrivée !

Doctoresse (la), comédie en trois actes, par MM. PAUL FERRIER et HENRY BOCAGE. (*Décors : 1o un cabinet de médecin ; 2o un boudoir ; 3o un salon. Epoque : de nos jours.*) *Deux figurantes.* — 8 | 7 | 2 »

Dominos roses (les), comédie en trois actes, par ALFRED DELACOUR et ALFRED HENNEQUIN. (*Deux décors : 1o un salon ; 2o une salle de restaurant. Epoque : de nos jours.*) — 8 | 5 | 2 »

Don Juan d'Autriche ou La Vocation, comédie en cinq actes, par CASIMIR DELAVIGNE. (*Quatre décors : 1o une bibliothèque ; 2o un salon ; 3o un parloir au monastère de Saint-Just ; 4o le cabinet du roi. Epoque : le règne de Philippe II d'Espagne.*) *Figuration.* — 12 | 3 | 1 »

Charles-Quint s'était retiré, sous le nom de frère Arsène, au monastère de Saint-Just. Il passait pour mort aux yeux du vulgaire. Mais il intervenait tout de même quelquefois dans la vie et savait venir corriger les erreurs de son fils Philippe II, lequel régnait du vivant de son père.

Don Juan, bâtard de Charles-Quint, s'est épris de dona Florinde, que Philippe aime également, mais point pour le bon motif. Il va sans dire que don Juan ignore le secret de sa naissance. Les deux frères sont prêts d'en venir aux mains. Philippe, roi cruel, instrument servile de l'Inquisition, va se venger horriblement, d'autant qu'il a découvert que dona Florinde est juive ; elle sait ce qui l'attend : le bûcher. Ce n'est pas trop de l'intervention de Charles-Quint pour calmer la fureur du roi et ramener un peu, très peu de justice.

Don Juan d'Autriche est une des bonnes pièces de Casimir Delavigne. Intrigue très dramatique. Beaucoup de force et d'esprit dans le style.

Dragées d'Hercule (les), pièce en trois actes, par MM. PAUL BILHAUD

	H.	F.	Prix

et Maurice Hennequin. (*Deux décors : 1o* cabinet médical; *2o* hall. *Epoque : de* nos jours.) *Figuration.* — 12 | 7 | 2 | »

Drame des Charmettes (le), pièce en six tableaux, par M. Henri Demesse. (*Quatre décors : 1•* une salle de ferme; *2o* un salon; *3o* un parc; *4o* un cabinet de juge d'instruction. *Epoque :* de nos jours.) — 10 | 4 | 2 | »

Drame en chemin de fer (un), pièce en cinq actes et huit tableaux, par Louis Figuier. (*Quatre décors : 1o* un bureau; *2o* un cabaret; *3o* un intérieur de cabane; *4o* un jardin. *Epoque :* 1879.) *Figuration.* — 20 | 6 | 2 | »

Drames sacrés (les), poème dramatique en un prologue et dix tableaux, *en vers*, par MM. A. Silvestre et Eug. Morand. Musique de Ch. Gounod. (*Décors du prologue :* la galerie d'un couvent; *1o* un jardin; *2o* une route; *3o* une •salle de repos chez Hérodiade; *4o* un jardin; *5o* un faubourg; *6o* un jardin; *7o* les marches d'un prétoire; *8o* une forêt; *9o* sur les murailles de Jérusalem; *10o* près de l'entrée du sépulcre. *Epoque et lieu :* Jésus, Nazareth.) Les tableaux peuvent se jouer séparément; dans ce cas, les personnages sont beaucoup moins nombreux. *Figuration.* — 23 | 12 | 2 | »

Droit du père (le), comédie dramatique en cinq actes, par M. Gustave Rivet. (*Décors : 1o* un salon; *2o* un autre salon, soir de fête; *3o* un salon; *4o* au cercle; *5o* même décor qu'au 3e acte. *Epoque :* de nos jours.) *Figuration.* — 10 | 3 | 2 | »

Blanche Férard a épousé M. de Serval, qui eût pu rendre très heureuse cette femme charmante, jolie et vertueuse. Mais il s'est mis à jouer; un soir, il ouvre la danse, chez lui, avec sa propre maîtresse. Blanche, mise par hasard au courant de la situation, chasse sa rivale et se réfugie chez son père, en attendant que le divorce lui permette d'épouser Robert Clarens, qu'elle aime, et qui, très loyalement a cherché à rapprocher Serval de sa femme plutôt qu'à l'en éloigner. Or, Serval est bien perdu; il est déshonoré, à la veille d'une exécution publique. Une entrevue savamment ménagée lui permet d'approcher Blanche. Il parle de repentir, mais il ne veut que de l'argent, et il a, au surplus, des desseins plus infâmes encore. Elle le devine et refuse de le suivre. Il la saisit, la frappe... jusqu'au moment

où Férard, entrant avec ses amis, abat le misérable d'un coup de révolver.

Il y a dans cette pièce toutes les qualités d'un beau drame, sans vaine déclamation, sans banalité, mais avec l'expression d'idées justes et profondément méditées sur les devoirs réciproques du mari et de la femme.

Duc (le), comédie en cinq actes, par M. Ed. Hosemann. (*Trois décors : 1•* un salon; *2o* intérieur luxueux; *3o* jardin d'hiver. *Epoque :* de nos jours.) — 6 | 4 | 2 | »

Dupont (les), pièce en trois actes, par M. Paul Gavault. (*Décors : 1o* un salon à la campagne; *2o* un salon; *3o* la terrasse d'un hôtel. *Epoque :* de nos jours.) — 8 | 4 | 2 | »

Lucy est la femme jeune et jolie d'un vieux savant (Lopin-Chevrette) qu'elle trompe avec Maurice. Pour pouvoir se trouver ensemble, les amants ont inventé une famille Dupont, de Montchauvet, laquelle, un beau jour, a la mauvaise idée de manifester son existence très réelle. Malgré l'ingéniosité merveilleuse et l'imagination fertile de Maurice, Lopin-Chevrette arrive à se douter du stratagème. Maurice se trouve obligé d'improviser successivement une telle quantité de Dupont des deux sexes que Lopin-Chevrette en perd l'esprit, ou peu s'en faut. Sur cette donnée forcément fragile, l'auteur a brodé une série d'épisodes extrêmement divertissants et d'un comique irrésistible. La pièce est, par ailleurs, du genre grivois, traité avec beaucoup de verve.

Echarpe noire (l'), drame en un acte, *en vers*, par M. George Bois. (*Décor :* un château de village. *Epoque :* juillet 1793.) — 7 | 2 | 1 | 50

Pendant la guerre de Vendée le général Charette a enlevé une jeune femme, Suzanne, baronne de Saint-Clair. Le baron, au bout de huit jours, finit par découvrir sa trace. Il vient pour provoquer Charette qui, ne l'ayant pas encore reconnu, nie le fait. Saint-Clair, exaspéré, apercevant au col du vendéen une écharpe noire que Suzanne y a enroulée peu d'instants auparavant, empoigne Charette à la gorge en le menaçant d'un pistolet. Suzanne accourt au bruit et plonge un poignard dans le dos de l'agresseur. Saint-Clair tombe et meurt, et Suzanne se poignarde sur le corps de son mari.

Charette, revenu de sa frayeur, ricane hideusement et va retrouver ses lieutenants, ses compagnons d'orgie et de tuerie.

L'écharpe noire est un fort beau drame, d'une haute tenue poétique. Il est à peine besoin de dire que ce n'est pas une pièce pour jeunes filles.

Ecolière (l'), pièce en cinq actes, par M. Jean Jullien (*Décors : 1o* cour d'école; *2o* bibliothèque-parloir; *3o* salle du 2e acte transformée en école; *4o* même décor

	H.	F.	Prix

en désordre ; 5º décor du 1ᵉʳ acte. *Epoque :* de nos jours.) *Figuration.* — 8 | 8 | 2 »

*** Enfants d'Edouard** (les), tragédie en trois actes, par Casimir Delavigne. (*Décors :* 1º et 2º un salon chez la reine Elisabeth ; 3º une salle de la Tour. *Epoque :* le début du xviiᵉ siècle.) *Figuration.* — 4 | 6 | 1 »

La fin tragique d'Edouard V, roi d'Angleterre, et de Richard, duc d'York, enfants du défunt roi Edouard IV et de la reine Elisabeth, fut un des épisodes les plus affreux, les plus sanglants de l'histoire de l'Angleterre.

Le duc de Glocester, régent du royaume, a conçu le plan d'usurper le trône. Il détient le jeune roi Edouard V dans la Tour de Londres ; il cherche à y entraîner son frère le duc d'York. La reine, avertie par le duc de Buckingham, se réfugie dans l'abbaye de Westminster, où elle se sait en sûreté. Glocester, traîtreusement, lui fait écrire par le roi : elle vient et sans s'en douter, livre son second fils au bourreau. Trois jours après, les deux enfants sont assassinés par l'ordre et en présence de Glocester.

Il n'est personne qui ignore ce drame si triste et si émouvant. Casimir Delavigne en a bien rendu toute l'horreur, et quoi qu'on sache d'avance quel doit être le dénouement, on suit avec passion les péripéties de la pièce.

La tragédie des *Enfants d'Edouard* a été créée à la Comédie-Française, avec Mˡˡᵉ Mars dans le rôle d'Elisabeth. Certains détails de l'action doivent être supprimés pour que la pièce puisse être jouée devant un jeune auditoire.

Engrenage (l'), comédie en trois actes, par M. Brieux. (*Deux décors :* 1º un bureau d'industriel ; 2º un salon-bureau à Paris. *Epoque :* de nos jours.) *Figuration.* — 9 | 2 | 2 »

Rémoussin, le meilleur et le plus honnête homme de la terre, a eu le malheur de se laisser arracher à sa filature, où il vivait, laborieux, pas très riche, mais heureux — pour briguer un mandat de député, et ce à l'instigation de politiciens sans scrupules, tels que le sénateur Morin. Rémoussin est élu, et peu à peu, inconsciemment, se crée une mentalité spéciale : celle que lui souhaitait Morin. Il finit par s'habituer aux palinodies, aux mensonges de la vie politique. Ce n'est rien encore : il reçoit un pot-de-vin, sans se rendre compte exactement de ce qu'il fait. On le découvre. Lui et les autres concussionnaires sont démasqués. Rémoussin ne se tue pas. Il donne sa démission, avoue publiquement sa honte et rembourse l'argent, tandis que Morin — qui s'était cru un moment perdu — se tire d'affaire : il n'y aura ni enquête ni poursuites. Le peuple conspue Rémoussin.

Cette comédie de mœurs est extrêmement dramatique et émouvante. Par bien des points, elle appartient au genre satirique. Le suffrage universel y est plutôt malmené. Ce n'est pas une pièce pour un auditoire trop jeune.

En grève, drame en cinq actes et sept tableaux, par M. Gaston Hirsch. (*Décors :* 1º une taverne ; 2º un jardin ; 3º un cabinet de travail ; 4º un cottage ; 5º une clairière ; 6º décor du 2ᵉ tableau. *Epoque :* de nos jours.) *Figuration.* — 20 | 4 | 2 »

Ennemi du peuple (un), pièce en cinq actes, par H. Ibsen, traduite par MM. Ad. Chennevières et C. Johansen. (*Décors :* 1º et 2º un salon chez un docteur ; 3º la salle de rédaction d'un journal ; 4º grande salle vieux style ; 5º le cabinet de travail d'un docteur. *Epoque :* de nos jours, en Norvège.) *Figuration.* — 7 | 3 | 3 50

Environs de Paris (les), voyage d'agrément en quatre actes et huit tableaux, par MM. Blondeau et Monréal. (*Décors :* 1º un petit salon ; 2º un jardin de restaurant ; 3º un intérieur campagnard ; 4º un coteau couvert de vignes ; 5º un site pittoresque ; 6º intérieur rustique ; 7º le pont d'un bateau marchand ; 8º décor du 1ᵉʳ tableau. *Epoque :* de nos jours.) *Figuration.* — 11 | 14 | 2 »

Cette pièce, qui a été créée au théâtre Cluny, a été reprise avec un grand déploiement de mise en scène, et des décors spéciaux au théâtre du Chatelet. Ce n'est pas cependant une féerie, mais une pièce qui nécessite des décors variés.

On y assiste, de tableau en tableau, aux tribulations d'une, voire même de plus d'une noce à travers les environs de Paris. Le sujet en lui-même n'a pas d'importance ; il donne texte à des scènes drôles, à des chansons gaies. Le dialogue est drôle et vif et la pièce des plus amusantes.

Plusieurs acteurs sont chargés de rôles différents, ce qui permet de réduire considérablement le nombre des interprètes.

**** Esope à la Cour**, comédie *en vers*, de Boursault, réduite en un acte (avec prologue), par M. Jules Truffier. (*Décor :* le palais de Crésus, à Sardis, ville de Lydie. *Epoque :* dans l'antiquité.) — 9 | » | 1 50

Ce sont les beaux vers et les hautes pensées de l'*Esope* de Boursault. Le sujet de cette charmante comédie n'est guère de ceux qu'on puisse résumer sans les amoindrir. Il faut lire, puis jouer ces quelques scènes où le sage antique remporte les plus belles victoires de l'esprit, déjoue les ruses de ses ennemis, et ne se venge d'eux qu'en leur pardonnant.

Espionne (l'), drame en cinq actes, par MM. G. de Bompar et H. Du-

	H.	F.	Prix

CHEZ. (*Décors :* 1o un camp au bord d'un lac; 2o une clairière de forêt canadienne ; 3o un salon ; 4o salle des fêtes à Québec ; 5o sommet de la falaise d'Abraham. *Epoque :* 1758.) *Figuration*. — 14 — 5 — 2 »

* **Esther à Saint-Cyr**, comédie en un acte, *en vers*, par M. JULES DE MARTHOLD. (*Décor :* le vestibule des dortoirs. *Epoque :* Louis XIV.) *Figuration*. — 8 — 12 — 1 »

On répète, à Saint Cyr, l'*Esther* de Racine. Le poète est là, et Boileau, son ami, lui exprime son enthousiasme. Mais l'auteur d'*Andromaque* est soucieux et triste. L'époque est celle des persécutions. Louvois poursuit les huguenots, ou plus simplement tous ceux qu'on désigne sous la vaste qualification d' « hérétiques ». L'abbé Lemaître, un homme généreux qui a donné asile aux proscrits, est arrêté et enfermé. Il s'agit d'obtenir de Louis XIV la grâce du malheureux prêtre. Le roi est dans ses bons jours : la touchante prière de Mme de Caylus, nièce de Mme de Maintenon, secondée par l'éloquente parole du grand poète, émeut le monarque. Il dit oui.

Esther à Saint-Cyr est un très beau petit acte, où la figuration, qui est nombreuse, peut se réduire assez facilement.

Evasion (l'), comédie en trois actes, par M. BRIEUX. (*Décors :* 1o un salon; 2o un coin de parc; 3o un salon. *Epoque :* de nos jours.) *Cinq figurants.*
Ouvrage couronné par l'Académie Française. — 10 — 5 — 2 »

Evasion (l'), drame en un acte, par VILLIERS DE L'ISLE-ADAM. (*Décor :* un salon dans une maison de campagne isolée. *Epoque :* 1850.) *Un figurant.* — 7 — 2 — 1 50

Une des premières pièces du Théâtre-Libre. En quelques scènes rapides, un drame poignant, effroyable; une succession magistrale d'émotions. Dans une maison isolée, deux tout jeunes mariés vont passer leur nuit de noces. Ils ne savent pas, tandis qu'ils échangent des paroles d'amour, qu'un homme, un forçat évadé (Pagnol) est là, caché à deux pas d'eux par un rideau, le couteau ouvert, prêt à les frapper, et que cet homme vient d'étrangler la vieille Yvonne, venue pour préparer leur chambre. Ils s'endorment sur un canapé, terrassés par le narcotique que, pendant le dîner, un complice leur a versé. Cependant, Pagnol ne les tue pas, leur innocence et leur pureté les a sauvés, L'évasion a été signalée : on enfonce la porte, Pagnol est arrêté.

Ce petit drame, coloré, sinistre, est d'un grand effet. Il ne peut guère être compris que d'un public d'expérience.

Expiation (l'), drame en quatre actes, par M. A. TIESSE. (*Décors :*

1o un salon de campagne ; 2o une chambre d'auberge; 3o un salon; 4o une chambre. *Epoque :* de nos jours.) *Figuration*. — 9 — 2 — 2 »

Jean Formanville vivait dans l'honnêteté et le travail. Une seconde d'égarement brise son existence. Il vole, pour payer un créancier implacable (Saurel), 45.000 francs dans la caisse de son beaufrère, le percepteur Lemaître. Celui-ci est sauvé par le même Saurel, qui, en lui prêtant les fonds, lui évite la cour d'assises, et Formanville s'enfuit. Quinze ans plus tard, il revient incognito, riche mais vieilli, ravagé par le remords. Sa fille va devenir la femme de Saurel. Il ne peut supporter une telle honte, mais comme son passé se dresse à tout instant devant lui, il sent la situation perdue. Il se bat avec Saurel, revient en disant : « Justice est faite ». Mais lui-même, blessé mortellement, meurt entre les bras des siens.

Ce drame très pathétique a été créé à l'Ambigu.

Extra (l'), pièce en un acte, par M. PIERRE VEBER. (*Décor :* un salon. *Epoque :* de nos jours.) — 7 — 2 — 1 50

Le baron Gérard d'Hennequeville (quatre millions peu entamés, et un conseil judiciaire), ayant dévoré sa pension, s'est engagé comme garçon extra, pour embêter sa famille, dans le café-restaurant Piédelit. On devine les quiproquos auxquels donne lieu, dans une soirée la présence de Gérard comme extra. Son mariage avec la belle Marianne Macreuse termine cette piécette follement amusante et spirituelle au possible.

* **Faillite** (une), pièce en quatre actes, par B. BJORNSON. Adaptation française de MM. SCHURMANN et JACQUES LEMAIRE. (*Décors :* 1o grande pièce; 2o même décor; 3o un cabinet de travail ; 4o un bureau. *Epoque :* de nos jours, en Norvège.) *Figuration*. — 13 — 3 — 2 »

Falaise de Penmarck (la), drame en cinq actes dont un prologue, par HENRI CRISAFULLI. (*Décors :* 1o une cour à Morlaix ; 2o un jardin ; au fond, balustrade bordant un précipice; 3o un salon ; 4o un autre salon; 5o la falaise et une chapelle. *Epoque du prologue :* 1780; de l'action : 1800.) *Figuration*. — 8 — 7 — 2 »

Le capitaine de vaisseau Marcel Lecourbe a deux filles, Renée et Marthe. C'est seulement lors du mariage de cette dernière qu'il apprend le secret de sa naissance : Marthe est la fille de Pierre, frère du capitaine. Pierre n'était pas un frère indigne, mais il buvait, étant jeune, et ce fut dans un moment d'inconscience causé par l'ivresse qu'il commit le crime irréparable. Marcel pardonne à sa femme; il absoudrait peut-être Pierre, si celui-ci

	H.	F.	Prix

ne se suicidait en se précipitant du haut de la falaise de Penmarck.

Pour être bien joué, ce fort beau drame demande, notamment aux premier et dernier actes, une mise en scène très étudiée. Il y a des rôles qui peuvent être supprimés, des décors faciles à simplifier. La chapelle du dernier acte n'est pas nécessaire. Un harmonium dans la coulisse donnera aux spectateurs l'illusion de la cérémonie nuptiale qui est censée s'y dérouler.

Famille Boléro (la), pièce en trois actes, par MM. M. Hennequin et P. Bilhaud. (*Décors : 1° un salon ; 2° une salle à manger ; 3° le salon du premier acte. Epoque : de nos jours.*) — 8 / 9 / 2 »

Famille et Patrie, drame en trois actes, par M. E. Bureau. (*Décors : 1° une grande pièce sur jardin ; 2° un jardin ; 3° le même décor en ruines. En Hongrie. Epoque : 1848.*) — 14 / 6 / 2 »

Famille Pont-Biquet (la), comédie en trois actes, par M. Alexandre Bisson. (*Décors : 1° et 2° un salon bourgeois ; 3° le cabinet d'un juge d'instruction. Epoque : de nos jours.*) — 8 / 6 / 2 »

Tous les incidents drôlatiques, toutes les péripéties étourdissantes de cette pièce ont comme pivot un incident minime en lui-même. Jacques, qui va devenir le beau-frère de La Rayuette, reçoit une lettre menaçante de sa maîtresse (Carmen, femme d'un homme-poisson). La Rayuette se dévoue, va trouver cette personne, et comme, juste à ce moment, le commissaire arrive pour surprendre « les coupables » en flagrant délit, la situation devient très mauvaise. Elle se dénoue après mainte scène impossible à résumer. Il y a des trouvailles de gaîté, dans cette comédie. Les personnages y sont des plus amusants, notamment Mᵐᵉ Pont-Biquet, le greffier Toupance, Dagobert (l'homme-poisson), etc.

Family-Hôtel, vaudeville en trois actes, par MM. Paul Gavault, Eug. Héros et Eug. Millou. La scène se passe à Monte-Carlo. (*Décors : 1° un hall d'hôtel ; 2° la chambre n.° 19 ; 3° le bureau du commissaire de police. Epoque : de nos jours.*) — 9 / 5 / 2 »

Dans un hôtel cosmopolite, descendent Edouard Plantin et Geneviève, jeunes mariés ; M. et Mᵐᵉ Grandbois, celle-ci ex-maîtresse d'Edouard ; Irma, maîtresse de Grandbois ; Sam et Héléna, époux américains, décidés à se séparer, et pratiquement associés pour trouver à Héléna un nouvel époux ; ils offrent 300.000 francs de dot. Héléna se jette au cou d'Edouard, qui l'envoie promener, mais Sam, très rusé, combine un plan machiavélique

pour amener Edouard et Geneviève à divorcer. Il grise celui-ci et fait en sorte qu'il se trouve avec Mᵐᵉ Grandbois dans la chambre 19. Alors, la situation se corse. Plantin, très ivre, se rencontre avec Mᵐᵉ Grandbois, puis avec Irma, puis avec sa femme. Lorsque, le lendemain, il reprend ses esprits, il est au violon, arrêté comme pick-pocket. Sam, qui est l'auteur premier de toute cette affaire, la débrouille et l'explique. Geneviève et son mari se réconcilient ; ce qui n'empêche pas Héléna de trouver un mari.

Family-Hôtel est un vaudeville très désopilant, écrit avec une verve endiablée. Notre résumé indique assez que la pièce, — très leste — ne convient pas à un public de jeunes filles.

Fatalité, drame en cinq actes et huit tableaux, par M. Eugène Quéméneur. (*Décors : 1° au bord de l'océan ; 2° le cabinet de rédaction d'un journal ; 3° le bureau d'un banquier ; 4° un café ; 5° un tribunal ; 6° une chambre ; 7° un boulevard ; 8° une chambre. Epoque : de nos jours.*) — 16 / 4 / 2 »

*Fée printemps**, drame en cinq actes et huit tableaux, par M. Jules Mary. (*Décors : 1° hangars, fours et ateliers d'une verrerie ; 2° un coin de parc ; 3° un grand salon ; 4° salon-buffet ; 5° treille formant terrasse devant une maison ; 6° la chambre d'un moulin ; 7° l'extérieur d'un moulin ; 8° même décor qu'au septième tableau. Epoque : 1780.*) *Figuration.* — 18 / 5 / 2 »

Femme de Paillasse (la), drame en six actes, par Xavier de Montépin. (*Décors : 1° une salle ; 2° chambre à coucher ; 3° une baraque de saltimbanque ; 4° un salon ; 5° le théâtre est séparé en deux mansardes ; 6° un grand salon. Epoque : 1847.*) — 15 / 9 / 2 »

Femmes de paille (les), vaudeville en trois actes, par MM. Paul Gavault et M. Guillemaud. (*Deux décors : 1° un cabinet de travail dans une villa ; 2° théâtre divisé en trois cabinets particuliers de restaurant. Epoque : de nos jours.*) — 9 / 7 / 2 »

Chaumontel, fabricant de verroteries, rêve d'obtenir la Légion d'Honneur. A chaque promotion, son entourage et lui subissent une déception cruelle. Maniquet, fiancé de Laure, belle-sœur de Chaumontel, jure de s'en occuper et s'abouche avec un certain Dominelli, personnage peu scrupuleux, directeur d'une espèce d'agence Tricoche et Cacolet nouveau style, composée de femmes jeunes, jolies et peu farouches, qui, se faisant passer auprès des députés, sénateurs et ministres, pour les épouses des postulants, obtiennent les décorations sollicitées par ceux-ci. Inutile d'ajouter que le Dominelli se fait payer fort cher. Ça irait très bien pour Chaumontel, si le hasard farceur n'embrouillait extraordinairement les fils de l'intrigue. Finalement, Maniquet reconquiert sa fiancée, qu'il a failli se voir retirer, et Chaumontel a l'assurance d'être décoré à la prochaine promotion.

Au point de vue des situations et des caractères, la pièce est fort amusante. Le dialogue est à pouffer de rire ; très leste d'ailleurs, et archi-dégrafé. Tout le contraire d'un spectacle pour pensionnaires.

Fête (la), comédie en trois actes, par EDOUARD CADOL. (*Décors* : 1º un salon ; 2º au casino d'Etretat ; 3º un salon à Etretat. *Epoque* : de nos jours.) *Figuration.* — H. 6 / F. 4 / Prix 3 50

Le monde, le jeu, la vie brillante des soirées, des bals, cachent presque toujours de tristes choses. Dans la « *Fête* », l'auteur trace un tableau très précis de cette vie factice, où même souvent la fortune ne tient qu'à un fil. C'est ainsi que Flaxelle, le financier, ayant brusquement levé le pied en emportant l'argent de ses victimes, se trouve modifiée terriblement la situation de plusieurs personnes jusqu'alors riches, et défaits certains mariages ; Blanche Waldher (le principal rôle féminin) trouve cependant un honnête ami qui l'épouse.

Feu Toupinel, comédie en trois actes, par M. ALEXANDRE BISSON. (*Deux décors* : 1º un salon ; 2º un salon différent du premier. *Epoque* : de nos jours.) *Un figurant.* — H. 6 / F. 4 / Prix 2 »

Tout le piquant de cette pièce extrêmement amusante est dans l'imbroglio suivant : Toupinel, du temps qu'il était le mari de Valentine, avait pour maîtresse Angèle, dite Caillette, qu'il avait mise dans ses meubles à Toulouse, et qu'en cette ville il faisait passer pour sa femme. Toupinel meurt. Caillette épouse Valaurey ; Valentine se remarie avec Duperron. Le hasard et un amour commun de la musique rapproche les deux ménages, puis quelque confusion aidant, les faits que nous avons succinctement résumés plus haut produisent leurs conséquences, leurs erreurs, leurs méprises. Pour un peu, tout serait irréparable, si cette même fatalité, qui s'est mêlée de détruire le bonheur de tout le monde, ne s'avisait de le refaire.

Scènes piquantes, quiproquos très bien amenés et d'un effet très comique.

Fiançailles de Monsieur Tom (les), comédie en un acte, par SUZAN. (*Décor* : un restaurant au bord de la Seine. *Epoque* : de nos jours.) — H. 8 / F. 8 / Prix 1 »

Fille à Cacolet (la), pièce en trois actes et cinq tableaux mêlée de

chants, par HENRI CHIVOT et ALFRED DURU. Musique d'EDMOND AUDRAN. (*Décors* : 1º un boudoir ; 2º un atelier de peintre ; 3º rives de la Seine ; 4º intérieur de pavillon ; 5º un riche salon. *Epoque* : de nos jours.) — H. 9 / F. 10 / Prix 2 »

Fille du garde-chasse (la), drame en cinq actes et six tableaux, par MM. ALEX. FONTANES et L. DECORI. (*Décors* : 1º un salon ; 2º une place de village ; 3º intérieur rustique ; 4º une terrasse de restaurant ; 5º un petit salon ; 6º un salon-bibliothèque. *Epoque* : de nos jours.) *Figuration.* — H. 10 / F. 9 / Prix 2 »

Fille sauvage (la), pièce en six actes, par M. FRANÇOIS DE CUREL. (*Décors* : 1º une clairière ; 2º une salle de palais ; 3º Parloir d'un couvent ; 4º cabinet de travail ; 5º bois de sapins ; 6º décor du 1er acte. *Epoque* : de nos jours.) *Figuration.* — H. 10 / F. 10 / Prix 2 »

Fils adoptif (le), pièce en quatre actes, par BRAULT. (*Décors* : 1º un salon d'attente ; 2º un cabinet ; 3º un boudoir ; 4º un salon de jeu. *Epoque* : de nos jours.) *Figuration.* — H. 6 / F. 4 / Prix 2 »

Fils d'une comédienne (le), drame en cinq actes, par LÉON et FRANTZ BEAUVALLET. (*Décors* : 1º un petit salon ; 2º un boudoir cabinet de travail ; 3º le foyer d'un théâtre ; 4º une loge de comédienne ; 5º décor du 2e acte. *Epoque* : de nos jours.) — H. 13 / F. 10 / Prix 2 »

Le marquis de Préaulin a gardé une haine affreuse au jeu de théâtre, et il ne veut pas que sa fille Hélène épouse Robert, qui est le fils d'une actrice de talent, Paula. C'est Gaëtan de Sombreuil, un brave comédien de noblesse authentique, qui sauve la situation en épousant Paula. Le marquis n'a plus qu'à céder.

Fin de rêve, comédie dramatique en trois actes, par MM. PAUL GAVAULT et V. DE COTTENS. (*Décors* : 1º un jardin attenant à un pavillon ; 2º un salon ; 3º un salon d'artiste. *Epoque* : de nos jours.) *Figurants.* — H. 10 / F. 5 / Prix 2 »

Claude Ferval est un compositeur pauvre et plein de talent. Les difficultés pécuniaires paralysent l'essor de son génie. Il se trouve contraint de vendre son œuvre *La Gaule vaincue* — par l'intermédiaire du banquier Kohlbus — à un certain hongrois, Niederkrentz, qui récolte

	H.	F.	Prix

tout le succès et par-dessus le marché, est décoré. Claude, exaspéré, affolé, le traite de voleur, ce qui ne sert à rien du tout. Découragé, il s'abandonne, il trompe sa compagne, la belle et dévouée Marcelle, pour une jeune femme peu vertueuse et sans grand cœur. Grâce à la générosité de Marcelle, grâce aussi à la bonté d'un ami loyal (Maurice Lubar) Claude et Marcelle se reprennent et le compositeur renaît à l'espoir, à la vie.

Cette comédie très bien menée vous laisse soit après la lecture, soit après la représentation, autre chose et mieux que le souvenir d'une agréable fantaisie. Elle a de la force et sait railler, sans qu'il y paraisse, le snobisme effréné de nombre de nos contemporains.

Flamboyante (la), comédie en trois actes, par MM. PAUL FERRIER, F. COHEN et A. VALABRÈGUE. (*Décors :* 1° un salon à Clarindol (Isère) ; 2° un salon au Havre ; 3° un salon. *Epoque :* de nos jours.) — 8 | 5 | 2 | »

Florette et Patapon, pièce en trois actes, par MM. M. HENNEQUIN et P. VEBER. (*Décors :* 1° un bureau ; 2° un hall ; 3° la scène est divisée en deux : le palier d'un entresol et le bas d'un escalier. *Epoque :* de nos jours.) *Quatre figurants.* — 13 | 6 | 2 | »

Folie blanche (la), drame en deux actes, par M. H.-R. LENORMAND. (*Décor unique :* la terrasse d'un hôtel de haute montagne, en Suisse. *Epoque :* de nos jours.) — 5 | 5 | 1 | 50

Tout l'intérêt de ce drame fortement pathétique tient à une situation extrêmement neuve et d'une certaine originalité dramatique. Des alpinistes, parmi lesquels deux fiancés, sont allés faire une ascension dangereuse. Ils doivent passer la nuit dans la montagne. Le lendemain, à l'aide d'un puissant télescope, leurs parents — inquiétés par un orage survenu dans la nuit — les découvrent sur la montagne. Les malheureux ont eu l'imprudence de vouloir gravir, sans guide, les sommets les plus périlleux. Les parents, haletants, suivent la marche pénible de la « cordée ». Soudain, la jeune fille glisse ; elle va entraîner les autres : mais le jeune homme coupe la corde ; il n'est pas sauvé pour longtemps, car tous roulent ensuite et malgré cet « allègement » à l'abîme.

Cette pièce est très poignante ; sans rien avoir de particulièrement risqué, elle convient de préférence à un auditoire de gens expérimentés.

***Forgeron de Châteaudun** (le), drame en cinq actes, par F. BEAUVALLET. (*Décors :* 1° une forge ; 2° des bosquets ; 3° une boutique de perruquier ; 4° intérieur d'une forge ; 5° ruines d'un couvent. *Epoque :* 1870.) *Figuration.* — 11 | 6 | 2 | »

Un peu avant la guerre franco-allemande, le forgeron Boursier (créé par Lumaine en 1871 pendant le siège) accorde sa sœur Suzanne en mariage au docteur Daniel Stauben, grand cœur, homme excellent Les fiançailles des deux jeunes gens irritent Mlle Stéphanie, qui aime Stauben, et Roussillon le maquignon, qui aime Suzanne. Vient la guerre. Les Prussiens sont près de Châteaudun, et Daniel (qui est d'origine allemande) a dû s'engager parmi eux. Il ne peut résister à son amour et vient au péril de sa vie retrouver Suzanne. L'ennemi envahit la ville, et par des chemins secrets qui n'ont pu lui être indiqués que par la trahison. Grâce à un de ces revirements habituels aux foules, tout le monde accuse Daniel, mais par bonheur, son innocence est reconnue : le traître, c'est Roussillon. Il est trop tard, cependant : Daniel et Boursier sont fusillés ensemble sous les yeux de Suzanne folle de douleur.

Ce drame patriotique, aux terribles péripéties, n'est pas sans exiger une certaine mise en scène qu'on peut cependant modifier facilement. Le côté comique en est très réussi.

Français au Tonkin (les), pièce militaire en cinq actes, par MM. G. MAROT, L. PÉRICAUD et H. NOELLET. (*Décors :* 1° au fleuve Rouge ; 2° un salon à Hanoï ; 3° un site marécageux ; 4° une cahute misérable ; 5° des Rapides ; 6° une pagode ; 7° des rizières ; 8° une habitation en bambous. A Song-Tay. *Epoque :* 1889.) *Figuration.* — 19 | 4 | 2 | »

Française (la), comédie en trois actes, par BRIEUX. (*Deux décors :* 1° un salon ; 2° un jardin. *Epoque :* de nos jours.) — 19 | 4 | 2 | »

Frisson de l'Aigle (le), drame en cinq actes et six tableaux, par M. PAUL GAVAULT. (*Décors :* 1° un logis ; 2° un riche salon ; 3° un salon modeste ; 4° cabinet de travail du préfet de Police ; 5° la salle d'un restaurant de nuit ; 6° un salon. *Epoque :* Premier Empire.) *Figuration.* — 29 | 12 | 2 | »

Fumée puis la flamme (la), pièce en quatre actes, par M. JOSEPH CARAGUEL. (*Décors :* 1° un salon ; 2° même décor ; 3° un jardin ; 4° même décor qu'aux premier et deuxième actes. *Epoque :* de nos jours.) — 4 | 7 | 2 | »

Gaîtés de l'Escadron (les), revue de la Vie de Caserne, en trois actes et neuf tableaux, par MM. GEORGES COURTELINE et E. NORÈS. (*Décors :* 1° le bureau du chef ; 2° et 3° la cour

	H.	F.	Prix

du quartier ; 4° le corridor de la prison ; 5° un mur ; 6° la cantine ; 7° décor du 1er tableau ; 8° décor du 4e tableau ; 9° la cour du quartier. *Epoque :* de nos jours.) *Figuration.* — 22 — 2 »

On connaît ces admirables tableaux de la vie de caserne, ces scènes étincelantes d'esprit, de vérité, avec un grand fond de philosophie et d'observation incisive qui sont la gloire de Courteline. Les caractères y sont aussi variés que les épisodes sont vécus : désopilants de gaîté, chez Potiron le réserviste ou chez Fricot et Laplotte, les prisonniers ; terribles chez l'adjudant Flick ; attendrissants chez le capitaine Hurluret, l'officier sorti du rang, le type du brave homme, chevaleresque sous ses dehors grondeurs et son parler gras. Il n'y a pas, dans les *Gaîtés de l'Escadron*, d'intrigue proprement dite, il y en a plusieurs, et qu'on suit avec un intérêt toujours croissant. Inutile d'ajouter que cette œuvre ne conviendrait pas à un public collet monté.

Nota. — Le seul personnage féminin est celui de la cantinière (Mme Bijou). Ce rôle, peut sans aucune modification au texte, être joué en travesti par un homme, ou bien en remplaçant la cantinière par un cantinier. — Dans ce dernier cas de légères modifications devront être apportées dans le texte.

Garçonnière (la), comédie en trois actes, par MM. Médina et Julaime. (*Décors :* 1° et 2° un salon élégant ; 3° salon sur jardin. *Epoque :* de nos jours.) — 5 — 5 — 2 »

Gonzague, comédie-vaudeville en un acte, par M. Pierre Veber. (*Décor :* un salon. *Epoque :* de nos jours.) *Nota :* deux rôles d'hommes peuvent être supprimés : l'Extra et Siméon. — 9 — 8 — 1 50

Une de ces petites pièces lestement troussées, pétries d'esprit, dont Pierre Veber a le secret. C'est, dans un de ces milieux mêlés que l'on rencontre à Paris : un peu bourgeois, un peu aristocratique, — un peu rasta — les exploits d'un pauvre diable d'accordeur (Gonzague) qui, d'abord invité pour faire un quatorzième convive, finit par épouser une gentille demoiselle un peu bien romanesque, et par se faire doter, qui plus est.

Grâce de Dieu (la), drame en cinq actes, mêlé de chant, par d'Ennery et Gustave Lemoine. (*Décors :* 1° l'intérieur d'un pauvre chalet ; 2° une mansarde ; 3° un salon élégant ; 4° une sorte d'antichambre riche ; 5° un hangar rustique. *Epoque :* 1841.) Un des cinq personnages femmes est un rôle muet. — 9 — 5 — 1 »

C'est dans cette pièce fameuse que se trouvent les couplets charmants de la *Dot d'Auvergne* de Loïsa Puget :

> Pour dot ma femme a cinq sous,
> Moi quatre, pas davantage !
> Pour monter notre ménage,
> Hélas ! Comment ferons-nous ?
>   etc.

Rappelons en quelques mots le sujet de *la Grâce de Dieu*. C'est la touchante, l'attendrissante histoire d'une pauvre fille de la Savoie (Marie), qui, fort jolie, vient à Paris pour échapper aux assiduités d'un jouisseur de cour. Elle retrouve un jeune marquis (Arthur) qu'elle aimait. Elle croit qu'il va l'épouser. Elle reste honnête et pure, d'ailleurs. En apprenant qu'il se marie, elle devient folle. Revenue dans son pays, elle recouvre la raison en retrouvant sa mère. Puis elle voit revenir le marquis, lequel avait au dernier moment rompu son mariage et vient l'épouser, tout de bon cette fois.

Bien que très morale dans ses tendances cette pièce ne conviendrait pas à un auditoire de jeunes filles.

Grands enfants (les), comédie en trois actes, par E. Gondinet et P. de Margaliers. (*Décors :* 1° un salon ; 2° un boudoir ; 3° une serre. *Epoque :* de nos jours.) *Figuration.* — 8 — 7 — 2 »

Grand'maman (la), comédie en quatre actes, par Edouard Cadol. (*Décors :* 1° et 2° une salle ; 3° petit salon ; 4° un boudoir. *Epoque :* de nos jours.) — 6 — 5 — 2 »

Grand-mère, comédie en trois actes, par M. Georges Ancey. (*Décors :* 1° et 2° un salon ; 3° un autre salon. *Epoque :* de nos jours.) — 3 — 8 — 2 »

Comédie finement satirique, très mordante, où sont admirablement dépeints les travers mesquins de certaine bourgeoisie, les tiraillements, les rancunes, les méchantes rivalités qui déchirent les familles en apparence les plus heureuses. En deux mots, le thème est celui-ci : Mme Marcade a deux filles mariées (Mme Vignet, Mme Moreau) et un fils, marié également (Léon, mari de Lucie). Elle n'a jusqu'alors que des petites-filles. Lucie lui donne un petit-fils. Mme Marcade décide alors de régner dans la maison et fait même de gros sacrifices pour y parvenir. Elle ne donne rien à ses filles, tout au petit-fils. Lucie, pratique, rapace, cœur sec, accepte tout. Léon regimbe, mais à la fin, comme sa mère paie tout il cède à son tour. Les grandes personnes seules goûteront tout le sel et tout le piquant de cette délicieuse pièce.

Grève des modistes (la), folie-vaudeville en un acte, par Emile Durafour. (*Décor :* un salon convenable. *Epoque :* de nos jours.) — 4 — 6 — 1 »

Bouffonnerie assez libre, un peu grosse, mais drôle. Cela se passe dans le salon

	H.	F.	Prix

d'une modiste. Ces demoiselles se mettent en grève, mais ce n'est là que le texte ou le prétexte de différentes scènes où la gaîté générale se donne carrière. Un rentier quinquagénaire pose en travesti, au milieu du groupe des modistes, devant l'appareil d'un photographe. Le même rentier reconnaît ensuite, en Mlle Prudence, la patronne, une ancienne « amie » abandonnée. Benjamin, le domestique, se trouve être son fils. Une reconnaissance touchante termine la farce.

Nota. — Le nombre des personnages peut être facilement diminué ou augmenté.

Grillon (le), drame en cinq actes et six tableaux, par CLÉMENT ROCHEL.. (*Décors :* 1º un intérieur; 2º et 3º une grande salle; 4º une route; 5º et 6º une salle de ferme. *Epoque :* de nos jours.) *Figuration.* ... 14 | 14 | 2 | »

Griselidis, mystère en trois actes, un prologue et un épilogue, par MM. ARMAND SILVESTRE et EUGÈNE MORAND. (*Décors :* 1º devant le rideau d'avant-scène; 2º un oratoire; 3º une terrasse; 4º décor du 2e tableau; 5º décor du 1er tableau. *Epoque :* le moyen âge.) ... 8 | 5 | 4 | »

Gueule du loup (la), pièce en trois actes, par MM. MAURICE HENNEQUIN et PAUL BILHAUD. (*Décors :* 1º et 3º un salon ; 2º une garçonnière. *Epoque :* de nos jours.) ... 6 | 6 | 2 | »

Hannetons (les), comédie en trois actes, par M. BRIEUX. (*Décor unique :* une salle à manger-salon. *Epoque :* de nos jours, à Paris.) ... 5 | 5 | 2 | »

Dans cette pièce, d'une philosophie très humaine et très amère, l'auteur déroule la série des malheurs immérités d'un brave garçon (Pierre) ni sot ni ridicule, affligé « seulement », depuis plusieurs années, d'une compagne (Charlotte) qui le pousse à bout, le fait souffrir de mille et une manières. Elle le trouble quand il travaille, elle le harcèle. Au cours d'une promenade à Fontainebleau, elle le trompe avec l' « ami » de Pierre, sans l'avoir prémédité d'ailleurs, mais impulsivement. En un mot, une petite peste, jolie et perverse atrocement. Un jour, exaspéré, il rompt. Elle part, mais elle enrage, elle lui écrit. Il ne répond pas. Elle prévient qu'elle va se jeter à la Seine. Et le pire, c'est qu'elle le fait. Un « sauveteur » la repêche. Pierre est perdu. Il y a eu scandale, sa situation est brisée ; il donne au « sauveteur » — personnage assez répugnant — le peu d'argent qu'il a ; il reprend Charlotte ou plutôt il est repris par elle et pour longtemps ; et ce dénouement est bien le plus vraisemblable.

Beaucoup de scènes vives, spirituelles, d'une vérité cruelle et incisive. Tous les

caractères y sont nettement tracés. Inutile d'ajouter que *Les Hannetons* n'est pas une pièce pour pensionnaires.

Harnali ou La Contrainte par cor, parodie en cinq tableaux, *en vers,* par AUGUSTE DE LAUZANNE. (*Décors :* 1º une pièce avec une fontaine, praticable ; 2º une rue ; 3º un salon ; 4º une cave ; 5º un salon donnant sur des jardins illumi és. *Epoque :* 1830.) *Personnages secondaires et figuration.* ... 8 | 3 | 1 | »

Cette pièce est, on peut le dire, le chef-d'œuvre de la parodie. Composée lors de l'apparition d'*Hernani*, dans cette révolution littéraire que provoqua le drame de Victor Hugo, elle a eu un succès retentissant. Il serait oiseux de raconter le scénario d'*Harnali*. C'est une succession de scènes bouffonnes, fantastiques, où fourmillent, pour les acteurs, les occasions de déployer leur verve comique. Pour n'en citer qu'une, la scène finale, où Harnali (marchand de billets de théâtre et quelque peu repris de justice) et Quasifol (personnage correspondant au rôle de dona Sol) avalent des boulettes qui leur donnent des coliques épouvantables, cette scène est particulièrement désopilante. Les vers de Lauzanne sont très amusants.

Si l'on ne dispose pas, pour la représentation d'*Harnali*, d'un matériel très complet de costumes, décors et accessoires, on peut, à la très grande rigueur, moderniser la pièce. Le mieux est — toujours dans l'hypothèse d'insuffisance des moyens — d'observer, dans les costumes et le jeu des acteurs, la manière 1830, quitte à simplifier le côté accessoires et décors. Le nombre des rôles peut être réduit.

Harnali n'est pas — mais à peu de chose près — une pièce pour jeunes filles.

Héroïque Le Cardunois (l'), comédie en trois actes, par M. ALEXANDRE BISSON. (*Décors :* 1º et 3º un atelier-cabinet de travail ; 2º un salon. *Epoque :* de nos jours.) ... 7 | 4 | 2 | »

Le Cardunois, pour épater sa femme et son entourage, se vante de hauts faits, de sauvetages magnifiques, qu'il n'a pas du tout accomplis, mais qui lui servent à écarter les soupçons. Car il trompe sa femme et a besoin de motifs peu ordinaires pour expliquer ses absences. Des amis de l'imposteur découvrent ses ruses, et le mystifient à son tour. Il se venge d'eux, mais, et après une scène de confrontation inénarrable, Le Cardunois est convaincu de fourberie, de canaillerie et de lâcheté devant sa belle-mère qui l'adorait, devant sa belle-sœur qui le considérait comme une sorte de demi-dieu et devant sa femme, la jolie Éliane, qui ne l'aimait guère, et ne lui pardonne ses escapades qu'avec l'espoir, très justifié, d'une revanche extra-conjugale et consolatrice.

Heure du berger (l'), vaudeville en trois actes, par M. ORDONNEAU. (*Décors :* 1º un café au Bois de Bou-

	H.	F.	Prix

logne ; 2o le même décor éclairé ; 3o un petit salon. *Epoque :* de nos jours.) *Figuration.* — 5 | 8 | 2 | »

Heure du Pâtissier (l'), comédie en un acte, par M. PAUL FERRIER. (*Décor :* un magasin de pâtisserie. *Epoque :* de nos jours.) — 8 | 11 | 1 50

Chez le pâtissier à la mode, il se fait des mariages, et il se noue des liaisons d'un genre moins légal. Rien de plus amusant, à cet égard, que le langage des gâteaux, imaginé dans la charmante comédie de M. Paul Ferrier. La trame en est mince, mais avec de jolies scènes, un dialogue spirituel, et beaucoup de parisianisme. C'est dire que l'*Heure du Pâtissier* conviendra à un public mondain, où ne seront que des gens d'expérience.

Heureuse ! comédie en trois actes, par MM. HENNEQUIN et PAUL BILHAUD. (*Décors :* 1o un salon à la campag e ; 2o un salon à Paris ; 3o un petit salon. *Epoque :* de nos jours.) — 10 | 9 | 2 | »

Honneur et Patrie, drame en six tableaux, par M. H. DE LANOYE. (*Décors :* 1o une chambre dans une demeure patrimoniale en Franche-Comté ; 2o salle du rez-de-chaussée d'un château allemand ; 3o une chambre dévastée près Paris ; 4o une chambre ; 5o une autre chambre ; 6o décor du 1er acte. *Epoque :* 1870-1871, à Mœriggen.) *Figuration.* — 12 | 3 | 2 | »

Œuvre de premier ordre, tant au point de vue des qualités dramatiques et de la beauté littéraire, que par le patriotisme très éclairé et très large qui l'anime.
Roger d'Harbly aime Laure de Mœriggen, fille d'un général allemand. Vient la guerre de 1870. Roger s'engage, sous les auspices de son père, le baron. Laure reste à Mœriggen. Son père veut la marier à un officier allemand parfaitement désagréable. Roger, blessé d'abord, puis prisonnier, soufflette un aide de camp qui a brutalisé un blessé français. Il est condamné à quinze ans de forteresse. Un Allemand, le bon docteur Betsius, le fait évader et le rend à sa fiancée. Le dernier tableau nous montre le baron d'Harbly mourant en bénissant Laure et Roger.
On se rend compte, sans qu'il soit besoin d'insister, que cette pièce est d'une mise en scène compliquée, encore qu'il soit toujours possible de simplifier bien des choses, selon les conditions dans lesquelles on est à même d'en entreprendre la représentation.

Huis-clos (le), comédie en un acte, par MM. E. LETERRIER et A. VANLOO. (*Décor :* couloir du Palais-de-Justice. *Epoque :* de nos jours.) *Figuration.* — 7 | 6 | 1 50

	H.	F.	Prix

Ile heureuse (l'), poème dramatique, *en vers,* en trois actes et cinq tableaux, par M. EUG. MORAND. (*Décors :* 1o une barque sur la mer ; 2o un quai dans un port ; 3o des rochers ; 4o une grotte ; 5o un bois. *Epoque :* de nos jours.) *Trois figurants.* — 7 | 2 | 2 | »

Ilotes de Pithiviers (les), comédie en trois actes, par M. PAUL FERRIER. (*Décor unique :* un salon. *Epoque :* de nos jours.) — 14 | 12 | 2 | »

Impromptu de Versailles (l'), comédie en un acte, par MOLIÈRE. (*Décor :* salle de comédie au château de Versailles. *Epoque :* Louis XIV.) — 10 | 7 | 1 | »

Ingénus (les), pièce en deux actes, par M. MARCEL GERBIDON. (*Décor unique :* salon de campagne suranné. *Epoque :* de nos jours.) — 7 | 5 | 1 50

Dans une lointaine province, un accident d'automobile survenu au marquis Hector de Montcherry vient troubler les vieilles habitudes de Joseph Turpault, homme très riche et très encroûté. Justement, Albert Turpault, qui est, lui, le contraire de son frère, vient d'arriver. Ça tombe bien, et sitôt le marquis guéri, ce ne sont que joyeuses parties. Tous ces gens paisibles ont le diable au corps. Seulement, voilà : le marquis est panné : il ne serait pas fâché d'avoir, avec sa grosse dot, Suzanne, fille de Joseph, et Yvonne de Losange, la demi-mondaine que véhiculait Hector, chiperait bien à Suzanne son richissime fiancé Adolphe. Le malheur, c'est qu'Albert a tout deviné : il a pris ses mesures en conséquence, et Hector et Yvonne s'enfuient honteusement. Leur séjour aura eu cela de bon, de déniaiser le naïf Adolphe et l'innocente Suzanne.
C'est une comédie fort jolie et très habilement conduite.

Ingrats (les), comédie en un acte, par M. HENRI MALIN. (*Décor :* un petit salon. *Epoque :* de nos jours.) *Nota :* au nombre des rôles de femmes, est compris celui du petit Victor Deruysse (huit ans), joué en travesti. — 4 | 6 | 1 50

Petite comédie vraie, très observée, très nature. Dubray est un vieux garçon de quarante ans, employé au même ministère que Robert Cabany. Robert est un brave homme serviable et modeste, qui ne sait rien refuser. Pour un petit service qu'il s'est laissé rendre par Dubray, celui-ci en réclame dix, plus fâcheux les uns que les autres. Dubray lui emprunte en plusieurs fois mille francs, non pas qu'il soit pauvre, mais pour lui « argent placé, argent sacré » ; il aime mieux gêner « son ami » que de toucher à ses économies. Dubray demande la main de Mlle Gabrielle Cabany, mais il arrive trop tard. La jeune fille aime Ferdinand Deruysse, le fils des cousins de Dubray, imposés par lui à Cabany. Ce dernier refuse à Dubray la main de sa fille. Il l'accorde à Ferdinand. Dubray file en claquant les portes, furieux, se montrant le « mufle » qu'il est réellement.

Cette pièce a beaucoup de vérité et d'originalité. Elle ne sera bien comprise que d'un public d'esprit mûr.

Inviolable ! comédie-vaudeville en trois actes, par M. MAURICE HENNEQUIN. (*Décors :* 1° un cabinet de travail ; 2° un salon ; 3° même décor qu'au premier acte. *Epoque :* de nos jours.) — 7 | 5 | 2 »

Jack l'éventreur, drame en cinq actes et sept tableaux, par MM. GASTON MAROT et LOUIS PÉRICAUD. (*Décors :* 1° un bureau de police ; 2° un bouge ; 3° une ruelle sombre ; 4° un cottage ; 5° préau de prison ; 6° un pont ; 7° un salon. *Epoque :* de nos jours.) *Figuration.* — 20 | 9 | 2 »

Jacques Bonhomme, drame en cinq actes et six tableaux, par M. A. MAUJAN. (*Décors :* 1° une forêt ; 2° une salle ; 3° une prairie ; 4° une place ; 5° décor du 2e tableau ; 6° une clairière. *Epoque :* féodale.) *Figuration.* — 21 | 5 | 2 »

Jalouse, comédie en trois actes, par MM. ALEXANDRE BISSON et ADOLPHE LECLERCQ. (*Décors :* 1° un salon parisien ; 2° une salle à manger ; 3° une grande pièce. *Epoque :* de nos jours.) — 7 | 7 | 2 »

Lucien Moreuil est l'excellent mari d'une petite femme charmante (Germaine), mais jalouse. Ce sont des disputes et des réconciliations continuelles. Enfin, un jour que la femme de chambre, ayant intérêt à ce que Monsieur et Madame se querellent et se boudent, a répandu du foin coupé sur le veston de Lucien, plus quelques cheveux à elle, Germaine se convainc promptement que son mari l'a trompée, et part immédiatement pour Bordeaux, chez ses parents, M. et Mme Brunoy. Des scènes très amusantes, et souvent très vraies, très sentimentales, se déroulent avant que ne soit signé entre les deux jeunes gens le traité de paix définitive. Elles ne sauraient se résumer en une courte notice. Qu'il nous suffise d'ajouter que *Jalouse* est une pièce très remarquable, d'une intrigue très heureuse, d'un tour spirituel.

Jane, drame en trois actes, par A. TOUROUDE. (*Décors :* 1° un petit salon ; 2° un appartement ; 3° un parc. *Epoque :* de nos jours.) *Une figurante.* — 9 | 3 | 2 »

Jean la cocarde, drame en cinq actes et sept tableaux, par MM. EUG. GUGENHEIM et G. LE FAURE. (*Décors :* 1° un faubourg de Saragosse ; 2° un salon ; 3° un coin de parc ; 4° un intérieur d'artisans espagnols ; 5° un parloir de couvent ; 6° une chapelle ; 7° la terrasse d'un palais. *Epoque :* Saragosse, 1809.) *Figuration.* — 20 | 5 | 2 »

Jeanne d'Arc, tragédie en cinq actes, par ALEXANDRE SOUMET. (*Décors :* 1° une prison ; 2°, 3° et 4° portique du palais de justice ; 5° une place. *Epoque :* Charles VII) *Figuration.* — 9 | 2 | 2 »

Jeanne d'Arc, drame national en cinq actes et dix tableaux, par CHARLES DESNOYERS. (*Décors :* 1° une chambre ; 2° salle du palais ; 3° une rue ; 4° un bastion ; 5° une place ; 6° un carrefour ; 7° un cimetière ; 8° une prison ; 9° une place ; 10° des nuages. *Epoque :* Charles VII.) *Figuration.* — 23 | 8 | 2 »

Jemmapes, drame en quatre actes, par MM. CATELAIN frères. (*Deux décors :* 1° un atelier ; 2° une cave. A Paris. *Epoque :* 1834.) *Figuration.* — 13 | 1 | 2 »

Il y a deux décors seulement pour les quatre actes ; de ce côté, la représentation de *Jemmapes* se trouve facilitée.

La scène se passe en temps de guerre civile. Jemmapes est un ouvrier graveur, père de deux enfants dont la mère est morte. Il a épousé en secondes noces Francine, une jeune femme jolie, mais qui a la faiblesse — un peu atténuée par la grande différence d'âge entre elle et son mari — de céder à l'amour d'Adolphe, ami de Jemmapes. Ceux-ci sont à la tête d'une conspiration contre le régime de la monarchie absolue. Ils prennent part à l'émeute, descendent dans la rue, et la fusillade crépite. Jemmapes, qui a pressenti la trahison de Francine, monte chez lui au plus fort de la bataille et la convainc ; il va la tuer, mais on monte : c'est un des insurgés qui vient reprocher au graveur sa lâcheté. Les soldats envahissent la maison et, tandis que Francine s'évanouit, entraînent, pour le fusiller, Jemmapes qui s'est coiffé du bonnet rouge de son camarade.

Ce drame très pathétique, dont nous n'avons pu, faute de place, résumer toutes les péripéties, ne sera bien compris que de gens expérimentés.

Joies de la Paternité (les), comédie en trois actes, par MM. ALEXANDRE BISSON et VAST-RICOUARD. (*Deux décors :* 1° un cabinet de travail ;

	H.	F.	Prix

2° un salon luxueux. *Epoque :* de nos jours.) *Deux figurants.* — 4 | 5 | 2 | »

Il serait difficile de narrer, en les résumant, les scènes désopilantes dont se compose cette pièce, qui a pour principal personnage... un enfant nouveau-né, répondant au nom d'Anatole, et dont M. Robinot et M. Cascaret, chacun de son côté, se croient *le* père. Anatole est simplement le fils de Joseph, le domestique, et de Sidonie, la nourrice. La clef du mystère est dans ce fait que Clara Letaupier qui fut, en leur célibat, la maîtresse de Robinot et de Cascaret, a annoncé au premier, postérieurement à son mariage, la naissance de son enfant. D'enfant, point. La lettre de Clara n'était qu'une tentative de chantage.

Comédie très drôle, assez croustillante, et qui obtiendra un succès assuré, pour peu que les interprètes y mettent la verve, la bonhomie et l'entrain nécessaires.

Juge d'Instruction (le), drame en cinq actes, par M. JULES DE MARTHOLD. (*Trois décors :* 1° un salon ; 2° une auberge ; 3° un cabinet d'instruction. *Epoque :* de nos jours.) *Quelques figurants.* — 11 | 3 | 2 | »

Le riche Kobb a été tué. On arrête Jacques, pris sur les lieux du crime. Savernier, le juge d'instruction, est son meilleur ami. Il voudrait le croire innocent mais tout l'accuse. Pourtant Jacques est innocent, mais sa non-culpabilité ne peut être révélée à Savernier, parce que cette révélation en entraînerait une seconde : Pauline, femme de Savernier, est la maîtresse de Jacques. A la fin, Pauline, n'y tenant plus, dit tout à son mari. Lutte effroyable chez Savernier, entre le mari outragé et le juge intègre. C'est le dernier qui l'emporte. Jacques est innocenté, le vrai coupable arrêté. Savernier se sépare de sa femme, en lui laissant l'espoir d'un lointain pardon.

Drame très pathétique et bien mené, dans une succession de scènes rapides.

Ki-Ki-Ri-Ki, *japoniaiserie* en un acte, *mélée de chant*, par JULIEN SERMET et LOUIS BATTAILLE. (*Décor :* un jardin japonais, avec pavillon asiatique, statues, etc. *Epoque :* de nos jours.) — 8 | 10 | 1 | »

Aucun résumé ne peut donner une idée de cette fantaisie dont l'allure échevelée et le ton drôlatique n'excluent pas, bien au contraire, l'esprit et l'humour. La pièce est très hardie, grivoise même, et d'un bout à l'autre étourdissante d'entrain et de gaîté. *Ki-Ki-Ri-Ki* nécessite un certain déploiement de costumes et accessoires. Le chant y occupe une place assez importante, et il y a des rôles secondaires en plus des principaux, indiqués ci-dessus.

Kléber, drame en huit tableaux, par MM. GASTON MAROT et E. PHILIPPE. (*Décors :* 1° un salon ; 2° place de Belfort ; 3° à Wesseneau ; 4° la tente de Kléber ; 5° Cholet ; 6° Mu-

rillon ; 7° Chaillot ; 8° au Caire. *Epoque :* 1776-1800.) *Figuration.* — 36 | 6 | 2 | »

Lâche (un), drame en six tableaux, par A. TOUROUDE. (*Décor :* 1° jardin et maison ; 2° petit salon ; 3° un cabinet de travail ; 4° salle d'armes ; 5° un cabinet de garçon ; 6° La Celle-Saint-Cloud. *Epoque :* 1873.) *Figuration.* — 13 | 3 | 2 | »

De tous les drames de Touroude, celui-ci est à un coup sûr un des plus angoissants. Nous sommes forcé d'en résumer très succinctement le scénario. Le *Lâche*, c'est Saint-Harem, qui trompa, jadis, le père de Roger Delatournelle, lui persuadant que sa femme le trompait avec M. Mauclerc. Celui-ci provoqué, a tué le mari, pour apprendre, aussitôt après que Saint-Harem avait ainsi excité Delatournelle, parce que lui-même Saint-Harem, avait trouvé la femme de son ami rebelle à ses désirs. Mauclerc adopte le fils de Delatournelle, Roger, devient son tuteur et châtie Saint-Harem en lui faisant avouer par écrit son imposture. Beaucoup plus tard, Roger aime Adrienne, qui lui promet d'être sa femme. Gaston, fils de Saint-Harem, la poursuit vainement. Gaston le met au courant du passé (duel Mauclerc-Delatournelle) ; ils vont se battre. Avant d'engager l'épée, Roger remet à Gaston les papiers signés par Saint-Harem. Ce trait trouble profondément l'adversaire de Roger. Gaston, duelliste redoutable, se jette sur l'épée de son adversaire, et meurt dans les bras de son père.

Lapin (le), comédie-bouffe en trois actes, par L. BATAILLE et H. FEUGÈRE. (*Décors :* 1° un salon ; 2° un salon d'attente ; 3° un salon de campagne. *Epoque :* de nos jours.) — 7 | 3 | 2 | »

Latude ou Trente-cinq ans de captivité, mélodrame historique en trois actes et cinq tableaux, précédé de UNE MATINÉE A TRIANON, prologue, par G. DE PIXÉRÉCOURT et ANICET-BOURGEOIS. (*Décors :* 1° le jardin de Trianon, à Versailles ; 2° une pauvre mansarde ; 3° une chambre à la Bastille ; 4° une auberge près d'Amsterdam ; 5° le port d'Amsterdam ; 6° une cour de Bicêtre. *Epoque :* de 1749 à 1784.) *Figuration.* — 15 | 5 | 1 | »

Bien que tout le monde connaisse l'histoire de Masers de Latude, officier du génie, esquissons rapidement le drame de Pixérécourt et Anicet-Bourgeois.

A vingt-trois ans, Latude, épris de Mme de Pompadour, maîtresse toute-puissante du pauvre sire qu'était le roi Louis XV, fut arrêté pour s'être approché de la favorite : on trouva sur lui une épigramme méchante pour la Pompadour ; on le mit à la Bastille. D'ailleurs, les vers n'étaient pas de Latude, mais d'un jeune mousquetaire, Dalègre, embastillé également. Au prix d'efforts inouïs, Latude parvint à s'évader après sept ans de prison, emmenant Dalègre avec lui. On les reprend à Amsterdam, et Latude retombe au cachot. Il y est resté jusqu'à cinquante-huit ans ; alors le dévouement d'une femme admirable, Henriette Legros, avec l'appui d'un ministre honnête, M. de Malesherbes, le tira du tombeau où il était resté enseveli vivant pendant les plus belles années de la vie. Dalègre était devenu fou.

Ce drame est resté, malgré les parodies, malgré les caprices de la mode théâtrale, des plus poignants et des plus intéressants.

Leçon de cuisine (une), comédie en un acte, par M. Prabonneaud. (*Décor : un bouillon parisien. Époque :* de nos jours.) — 10 1 »

Mlle Victoire dirige un bouillon dont elle s'est rendue propriétaire et qu'elle doit achever de payer ce jour même chez le notaire. En voulant recompter ses économies, elle s'aperçoit qu'on l'a volée. Des jeunes filles à qui elle apprend la cuisine gardent sa maison pendant qu'elle va chez le commissaire. Elle revient quelque temps après et à son désespoir succède une vive joie, car elle a retrouvé argent et voleur. Cette comédie, qui ne présente aucune difficulté de mise en scène ni de représentation, convient admirablement aux salons et surtout aux pensions de jeunes filles.

Lequel? comédie-bouffe en trois actes, par A. Chaulieu et H. Feugère. (*Décors :* 1° une salle de mairie ; 2° un petit salon ; 3° une chambre nuptiale. *Epoque :* de nos jours.) *Figuration.* 6 4 1 »

Liberté, drame en trois parties, par M. Maurice Pottecher. (*Décor unique :* des champs. *Epoque :* 1792.) *Figuration.* 10 4 2 »

Locataires de M. Blondeau (les), vaudeville en cinq actes, par H. Chivot. (*Décors :* 1° une salle à manger ; 2° un boudoir ; 3° une étude d'huissier ; 4° un salon ; 5° un atelier de modistes. *Epoque :* de nos jours.) 11 12 2 »

*** Louis XI**, tragédie en cinq actes, par Casimir Delavigne. (*Décors :* 1° une campagne ; 2° une salle du trône ; 3° une forêt ; 4° une chambre ; 5° une salle. *Epoque :* Louis XI.) *Figuration.* 16 2 1 »

Avec les *Enfants d'Edouard*, c'est la plus célèbre pièce de Casimir Delavigne. L'intrigue est compliquée. Tout l'intérêt réside dans le rôle du roi Louis XI, terrifié par la maladie, anéanti par les approches de la mort. Ce prince de haute intelligence se montrait envers ses ennemis, ou du moins envers ceux qu'il croyait l'avoir trahi ou combattu, d'une impitoyable férocité. La crainte du jugement dernier pouvait seule, dans une certaine mesure, l'amener à la clémence.

Le duc de Nemours, fils de celui que Louis XI avait fait mettre à mort, parvient jusqu'à la chambre du roi, et seul à seul avec lui, lève sur lui son poignard. Le roi, fou de terreur, l'implore... Nemours lui laisse la vie, mais uniquement parce qu'il a deviné que le bourreau de son père n'a plus que peu de temps à vivre, et que cette vie qui lui reste est un supplice affreux. Nemours fuit. On l'arrête. Il va mourir. Mais le roi aussi va mourir. Son médecin, Coitier, ami de Nemours, implore la grâce de celui-ci. Le roi, lucide dans son agonie, pardonne... Hélas ! Tristan, l'effroyable et fameux exécuteur des hautes œuvres, a précipité l'exécution de Nemours. Il est trop tard, Nemours est mort. Certaines scènes peuvent être abrégées. La pièce convient à peu près à tout public.

Loute, comédie en quatre actes, par M. Pierre Veber. (*Décors :* 1° un boudoir ; 2° un salon ; 3° même décor que le précédent ; 4° un vestibule. *Epoque :* de nos jours.) *Figuration.* 8 8 3 50

Lundi de la Pentecôte (le), comédie en un acte, par M. Maurice Pottecher. (*Décor:* un chaume vosgien. *Epoque :* de nos jours.) *Figuration.* 6 4 2 »

Madame Gibou et Madame Pochet ou Le Thé chez la Ravaudeuse, comédie-vaudeville en trois actes, par Dumersan. (*Décors :* 1° une place publique ; 2° l'arrière-boutique de Mme Gibou ; 3° la chambre de Mme Pochet. *Epoque :* 1830 ou de nos jours. A Paris.) 7 5 1 »

Cette pièce est d'une grivoiserie « bon enfant », bouffonne. C'est la charge, ou, si l'on préfère, la caricature de la vie des faubourgs de Paris vers 1830. Potins, cancans chez la tripière, chez l'épicière, chez la fruitière, intrigues drôles. La mère Gibou et la mère Pochet (rôles joués par des hommes) tiennent le crachoir et le premier rang parmi les commères. Il serait trop long d'analyser ici cette fantaisie célèbre et extrêmement divertissante.

Madame Grégoire, pièce en trois actes, par MM. Paul Burani et Maurice Ordonneau. Musique de M. Okolowichz. (*Décors :* 1° un cabaret ; 2° un salon 3° une chambre à coucher. *Epoque :* fin du XVIIIe siècle.) *Figuration.* 9 14 2 »

Madame Roland, drame en cinq actes, *en vers*, par M. Henry Faure. (*Décors :* 1° un rond-point ;

	H.	F.	Prix

2º un salon ; 3º une salle à manger ; 4º décor du 2e acte ; 5º un cachot. *Epoque : 1792 et 1793.) Figuration.* — 10 | 3 | 2 »

Madeleine, comédie en quatre actes, par AD. CORTHEY. (*Décors :* 1º un salon ; 2º un petit salon ; 3º autre salon ; 4º autre salon. *Epoque : de nos jours.)* — 7 | 3 | 2 »

Mademoiselle Aurore, comédie-vaudeville en trois actes, par M. MAURICE CHAMPAGNE. (*Décors :* 1º un petit salon ; 2º le hall d'un restaurant ; 3º le bureau du commissaire de police. *Epoque : de nos jours.)* — 10 | 5 | 2 »

Mlle Aurore est une jeune fille... de trente ans. Son âge suffit à démontrer qu'elle a manqué pas mal de mariages. Elle et son frère, Riboulin, croient enfin avoir trouvé le mari dans la personne de Paul Paturet, et cela grâce à des circonstances fortuites. Paul, qui aime Gabrielle, fille de M. Bachuret, s'aperçoit que Mlle Aurore le veut épouser et décampe sans laisser d'adresse. Il se marie deux mois plus tard, à Paris. Au repas de noces, il se trouve que Riboulin et Mlle Aurore sont là. Paul, craignant la colère du frère, simule la folie. On l'emmène au poste, où tout finit par s'expliquer, ce qui est conforme à la loi, et aussi à la logique, puisque nous sommes au troisième acte. Mlle Aurore se console ; Bachuret, père de Gabrielle, la demande en mariage. Sous ses bandeaux et ses mitaines de vieille fille, Mlle Aurore cachait des charmes fort appétissants. C'était une jeune vieille fille. Elle sera la belle-mère de celui dont elle voulait être la femme.

Cette pièce, charmante et amusante jusqu'au fou rire, ne conviendrait pas à un public de pensionnaires.

*** Mademoiselle Geneviève**, comédie en un acte, par QUATRELLES. (*Décor :* un salon élégant. *Epoque : de nos jours.) Figuration.* — 4 | 6 | 1 50

Cette charmante comédie plaira à tous les auditoires sans exception. C'est une leçon d'amour maternel. La baronne de Saint-Claude a confié sa fille (Mlle Geneviève) à une gouvernante anglaise très dévouée, qui l'élève hors de Paris. La baronne veut se consacrer toute aux obligations mondaines. Saint-Claude n'aime guère le monde. Rien n'équivaut, pour lui, à la joie d'aimer et de regarder un enfant. Un jour, il s'entend avec miss Wurton (la gouvernante), et celle-ci arrive avec Mlle Geneviève. La baronne, qui est la meilleure des femmes et qui adore les enfants, couvre de caresses la petite fille, d'abord surprise et effarouchée. Son père, il semble qu'elle le connaît, qu'elle le voit souvent, et, en effet, Saint-Claude, depuis longtemps, allait rendre des visites clandestines à Mlle Geneviève. Inutile d'ajouter que la baronne pardonne tout.

Nota. — Les rôles d'homme, à part celui du baron, sont très faciles à tenir.

	H.	F.	Prix

Mademoiselle Josette, ma femme, comédie en quatre actes, par MM. PAUL GAVAULT et ROBERT CHARVAY. (*Deux décors :* 1º un salon ; 2º une terrasse d'hôtel. *Epoque : de nos jours.)* — 11 | 7 | 2 »

Maison du mari (la), pièce en cinq actes, par XAVIER DE MONTÉPIN et V. KERVAN. (*Trois décors :* 1º, 4º et 5º le même salon de campagne ; 2º un petit salon ; 3º un autre salon. *Epoque : de nos jours.)* — 6 | 6 | 2 »

En l'absence de son mari, Marthe Didier a commis la folie de suivre son amant, Gaston de Rieux. Elle laisse Jeanne, sa fille, souffrante. Didier vient trouver Marthe chez son amant, un an après : seule, la présence de sa mère peut sauver Jeanne. Elle quitte de Rieux pour toujours. Après une longue maladie, celui-ci se présente chez Didier, au risque de troubler encore un ménage où l'amour était revenu. Gaston s'égare, au point de vouloir enlever Marthe, qui le repousse avec horreur. Didier, intervenant, provoque Gaston, et, cette fois, le tue.

Sans gros effets de mélo, ce drame est très poignant et admirablement conduit.

Maître d'armes, drame en cinq actes et neuf tableaux, par MM. JULES MARY et GEORGES GRISIER. (*Décors :* 1º intérieur de pêcheurs ; 2º le port de Dieppe ; 3º une salle d'armes ; 4º la salle des fêtes d'un cercle ; 5º un bois ; 6º un intérieur au Pollet ; 7º la plage et la mer démontée ; 8º un intérieur ; 9º la cour d'assises. *Epoque : de nos jours.) Figuration.* — 18 | 7 | 2 »

Il est impossible de résumer en dix lignes ce drame complexe et très empoignant. Catherine Vibrac, fille d'un maître d'armes, a été séduite par Henri de Rochefière, qui l'a abandonnée avec un enfant. Henri, provoqué par Leverdier (ami de Holgan, amoureux de Catherine) tue son adversaire d'un coup d'épée déclaré par les témoins déloyal, parce que Leverdier venait d'être désarmé. Vibrac, apprenant toute la vérité, est tombé de brusque paralysie. Il guérit peu à peu ; il pardonne à sa fille, et il annonce, à la surprise de tous, qu'il ira témoigner aux assises en faveur de Rochefière, poursuivi pour meurtre. En effet, en pleine cour, il fait apporter les épées, ressuscite le duel avec l'accusé, et tue Rochefière comme celui-ci avait tué Leverdier.

La mise en scène est un peu compliquée, mais elle peut subir des simplifications.

Maître Pathelin, opéra-comique en un acte, par A. DE LEUVEN et E. LANGLÉ. Musique de F. BAZIN. (*Décor :* une place de petite ville

	H.	F.	Prix

en Basse-Normandie. *Epoque :
de nos jours.) Figuration.* — 6 | 3 | 1 | »

Maîtresse légitime (la), comédie en quatre actes, par LOUIS DAVYL. (*Décors :* 1º une salle sur jardin ; 2º un bureau ; 3º deux salons ; 4º maison et jardin. *Epoque :* de nos jours.) — 11 | 5 | 2 | »

Major Ipéca (le), pièce militaire en trois actes, par MM. A. MOUËZY-EON et EUG. JOULLOT. (*Décors :* 1º une pharmacie ; 2º la salle des visites à l'infirmerie ; 3º le parc de l'hôpital militaire. *Epoque :* de nos jours.) — 12 | 5 | 2 | »

La fameuse *maladie du sommeil* est l'âme de cette pièce dont le succès est resté retentissant, et qui, tout en étant grivoise et pimentée, offre maint trait spirituel, mainte situation drôle, maint avatar burlesque — en un mot tout ce qu'il faut pour qu'un vaudeville, et un vaudeville militaire, plaise et fasse rire à gorge déployée.

Au moment de faire ses treize jours, le pharmacien Pluche est allé s'amuser avec son ami Labordée (médecin retour des colonies). Rentré chez lui, il ne trouve rien de mieux, pour conjurer la vindicte de son épouse, que de simuler la maladie du sommeil. Il continue à la caserne, où de bons « tireurs au flanc » l'imitent à qui mieux mieux. Cette vieille baderne de major Ipéca soigne tout le monde, jusqu'au moment où le pot aux roses est découvert. Sur ce thème imprévu, brochent des intrigues sentimentales, des imbroglios tout à fait inénarrables ; la pièce, d'ailleurs, se termine par un double mariage, en même temps que par la revanche — oh ! très débonnaire — de l'excellent major Ipéca.

Mâle (un), pièce en quatre actes, par MM. LEMONNIER, A. BAHIER et J. DUBOIS. (*Trois décors :* 1º un estaminet de campagne ; 2º une salle de ferme ; 3º une clairière. *Epoque :* de nos jours.) — 10 | 5 | 2 | »

M'amour, comédie en trois actes, par MM. P. BILHAUD et M. HENNEQUIN. (*Décors :* 1º une garçonnière ; 2º un salon ; 3º un autre salon. *Epoque :* de nos jours.) — 5 | 4 | 2 | »

Mam'zelle Pioupiou, vaudeville militaire en huit tableaux, par M. ALEXANDRE BISSON. (*Décors :* 1º et 3º une place de petite ville ; 2º une grande salle d'audience ; 4º intérieur de maison arabe ; 5º carrefour d'un bois ; 6º un camp ; 7º une salle de harem ; 8º place publique à Sfax. *Epoque :* 1876-1881.) *Figuration.* — 24 | 4 | 2 | »

Mannequin (le), comédie en trois actes, par MM. PIERRE GIFFARD et P. BRÉBAN. (*Décors :* 1º un salon riche ; 2º un salon d'essayage ; 3º un salon élégant. *Epoque :* de nos jours.) — 11 | 9 | 1 | »

Marchande de fleurs (la), pièce en cinq actes et dix tableaux, par X. DE MONTÉPIN et J. DORNAY. (*Décors :* 1º un cabinet de travail ; 2º le bord d'une rivière ; 3º même décor qu'au tableau précédent ; 4º une chambre à coucher ; 5º la place Dauphine ; 6º petit salon ; 7º le marché aux fleurs de la place Saint-Sulpice ; 8º une chambre meublée ; 9º cabinet de juge d'instruction ; 10º un hall. *Epoque :* de nos jours.) Un artiste peut interpréter plusieurs rôles, ce qui réduit beaucoup le nombre des personnages indiqués. *Figuration.* — 40 | 16 | 2 | »

Mariage à la Course (un), comédie-bouffe, par M. GASTON MAROT. (*Décors :* 1º une salle à manger ; 2º intérieur de bureau de tramways ; 3º un salon. *Epoque :* de nos jours.) — 9 | 7 | 2 | »

Mariage rompu (le), pièce en trois actes, par EDOUARD CADOL. (*Décors :* 1º un cabinet de médecin ; 2º un boudoir ; 3º chez un ministre à Paris ; 4º un salon. *Epoque :* de nos jours.) *Figuration.* — 8 | 4 | 3 50

Le Dr Chauveloy avait fiancé sa fille Marguerite à M. Henri de Luc, qu'elle aimait. Il retire son consentement et la force à épouser le marquis de Pont d'Ajol, pendant qu'Henri s'exile. Le docteur a fait une lourde bêtise : trois ans après, Henri revient, trouve Marguerite entraînée dans le tourbillon mondain, mais malheureuse par la faute d'un mari débauché et méchant aussi parfois. Fatalement, Henri et Marguerite se rapprochent ; une force irrésistible, plus grande que la raison, fait qu'ils s'aiment. Hélas ! le marquis les surprend au moment où ils allaient fuir ensemble. Il s'élance sur sa femme, la brutalise ; il va la cravacher... Henri le tue et se fait arrêter.

Ce drame est à tous égards d'une grande beauté et d'un réel intérêt.

Maris sans femmes (les), comédie en trois actes, par M. ANTONY MARS. (*Décors :* 1º la salle des mariages ; 2º un salon de campagne ; 3º un salon. *Epoque :* de nos jours.) — 9 | 5 | 2 | »

Marie-Jeanne ou **La femme du peuple**, drame en cinq actes et six tableaux, par A. d'Ennery et Mallian. (*Décors* : 1° paysage avec guinguette ; 2° une pauvre chambre ; 3° l'extérieur de l'hospice des Enfants-Trouvés ; 4° un salon riche ; 5° le salon-parloir d'une maison de santé ; 6° un salon. *Epoque* : 1845.) *Figuration.* — H. 10, F. 5, Prix 1 »

Marie-Jeanne a épousé Bertrand, brave homme, mais de caractère faible et porté à se laisser entraîner par la mauvaise compagnie. La misère entre dans le ménage. Tout l'argent va chez le marchand de vins. Marie-Jeanne, dénuée de tout, va porter son enfant aux Enfants-Trouvés. Un homme, le Dr Appiani, vient le prendre et donne de l'or à l'hospice. Il substitue cet enfant à celui que Mme de Bussières a perdu et que lui, Appiani, devait sauver. Marie-Jeanne, venant chez Mme de Bussières — qu'Appiani doit épouser, grâce à la substitution d'enfant — reconnaît son petit. Appiani la fait enfermer comme folle. Heureusement, Bertrand devenu sérieux remue ciel et terre, délivre sa femme, et avec l'aide d'un homme généreux, Théobald, confond Appiani. Marie-Jeanne retrouve son enfant et son mari. Mme de Bussières épouse Théobald.

Ce drame connu est resté très émouvant ; il est d'une haute moralité. Nous avons indiqué, comme époque, l'année de la création : 1845. A l'extrême rigueur, la pièce peut être jouée dans les costumes modernes.

* **Martyrs de Strasbourg** (les), drame historique en dix tableaux, par G. Champagne. (*Décors* : 1° une grande salle ; 2° une maison au bord du Rhin ; 3° le bois d'Ittenheim ; 4° intérieur de ferme ; 5° un refuge dans un caveau ; 6° les hauteurs de Fegersheim ; 7° et 9° une cour de ferme incendiée ; 8° un cimetière ; 10° Strasbourg en feu. *Epoque* : 1870.) *Figuration.* — H. 21, F. 4, Prix 2 »

Scènes dramatiques et patriotiques de la guerre franco-allemande, pendant le blocus et l'incendie de Strasbourg. Les péripéties sont émouvantes et nombreuses, grâce aux exploits d'André Berg, de Wilhem, du général Barral, de deux sympathiques Anglais, lord Grosvich et John Selder ; à l'héroïsme de Marguerite Berg ; aux intrigues et aux trahisons de l'espion Heinrich. Il y a une musique de scène, à peu près indispensable, une mise en scène assez compliquée. Ce n'est pas une pièce à jouer dans un salon, mais dans un théâtre, ou tout au moins dans une salle assez vaste.

Martyre ! drame en cinq actes, par d'Ennery et Tarbé. (*Décors* : 1° un jardin ; 2° un salon ; 3° un salon quatre salons différents. *Epoque* : de nos jours.) *Figuration.* — H. 8, F. 4, Prix 2 »

Mascarade interrompue (la), drame en un acte tiré d'un conte d'Edgar Poe, par Mme Hélène de Zuylen de Nyevelt. (*Décor* : un bal masqué. *Epoque* : vers le XVIIIe siècle.) — *Nota.* Parmi les personnages hommes, il y a quatre courtisans ; ce nombre peut être réduit, ou les rôles joués en travesti. *Figuration.* — H. 6, F. 3, Prix 1 »

Dans le moment que la peste rouge sévit à Florence, le prince Prospero mène grande et joyeuse vie dans une abbaye dont il a fait sceller les portes d'airain et les fenêtres ogivales, pour ne pas entendre les râles des mourants au dehors et pour se préserver du fléau. Mais au milieu d'un bal masqué étrange et magnifique, dont le prince a réglé jusqu'aux moindres détails, et tandis qu'il est tout à ses amours, tandis que titube un de ses courtisans, ivre et déguisé en Bacchus ivre, la Peste, qui se rit des portes de bronze scellées, entre et terrifie les assistants.

L'auteur de cette adaptation d'une heureuse venue a su garder la note sinistre et si captivante qui caractérise le génie de Poë.

Médaille (la), fantaisie en un acte, par M. P. Jullien. (*Décor* : un salon ouvert sur un parc. *Epoque* : le moyen-âge.) — H. 2, F. 11, Prix 1 »

Amusante fantaisie, assez croustillante, et dont le nombre des personnages femmes peut être très réduit (à deux ou trois). Le Sénéchal est obligé, par respect pour la tradition, de donner une dot de dix mille francs à la jeune fille qui aura gardé pendant une année une médaille remise par lui, le jour de sa fête. Dix médailles sont remises chaque année à dix jeunes filles, — médailles tout à fait symboliques d'innocence. On devine que, durant l'année, les jeunes filles qui cèdent à la loi naturelle doivent rendre leur médaille et cessent d'être candidates. On devine aussi que le Sénéchal, qui voudrait bien ne pas verser dix mille francs, fait tout son possible pour que le nombre des concurrentes soit réduit à zéro. Il est même très aidé en cela par son acolyte Brindamour. Bref, au moment où nous sommes, il ne reste plus que Suzette (aimée de Fortuné, secrétaire du Sénéchal), et Gaétana, nièce de ce dernier. Brindamour reçoit l'ordre d'aller trouver Suzette et de revenir avec la médaille de celle-ci, mais ne voilà-t-il pas que la chambre où entre Brindamour recèle Gaétana et non Suzette !... Aussi cette dernière reçoit-elle la prime du Sénéchal.

Mégère domptée (la), comédie en six tableaux, par Shakespeare, arrangée par M. A. Méliot. (*Décors* : 1° un site champêtre ; 2° une chambre à coucher ; 3° un salon ; 4° une chambre à coucher ; 5° décor du 3e tableau ; 6° décor du 1er tableau. *Epoque* :

	H.	F.	Prix

la première moitié du xvie siècle.)
Figuration. — 13 | 4 | 2 »

Mémoires d'un Flageolet (les), vaudeville en trois actes, par MM. A. Delilia et Ch. Lesenne. (*Décors :* 1° une salle ; 2° une cour ; 3° une place. *Epoque :* de nos jours.) — 7 | 4 | 1 50

Ménages d'artistes, comédie en trois actes, par M. Brieux. (*Décors :* 1° et 2° une salle à manger ; 3° un cabinet de direction. *Epoque :* de nos jours.) — 10 | 5 | 2 »

Ménechmes (les) ou **Les Jumeaux**, comédie en cinq actes, *en vers*, par Regnard. (*Décor unique :* une place quelconque, à Paris. *Epoque :* fin du xviiie siècle.) — 7 | 3 | 1 50

On sait avec quel bonheur Regnard a interprété cette situation créée par le théâtre antique : la ressemblance entre deux frères. Sa comédie des *Ménechmes* est étonnante d'esprit et de verve scénique.

Ménechme est venu de Picardie toucher un gros héritage et épouser Isabelle. Il croit mort son frère jumeau, le chevalier Menechme. La présence à Paris, dans un même milieu, des deux frères absolument pareils, compliquée des intrigues machiavéliques de Valentin, valet du chevalier, entraîne maint imbroglio. C'est d'ailleurs le chevalier qui touche l'héritage (il le partage avec son frère) et épouse la jeune fille.

Mercure galant (le), comédie en quatre actes, par Boursault. (*Décor :* une salle de rédaction. *Epoque :* Louis XVI.) *Deux figurants.* — 6 | 8 | 1 50

Mère des Compagnons (la), opéra-comique en trois actes et quatre tableaux, par Henri Chivot et Alf. Duru. Musique d'Hervé. (*Décors :* 1° un jardin ; 2° un salon ; 3° un boudoir ; 4° une place publique. *Epoque :* 1820.) *Figuration.* — 12 | 5 | 2 »

Mère et Martyre, drame en cinq actes et sept tableaux, par MM. Paul d'Aigremont et Jules Dornay. (*Décors :* 1° un intérieur ; 2° une chambre à coucher ; 3° une place ; 4° un chantier ; 5° un cabinet de juge ; 6° un cabinet de travail ; 7° une salle de cour d'assises. *Epoque :* de nos jours.) *Figuration.* — 28 | 9 | 2 »

Mère la Victoire (la), drame en cinq actes et sept tableaux, par MM. Gaston Marot et Louis Pé

RICAUD. (*Décors :* 1° un camp ; 2° un marchand de vins ; 3° le péristyle d'une mairie ; 4° une loge de concierge ; 5° une cour de prison ; 6° un salon ; 7° un jardin. *Epoque :* de nos jours.) *Figuration.* — 14 | 8 | 2 »

Mères rivales (les), drame en six tableaux, par M. Henri Demesse. (*Décors :* 1° une grande salle pauvre ; 2° un riche salon ; 3° un cabaret ; 4° un salon ; 5° salon et serre ; 6° un salon sévère. *Epoque :* de nos jours.) *Figuration.* — 14 | 11 | 2 »

Mesdames de la Halle, opéra-bouffe en un acte, par Armand Lapointe. Musique de Jacques Offenbach. (*Décor :* un éventaire. *Epoque :* Second Empire.) *Figuration.* — 6 | 6 | 1 »

**** Mes Mémoires**, comédie en trois actes, par M. Maurice Manquat. (*Décor unique :* un bureau. *Epoque :* de nos jours.) *Quelques figurants.* — 13 | » | 2 »

L'oncle Jules Barbeau, vieil Harpagon, gère une fortune qui est celle de son neveu Barbeau Jules. Il est peu généreux envers ce dernier, qui, naturellement, s'endette et s'endettera jusqu'à sa majorité. En attendant qu'il touche son dû, Jules essaye par tous les moyens, de se procurer de l'argent, et notamment en profitant de la manie de son oncle : ce vieux rond-de-cuir n'est-il pas féru de l'idée d'écrire ses mémoires, à l'instar d'un ancien ministre très connu ! Malheureusement, les plans machiavéliques du jeune homme échouent lamentablement. Rien ne lui réussit, et l'oncle impitoyable de lui réduire encore l'argent de ses menus plaisirs, non sans une série d'aventures comiques, où ne manquent ni l'humour, ni l'observation.

Le sujet de la pièce tient dans une satire contre ceux qui veulent à tout prix intéresser le monde au récit de leurs moindres faits et gestes. Elle est originale. Pour l'exécution, nulle difficulté, et pour ceux qui tiennent à ne jouer que des pièces où l'amour, ce grand pivot du théâtre, ne tient aucune place, *Mes Mémoires* conviendra parfaitement. Aucun rôle de femme, aucun épisode sentimental.

Michel Pauper, drame en sept tableaux, par Henry Becque. (*Décors :* 1° et 2° une vaste pièce riche ; 3° un petit salon de campagne ; 4° un salon ; 5° une antichambre ; 6° une rue ; 7° un laboratoire. *Epoque :* de nos jours.) *Figuration.* — 9 | 4 | 2 »

	H.	F.	Prix

Mimi Pinson, vaudeville-opérette en trois actes, par MM. Maurice Ordonneau et Arthur Verneuil. Musique de M. G. Michiels. (*Décors :* 1° un quai; 2° un jardin; 3° un atelier. *Epoque : de* nos jours.) *Figuration.* — 7 | 7 | 2 »

Mineurs (les), drame en cinq actes et sept tableaux, par M. Emile Moreau. (*Décors :* 1° un cabaret; 2° un cabinet de directeur; 3° une chambre; 4° bord d'un puits; 5° un hangar; 6° une galerie de mine; 7° le même hangar. *Epoque : de* nos jours.) *Figuration.* — 14 | 4 | 0 50

Mineur et soldat, drame en un tableau, par Mme Tola Dorian et M. J. Malafayde. (*Décor :* l'orifice d'une fosse dans une mine. *Epoque :* de nos jours.) *Figuration.* — 9 | 4 | 1 »

Les mineurs sont en grève depuis trois semaines. La misère et la faim les ont exaspérés. Résolus à mourir, ils veulent que leur fin soit aussi leur vengeance. Ils décident de faire sauter la mine. Raveau, mineur expérimenté, se charge de produire la catastrophe. Au moment de descendre dans la fosse, il est arrêté par un soldat : c'est son fils Charles. Une lutte abominable s'engage entre le père et le fils. Raveau trébuche... Charles se fait sauter la cervelle. Il tombe dans les bras de sa mère. Raveau descend dans la fosse, et l'on ne tarde pas à entendre une explosion formidable.

Drame cruel et empoignant, créé au *Théâtre Libre* en 1896. Ce n'est pas — il va sans dire — une pièce pour pensionnaires.

Mineure (la), pièce en un acte, par M. Jean Jullien. (*Décor :* le cabinet d'un juge d'instruction. *Epoque :* de nos jours.) — 9 | 2 | 1 50

Le juge Ménadier enquête au sujet des faits reprochés à un trafiquant de la « traite des blanches », à une dame de Sainte-Adèle, tenancière d'un appartement spécial, et aux messieurs qui s'y trouvaient. Une pauvre gamine, Maria Verteau, qui fut maltraitée par l'un de ceux-ci, est assise sur un banc. Elle ne reconnaît le misérable dans aucun de ceux qui se présentent, mais comme le président Sombrenom entre chez Ménadier, elle le regarde et s'écrie : « C'est lui ! » Le magistrat proteste, Ménadier gourmande la fillette et l'envoie à Saint-Lazare.

Malgré tout le côté scabreux du sujet, ce n'est pas là une pièce grivoise, mais une pièce sérieuse, flétrissant les crimes qui, par la situation de leurs auteurs, demeurent impunis, et, qui pis est, retombent sur les victimes.

Mirabeau (les), drame en sept tableaux, par M. Jules Claretie.

(*Décors :* 1° le Café Procope; 2° une place devant la grille d'un château; 3° un appartement chez Mirabeau; 4° le grand cours à Aix; 5° un salon à Argenteuil; 6° un boudoir élégant; 7° la salle du jeu de Paume. *Epoque :* 1790.) *Figuration.* — 22 | 10 | 2 »

Molière au berceau, saynète en un acte, *en vers,* par M. Monnier de la Motte. (*Décor :* une boutique. *Epoque :* de nos jours.) — 13 | 8 | 1 »

Môme aux beaux yeux (la), drame en deux parties et huit tableaux, par M. P. Decourcelle. (*Décors :* 1° un cabinet de travail; 2° un salon-salle à manger; 3° une terrasse; 4° un hall; 5° un laboratoire; 6° un salon; 7° un jardin; 8° un salon. *Epoque :* de nos jours.) *Figuration.* — 8 | 4 | 2 »

Mon oncle ! comédie-bouffe en trois actes, par MM. P. Burani et Ordonneau. (*Décors :* 1° un salon d'étude; 2° une cour de restaurant; 3° une chambre à coucher. *Epoque :* de nos jours.) — 6 | 4 | 2 »

Monsieur ! comédie en trois actes, par Armand Silvestre et Paul Burani. (*Décors :* 1° un petit salon; 2° un jardin de restaurant; 3° un salon. *Epoque :* de nos jours.) — 6 | 5 | 2 »

Monsieur de Barbizon, comédie en trois actes, par G. Petit et H. Raymond. (*Décors :* salons. *Epoque :* de nos jours.) — 5 | 4 | 2 »

Monsieur le Directeur ! comédie en trois actes, par MM. Alexandre Bisson et Fabrice Carré. (*Décors :* 1° un salon-bureau modeste; 2° le cabinet de M. le directeur du personnel; 3° un salon à la sous-préfecture. *Epoque :* de nos jours.) — 10 | 4 | 2 »

Lambertin, employé de ministère maigrement appointé, ne veut rien devoir à la faveur ni à la protection. Aussi n'avance-t-il pas du tout. Sa belle-sœur Suzanne, une jolie veuve, et une fine mouche, prend sur elle d'aller trouver M. le Directeur (de La Mare) et celui-ci, séduit, affolé par la beauté de celle qu'il prend pour Mme Lambertin, fait nommer le mari sous-préfet de Châteauvieux. Lambertin, convaincu d'avoir été nommé grâce à son mérite, remplit fidèlement ses nouvelles fonctions. De La Mare, qui n'a pas oublié Su-

	H.	F.	Prix

zanne, vient à Châteauvieux, où son arrivée cause un grand désarroi, et révolutionne un intérieur heureux et paisible. Le mariage de M. le Directeur avec la charmante veuve met fin à cette situation délicate.

Mort de Molière (la), drame en six tableaux, par M. Pinchon. (*Décors :* 1° la loge de Molière ; 2° la scène ; 3° et 4° une chambre ; 5° apothéose. *Epoque :* 1673.) *Une figurante.* ... **13 10 2 »**

Mort du duc d'Enghien (la), pièce en trois tableaux, par M. Léon Hennique. (*Décors :* 1° un bureau à Strasbourg ; 2° une salle à manger ; 3° une grande salle délabrée au château de Vincennes. *Epoque :* 1804.) *Figuration.* ... **21 2 2 »**

Cette célèbre pièce a été représentée avec le plus grand succès au Théâtre-Antoine. La trame en est à la fois très simple et très dramatique. Les généraux de Napoléon, premier consul, ont reçu l'ordre de faire arrêter à Ettenheim le duc d'Enghien. Celui-ci, qui a épousé secrètement la princesse de Rohan-Rochefort, est en compagnie de quelques amis, et de sa femme ; au milieu du repas, la force armée envahit la maison. Le duc d'Enghien est emmené à Vincennes. Après un interrogatoire bref, poignant, terrible, il est emmené et fusillé, presque sous les yeux de sa femme folle de douleur et de désespoir.

M. Léon Hennique, président de l'Académie Goncourt, a donné à ce drame historique une grande force, dans un style très sobre, sans effets déclamatoires, la forme est précise et nette : la brutalité crue, impitoyable des événements.

Morteville, drame en trois actes, par M. Maurice Pottecher. (*Décors :* 1° une clairière ; 2° intérieur chez des paysans ; 3° une place publique. *Époque :* indéterminée.) *Figuration.* ... **12 3 2 »**

Mousse (le), comédie-vaudeville en deux actes, par Emile Souvestre. (*Décors :* 1° une habitation ouverte sur la mer, à La Guadeloupe ; 2° un salon, ayant vue sur le quai. *Epoque :* vers 1840.) *Figuration.* ... **11 2 1 »**

Disons tout d'abord que ce charmant et très amusant vaudeville, entremêlé d'agréables couplets, ne peut être joué à la moderne. La scène se passe à une époque où l'esclavage et la vente des esclaves existaient aux colonies françaises, et ce point est capital, car il est le dénouement lui-même et le nœud de la pièce.

Mlle Jenny Laroche, ruinée, serrée de près par ses créanciers, est obligée de laisser vendre tout ce qu'elle a. De ces derniers le plus important, M. Vincent, lui offre de l'épouser. Elle refuse : le personnage lui répugne, et elle a promis sa main à M. Henry, lieutenant de vaisseau. Par suite de circonstances diverses, Vincent découvre que Jenny est la fille d'une esclave : il l'achète. Il est richissime. La jeune fille est perdue. Julien le mousse la sauve. Il reconnaît en Vincent un pirate redouté, poursuivi par les autorités françaises. Entre « quat'-z-yeux » il menace le scélérat de le démasquer, l'autre cède et libère Jenny. Le rôle de Julien (créé par Bouffé) est très important, remarquable et original. La pièce a beaucoup de pittoresque et d'intérêt dramatique. A jouer devant un public d'expérience. Supprimer les passages dont les oreilles très délicates pourraient s'offenser, ce serait, à notre avis, nuire à la compréhension du spectacle.

Mystères de Saint-Pétersbourg (les), drame en cinq actes et neuf tableaux, par MM. P. Decourcelle et S. Rzewuski. (*Décors :* 1° un jardin ; 2° un petit salon ; 3° une bibliothèque ; 4° un quai ; 5° un cabaret ; 6° une chambre ; 7° un jardin ; 8° une berge de la Néva ; 9° salon de restaurant. *Epoque :* de nos jours.) *Figuration.* ... **18 14 2 »**

Napoléon malgré lui, opérette-bouffe à grand spectacle en un acte, par MM. Paul Gavault et V. de Cottens. (*Décor :* un camp de houzards, sous le Premier Empire.) *Quatre houzards figurants.* — *Nota :* trois rôles d'hommes — les deux lieutenants et le sous-lieutenant — sont joués en travesti. ... **8 2 1 50**

L'action de cette opérette très divertissante se passe au camp de la Grande-Armée, chez les hussards, qui ne sont pas gens mélancoliques. L'intrigue — qu'il serait impossible de résumer — a pour acteurs un soldat, Sosthène Dupiton (rôle fort désopilant), Ripinselle, fournisseur de vivres, et sa femme Hermosa ; le capitaine d'Avrignac ; deux paysans nouveaux mariés, Jean-Jean et Lucette, qui, ayant franchi les limites du camp, sont pris un moment pour des espions. D'Avrignac éloigne Jean-Jean pour entraîner Lucette dans sa tente. La jeune femme reparaît déguisée en hussard et le capitaine l'emmène plus loin. Cependant, Dupiton, vêtu de la redingote et du chapeau de Ripinselle, rencontre Hermosa : ils entrent sous la tente. Soudain, le couvre-feu !... Le rassemblement !... Tout est perdu : il y a des femmes dans le camp. Dupiton sauve tout en mettant son chapeau en travers et en prenant la pose de l'Empereur.

Cette pièce, très drôle, très gaie, exige beaucoup d'entrain. Un certain déploiement de mise en scène est indispensable.

Nelly Rozier, comédie en trois actes, par MM. P. Bilhaud et M. Hennequin. (*Décors :* 1° un bou-

	H.	F.	Prix

doir; 2° un salon; 3° même décor qu'au second acte. *Epoque :* de nos jours.) — **H** 6 **F** 5 **Prix** 2 »

Noces d'un réserviste (les), vaudeville en quatre actes, par Chivot et Duru. (*Décors :* 1° la gare de l'Ouest; 2° une place publique; 3° une salle commune d'hôtel; 4° un site champêtre. *Epoque :* de nos jours.) — **H** 11 **F** 9 **Prix** 2 »

Nos députés en robe de chambre, comédie en quatre actes, par M. Paul Ferrier. (*Décors :* 1° et 4° la gare de Montvallon; 2° un salon; 3° une cour d'honneur d'hôtel. *Epoque :* de nos jours.) *Figuration.* — **H** 15 **F** 10 **Prix** 2 »

Nos jolies fraudeuses, comédie-vaudeville en trois actes, par M. Alexandre Bisson. (*Décors :* 1° un salon luxueux chez une demi-mondaine; 2° et 3° un salon dans un château. *Epoque :* de nos jours.) — **H** 7 **F** 7 **Prix** 2 »

Pauline, une cocotte de grande allure, a réussi à se faire épouser par un noble authentique (Vertonsac) et qui mieux est, authentiquement millionnaire. Elle est très heureuse et elle s'ennuie. Aussi ne peut-elle résister au désir de se « retremper » dans son ancienne vie : elle vient voir son amie Georgette et l'invite sous un nom d'emprunt au château de Vertonsac. Mal lui en prend. Les amis et amies de Pauline, et Pauline elle-même commettent gaffes sur gaffes, et Vertonsac flanque à la porte son indigne épouse.

Le milieu dans lequel évoluent les personnages de cette pièce suffit à en indiquer le côté scabreux, croustillant. D'ailleurs, d'un bout à l'autre, c'est d'un comique achevé, irrésistible.

Nota. — Parmi les accessoires, il est nécessaire que figure un phonographe. On peut à la rigueur se dispenser de le faire fonctionner.

Nouvelle école (une), comédie en un acte, par Louis Mullem. (*Décor :* une chambre; dans une petite ville américaine. *Epoque :* de nos jours.) — **H** 7 **F** 7 **Prix** 2 »

Cette comédie est dans une note très particulière, douloureuse et originale. Il s'agit de deux jeunes gens, les deux frères (Harris et Andrew), qui inventent une mystification effroyable. L'aîné lit à des amis quelques pages de littérature où ces derniers reconnaissent avec effroi la vie même des deux frères et de leur mère (Mᵐᵉ Wallholm) qui, jadis, trahit la fidélité conjugale, en sorte qu'Harris ne serait pas le fils du même père qu'Andrew. Dans le récit lu par ce dernier, l'aîné des frères convainc le cadet de se suicider, pour ne pas rester une vivante tache sur l'honneur du nom et d'attendre, pour ce faire, un signal, une lumière à la fenêtre. Et le narrateur s'interrompt, élève la lampe : une détonation déchire l'espace. Tous bondissent. Quelques minutes après, Harris paraît, tout guilleret. Les deux frères sont heureux : la plaisanterie sinistre a réussi. Telle est cette nouvelle école.

A peine besoin d'ajouter que la pièce n'est pas pour des pensionnaires.

Nuit aux émotions (la), vaudeville en un acte, par Emile Durafour. (*Décor :* une salle d'auberge; dans les Vosges. *Epoque :* de nos jours.) — **H** 6 **F** 3 **Prix** 1 »

Aventures drôlatiques de plusieurs voyageurs, d'un groom, d'une aubergiste et de sa servante, et aussi d'un ours. Pièce très amusante, pleine d'entrain, et un peu libre.

Nuit du meurtre (la), drame en cinq actes, par Albert et F. Labrousse. (*Décors :* 1° une salle; 2° un salon; 3° un jardin; 4° une place; 5° une salle gothique. *Epoque :* 1789 à 1794.) *Figuration.* — **H** 18 **F** 3 **Prix** 1 »

Nuit sinistre (la), ou *l'Inondation,* drame en six tableaux, par E. Boursin et Bresson. (*Décors :* 1° un jardin anglais; 2° et 3° une grande salle dans une maison de cultivateur; 4° le dernier étage d'un chalet; 5° un cabinet de travail; 6° une sorte de hangar transformé en ambulance. *Epoque :* 1875.) — **H** 6 **F** 4 **Prix** 2 »

Oiseau de proie (l'), drame en six tableaux, par M. A. Martin. (*Décors :* 1° et 6° un intérieur d'ouvrier aisé; 2° atelier des machines et bureau; 3° deux salons contigus; 4° un jardin; 5° un cabinet d'homme d'affaires. *Epoque :* de nos jours.) *Figuration.* — **H** 11 **F** 7 **Prix** 2 »

On va juger Polivar, comédie-vaudeville en trois actes, par M. Jean Marcel. (*Décors :* 1° et 3° un salon; 2° petite salle au Palais-de-Justice. *Epoque :* de nos jours, à Paris.) — **H** 9 **F** 6 **Prix** 2 »

Il y a beau jour que Chabuzot délaisse sa jeune femme Mathilde, de dix-huit ans plus jeune que lui. Il arrive fatalement qu'elle tombe dans les bras de Raoul, neveu et pupille de Chabuzot. Au bout d'un certain temps, les amants sont las de cet adultère à domicile, un adultère de tout repos, sans danger ni imprévu. M. Labalastière, un brave homme d'avocat ami de la maison, s'aperçoit aussi du fait. Bref, Chabuzot reçoit deux lettres anonymes,

	H.	F.	Prix

l'avertissant de veiller sur sa femme, qu'il laisse trop seule. Et c'est ce qui déchaîne un orage tragi-comique, une succession de scènes d'un comique intense, d'une vivacité charmante. La fin : Raoul part en voyage et Chabuzot restera chez lui.

Opéra aux Italiens (l'), à-propos en un acte, par WILLIAM BUSNACH. (*Décor :* un jardin sur la scène des Italiens. *Epoque :* de nos jours.) *Figuration.* — H. 11, F. 5, Prix 1 »

Opoponax (l'), opérette en un acte, par NUITTER et BUSNACH. Musique de M. LÉON VASSEUR. (*Décor :* un jardin au Vésinet. *Epoque :* de nos jours.) — H. 1, F. 9, Prix 1 50

Petite opérette amusante et gaie, avec des couplets et des chansonnettes charmants. Stéphanette, jolie modiste, a été un jour embrassée par un monsieur qui, aussitôt le baiser pris sur la nuque de la jeune fille, s'est empressé de sauter par la fenêtre, par laquelle il était entré. Depuis, la modiste cherche le sacripant, qui avait laissé après soi une odeur d'opoponax. Elle croit le retrouver en la personne de Timoléon, ex-maître de danse, grand amateur de ce parfum. Mais ce n'était pas Timoléon, c'était Gaston, neveu du danseur, collégien au cœur impressionnable. La trame est légère, mais la mise en œuvre est charmante en tous points. Il n'y a dans le dialogue rien de grivois, mais la pièce ne conviendrait pas à un auditoire jeune. Le rôle de Gaston a été créé par une dame. Les rôles de modistes peuvent être réduits en nombre.

Orage (l'), drame en six tableaux, par OSTROWSKI; traduit du russe par MM. PAVLOVSKY et O. MÉTÉNIER. (*Décors :* 1º un jardin public; 2º une chambre; 3º une rue, une porte cochère; 4º un ravin; 5º une galerie sous des ruines. En Russie. *Epoque :* De nos jours.) — H. 7, F. 6, Prix 2 »

Orgon de Tartuffe (l'), comédie en trois actes, *en vers*, par AUGUSTE JOUHAUD. (*Décor unique :* une chambre. *Epoque :* XVIIIᵉ siècle.) — H. 5, F. 4, Prix 2 »

Outrage (l'), drame en un acte, par M. BONIS-CHARANCLE. *Interdit par la censure.* (*Décor :* un bureau du Dépôt. *Epoque :* de nos jours.) — H. 5, F. 5, Prix 1 »

Ce drame très vivant et pathétique est une satire violente des abus que commet la police et plus spécialement la police des mœurs. Une jeune fille, Jeanne Roques, est arrêtée par deux agents, Le Rouquin et Musette; au Dépôt, où elle est enfermée depuis deux jours, on refuse de croire à son innocence. Le chef de bureau a pourtant des doutes. C'est un jeune fonctionnaire, encore humain. Pourtant, il n'est pas assez clairvoyant pour se rendre compte que Jeanne est une honnête fille. Il la livre au garde qui l'emmènera subir *l'outrage* au bureau médical. Peu d'instants après, survient Roques, le père de Jeanne. Il réclame sa fille et met le revolver à la main. Celle-ci revient, toute changée, le regard perdu : elle est devenue folle et ne reconnaît pas Roques. Le malheureux père se retourne vers Le Rouquin et lui brûle la cervelle.

Panachot, gendarme, vaudeville militaire en trois actes, par MM. PAUL GAVAULT et MOUËZY-EON. (*Décors :* 1º un salon; 2º un autre salon; 3º une cour de gendarmerie. *Epoque :* de nos jours.) *Figurants.* — H. 9, F. 4, Prix 2 »

Le commandant Pervidard ne veut pas que son fils Pierre épouse la belle Mᵐᵉ de Préfleury, une veuve archi-capiteuse. Tel est le point de départ, en ce désopilant vaudeville, de toutes les vicissitudes que traversent les héros de l'histoire, à commencer par le gendarme Panachot, dont le rôle, à lui seul, assurerait à la pièce un formidable succès de fou rire et de gaîté.

Le dialogue est très décolleté, comme d'ailleurs, à de certains moments, les actrices chargées des deux principaux rôles.

Papa Mulot, pièce en trois actes, par M. ROBERT CHARVAY. (*Décors :* 1º une salle à manger; 2º et 3º un salon. *Epoque :* de nos jours.) — H. 6, F. 3, Prix 2 »

On sait que la succession d'un enfant naturel reconnu par le père seul revient à ce père. De cette volonté du législateur, l'auteur de *Papa Mulot* a tiré une pièce extrêmement pathétique. Mulot, caissier du banquier Dumersan, se trouve hériter de sa fille Olga pour près de deux millions. Mais Olga était une demi-mondaine en vogue. Mulot n'accepte que sous bénéfice d'inventaire. Il est, en outre, malade. Il est très bas, le jour où il doit se décider à accepter ou à refuser. Sa femme se résout à lui parler. Le moribond, dans une colère suprême, refuse l'héritage et tombe mort. Désespoir de l'entourage. Il y a encore une ressource : Marie, fille légitime de Mulot, est maintenant l'héritière. On lui fait accepter la succession.

Pâque socialiste (la), pièce en cinq actes, *en prose*, par EMILE VEYRIN. (*Décors :* 1º, 2º et 3º un cabinet de travail; 4º et 5º un coin d'usine. *Epoque :* de nos jours.) *Figuration.* — H. 8, F. 1, Prix 1 »

Cette pièce est considérée jusqu'à ce jour comme une des rares œuvres dramatiques socialistes. Elle a été représentée avec le plus grand succès plus de mille fois dans les universités populaires et les cercles ouvriers.

Paradis (le), pièce en trois actes, par MM. HENNEQUIN, BILHAUD et

	H.	F.	Prix

BARRÉ. (*Décors : 1° un salon ; 2° une chambre à coucher ; 3° même décor qu'au premier acte. Epoque : de nos jours.*) — 7 | 6 | 2 »

*** Paragraphe III**, comédie en un acte, par M. BERTOL-GRAIVIL. (*Décor : l'étude d'un notaire. Epoque : de nos jours.*) — 7 | 2 | 1 50

Petite comédie très gaie, très amusante, où les péripéties d'une agréable intrigue sont rehaussées par les détails pittoresques d'une étude où le petit clerc Laclose (cinquante ans) est le seul à venir à son bureau, les principaux clercs (vingt-cinq ans) étant entichés de courses et d'autres occupations également importantes.

Dubrisart, riche célibataire, a une fille (Madeleine) qu'il a éloignée de son neveu Livry, pour éviter les conséquences possibles de l'amour réciproque des deux jeunes gens. Il a réuni ses héritiers futurs chez M. Denoyon, pour leur donner connaissance de son testament. Debac et Léonie représentent les parents avides, sans scrupules, cherchant sur le visage de Dubrisart les symptômes de quelque grave maladie. Livry, lui, n'est préoccupé que de Madeleine. Or, Dubrisart, bon homme mais avisé, laisse la plus grosse part de ses biens à sa fille et à Livry — dont le mariage est décidé — et lègue aux autres une rente assez élevée *à toucher seulement de son vivant.* Ce stratagème met les héritiers dans une rage folle.

Paris sans cochers, à-propos en un acte, par M. PAUL FERRIER. (*Décor : près du Palais de l'Exposition. Epoque : de nos jours.*) *Figuration.* — 10 | 6 | 1 50

Parisiens en province (les), comédie en quatre actes, par H. RAYMOND et M. ORDONNEAU. (*Décors : 1° un salon ; 2° un jardin ; 3° un vestibule ; 4° un salon. Epoque : de nos jours.*) — 9 | 6 | 2 »

M. Grandillon a fait fortune à Paris, dans la bonneterie. C'est un Parisien, mais il ne peut pas souffrir les Parisiens, et il refuse à André Moulinier la main de sa fille Suzanne, parce que Parisien. Toute la famille émigre à Rivesec, dans un affreux « trou sur mer ». Grandillon s'ennuie, Valentine, sa charmante femme, s'ennuie, ils s'ennuient tous. Valentine est presque tentée d'écouter les propos insidieux de Des Pluvières, hobereau désœuvré. Grandillon courtise Mme des Pluvières, et Clotilde, la bonne. André Moulinier est revenu, pour disputer Suzanne à un vilain petit hypocrite nommé Caliste Dutilleul. La situation se corse jusqu'aux scènes finales, qui sont désopilantes, mais sans rien de forcé. Grandillon, échaudé, bien près du ridicule, se résout à revenir à Paris : « Voyez-vous, dit-il, la vie de province n'est possible qu'à Paris ! » Et ce mot donne idée de l'esprit qui se rencontre à tout moment dans l'amusante pièce de Raymond et Ordonneau.

Passion de Jeanne d'Arc (la), drame en cinq actes, *en vers,* par M. MAURICE POTTECHER. (*Décors : 1° une campagne ; 2° un camp ; 3° une salle de château ; 4° un cachot ; 5° le bûcher sur la place du Vieux-Marché, à Rouen. Epoque : 1427-1431.*) *Figuration.* — 16 | 4 | 2 »

Pépère, comédie en trois actes, par MM. MÉDINA et JULAIME. (*Décors : 1° un salon sur jardin ; 2° un salon ; 3° un petit salon fermé. Epoque : de nos jours.*) — 4 | 7 | 2 »

Perche (la), comédie-vaudeville en trois actes, par JULES PREVEL et M. GASTON MAROT. (*Décors : 1° un salon ; 2° un riche salon ; 3° un salon. Epoque : de nos jours.*) *Figuration.* — 9 | 6 | 2 »

Perdus en mer, drame en cinq actes et six tableaux, par MM. A. LEMIRRE et G. SUJOL. (*Décors : 1° un quai ; 2° un pont de navire ; 3° un salon confortable ; 4° un salon ; 5° une lande ; 6° le pont d'un bateau. Epoque : de nos jours.*) *Figuration.* — 11 | 5 | 0 50

Père Chasselas (le), drame en cinq actes, par MM. ATHIS et PÉRICAUD. (*Décors : 1° un bureau ; 2° un intérieur d'ouvriers ; 3° une place déserte ; 4° un jardin de cabaret ; 5° un boudoir. Epoque : de nos jours.*) *Figuration.* — 10 | 4 | 2 »

Petits-fils de Ménélas (les), vaudeville en trois actes, par HIPPOLYTE RAYMOND et ALPHONSE DUMAS. (*Décors : 1° un salon ; 2° une serre ; 3° un restaurant. Epoque : de nos jours.*) — 7 | 2 | 1 50

*** Petit lord** (le), comédie en trois actes, par MM. JACQUES LEMAIRE, FRANCIS BURNETT et SCHURMANN. (*Deux décors : 1° une chambre ; 2° une chambre dans un château. Epoque : de nos jours.*) — *Nota :* le rôle de Cedric Errol est joué par une jeune femme. — 6 | 5 | 2 »

Mme Errol, veuve du capitaine, est définitivement ruinée par les spéculations de celui à qui son mari avait confié ses affaires. Et pourtant il lui faut élever son enfant Cédric (le petit lord). Celui-ci est le petit-fils du duc de Doriacourt. Mais il ne faut pas compter sur le duc, qui n'a jamais pardonné à Mme Errol d'avoir é:é épousée par son fils. Néanmoins, le duc, de qui Cédric

	H.	F.	Prix

est à présent l'unique héritier, veut bien le prendre avec lui, à condition qu'il vienne sans sa mère. Ils y vont tous deux, malgré cela, et Cédric, le charmant petit lord, a vite conquis l'affection de son grand-père, qui l'accueille, ainsi que Mme Errol. Une aventurière de bas étage (Minna) a bien essayé de faire passer son enfant pour celui de l'aîné des fils du duc de Dorincourt, mais elle est démasquée et chassée.

Cette délicieuse pièce peut être entendue de tout le monde : on pourra, à la rigueur, couper les passages qui sembleraient délicats.

Petiote (la), drame en cinq actes, par DRACH. (*Décors :* 1° un site montagneux; 2° une vaste chambre; 3° le parc d'Asnières; 4° atelier; 5° un grand salon. *Epoque :* de nos jours.) — 15 | 7 | 2 »

Petite amie (la), pièce en trois actes, par M. BRIEUX. (*Deux décors :* 1° un magasin de modes; 2° un jardin. *Epoque :* de nos jours.) — 3 | 6 | 2 »

Petite duchesse (la), drame en huit tableaux, par M. E. PHILIPPE. (*Décors :* 1° jardin de restaurant; 2° une chambre nuptiale ; 3° une serre ; 4° jardin de château ; 5° une chambre; 6° une chapelle; 7° un coin de parc; 8° chambre et alcôve. *Epoque :* de nos jours.) *Figuration.* — 13 | 7 | 2 »

Petite Hollande, comédie en trois actes, par M. SACHA GUITRY. (*Deux décors :* 1° et 3° l'intérieur d'une maison, en Hollande; 2° un salon-salle à manger. *Epoque :* de nos jours.) — 8 | 6 | 3 50

André Naville (quarante ans) est l'amant riche et généreux de Marthe. Apprenant qu'elle le trompe, il part. Il va en Hollande, s'installe dans une maisonnette, près de la mer. Il y a là Lisbeth, une toute jeune, jolie, délicieuse et naïve petite Hollandaise. Elle se met à aimer André et elle le lui dit avec la grâce la plus touchante. Il la console de son mieux lorsque son ami Edmond étant venu, il apprend que Marthe est seule à Paris. Il file, reconquiert de haute lutte l'infidèle qu'il aime toujours, et revient à la maison de l'île Walcheren. Il y retrouve Lisbeth, sa « petite Hollande ». Mais voici que Marthe en est jalouse, et le bon Naville, sage au fond, quitte l'aimante Lisbeth, — qu'il a, cela va sans dire, toujours respectée — non sans lui laisser un cadeau de mariage.

On sait le succès de cette charmante pièce, sentimentale souvent, hilarante parfois, avec une nuance très jolie de philosophie parisienne, et un tour très littéraire. — Ce n'est point, on le pense, une comédie pour pensionnaires.

Nota. — Il y a deux rôles faciles à supprimer : le valet de chambre et le jeune Hollandais.

Petite Madame Dubois (la), comédie-bouffe en trois actes, par MM. PAUL GAVAULT et JEAN LAHAIX. (*Décors :* Trois salons différents. *Epoque :* de nos jours.) — 7 | 4 | 2 »

Petites marques (les), comédie en deux actes, par M. MAURICE BONIFACE. (*Décor unique :* une vérandah. *Epoque :* de nos jours.) — 11 | 6 | 2 »

Petite Mionne (la), drame en dix tableaux, par M. GASTON MAROT. (*Décors :* 1° un salon; 2° une salle d'auberge; 3° un site près Billancourt; 4° un atelier; 5° un riche salon ; 6° une petite chambre; 7° cave et sortie de caveau voûté ; 8° un cabinet de juge d'instruction ; 9° décor du 5e tableau; 10° la chambre du 7e tableau. *Epoque :* de nos jours.) *Figuration.* — 20 | 12 | 2 »

Petites Godin (les), comédie-vaudeville en trois actes, par M. ORDONNEAU. (*Décors :* 1° une fabrique de bouchons de liège ; 2° un jardin à Ville-d'Avray; 3° un hall au Havre. *Epoque :* de nos jours.) — 10 | 10 | 2 »

Petites lâchetés (les), comédie en trois actes, par ANICET BOURGEOIS et A. DECOURCELLE. (*Décors :* 1° une salle commune; 2° un jardin ; 3° aux Pyrénées. *Epoque :* de nos jours.) — 11 | 4 | 1 »

Petites voisines (les), vaudeville en trois actes, par H. RAYMOND et J. DE GASTYNE. (*Décors :* 1° deux salons ; 2° un salon ; 3° une salle à manger. *Epoque :* de nos jours.) — 8 | 7 | 2 »

Phéniciennes (les), drame en quatre actes, *en vers,* par M. GEORGES RIVOLLET. (*Décor unique :* une place de l'Acropole de Thèbes, devant le palais d'Œdipe. *Epoque :* antiquité.) *Figuration.* — 9 | 5 | 2 »

Pierre Gendron, pièce en trois actes, par LAFONTAINE et G. RICHARD. (*Deux décors :* 1° un hangar; 2° un intérieur d'ouvriers. *Epoque :* de nos jours.) — 11 | 5 | 2 »

Pignerolles malade, comédie-bouffe en un acte, par M. RICHARD O'MONROY. (*Décor :* intérieur de

	H.	F.	Prix

garçon très élégant. *Epoque :* de nos jours.) — H. 8, F. 6, Prix 1 50

Cette petite pièce très spirituelle, très endiablée, pimentée, par ci par là, de fine grivoiserie, nous montre Pignerolles, ce Durichard, ce fêtard de Pignerolles, décidé à se soigner un peu, après une noce ininterrompue pendant un mois. Mais bast ! Les amis surviennent, et les amies, de délicieuses petites amies, et la vie commence, une vie de bâtons de chaises : souper froid, chansons, corton, piano, etc. Et ce pauvre Pignerolles, qui a bien mal à la tête, ne proteste plus. Il envoie promener sa robe de chambre et emmène toute la compagnie dîner au café Anglais.

Place aux Femmes ! comédie en quatre actes, par MM. Albin Valabrègue et Maurice Hennequin. (*Décors :* 1º salon ; 2º et 4º atelier ; 3º tribunal. *Epoque :* de nos jours.) — H. 13, F. 14, Prix 2 »

Plantation Thomassin (la), vaudeville en trois actes, par M. Maurice Ordonneau. (*Décors :* 1º le pont d'un navire ; 2º et 3º un hall dans une plantation de l'Amérique du Sud. *Epoque :* de nos jours.) — H. 9, F. 3, Prix 1 »

Ce vaudeville, désopilant d'un bout à l'autre, demande, pour être joué convenablement, une mise en scène assez soignée. Il est impossible d'en résumer le sujet en quelques mots. Bornons-nous à dire que les différentes intrigues dont il se compose s'enchevêtrent si habilement qu'il semble impossible que l'affaire se termine autrement que par d'horribles catastrophes. Tout, dans cette pièce, concourt au rire ; les personnages, souvent marqués de traits bien observés, sont d'une grande variété de caractères, et les situations, comiques jusqu'à l'extravagance. — Un peu libre, d'ailleurs, pour être joué devant un public de jeunes filles.

Plumes du geai (les), comédie en quatre actes, par M. Jean Jullien. (*Deux décors :* 1º un somptueux cabinet de travail ; 2º, 3º et 4º une salle à manger modeste. *Epoque :* de nos jours.) — H. 11, F. 8, Prix 2 »

Cette charmante comédie, une des plus réussies du théâtre contemporain, montre l'existence d'un banquier millionnaire et très intelligent (Paul Dumont), dupe volontaire, consciente et sceptique d'une foule d'intrigantes, de femmes sans honneur, d'amis sans vergogne, de fêtards. Dumont, dégoûté de cet entourage, s'avise de se faire inviter à dîner par Lerminier, un de ses plus honnêtes receveurs. Il passera pour un de ses propres employés. Dumont veut se trouver au milieu de braves gens, sans arrière-pensée, sans déloyauté. Et l'on comprend l'intérêt des scènes qui suivent, surtout si l'on ajoute que, dans l'intérieur des Lerminier, il y a de fortes têtes qui rêvent la révolution sociale. Paul Dumont, c'est *M. Paul ;* il aime Marthe, nièce de Lerminier ; il est aimé d'elle, mais comme il faut bien, le jour où il se déclare et lui demande sa main, qu'il dise qui il est, la jeune fille repousse avec horreur celui de qui les millions représentent la sueur et la vie de tant de malheureux. Le désespoir de Dumont est atroce autant que sincère. Enfin, Marthe revient à d'autres sentiments ; elle épousera Paul qui promet de « restituer » avec l'aide de sa femme.

Il y a, dans la brochure, une variante permettant de jouer la pièce en trois actes.

Plutus, comédie en trois tableaux, en vers, par M. Paul Gavault. (*Décor unique :* un carrefour à Athènes. *Epoque :* l'antiquité grecque.) — H. 13, F. 3, Prix 1 50

Pocharde (la), drame en cinq actes et neuf tableaux, par M. Jules Mary. (*Décors :* 1º un carrefour ; 2º une terrasse ; 3º une pièce ; 4º un salon ; 5º une chambre à coucher ; 6º une exécution vue en rêve ; 7º décor du 5e tableau ; 8º et 9º la cour d'un orphelinat. *Epoque :* de nos jours.) — H. 20, F. 15, Prix 2 »

Poigne (la), pièce en cinq actes, par M. Jean Jullien. (*Décors :* 1º un jardin ; 2º et 3º un salon ; 4º un hall ; 5º cabinet d'un préfet. *Epoque :* de nos jours.) — H. 14, F. 5, Prix 2 »

Poignée de Bêtises (une), vaudeville-revue en deux actes et trois tableaux, par MM. H. Monréal et H. Blondeau. (*Décors :* 1º un jardin ; 2º intérieur d'une tente ; 3º un énorme sac doré. *Epoque :* de nos jours.) *Figuration.* — H. 14, F. 6, Prix 2 »

Policière (la), drame en six actes et treize tableaux, par MM. X. de Montépin et J. Dornay. (*Décors :* 1º l'atelier d'un peintre ; 2º le théâtre est coupé en deux parties : d'un côté un bureau, de l'autre un salon ; 3º un petit salon ; 4º une cour chez un loueur de voitures ; 5º même décor qu'au premier tableau ; 6º le théâtre est coupé en deux parties inégales : d'un côté, un grand salon ; de l'autre, une petite chambre servant de bureau ; 7º un jardin clos de murs ; 8º le théâtre est coupé horizontalement en deux parties : dans la partie supérieure, une chambre à coucher, alors que la partie inférieure coupée en trois représente un escalier, une voûte au centre et la loge du concierge ;

	H.	F.	Prix

9ᵉ et 10ᵉ tableaux : les toits; 11° une rue; 12° même décor que le précédent; 13° un cabinet de travail. *Epoque : de nos jours.) Figuration.* — 35 | 14 | 2 »

Porteur aux Halles (le), drame en cinq actes et six tableaux, par M. ALEX. FONTANES. (*Décors :* 1° une salle à manger; 2° un salon; 3° un logement d'ouvrier; 4° un coin des Halles; 5° un salon; 6° même décor qu'au troisième tableau. *Epoque : de nos jours.)* — 10 | 7 | 2 »

Porteuse de pain (la), drame en cinq actes et neuf tableaux, par X. DE MONTÉPIN et J. DORNAY. *Décors :* 1° jardin et cour d'un presbytère; 2° et 5° un petit salon; 3° une salle de marchand de vins; 4° intérieur de deux mansardes séparées par un couloir; 6° intérieur d'une boulangerie; 7° un bureau; 8° une rue; 9° un bureau. *Epoque :* de nos jours.) — 25 | 15 | 2 »

Portier du numéro 15 (le), drame en cinq actes, par FR. BEAUVALLET. (*Décors :* 1° cour et loge ; 2° petit salon; 3° loge; 4° grand salon; 5° une salle sévère. *Epoque :* de nos jours.) — 12 | 11 | 2 »

Postillons de Fougerolles (les), drame en cinq actes, par HENRI CRISAFULLI. (*Décors :* 1° un bureau; 2° une cour; 3°, 4° et 5° le même salon. *Epoque :* 1769.) — 7 | 3 | 2 »

Fanny a épousé, un peu par force, Jérôme Peyras, de vingt cinq ans plus âgé qu'elle. Il a une fille, Antoinette, qui doit épouser Louis Duriez. Mais Fanny aime Duriez; au lieu de se résigner au mariage, elle veut, par la violence, l'empêcher, et dans la force de sa passion, elle va jusqu'à empoisonner son mari. Louis s'aperçoit du crime et sauve Jérôme. Fanny se fait justice.

Drame très poignant et captivant.

Pour la culotte, parodie de *Pour la couronne* en trois actes, *en vers*, par NANDA. (*Décors :* 1° un appartement royal, 2° remparts; 3° une place. *Epoque :* 638.) — 7 | 2 | 1 50

Préférée (la), pièce en trois actes, par M. LUCIEN DESCAVES. (*Décors :* 1° et 3° le même salon; 2° un cabinet de travail. *Epoque :* de nos jours.) — 6 | 5 | 2 »

Prêtre (le), drame en cinq actes et huit tableaux, par CHARLES BUET. (*Décors :* 1° une chambre à coucher Louis XIII ; 2° un jardin; 3° une factorerie à Mangalore (Indes) ; 4° une habitation hindoue; 5° un fort; 6° une salle du palais de Rao-Sangor; 7° la chambre du 1ᵉʳ tableau; 8° un salon sur un jardin. *Epoque :* 1860-1880.). — Trois rôles d'enfants. — *Nota :* le septième tableau peut être supprimé. *Figuration.* — 16 | 7 | 2 »

Olivier assassine le marquis de Champlaurent, son bienfaiteur et son ami, pour lui voler 200.000 francs et s'en aller tenter fortune aux Indes, après avoir laissé guillotiner à sa place un pauvre paysan. A sa factorerie, prospère d'ailleurs, il entre en lutte contre le rajah, qui le fait prisonnier, en même temps que l'abbé Patrice, fils de Champlaurent. Dans une minute de folie, d'exaspération, Robert laisse échapper son secret : le rajah remet entre les mains du prêtre la vie du prisonnier : Robert est fusillé.

Plus tard, sa fille, Gilberte, épousera Georges de Champlaurent, et Patrice signe comme témoin à ce mariage : il garde son secret de prêtre, ne se croyant pas le droit de priver du bonheur une jeune fille innocente du crime de son père, crime qu'elle ignorera toujours.

Il y a dans ce drame de fort belles scènes, et un réel mouvement.

Les rôles de femmes peuvent être réduits à un ou deux.

Prisonnier de Miolans (le), drame en trois actes et cinq tableaux, par CHARLES BUET. (*Décors :* 1° une salle basse au château de Chignin; 2° la chambre de retrait du seigneur de Chignin; 3° le préau du château de Miolans; 4° une prison; 5° la grande salle du château de Miolans. *Epoque :* au commencement du XIVᵉ siècle.) — 21 | » | 2 »

Aymon, baron de Miolans, avait fait assassiner l'épouse de sire Tristan et enlever Amé, le fils de ce dernier, et petit-fils du baron de Chignin. Puis Amé fut emprisonné dans le château de Miolans, où son père, qu'on croyait avoir été tué dix ans auparavant, vient le délivrer. Grâce au jeune et généreux Amé, Tristan et son père pardonnent au baron Aymon, et une alliance solennelle est jurée entre les deux familles.

Ceci n'est que le fond du drame, qui fourmille d'épisodes très intéressants et variés. Les caractères sont nettement marqués. C'est une pièce avant tout *morale*, et par suite tout indiquée pour être jouée dans les collèges, pensionnats, etc. *Le Prisonnier de Miolans* a été représenté pour la première fois au collège des frères

	H.	F.	Prix

de Saint-Pierre d'Albigny, avec un grand
succès.

Nota. — En dehors des rôles parlés, il y
a une figuration assez nombreuse.

Procès de Racine (les), à-propos *en
vers*, par M. Pierre Giffard. (*Décor :* l'appartement de Racine.
Epoque : 1666). — 10 | 2 | 1 | »

Racine, à l'aurore de sa gloire, était
entravé par des obstacles insupportables.
Il plaidait, au sujet de l'héritage de son
oncle, ainsi que l'explique l'auteur dans
la préface de cette jolie pièce. A la fin,
l'auteur de *Phèdre* envoie promener les
avocats, les huissiers et le procès lui-
même, et pour se venger, il écrit *les Plai-
deurs*. Il a trouvé en même temps, avec
l'aide de ses amis, le moyen de faire le
bonheur d'Argueil et de la jolie Lucile.

Prologue sans le savoir (le), pièce
en un acte, par Paul Arène et
Henri d'Erville. (*Décor :* une
grande salle gothique. *Epoque :*
de nos jours.) — 4 | 6 | 1 50

Prose (la), comédie en trois actes,
par M. G. Salandri. (*Décors :* 1° un
salon ; 2° un atelier de blanchis-
sage ; 3° un bureau. *Epoque :* de
nos jours.) — 7 | 7 | 2 | »

*****Quatre sergents de La Rochelle**
(les), mélodrame en trois actes et
six tableaux, par de Laboulaye
et Jules. (*Décors :* 1° une cour de
caserne ; 2° une salle de disci-
pline ; 3° la salle du greffe ; 4° un
vestibule ; 5° une salle en avant
de la chapelle à Bicêtre ; 6° le
greffe de la Conciergerie. *Epoque :* 1822.) La scène est à La
Rochelle au premier acte, puis
ensuite à Paris. *Un figurant.* — 18 | 5 | 2 | »

On connaît, dans ses grandes lignes,
l'affaire des quatre sergents de La Rochelle, Bories, Pommier, Raoulx et Gou-
bain. Accusés d'avoir fomenté un complot
carbonari, ils furent fusillés par ordre du
gouvernement de Louis XVIII. A cette
époque, les survivants de l'Empire étaient
persécutés. Le sergent Bories, qui passait
pour le chef du complot, avait été un des
braves de Waterloo. Lui et ses compagnons rêvaient de contribuer à donner la
liberté à leur pays, et méprisaient la monarchie imposée à la France par l'étranger. Tous quatre, ils payèrent de leur vie
ce noble rêve. Le drame de Laboulaye et
Jules, en six tableaux concis et d'un
grand effet, fait se dérouler sous nos
yeux les phases de ce terrible drame, les
rôles touchants du capitaine Préville, de
Thérèse, la fiancée de Bories, la trahison
et les vilenies de l'aumônier du régiment ;
la tentative d'évasion des condamnés.
Cette pièce peut être entendue de tout le
monde, et sa mise à la scène n'offre pas
de grandes difficultés. Elle sera jouée
avec succès, particulièrement, dans les

fêtes civiques, aux universités populaires,
aux anniversaires des grandes dates ré-
publicaines.

Que Suzanne n'en sache rien, comédie en trois actes, par M. Pierre
Veber. (*Décors :* 1° intérieur de
café ; 2° et 3° le même salon.
Epoque : de nos jours.) — 6 | 4 | 2 | »

Rançon (la), comédie en trois actes, par M. G. Salandri. (*Décors :*
1° un salon banal ; 2° et 3° un
salon analogue. *Epoque :* de nos
jours.) — 3 | 6 | 2 | »

** ** Redingote** (la), comédie enfan-
tine en un acte, par M. Ferdinand
Bloch. (*Décor :* une salle d'étude.
Epoque : de nos jours.) — 8 | 1 | 1 | »

Cette charmante petite pièce a été représentée récemment, avec beaucoup de
succès, sur le théâtre enfantin nouvelle-
ment réorganisé. Il y a parmi les élèves
une écolière, mais rien n'est plus facile
que de transformer ce rôle pour le faire
jouer par un petit garçon ; de même qu'il
est très facile de diminuer ou d'augmenter
le nombre des personnages. C'est vraiment une comédie destinée à être représentée dans un pensionnat. Le sujet en est
des plus simples. Un brave maître d'école
pauvre laisse un moment seuls ses petits
élèves ; les enfants en profitent pour préparer des farces à leur maître. A son retour il découvre les espiègleries de ses
élèves et les punit ; une dernière farce,
d'un goût plus douteux que les autres,
cause un accroc dans la redingote du
professeur, qui, navré, se met à pleurer :
ses élèves désolés de sa peine le consol-
lent et se cotisent pour lui acheter une
redingote neuve.

Régiment (le), drame en cinq actes
et huit tableaux, par MM. J. Mary
et G. Grisier. (*Décors :* 1° intérieur d'une banque ; 2° un parc ;
3° une chambrée ; 4° une plaine ;
5° un petit salon ; 6° même décor
qu'au quatrième tableau ; 7° le
greffe du conseil de guerre ; 8° la
cour d'une caserne. *Epoque :* de
nos jours.) *Figuration.* — 23 | 4 | 2 | »

Régiment de Champagne (le),
drame en cinq actes et neuf tableaux, par M. Jules Claretie.
(*Décors :* 1° une cour d'auberge ;
2° un intérieur de ferme ; 3° rue
de village ; 4° une ferme ; 5° un
logis pauvre ; 6° un grand salon ;
7° un camp ; 8° une tente ; 9° des
retranchements. *Epoque :* 1712).
Figuration. — 23 | 7 | 2 | »

Régine, pièce en quatre actes, par
George-Richard, Alfred Etié-

	H.	F.	Prix

VANT et BERTRAND MILLANVOYE. (*Décors* : 1° un salon; 2° un salon; 3° un cabinet de docteur; 4° décor du 1er acte. *Epoque :* de nos jours.) — 6 — 3 — 2 »

Reine Violante (la), tragédie en trois actes, *en vers*, par M. MAURICE POTTECHER. (*Décor unique :* une clairière dans une forêt. *Epoque :* barbare, très reculée.) *Figurants.* — 8 — 1 — » 2

Remplaçant (le), comédie en trois actes, par MM. BUSNACH, G. DU-VAL et M. HENNEQUIN. (*Décors :* 1° une garçonnière; 2° un salon; 3° un salon. *Epoque :* de nos jours.) — 9 — 8 — 2 »

Remplaçantes (les), pièce en trois actes, par M. BRIEUX. (*Décors :* 1° cour d'habitation; 2° salon; 3° intérieur rustique. *Epoque :* de nos jours.) — 12 — 12 — 2 »

Repas du lion (le), pièce en cinq actes, par M. F. DE CUREL. (*Décors :* 1° une cuisine; 2° intérieur d'une baraque en planches; 3° cabinet de travail; 4° salle de catéchisme; 5° un jardin. *Epoque :* de nos jours.) *Figuration.* — 9 — 4 — 2 »

Respectables (les), comédie en trois actes, par A. JANVIER. (*Décors :* 1° une terrasse sur une plage; 2° une villa; 3° un salon. *Epoque :* de nos jours.) — 5 — 7 — 2 »

* **Responsabilités !** pièce en quatre actes, par M. JEAN GRAVE. (*Décors :* 1° et 2° un intérieur modeste; 3° une grande pièce; 4° la cour d'assises. *Epoque :* de nos jours.) — *Nota :* le nombre des personnages peut être très réduit. — 24 — 9 — 2 »

Cette pièce est une protestation indignée, émouvante, contre l'application arbitraire et féroce des lois scélérates qui déshonorent la République française. Un honnête ouvrier, Renaud, est arrêté parce qu'on a trouvé chez lui des brochures anarchistes. Lui parti, la misère accable sa femme et ses deux enfants. Mme Renaud s'asphyxie avec eux : ils meurent tous trois. Renaud est remis en liberté, les bourreaux n'ayant pu malgré tout leur « bon vouloir » l'inculper d'un crime ou délit quelconque. Sorti de prison, il poignarde le juge d'instruction Lévy, mais sans le blesser mortellement. Lévy est guéri, Renaud est condamné aux travaux forcés.

Cette pièce peut être entendue de tout le monde et jouée partout, principalement aux Universités populaires, fêtes sociales, etc. Elle est très poignante et très dramatique.

Résultat des Courses, comédie en six tableaux, par M. BRIEUX. (*Décors :* 1° atelier; 2°, 4° et 6° la même salle à manger; 3° jardin; 5° bureau de commissaire de police. *Epoque :* de nos jours.) *Figuration.* — 20 — 12 — 2 »

** **Retour de l'Aigle** (le), épisode historique en un acte, par M. G. DE LABRUYÈRE. (*Décors :* le salon de l'hôtel de la *Pomme d'Or*, à Lons-le-Saulnier. *Epoque :* 14 mars 1815.) — 12 — » — 1 50

Le maréchal Ney, qui avait abandonné Napoléon après l'abdication, et avait juré fidélité au Roi, cède aux exhortations de son père et, après une lutte intérieure très émouvante, se décide à servir de nouveau l'Empereur.

C'est, en quelques scènes, un drame des plus poignants, et dont l'effet est considérable.

Réveil de Vénus (le), comédie en trois actes, par MM. PAUL BU-RANI, MAURICE ORDONNEAU et CER-MOISE. (*Décors :* 1° un salon; 2° un salon; 3° un atelier. *Epoque :* de nos jours.) — 5 — 5 — 2 »

Revendication, pièce en trois actes, par CH. HUBER et CH. DE TRO-GOFF. (*Décors :* 1° un parc; 2° un cabinet de travail; 3° un vaste salon de campagne. *Epoque :* de nos jours.) — 7 — 3 — 1 50

Requins (les), pièce en deux actes, par M. JEAN D'AGUZAN. (*Décor unique :* un salon d'exposition chez un marchand d'objets d'art. *Epoque :* de nos jours.) — 7 — 3 — 1 50

En deux actes réellement et violemment tragiques, l'auteur dépeint un milieu spécial, encore peu connu du grand public : celui des vendeurs d'objets d'art, tapisseries anciennes (truquées), faux tableaux (signés Vélasquez, Diaz, etc.), statuettes et autres, parfois authentiques.

Les forbans, les bandits qui négocient ces sortes de marchés s'entredévorent. Charley Hatcher est un de ceux-là. Il vole ses acolytes, Robert, Bénédick et Harry; ceux-ci veulent le voler, le tuer même, car Charley est très malade, et ils tentent de l'empoisonner. Au dénouement, Charley tue Robert et meurt, foudroyé par le mal et par l'émotion, tandis que Lucy, nièce du défunt, se précipite vers le coffre-fort et dérobe sa fortune.

Pièce dramatique, très réaliste.

Riccarda, drame sarde en cinq actes, *en vers*, par M. A. MICHAUT. (*Décors :* 1° une chambre de palais; 2° une chambre d'hôtelle-

	H.	F.	Prix

rie ; 3°, 4° et 5° le cabinet de Mariano. *Epoque : 1893.)* — **8 | 3 | 1 50**

La scène se passe dans l'île de Sardaigne. Il s'agit d'une vendetta funeste qui a décimé deux familles, les Nurra et les Cabras. A l'époque du drame, il ne reste de la première qu'Efisio Nurra et sa fille Riccarda, et de la seconde qu'Antonio Cabras et son fils Mariano. Après de nouveaux déchirements, des drames, où Antonio Cabras est tué par Nurra, après d'autres péripéties encore, Riccarda devient folle de désespoir et ne reconnaît plus personne. Mariano, vaincu par la douleur, se réconcilie avec Nurra et lui tend la main. A ce moment, Riccarda a un éclair de raison, mais, brisée par tant d'émotions, elle expire dans les bras de son père. Mariano, qui vient de s'empoisonner, tombe et meurt à côté d'elle.

Les noms des principaux personnages et les faits historiques sont tirés du roman italien *Riccarda*, de Giuseppe Botero.

Ce drame, bien écrit, parfois un peu emphatique, est très émouvant.

Rivarez et Loupy, vaudeville en trois actes, par M. ALEXANDRE FONTANES. (*Décors :* 1° un cabinet de toilette ; 2° un salon ; 3° un salon riche. *Epoque :* de nos jours.) — **8 | 6 | 2 »**

Disons tout de suite que ce vaudeville, qui d'un bout à l'autre est à pouffer de rire, ne peut être joué que devant un public disposé à rire des saillies les plus folles et les plus osées. D'autre part, l'acteur principal devra posséder absolument à fond son rôle, ou plutôt ses rôles, car il aura à jouer deux personnages, celui de Rivarez et celui de Loupy. Toute l'originalité de la pièce réside en effet dans l'extraordinaire ressemblance entre ces deux hommes que le hasard rapproche dans des circonstances imprévues.

Loupy, individu sans vergogne, berne son sosie et lui joue, pendant les trois actes, tous les tours imaginables. La pièce est, ajoutons-le, absolument hilarante.

Robe rouge (la), pièce en quatre actes, par M. BRIEUX. *Ouvrage couronné par l'Académie française.* (*Décors :* 1° un salon modeste ; 2° un cabinet d'instruction ; 3° le cabinet du Procureur de la République ; 4° décor du 2ᵉ acte. *Epoque :* de nos jours.) — **13 | 6 | 2 »**

Résumons en quelques mots la donnée de cette pièce universellement connue. Près de Mauléon, le père Goyetche a été assassiné. Le juge d'instruction Mouzon veut à toute force que le coupable soit le nommé Etchepare, mari de Yanetta, et père de plusieurs enfants. Etchepare est innocent. Mais le juge, dans la lente torture de l'instruction, finit par le faire se contredire et parvient à accumuler, à force d'astuce et de féroce ingéniosité, un monceau de charges contre le malheureux. Etchepare serait perdu si le procureur Vagret, en honnête homme, après son réquisitoire écrasant, ne venait exposer au jury les doutes qui, au dernier moment, viennent tenailler sa conscience. Etchepare est acquitté. Pourtant, plus de bonheur possible : Mouzon, au cours de l'affaire, a révélé à l'accusé, sur le passé de Yanetta, des faits qu'il ignorait. Etchepare chasse sa femme et enlève les enfants. Yanetta, très calme, vient à Mouzon et le tue.

Ce drame magnifique est d'une très haute portée sociale.

Robert-Macaire, drame burlesque en quatre actes, précédé de *l'Auberge des Adrets*, prologue en deux parties, de BENJ· ANTIER, SAINT-AMAND, FRÉDÉRICK-LEMAITRE et PAULYANTE., Rémanié par PHILIPPE GILLE et WILLIAM BUSNACH. (*Décors :* 1° la cour de l'Auberge des Adrets ; 2° l'intérieur de l'auberge ; 3° la forêt ; 4° le bal ; 5° un riche salon ; 6° la foire de Neuilly. *Epoque :* Costumes 1830 ou costumes modernes ; les costumes 1830 sont préférables.) *Figuration.* — **17 | 6 | 2 fr »**

C'est une succession de scènes d'un tragi-comique très spécial, où seule l'aventure de l'infortuné Germeuil vient jeter une note triste. Nous ne pourrions résumer les exploits étonnants de Robert Macaire et de Bertrand ; son *alter ego*, mais froussard, rusé, déterminé à l'occasion, et toujours drôle. (Ce rôle a été joué à la Porte-Saint-Martin par le regretté Dailly.) Tous les tableaux sont amusants, et dramatiques par l'incroyable toupet et la présence d'esprit de Robert Macaire. Citons parmi les meilleurs : la réunion électorale, les noces de Macaire, etc. La mise en scène est assez difficile. Avec quelques coupures, la pièce peut être jouée devant tout auditoire.

Roger-la-Honte, drame en cinq actes et huit tableaux, par MM. J. MARY et G. GRISIER. (*Décors :* 1° un salon ; 2° un autre salon ; 3° une pièce nue avec une banquette ; 4° une cour d'assises ; 5° intérieur de paysans ; 6° une place dans un village ; 7° terrasse d'une villa ; 8° un salon japonais. *Epoque :* de nos jours.) *Figuration.* — **18 | 5 | 2 »**

Roi de Cocagne (le), folie-vaudeville en deux actes, par MÉLESVILLE et CARMOUCHE. (*Décors :* 1° une salle basse gothique ; 2° une campagne. *Epoque :* Fantaisiste.) *Figuration.* — **7 | 7 | 1**

* **Roi et le Meunier** (le) ou **La Partie de chasse de Henri IV**, comédie en deux actes, par COLLÉ, reconstituée selon la version primitive et conforme aux représen-

	H.	F.	Prix

...tations du théâtre de l'Odéon, par M. Jules Truffier. (*Décors :* 1° l'entrée de la forêt de Sénart ; 2° chez le meunier Michau. *Epoque :* le règne de Henri IV.) — 7 | 6 | 2 »

Voici un résumé de cette ravissante et célèbre pièce, écrite en 1760 :

La jolie et honnête Agathe (fiancée de Richard, fils du meunier Michau), enlevée par le comte d'Auvergne, parvient à s'échapper, et revient dans son pays, à Lieursain. Mais le ravisseur avait agi en sorte que chacun crût Agathe coupable. Celle-ci, accourue chez Michau à l'heure du repas familial, auquel assiste, par hasard et incognito, le roi Henri IV, subit en présence de son fiancé, fou de douleur, d'affreux et injustes reproches. A cet instant des seigneurs frappent à la porte. Parmi eux se trouve le comte d'Auvergne. Le roi est reconnu. Le comte avoue son crime et atteste que ni la violence ni la ruse n'ont pu entamer l'honneur d'Agathe. Le roi congédie ce seigneur, et dote, en même temps qu'Agathe, la sœur de celle-ci.

Cette pièce est, nous le répétons, ravissante, pleine d'humour, de saine gaité, avec des caractères de paysans parfaitement tracés, et bien que l'amour en fasse tout le fond, nous la croyons jouable devant n'importe quel auditoire.

Roi Koko (le), vaudeville en trois actes, par M. Alexandre Bisson. (*Décors :* 1° et 3° le même salon ; 2° un salon différent du premier. *Epoque :* de nos jours.) *Deux figurants.* — 7 | 4 | 2 »

Dans ses lointains voyages, quand il était jeune, Daubichon s'est rencontré avec un roi nègre, Kokorikokambo, qui poussant l'hospitalité jusqu'à ses limites extrêmes, lui a fait partager ses repas, sa demeure, et... sa femme, mais *à charge de revanche.* Longtemps après, Daubichon marié ne pensait plus à tout cela, lorsqu'un beau jour on lui annonce la visite de Kokorikokambo en personne : sans aucun doute, celui-ci vient demander à Daubichon la monnaie de l'hospitalité de jadis. Voilà notre homme dans ses petits souliers, cherchant, mais vainement, à « semer » son nègre, et s'attirant un tas de mésaventures plus désagréables les unes que les autres. Inutile d'ajouter que le prétendu Kokorikambo n'est qu'un faux nègre, et que Daubichon finit par se tirer d'ennuis.

Vaudeville amusant, bouffon, un peu égrillard.

Rolande, pièce en cinq actes, par M. Louis de Gramont. (*Décors :* 1° une chambre à coucher ; 2° un salon ; 3° une salle à manger ; 4° un jardin. *Epoque :* de nos jours.). — 8 | 8 | 2 »

Roman d'un méridional (le), comédie en trois actes, par M. Lafon. (*Décors :* 1° un salon ; 2° et 3° la

même terrasse d'hôtel. A Luchon. *Epoque :* 1875.) *Un figurant.* — 8 | 6 | 2 »

Rose Michel, drame en cinq actes, par Ernest Blum. (*Décors :* 1° un jardinet ; 2° un cabaret ; 3° un salon ; 4° un cabinet de travail ; 5° une galerie de prison. *Epoque :* fin du règne de Louis XV.) — 12 | 6 | 2 »

Roule-ta-bosse, drame en cinq actes et six tableaux précédés d'un prologue, par MM. Jules Mary et Emile Rochard. (*Décors :* 1° ruines ; 2° un cabaret ; 3° un salon ; 4° une esplanade ; 5° une chambre, 6° un jardin. *Epoque :* 1870-1883.) *Figuration.* — 16 | 9 | 2 »

Rue Bouleau (la), comédie en trois actes, par MM. Paul Ferrier et Vast-Ricouard. (*Décors :* 1° une palissade ; 2° un salon ; 3° une rue en cours de construction. *Epoque :* de nos jours.) *Figuration.* — 13 | 13 | 2 »

Sabre au clair ! drame en cinq actes et huit tableaux, dont un prologue, par M. Jules Mary. (*Décors :* 1° un riche salon ; 2° une serre ; 3° une cour ; 4° une écurie ; 5° un salon ; 6° la cour d'un quartier de cavalerie ; 7° une cour de ferme ; 8° la lisière d'une forêt. *Epoque :* de nos jours.) *Figuration.* — 30 | 3 | 2 »

Sacrifice ! drame en cinq actes, par MM. G. de Bompar et H. Duchez. (*Décors :* 1° une grande pièce avec lustre ; 2° un salon ; 3° une chambre ; 4° un intérieur très simple ; 5° le préau de la Conciergerie. *Epoque :* 1784-1794.) *Figuration.* — 18 | 6 | 2 »

Sa Maîtresse, comédie en quatre actes, par M. Henry Bauer. (*Décors :* 1° une pièce élégante mi-salon, mi-cabinet de travail ; 2° un grand hall ; 3° un boudoir ; 4° une pièce d'un logement. *Epoque :* de nos jours.) — 11 | 8 | 2 »

Sérénade (la), pièce en trois actes, par M. Jean Jullien. (*Décors :* 1° une boutique de bijoutier ; 2° une terrasse de maison de campagne ; 3° une salle à manger. *Epoque :* de nos jours.) *Figuration.* — 7 | 6 | 2 »

Service secret, pièce en quatre actes, par MM. Pierre Decour-

	H.	F.	Prix

CELLE et W. GILLETTE. (*Décors :*
1°, 2°. et 4° le même salon;
3° salle de télégraphe. *Epoque :*
la guerre de Sécession en 1865.)
Figuration. — 12 | 5 | 2 »

Siège de Grenade (le), vaudeville
en quatre actes, par CHIVOT et
DURU. (*Décors :* 1° un salon;
2° une chambre d'hôtel; 3° une
salle au Caire; 4° un jardin. *Epoque :* de nos jours.) *Figuration.* — 11 | 8 | 2 »

Simone, pièce en trois actes, par
M. BRIEUX. (*Décors :* 1° un salon;
2° et 3° le même cabinet de tra-
travail. *Epoque :* de nos jours). — 8 | 3 | 2 »

Sotré de Noël (le), farce rustique
en trois actes, par MM. RICHARD
AUVRAY et MAURICE POTTECHER.
(*Décors :* 1° clairière; 2° une cuisine chez des paysans; 3° une
place de village. *Epoque :* de nos
jours.) *Figuration.* — 10 | 5 | 2 »

Station Champbaudet (la), comédie
en trois actes, par E. LABICHE et
MARC MICHEL. (*Décors :* 1° et 3° le
même petit salon; 2° un salon.
Epoque : de nos jours.) — 5 | 5 | 2 »

Tacarel (architecte) courtise la jeune
Mᵐᵉ Garambois, dont le mari est jaloux.
Il a donc eu l'idée de s'arrêter à l'étage
en dessous, chez Mᵐᵉ Veuve Champbaudet (quarante-sept ans), qui se prend pour
le jeune homme d'un amour grandissant.
Mais sur ces entrefaites, on va marier
Tacarel avec Mˡˡᵉ Caroline Letrinquier,
L'architecte se présente à sa future dans
une soirée familiale, où sa bonne grâce et
ses manières parfaites lui concilient toutes
les sympathies, lorsque, par malheur, il
est reconnu par Garambois et dénoncé
comme étant l'amant de Mᵐᵉ Champbaudet. Letrinquier met alors comme condition à son consentement le mariage de la
dame. Tacarel parvient à faire épouser à
celle-ci son premier commis, Durozoir,
vieux, pauvre et rhumatisant.
Il va sans dire que ce bref résumé ne
peut donner idée de l'esprit, de la bonhomie et de la folle gaîté que les auteurs
ont su donner à cette désopilante comédie.

Surprises du Divorce (les), comédie
en trois actes, par MM. ALEXANDRE
BISSON et ANTONY MARS. (*Décors :*
1° un cabinet de travail richement
meublé; 2° et 3° le même salon
luxueux à la campagne. *Epoque :*
de nos jours.) *Un figurant.* — 5 | 5 | 2 »

On connaît le sujet de cette célèbre
pièce. Henri Duval a épousé Diane, jolie
femme, mais affligée d'une mère exécra-
ble (Mᵐᵉ Bonivard). Un jour, exaspéré, il
lève la main sur la mégère et... c'est sa
femme qui reçoit la gifle. Divorce. Henri

se remarie, il épouse Gabrielle, fille de
Bourganeuf. Celui-ci part en voyage, et
dans ses pérégrinations rencontre Diane
qu'il épouse. On devine la stupeur et la
rage de Duval, le jour de la présentation
générale. On se brouille, on fait ses
malles, on se fâche, et la scène du début
se reproduit entre Bourganeuf et Diane.
Ils vont à leur tour divorcer, et Diane va
très probablement épouser Champeaux,
qui depuis longtemps lui fait la cour.
Le grand agrément de cette comédie
est dans l'irrésistible drôlerie des situations et son intrigue très scénique et si
bien menée.

Terre-Neuve (le), comédie en trois
actes, par MM. ALEXANDRE BISSON
et MAURICE HENNEQUIN. (*Décors :*
1° et 3° le même cabinet de travail; 2° un cabinet de toilette élé-
gant. *Epoque :* de nos jours.) — 4 | 6 | 2 »

Depuis vingt-deux ans, le député Bruniquel trompe sa femme. Pour l'instant, il a
comme maîtresse la capiteuse Angélina,
qui au fond se moque de lui, et lui coûte
gros. Bruniquel, dégoûté de lui-même,
charge son secrétaire Corbinet de rompre
pour lui avec Angélina. Le jeune homme
y parvient, mais la courtisane, pour se
venger de Corbinet, le fait arrêter en l'ac-
cusant d'avoir voulu lui faire violence, à
elle et à sa sœur Clémence. Au dénouement, Mᵐᵉ Bruniquel apprend l'indignité
de son époux et tombe évanouie. Elle ne
lui pardonne qu'en apprenant qu'il est
nommé ministre. Corbinet se marie avec
Cécile, fille de Bruniquel.
Pièce assez égrillarde, extrêmement
amusante.

Tési (la), drame en quatre actes, par
ARMAND SILVESTRE et G. MAIL-
LARD. (*Décors :* 1° salle de l'école
de Rheni; 2° une loge d'artiste au
théâtre de Vienne; 3° un salon;
4° un coin de verdure. *Epoque :*
1720.) — 6 | 3 | 2 »

Trente-trois, rue des Canettes, ou
Maison Tranquille, folie-vaude-
ville en un acte, par MM. PAUL
MEYAN et A. GUYON. Musique
D'ALBERT PETIT. (*Décor :* une loge
de concierge. *Epoque :* de nos
jours.) — 5 | 11 | 1

Farces d'étudiants, qui mystifient, hous-
pillent et affolent leur propriétaire,
M. Groslard, un assez vilain drôle, à tout
prendre. Le récit de ces amusantes bouffonneries ne serait pas intéressant en lui-
même. Il faut, pour les bien interpréter,
beaucoup d'entrain, en quelque sorte une
verve acrobatique. Les rôles d'étudiants
sont *à tiroirs*, ainsi que ceux des étudiantes,
dont le nombre peut être réduit à quatre
ou cinq.
Ce n'est pas une pièce pour pensionnaires.

Très fragile, charentonnade en deux
actes, par MM. HERMIL et H. BU-

	H.	F.	Prix

GUET. (*Décors :* 1° un salon élégant, à Paris ; 2° un jardin au Pecq. *Epoque :* 1872.) Les costumes peuvent être ceux d'aujourd'hui. *Figuration.* — 6 | 10 | 1 | »

Pour se venger de son amant Arthur, qui va épouser Mlle Irène Malbranchu, Rosalba grise trois bêtas, Belboul, Bétasson et Crétinos, et les enferme dans des caisses, où elle met l'adresse de M. Malbranchu, au Pecq. L'arrivée et le déballage de ces extraordinaires colis révolutionne cette famille de tranquilles bourgeois. D'ailleurs, la mystification inventée par Rosalba n'empêche pas le mariage d'Arthur.

Cette pièce est intitulée charentonnade. Ceci suffit à en indiquer le caractère. Elle est un peu libre par endroits, mais toujours drôle.

Tribut des Cent-Vierges (le), drame en cinq actes, par Albuize et B. de Lopez. (*Décors :* 1° un carrefour de forêt ; 2° la place d'Acuna ; 3° les jardins du Palais ; 4° une cabane ; 5° la salle du Trône. En Castille. *Epoque :* Ferdinand IV.) *Figuration.* — 13 | 3 | 2 | »

Trois filles de M. Dupont (les), comédie en quatre actes, par M. Brieux. (*Décor :* 1°, 3° et 4° le même salon modeste ; 2° un autre salon. *Epoque :* de nos jours.) — 6 | 8 | 2 | »

Trois glorieuses (les), pièce en quatre actes, par M. G. Lenotre. (*Décors :* 1° une salle des gardes ; 2° devant un corps de garde ; 3° une blanchisserie ; 4° un cabinet de travail. *Epoque :* 1830.) *Figuration.* — 20 | 6 | 2 | »

Truc d'Arthur (le), comédie en trois actes, par A. Duru et H. Chivot. (*Décors :* 1° un petit salon ; 2° un boudoir ; 3° un salon provincial. *Epoque :* de nos jours.) *Deux personnages muets.* — 7 | 4 | 2 | »

Veglione (le) (*Le Bal masqué*), comédie en trois actes, par M. Alexandre Bisson et Albert Carré. (*Décors :* 1° et 2° la même salle à manger ; 3° un jardin. *Epoque :* de nos jours.) — 5 | 4 | 2 | »

Nous ne saurions, en les résumant, expliquer assez clairement les péripéties de cette comédie divertissante, occupée presque en entier par les aventures d'un brave homme de pharmacien (Poulard) et d'une charmante jeune femme (Suzanne) qui veut s'amuser, très honnêtement d'ailleurs, au Veglione, à Nice. Les scènes sont très gaies, les situations drôles, les

caractères fort comiques, notamment dans les rôles de M. et Mme Poulard, de Justaret et de Suzanne Blanchon. Ce n'est pas une pièce pour pensionnaires.

Vert-Vert, comédie-vaudeville en trois actes, par de Leuven et Deforges. (*Décors :* 1° et 3° le même jardin ; 2° une salle d'hôtel. *Epoque :* XVIIIe siècle.) *Figuration.* — 7 | 10 | 1 | »

Vert-Vert, opéra-comique en trois actes, par H. Meilhac et Ch. Nuitter. Musique de J. Offenbach (*Décors :* 1° et 3° un jardin ; 2° une salle. *Epoque :* XVIIIe siècle.) *Figuration.* — 8 | 6 | 1 | »

Victime ! drame en cinq actes et sept tableaux, par MM. G. Rennes et L. Vidal. (*Décors :* 1° un cabaret ; 2° un salon ; 3° un jardin ; 4° une salle de marchand de vins ; 5° un salon ; 6° un petit salon ; 7° une chambre. *Epoque :* de nos jours.) *Figuration.* — 18 | 12 | 2 | »

Vie commune (la), vaudeville en trois actes, par J. de Gastyne et H. Feugère. (*Décors :* 1° et 2° le même salon ; 3° un petit bois à Ville-d'Avray. *Epoque :* de nos jours.) — 7 | 4 | 2 | »

Vie facile (la), comédie en trois actes, par MM. A. Second et Paul Ferrier. (*Décors :* 1° un salon ; 2° un salon d'hôtel ; 3° un salon sur jardin. *Epoque :* de nos jours.) — 11 | 11 | 2 | »

Vieux maris (les), comédie-vaudeville en trois actes, par M. Antony Mars. (*Décors :* 1° et 3° un cabinet d'avoué ; 2° un salon. A Carcassonne. *Epoque :* de nos jours.) — 6 | 3 | 2 | »

* **Villa Beaumignard** (la), comédie-bouffe en trois actes, par MM. Marc Sonal et Victor Gréhon. (*Décors :* 1° une salle à manger de campagne ; 2° une chambre à deux lits ; 3° un salon. *Epoque :* de nos jours.) — 5 | 4 | 2 | »

Cette pièce, très gaie et facile à monter pour des tournées, met en scène les complications amenées dans un ménage de bons bourgeois par la présence d'un peintre et de son modèle. Convient à tous les publics.

Villa Blancmignon (la), comédie en trois actes, par A. Duru, H. Chivot et A. Erny. (*Décors :* 1° un salon donnant sur une serre ;

	H.	F.	Prix

2º un grand salon d'hôtel; 3º un salon. *Epoque : de nos jours.) Figuration.* — 7 | 8 | 2 »

Vingt jours à l'ombre, pièce en trois actes, par MM. MAURICE HENNEQUIN et PIERRE VEBER. *(Décors : 1º un salon; 2º et 3º un autre salon. Epoque : de nos jours.)* — 7 | 5 | 2 »

Viv' la joie et les Militaires ! ! ! pochade en un acte, par M. HENRY BUGUET. *(Décor : une salle à manger. Epoque : de nos jours.)* — 5 | 6 | 1 »

« Pochade un peu grosse, où des cuisinières et des militaires de différentes armes — voire un pompier — se donnent du bon temps, en l'absence et aux frais du patron. Celui-ci, du reste, survenant au beau milieu de la fête, à l'improviste, prend part à l'allégresse générale.

Volière (la), comédie en trois actes, par MM. MARC SONAL et GABRIEL ANNEL. *(Décor unique : un salon de campagne. Epoque : de nos jours.)* — 6 | 5 | 2 »

Une jolie veuve, Nelly, aime Jacques Didier. Celui-ci est, ou du moins était l'amant d'Henriette Villerose, laquelle, par dépit, rêve d'empêcher ce mariage. Un vieux garçon très fin, très ingénieux, Barentin, réussit à empêcher la comédie de tourner au drame, et réconcilie tout le monde.

Il y a beaucoup de gaîté en même temps que de sentiment dans cette pièce.

Vous n'avez rien à déclarer? pièce en trois actes, par MM. MAURICE HENNEQUIN et PIERRE VEBER. *(Décors : 1º et 3º le même salon; 2º un atelier. Epoque : de nos jours.) Figuration.* — 8 | 6 | 2 »

* **Voyage à Dieppe (le)**, comédie en trois actes, par WAFFLARD et FULGENCE. *(Décors : 1º un boulevard; 2º et 3º le même salon. Epoque : 1820.) Un personnage muet.* La scène se passe à Paris. — 5 | 4 | 1 »

Cette pièce, très divertissante, peut être jouée dans les costumes de la mode actuelle. Il suffira de remplacer quelques mots désuets par d'autres plus modernes, de dire : *Chemin de fer* au lieu de *vélocifère* ou *diligence*, par exemple.

M. d'Herbélin, brave homme et très confiant, veut voir la mer et se prépare à partir pour Dieppe. Des jeunes gens (dont l'un, d'Hérigny, est fort riche), le mystifient, et l'un d'eux se fait passer pour M. de Saint-Valéry, qui doit emmener d'Herbelin, sa femme et sa fille Isaure. On voyage toute la nuit, pour se retrouver à Paris, chez d'Hérigny, où l'affaire prend les proportions les plus comiques, et frise l'extravagance. Enfin, d'Herbelin est détrompé ; il ne se fâche pas, même il accorde la main de sa fille à d'Hérigny.

Parmi les accessoires, un costume de Géorgienne et un uniforme de capitaine de vaisseau.

Il va sans dire que, pour la bonne exécution de cette pièce, il sera préférable de la jouer dans le style et les costumes de l'époque indiquée.

Voyage autour du Code, comédie en quatre actes, par MM. G. DUVAL et M. HENNEQUIN. *(Décors : 1º un cabinet de travail; 2º un autre cabinet de travail; 3º un salon; 4º une chambre. Epoque : de nos jours.)* — 7

* **Voyage des Berluron (le)**, vaudeville en quatre actes, par MM. ORDONNEAU, GRENET-DANCOURT et KÉROUL. *(Décors : 1º le jardin d'une villa; 2º le hall d'une petite hôtellerie; 3º un grand salon; 4º le cabinet d'un directeur de prison.) Figurants. Gendarmes. Pompiers.* — 14

Javajarah, prince des Indigos, se promène incognito avec son secrétaire et ami Zadig. Il veut connaître les usages et les mœurs de notre pays pour en faire profiter le sien. En se promenant aux environs de Montmorency, il reçoit dans le bas du dos une balle qu'un imbécile, nommé Berluron, lui a envoyée par mégarde, étant en train de chasser. Affolé, Berluron s'enfuit. Il croit avoir tué Javarajah. Il se voit régicide, montant à l'échafaud ! Que faire ? Fuir. Et tous, Berluron, sa femme, sa fille, le fiancé de celle-ci, de prendre le premier train. Sur les conseils de son futur gendre, Berluron, en chemin, se fait passer pour Javarajah. On devine la suite ! Berluron est reçu partout en grande pompe, il prononce des discours dans une langue qu'il ne connaît pas, et fait si bien que Javarajah se voit arrêter comme étant son propre meurtrier. La vérité enfin se découvre : Berluron tombe aux genoux de sa victime. Javarajah, bon prince, lui pardonne.

C'est un vaudeville très amusant et très comique d'un bout à l'autre et qui obtient toujours à la scène un grand succès de fou rire. Si l'on veut le jouer devant un auditoire où il y ait des jeunes filles, on peut sans inconvénient pour la clarté de l'action, couper les passages que l'on jugerait délicats ; il n'y en a que fort peu.

FIN

...ages portés sur ce Catalogue, on trouve à notre
...c les remises d'usage — un très

GRAND ASSORTIMENT

DE

...ES MODERNES DE TOUS GENRES

...ns, Nouvelles, Voyages, Histoire, Politique, Mémoires,
Philosophie, Sociologie, Revues, etc.

TOUTES LES PIÈCES DE THÉATRE PUBLIÉES

...dies, Vaudevilles, Drames, Opéras, Opéras-Comiques, Opérettes

TOUS LES MONOLOGUES, SCÈNES, SAYNÈTES, ETC.

...ES DICTIONNAIRES, GUIDES POLYGLOTTES, PLANS

Cartes vélocipédiques, etc.

Les Guides Joanne, Bædeker, Conty

...xpéditions pour la France et l'Étranger

— IMPRIMERIE DE LAGNY